S0-BSX-048

Les Français

Third Edition

Laurence Wylie

Jean-François Brière

State University of New York at Albany

Upper Saddle River, New Jersey 07458

Library of Congress Cataloging-in-Publication Data

Wylie, Laurence William, (date)
　Les Francais/Laurence Wylie, Jean-François Brière.--3rd ed.
　　p. cm.
　Includes bibliographical references and index.
　ISBN 0-13-030774-2
　1. France--Civilization--1945--Public opinion. 2. Public opinion--France. 3. National
characteristics, French. I. Brière, Jean-François, 1945- II. Title.
DC33.7 .W95 2000
944--dc21　　　　　　　　　　　　　　　　　　　　　00-051688

VP, Editorial Director: *Charlyce Jones Owen*
Editor-in-Chief: *Rosemary Bradley*
Media Editor: *Heather Finstuen*
Marketing Manager: *Stacy Best*
Editorial Assistant: *Meghan Barnes*
Executive Managing Editor: *Ann Marie McCarthy*
Editorial/Production Supervision: *Nancy Stevenson*
Cover Art Director: *Jayne Conte*
Cover Designer: *Bruce Kenselaar*
Photo Researcher: *Julie Tesser*
Interior Image Specialist: *Beth Boyd*
Manager, Rights & Permissions: *Kay Dellosa*
Director, Image Resource Center: *Melinda Reo*
Electronic Page Layout: *Wanda España, Wee Design Group*
Prepress and Manufacturing Buyer: *Tricia Kenny*
Cover art: *Britt J. Erlanson-Messens/Image Bank*

This book was set in 10/12.5 Centaur by Wee Design Group and was printed and bound by RR Donnelley & Sons Company. The cover was printed by Phoenix Color Corporation.

 © 2001, 1995, 1970 by Prentice-Hall, Inc.
A Division of Pearson Education
Upper Saddle River, NJ 07458

All rights reserved. No part of this book may be
reproduced, in any form or by any means,
without permission in writing from the publisher.

Printed in the United States of America
10 9 8

ISBN 0-13-030774-2

Prentice-Hall International (UK) Limited, *London*
Prentice-Hall of Australia Pty. Limited, *Sydney*
Prentice-Hall Canada Inc., *Toronto*
Prentice-Hall Hispanoamericana, S.A., *Mexico*
Prentice-Hall of India Private Limited, *New Delhi*
Prentice-Hall of Japan, Inc., *Tokyo*
Pearson Education Asia Pte. Ltd., *Singapore*
Editora Prentice-Hall do Brasil, Ltda., *Rio de Janeiro*

Table des matières

Preface to the 2001 edition

This third edition of *Les Français* has been written, like the previous two editions, to help American students better understand the French people. It is designed for students who have an intermediate- or advanced-level command of the French language. It assumes an interest in French culture on the part of the reader, but no previous knowledge of it.

The basic structure and approach of the 1970 and 1995 editions have been kept. The text has been updated. A chapter on the European Union has been added. Some illustrations are new. A selection of useful "gateway" web sites has also been added. Statistical data have been kept to a minimum as they become quickly outdated and often do not mean much to students, especially if no corresponding data from their own country are supplied. Unless specified, statistical data included in this book were drawn from *Quid 2000* and *Francoscopie 1999*. A set of questionnaires and suggestions for assignments is provided for each chapter at the end of the book; instructors may use them as needed.

Many textbooks on French culture put excessive emphasis on the present, assuming that only *l'actualité* will elicit students' interest. *Les Français* does not follow that path. We believe that focusing exclusively on present-day France prevents students from truly understanding it. Adults who live in France today were not educated in French schools in 2000, but in 1930, 1950, 1970, or 1990. To understand what made them who they are, it is more illuminating to look at school textbooks of 10 or 20 years ago than at today's textbooks. In order to provide a depth of perspective, we have given much attention to the historical roots of French behavior and institutions as well as to the sweeping changes that have taken place within French society during the last four decades. Many textbooks on French culture also fail to provide a comparative outlook, making it difficult for students to see where France and the French stand in relation to their own country and to themselves. This new edition, as the previous ones, emphasizes comparisons between French and American cultures.

Jean-François Brière

Preface to the 1995 edition

When I was growing up in southern Indiana in the 1920s, we lived in one small town after another because my father was a Methodist minister. We assumed that since we had the habit of living in different groups of people we would be able to get along with all kinds of people anywhere we might live. Then in 1929 I left Indiana University to spend a year in France. What a revelation it was to live in the midst of a people who behaved so differently and thought so differently from the folks back home in Indiana!

Then when I graduated in 1931 and had to get a job to support myself, I found there were no jobs to be had! We were in the midst of The Great Depression. Unexpectedly the Romance Languages Department at Indiana had a vacancy and offered me the job teaching Beginning French for five hours a week at $1,000 a semester if I started working for an M.A. at the same time. I eagerly accepted. Why not? I had never thought I would be a teacher, but after I began to teach I discovered I really enjoyed the experience. So I have spent the rest of my life teaching.

But then gradually as I became used to this profession I realized I was not so interested in studying and teaching language itself as in helping people understand other people of different cultures get along together. Then finally I discovered that my own experience in France helped me. I began to ask myself why I had found that the French people act so differently from the folks I had considered normal people back in southern Indiana? In fact, by that time I lived in New England and began to ask the same question about the difference between Hoosiers and New Englanders! Indeed my aunt in Paoli, Indiana, asked me: "Laurence, why do you talk so queer now?" While in Boston people would ask me, "What part of the south do you come from?" It was not just a question of my accent.

My main problem in teaching was in trying to help students get over the discomfort of being in a French class and asked to read a textbook on French Civilization. The truth was that I, too, was bored by whatever textbooks I found. There was just something about books on "French Civilization" that turned me off. I too, could not get excited about French geography, history and art, which were the basic subjects of these books.

I felt frustrated also because Americans often asked me about little events that happened to them in involvements with French people. For instance, a friend here in

Cambridge asked me about an incident involving a French family in a town near Grenoble where she had sent her daughter for the summer. The daughter was there only a few days when our friend received a cable from the French woman saying she could no longer keep the American girl. She had sent her off to stay with friends in Switzerland for the rest of the summer. It was all a mystery to the American family. They had heard I was going to France soon. Could I find out what this was all about? I arrived in France the next week and right away I phoned the French woman. She replied very calmly that the American girl was so badly brought up that she was setting an unacceptable example for her own children. "What did she do that offended you?" I asked. I was told that every morning when she got awake she took a shower and washed her hair. Then she would walk through the house scantily dressed, still brushing her hair. She would go to the kitchen without getting dressed, take whatever she wanted from the refrigerator, carry it upstairs to her room and eat all alone. Now, I must agree with her, didn't I, that no one like that could live in a well-behaved family? I tried to get out of this by saying that although this behavior might seem a bit extreme, it was not so unusual for a well-brought-up American girl. Now this type of incident is often the cause of cultural misunderstanding, and it does not help an American to know about geography, history, and art!

An unexpected event brought me indirectly a better understanding of my problem. An anthropologist, Ashley Montagu, came to Haverford College, where I was teaching by that time, and gave a public lecture on modern "cultural anthropology" which I attended. I was amazed. When I had been in college, anthropology was known only for its studies in archeology and geological history—nicknamed derisively by students as the study of "stones and bones." But there was now a newly emphasized sort of anthropology, cultural anthropology, a study mainly of family life and childhood. The word "culture" was used to refer to the whole pattern of living of any group of people anywhere.

Montagu's point in his lecture was that a human being could not live without, unconsciously at least, forming a conception about three phenomena: the nature of time, the nature of the space around us, and the human nature of living beings. These conceptions differ from one culture to another, and we can have no fundamental understanding of a culture unless we know what are the basic beliefs of the people formed in childhood in these cultures and how these differ from those of other cultures. The analysis of these problems was the basis of the new anthropological studies of scholars like Margaret Mead and Ruth Benedict that had become so important. The importance of child training is so overwhelming in the formation of character that the whole character of people in a culture is based on it. So the purpose of studying the geography of a culture is to learn not the basic facts of geography but people's conception of space and their activity relating to it. And the best way to comprehend how a culture is formed is to live among a people and study the way children are brought up and form these conceptions.

After listening to this lecture and reflecting on its relation to my personal and professional problems, I read several studies by the anthropologists he mentioned and others. I decided my plan should be to study cultural anthropology and then try to undertake a cultural study (in the anthropological sense) in France, but meanwhile I needed to learn more about the theoretical structure involved. A handy electric trolley could take me into Philadelphia easily, so I attended cultural anthropological courses of A. Irving Hallowell at Penn U., without its preventing me from doing my usual teaching. As a matter of fact I was feeding a bit of my learning back into the courses I taught.

After two years of study I decided to try to put what I had learned to use in advancing to a new stage: I would take my wife and two little boys (ages two and four) to live in a village where I could observe how average French people lived and raised families. The problem was finding money to carry out the plan. It was a difficult problem because foundations, which provide funds for such research, are largely run by professional organizations, and professions are parochial about the use of funds: Foundations governing the funds for research in the humanities do not like to distribute them for use in social sciences; foundations governing funds for the social sciences do not like to provide them for a scholar with a Ph.D. in language and literature. Finally the Social Science Research Council was persuaded to grant me the money to pay for a year's residence in a southern French village. So I spent the next few years living in Roussillon, taking copious notes, then writing about my research and getting the book published. My next sabbatic leave we spent in a very different kind of village, Chanzeaux.

Meanwhile the new book about Roussillon, *Village in the Vaucluse*, was more successful than I had dared hope. But now I faced a new problem: What university would provide room for me to teach a social science course in a language and literature department? I needed to work on a course where I could teach an understanding of French behavior as I had explored it. But then came a big moment in my life. One morning my phone rang and a voice said, "This is McGeorge Bundy, dean of the college at Harvard. We were wondering if you would come to teach in the new Dillon Chair of French Civilization...." Later I learned that this new chair founded by the Dillon family was beyond control of a traditional department. I was to be in the Social Relations Department, a new interdepartmental department! Dean Bundy had aided in its foundation because he liked to sponsor new features in university life. I loved Haverford, but the new opportunity was too good. We moved to Harvard, and I spent the rest of my career teaching there. I taught a seminar on French village organization and gave a lecture course in General Education on French Civilization.

My big course was the lecture course and it was right away quite popular. Publishers became interested in publishing a textbook for courses on French

Civilization. Dr. Garcia-Girón of Prentice Hall insisted on my writing one. I said I was going off to France to serve as Cultural Officer at the U.S. Embassy and could not write it for the next two years. Garcia-Girón then proposed that we have my lectures of that very year taped and typed. This was done, and then he persuaded Professors Armand and Louise Bégué, of Brooklyn College, to translate the manuscript and edit the book, providing vocabulary, questions, etc., for use by students of French in this country. The book, *Les Français*, appeared in 1970 and has been successful for years. Now, *hélas*, the Bégués have both disappeared, I am sad to say. And the book is dated!

However, I am extremely lucky to see Jean-Francois Brière, Associate Professor of French Studies at the State University of New York at Albany, perpetuate the book by rewriting and modernizing it. It has been wonderful working with him: He was born and educated in France and, as a member of the generation after mine, he is more acquainted with a more recent France. He also knows the United States, since he is married to an American woman and teaches Americans. He writes about both cultures with a sound grasp of all he speaks. At the same time he uses what I have written when it is pertinent, and he utilizes my structure which I learned from cultural anthropologists. I am proud to share this book with him and to have my name listed alongside his. I predict that this book will be a leading textbook for the next twenty-five years, and I hope he then finds a collaborator worthy of him to continue the work in the future.

Laurence Wylie
(1909–1995)

Acknowledgments

The author would like to thank the following reviewers for their participation in the revision process and for their many helpful comments and suggestions:

Marie Ponterio, *SUNY College at Cortland*; Mary Ekman, *SUNY New Paltz*; Edward Knox, *Middlebury College*; Michele Bissiere, *University of North Carolina, Charlotte*; Raymond Eichmann, *University of Arkansas, Fayetteville*.

Introduction

Points de vue américains sur la France

Les différences entre Français et Américains

Quand on parle des rapports entre les Français et les Américains, on évoque souvent l'"amitié" qui unit les Etats-Unis et la France depuis deux siècles. Ces deux pays ne se sont en effet jamais fait la guerre. De plus, les Français ont aidé les Américains dans leur guerre d'indépendance, tandis qu'à leur tour les Etats-Unis sont venus en aide à la France pendant les deux guerres mondiales. Tout en reconnaissant cette "amitié" traditionnelle, il faut savoir aussi que les rapports entre la France et les Etats-Unis ont quelquefois été difficiles. De sérieuses tensions ont opposé la France et les Etats-Unis à certaines époques, par exemple pendant la Révolution française, au moment de la guerre de Sécession (*Civil War*), après la Première Guerre mondiale ou, plus récemment, dans les années 1960.[1]

Au delà des tensions qui se sont manifestées dans le domaine politique, on remarque que les Français et les Américains ont toujours eu une certaine difficulté à se comprendre. On peut affirmer évidemment que les deux nations partagent un même idéal fait de liberté, d'égalité, de démocratie, de justice et de générosité. Mais, quand il faut traduire ces termes abstraits en réalisations concrètes, on se rend compte que les mêmes mots ne signifient pas la même chose pour les Français et pour les Américains. Sur

[1] La France et les Etats-Unis sont entrés en conflit pendant la Révolution française parce que les Américains jouaient un rôle important dans le commerce de l'Angleterre qui était alors ennemie de la France. Pendant la guerre de Sécession (*Civil War*) le gouvernement français espérait une victoire des Sudistes. Cela aurait coupé les Etats-Unis en plusieurs morceaux et la France aurait pu concurrencer l'Angleterre (très liée avec le Nord) en établissant une zone d'influence française dans le Sud—la Louisiane était francophone—et au Mexique. Après la Première Guerre mondiale, les deux pays se sont vivement opposés au sujet des dettes de la France envers les Etats-Unis. Dans les années 1960, sous la présidence du général de Gaulle, la France exigea le départ des soldats américains qui stationnaient sur son sol dans le cadre de l'O.T.A.N.

beaucoup de terrains, ceux-ci ne se comprennent pas. Les malentendus viennent tout d'abord de différenciations simples, élémentaires: la façon d'élever les enfants, d'organiser l'enseignement, d'exercer le pouvoir, de faire fonctionner l'économie, de se comporter avec autrui.

Les Français et les Américains appartiennent au même grand bloc culturel constitué par l'Europe et l'Amérique du Nord. Ils ont donc entre eux beaucoup plus de choses en commun qu'ils n'ont avec les habitants de l'Inde ou les Touareg du Sahara, par exemple. Français et Américains vivent cependant dans des milieux culturels très différents.[2] Mais cette différence est beaucoup plus subtile, plus cachée que celle, très visible et très évidente, qui les sépare des habitants de l'Inde ou des Touareg. Un Américain s'attend à ce qu'il y ait des différences importantes entre lui et un nomade du Sahara: les écarts culturels sont considérables et clairement définis. Il s'attend moins à ce qui le différencie d'un Français et risque donc d'être plus étonné et désorienté par ces différences. Le fait qu'un marchand de fruits de Calcutta reste toute la journée assis par terre le surprendra moins que de découvrir que les caissières des supermarchés français ne mettent jamais les produits dans des sacs pour les clients.

Deux fractures géographiques et historiques fondamentales expliquent un grand nombre de différences séparant les Américains des Français.[3] La première fracture sépare l'Europe, vieux pays marqué par un héritage culturel médiéval, et l'Amérique, pays d'immigrants et de descendants d'immigrants. La seconde fracture oppose l'Europe du Nord protestante, dont les traditions culturelles ont beaucoup imprégné les Etats-Unis, et l'Europe du Sud "latine" et catholique vers laquelle la France penche culturellement. Les Français partagent ainsi avec tous les Européens certaines caractéristiques qui les différencient des Américains. Ils partagent également avec les Européens du Sud (Italiens, Espagnols) d'autres caractéristiques qui les différencient des Européens du Nord (Anglais, Hollandais, Allemands, Scandinaves) et des Américains. Mais ils ont aussi, du fait de leur histoire nationale particulière, des traits culturels spécifiques que l'on ne rencontre pas, ou pas au même degré, ailleurs en Europe.

L'image américaine de la France et des Français

Tout adolescent ou adulte américain, qu'il ait voyagé en France ou non, porte en lui une certaine image de la France et des Français. S'il n'a jamais voyagé en France, cette image proviendra forcément d'informations venant des parents, des enseignants, des

---

[2] Le mot "culture" sera pris ici dans un sens large englobant l'ensemble de la production matérielle et intellectuelle, des représentations mentales et des comportements d'un groupe donné.

[3] Les Québécois (qui sont d'origine française), les Belges et les Suisses francophones (qui ne sont pas d'origine française) sont à certains égards très différents des Français, bien que le français soit aussi leur langue maternelle. La communauté de langue n'entraîne pas automatiquement une similitude culturelle. Cette similitude, lorsqu'elle existe, provient d'autres facteurs (historiques, religieux, etc.) que la langue.

B19

I

En tant qu'étrangère, les Français sont des gens formidables, polis, classiques et admirables. Beaucoup de gens souhaiteraient naître Français, à cause de leur bien-être, leur savoir faire et leur gentillesse. Si seulement le monde deviendrait français, je crois que le taux d'assassinats, de vols, de viols seraient moins élevés.

La France est un pays magnifique. Quand on prononce le mot "France", on imagine, un pays superbe avec des magasins, des femmes qui passent leur temps à faire des emplettes, on imagine un pays qui possède des coins (extrème ment) extrêmement romantiques. J'en suis sûr que le rêve de tous les jeunes mariés sont d'aller passer leur "lune de miel" en France, le rêve de tous les parents sont d'envoyer leur enfants en France pour leur éducation.

C'est donc ainsi que je représente la France et (c'est) (h) ces habitants. Un pays magnifique à visiter, des gens fabuleux à rencontrer et des magasins splendides à admirer.

La France mythique: copie d'une écolière de New York

amis, des livres scolaires, des medias, etc. Souvent, cette vision de la France et des Français contiendra de nombreux clichés et stéréotypes. Les clichés et stéréotypes culturels sont des préjugés collectifs transmis de génération en génération et qui remplacent la connaissance fondée sur l'expérience. Voici quelques-uns des stéréotypes américains les plus courants sur la France et les Français:

- Les Français sont petits, maigres, et ont un long nez. Les hommes ont une moustache et portent un béret.
- Les Français sont un peuple intellectuel.
- Les Français sont des gourmets, experts en vins et en haute cuisine.
- Les Français sont romantiques, passionnés, frivoles.
- La France est le pays du charme, de l'élégance, du style.
- La France est un pays très pittoresque et en retard sur le plan économique.
- Les Français vivent dans des châteaux.
- Les Français sont doués pour l'amour. Tous les maris français ont des maîtresses.

La France des clichés

- Les femmes françaises sont très chics, très sophistiquées et "sexy".
- La France produit surtout des objets de luxe: parfums, haute-couture, bijoux, vins fins, etc.
- Les Français sont froids et snobs.
- Les Français sont rebelles et désordonnés. *— les grèves*
- Les Français sont cyniques et égoïstes. *Descartes*
etc. *L7 les débats   Haussman*
• la beauté de parler

La vision traditionnelle stéréotypée que les Américains ont de la France et des Français s'oriente suivant deux directions contraires, l'une positive (charme, élégance, plaisir de vivre), l'autre négative (froideur, désordre, immoralité). Ces visions stéréotypées des Français présentent comme une réalité ce qui n'est en fait qu'une différence supposée avec l'image que les Américains ont d'eux-mêmes. Ces stéréotypes reflètent donc autant l'image que les Américains ont d'eux-mêmes que celle qu'ils ont des Français. Les Américains qui voient dans la France quelque chose qu'ils aiment et

La France des clichés   *" les chambres de bonnes "*

qu'ils regrettent de ne pas trouver aux Etats-Unis se sentiront attirés par les stéréotypes positifs; ceux qui, au contraire, associent la France à quelque chose de bizarre ou de menaçant seront portés vers les stéréotypes négatifs. L'accumulation de ces stéréotypes (positifs ou négatifs) dans l'esprit d'une personne peut conduire à une vision de la France et des Français très éloignée de la réalité. Les seuls moyens de détruire ces stéréotypes sont l'expérience vécue du contact avec l'autre peuple ou bien l'étude de sa culture, qui est précisément l'objet de ce livre.

Ajoutons que la vision que les Américains se font de la France varie sensiblement selon la classe sociale à laquelle ils appartiennent. Depuis l'époque de Jefferson, les gens situés en haut de l'échelle sociale et culturelle américaine ont vu dans la "haute culture" française un modèle prestigieux dont ils pouvaient s'inspirer. Ils ont donc traditionnellement été francophiles. Connaître la langue et la littérature françaises faisait partie de l'éducation de toute jeune fille appartenant aux familles de la classe la plus élevée de la société. Cette attraction n'a jamais existé auprès de la classe moyenne et de la classe populaire américaine. Ne voyageant pas et n'ayant pas d'ancêtres récemment arrivés de France—puisque très peu d'immigrants français sont venus aux Etats-Unis—la majorité des Américains ont, dans le passé, considéré les Français avec une certaine méfiance: on les connaissait beaucoup moins bien que, par

Caricature américaine sur les Français (Copyright, *Graphic Reprint by Rob Rogers*/Pittsburgh Post-Gazette, 2000 all rights reserved. *Reprinted with permission.*)

MENU

Tartare de Saumon de Norvège aux Baies Roses et Ciboulette
Salade de Tomates et d'Avocat à l' Huile d'Olive, Mozarella et sa Banderille
Foie Gras de Canard Maison et ses Toasts (Sup.50 frs)
Carpaccio de la Mer et Palourdes au Massalé de Bourbon
Queues de Crevettes à la Mie de Pain, Frits et sa Sauce Tartare
Salade de Saumon Mariné à l'Aneth et au Citron Vert
Mousseline de Brochet à la Bisque d'Ecrevisses
Chiffonade de Jambon Sérano sur sa Salade de Laitue, vinaigre de Cidre
Terrine de Pétoncles et Corail Accompagnée d'une Petite Salade
Quiche de Viande de Canard Confite aux Olives
Gaspatcho de Tomates Fraîches à la Crème Légère et au Basilic

Magret d'Oie Grillé Sauce à l'Orange
Tête de Veau à l'Ancienne Pommes Anglaise et sa Sauce Ravigote
Aiguillette de Noix d'Entrecôte de Boeuf aux Oignons Confits
Le Délice de " NEPTUNE " Gratiné (sup. 30 frs)
Petit Carré d'Agneau Grillé et sa Persillade
Aile de Raie Gratinée au Camembert
Duo de Carpaccio et ses Pommes Allumettes
Filet de Carelet Meunière à la Crème de Poireaux
Feuilleté de Ris et Cervelle d'Agneau Mitonnés aux Champignons et ses Lupins
Marmite de Saint-Jacques et Queues de Crevettes sur ses Tagliatelles au Fenouil (Sup.30 frs)
La Véritable Andouillette de TROYES Crème à la Moutarde à l'Ancienne

Le Roulé à l'Ail et Fines Herbes, Petite Salade Verte

En Raison de la Préparation des Desserts, Nous Vous Demandons de les Commander en Début de Repas
MERCI

Les Trois Crèmes Glaçées au Chocolats, Chantilly et Tuile aux Amandes
La Crème Brulée à la Cassonnade
Tarte TATIN et son pot de Crème Fraîche Epaisse
Les Poires BABY à la "Belle Hélène" sur sa Glace au Miel
Chaud-Froid de Framboises Gratinées sur sa Compote de Rhubarbe
L'Assiètte de Sorbets sur sa Palette de Coulis de Fruits
Le Mikado de Fruits Rouges à la Crème de Riz Vanillée
Le Tiramisu au Mascarpone sur sa Purée de Framboises
Le Chocolatino sur son Lit de Crème Anglaise
Le Vendôme aux Ecorces d'Oranges Confites
Le Délice Glacé aux Raisins Macérés au Marc de Champagne et
sa Ronde de Fruits Frais (sup. 25frs)

A la recherche de la France: menu d'un restaurant à Montpellier

exemple, les Italiens ou les Irlandais.[4] Les préjugés américains sur la France et les Français frappent donc un peuple qui, humainement et culturellement, semble à la plupart des Américains plus éloigné que d'autres peuples d'Europe.

L'analyse culturelle

Pour saisir le comportement d'un autre peuple, il faut connaître le vaste complexe culturel dont les actions et la mentalité ne sont que la manifestation. Les Américains se plaignent de ce que les Français ne les invitent pas facilement chez eux. Les Français trouvent que les marques d'amitié des Américains sont faciles et superficielles. Pour comprendre ces critiques, il faut savoir la conception que les uns et les autres se font du foyer familial, du milieu où ils vivent, de l'amitié, de la nature humaine, de l'organisation de leur société respective et de l'intégration de l'individu dans cette société.

Ce livre s'efforcera d'analyser les bases du système culturel français, afin de faire mieux comprendre aux Américains certains traits spécifiques du comportement français. La recherche systématique et exhaustive de ces bases présente des difficultés considérables. Il est possible cependant de donner un aperçu des éléments fondamentaux du système culturel français, et de montrer comment certaines caractéristiques de cette culture peuvent mieux se comprendre dans le contexte général. Chaque Français—comme chaque Américain—est différent de ses compatriotes par ses caractéristiques physiques et psychologiques. Mais certains traits de comportement distinctifs se retrouvent—dans une nation, une classe sociale, etc.—chez un très grand nombre d'individus, souvent chez la majorité d'entre eux (jamais chez tous). Ces traits ne sont pas innés mais acquis par mimétisme avec les adultes et par l'éducation reçue pendant l'enfance et l'adolescence. On ne naît pas français ou américain, on le devient.[5] Ce sont ces traits dominants qui permettent de parler de la "culture des Français" par opposition à la "culture des Américains". Pour parler de la culture d'un groupe, d'un peuple, il faut nécessairement généraliser, c'est-à-dire étendre artificiellement à l'ensemble du groupe les caractéristiques dominantes qui le distinguent des autres groupes. Toute généralisation déforme donc la réalité et il faut en être conscient; mais refuser de généraliser, c'est se condamner à ne plus rien dire puisqu'il faudrait alors étudier chaque Français l'un après l'autre! Pour que cette généralisation soit un instrument d'analyse valable et ne produise pas de stéréotype, il faut qu'elle soit fondée sur des traits de comportement distinctifs *réellement* dominants (et non sur des

[4] Les Franco-américains des Etats-Unis sont les descendants d'immigrants venus du Québec et non directement de France. La France a envoyé très peu d'émigrants vers les Etats-Unis aux 19e et 20e siècles. Les Français qui s'installèrent aux Etats-Unis venaient de tous les milieux sociaux, mais étaient souvent des gens de métier qualifiés au niveau d'éducation relativement élevé. Ils ne fuyaient généralement pas la misère ou la persécution. Au 20e siècle, plusieurs milliers de femmes françaises épousèrent des soldats américains et suivirent leurs maris aux Etats-Unis.

[5] Dans un ouvrage féministe célèbre (*Le Deuxième Sexe*), Simone de Beauvoir avait écrit: "On ne naît pas femme, on le devient".

traits que l'on *imagine* dominants). Sauf en utilisant l'enquête statistique (nécessairement très limitée), on ne peut évaluer avec justesse ce qui est réellement dominant que par la fréquentation très longue d'un peuple (plusieurs années passées dans un pays). Cette approche est appelée "empirique" parce qu'elle est fondée sur les sens, sur ce qu'on voit, par opposition à l'approche statistique dite "scientifique".[6] Lorsque l'on parle de "comportement français" ou de "comportement des Français", on ne veut donc pas dire que tous les individus sans exception se comportent de la sorte, mais qu'une majorité d'entre eux tendent à se comporter ainsi.

Le fait que certains traits culturels dominent chez les Français provient en partie de leur passage par un système d'éducation national qui les marque d'une empreinte indélébile, souvent sans qu'ils s'en rendent compte. Cette empreinte culturelle "nationale" sur les individus, encore forte aujourd'hui, n'a rien de permanent dans l'histoire. Elle n'existait guère avant le 19e siècle et pourra s'affaiblir ou disparaître à l'avenir. Ajoutons qu'aucune culture nationale ne constitue jamais un bloc uni et parfaitement cohérent: à l'intérieur de ce que l'on appelle "français", il existe des variations importantes selon les classes sociales et les régions qui sont souvent la cause de tensions. Il faut enfin rappeler qu'un pays, une culture ne constitue jamais une entité stable dans le temps. Sans cesser de rester différente de l'Amérique, la France change. Entre 1960 et aujourd'hui, elle a connu la période de changements la plus accélérée de toute son histoire. Dans beaucoup de domaines, une véritable révolution s'est produite en quelques années, marquant un contraste brutal avec l'évolution plus lente des 150 années précédentes.[7] Pour comprendre les Français, il faut donc non seulement connaître ce qui les sépare des Américains, mais aussi ce qui les sépare d'eux- mêmes dans le temps: les changements qu'ils ont vécu font partie de leur identité. Beaucoup d'entre eux sont nés et ont été éduqués dans une France très différente de celle d'aujourd'hui et cette France différente vit encore dans leur esprit et dans leur comportement.

Nous commencerons par étudier la manière dont les Français résolvent trois des questions essentielles de l'humanité. Tous les êtres humains, où qu'ils soient, doivent—même inconsciemment—trouver une réponse à ces questions, et, dans toute société, en dépit de grandes différences individuelles, on peut aboutir à une certaine formule valable pour la majorité.

La première question touche le concept de l'univers physique où les Français (ou les Américains) se trouvent placés dès leur naissance, et du rôle qu'ils doivent y jouer. La seconde se rapporte à leur conception du temps. Les Français et les Américains ne donnent pas la même valeur au passé ni au temps. La troisième ques-

---

[6] Certains livres poussent l'approche empirique si loin qu'ils refusent toute généralisation (par exemple *Les Français* de l'historien anglais Theodore Zeldin). D'autres ouvrages, au contraire, adoptent une approche "scientifique" en se reposant essentiellement sur des statistiques (exemple: G. Mermet, *Francoscopie*, dont le titre suggère une sorte d'examen médical).

[7] Un livre important consacré à ces changements a d'ailleurs pour titre "La Seconde Révolution française". Voir Henri Mendras, *La Seconde Révolution française, 1965–1984* (Paris: Gallimard, 1988).

3

tion porte sur le concept de la nature humaine. L'être humain est-il naturellement bon? Peut-on s'attendre à ce que les autres recherchent le bien et fassent "ce qu'il faut" sans y être forcés? Français et Américains ne répondent pas de la même manière à cette question, et ce sont leurs réponses divergentes qui expliquent en partie la façon dont leur société est gouvernée.

Il est évidemment impossible de déterminer comment tous les Français résou-draient ces questions; mais certaines sources d'information comme les manuels scolaires—par lesquels toute société inculque les "règles du jeu" essentielles aux générations successives—sont très utiles pour saisir les attitudes dominantes face à ces problèmes. Nous examinerons donc comment l'identité française est transmise aux enfants par le système scolaire à travers l'enseignement de l'histoire, de la géo-graphie et de l'instruction civique.

Nous étudierons ensuite les gestes des Français et la conception du corps qui les inspire. Une part importante de la communication entre individus est gestuelle, non-verbale. Les codes de cette communication ne sont pas identiques en France et aux Etats-Unis. Même les gestes ne servant pas à communiquer sont souvent les produits d'une culture particulière. Pourquoi peut-on reconnaître en quelques secondes qu'un homme marchant dans les rues de Paris n'est pas français ou qu'une femme frappant à une porte à Boston n'est pas américaine? Nous analyserons en quoi les gestes des Français et leur attitude à l'égard du corps diffèrent de ceux des Américains.

Nous verrons ensuite comment la société est organisée en France. Il faudra tout d'abord pénétrer dans l'unité de base—la famille qui, comme dans la plupart des so-ciétés, est non seulement la forme organisée la plus simple, mais aussi celle qu'imi-tent d'autres formes d'organisation sociale. La manière dont les enfants sont élevés permet de comprendre pourquoi les Français préfèrent certaines attitudes. Nous étu-dierons comment le modèle de la famille traditionnelle, dominant jusque dans les années 1950, a rapidement évolué pour donner naissance, dans les années 1970–1980, à une "nouvelle famille" assez différente de la famille traditionnelle. Nous verrons quels sont les importants changements démographiques ayant affecté la France au cours des décennies passées et en quoi a consisté l'intervention de l'Etat dans ce domaine. Les importants changements ayant affecté la place des femmes dans la société française seront aussi évoqués.

De la famille nous passerons à l'organisation générale de la société, en soulignant les changements importants des quarante dernières années et en insistant sur les as-pects du fonctionnement de la société française que les Américains ont le plus de mal à comprendre. Nous examinerons d'abord l'organisation générale du droit et le système judiciaire, puis celle du gouvernement et de l'administration. Nous traite-rons ensuite de l'organisation de l'enseignement. Nous analyserons dans ses grandes lignes l'organisation de l'économie. Nous verrons aussi comment la France s'est inté-grée à l'Union Européenne et les changements importants que cela représente pour le pays et ses habitants.

Ensuite seront examinés les symboles, c'est-à-dire l'ensemble des comportements, codes et conventions gouvernant la vie de l'esprit. Ces symboles sont plus difficiles à saisir que les institutions sociales ou politiques parce qu'il s'agit de réalités abstraites qui font souvent appel à ce qui est intellectuel et affectif: elles n'ont donc pas de sens—ou pas le même sens—pour les Américains. Nous aborderons la question sous cinq angles différents, ceux de la religion, de la vie intellectuelle, des loisirs, des médias et des relations entre Français et Américains.

Nous parviendrons peut-être ainsi à faire comprendre les causes de mésentente entre Français et Américains. Sachant déjà ce que les Américains pensent des Français, nous rechercherons quels sont les stéréotypes français utilisés pour décrire les Américains. Ces stéréotypes font partie du système culturel français, et quand nous arriverons à la fin du livre, nous devrions trouver normale la vision française de l'Amérique et des Américains.

Les analyses et travaux présentés dans ce manuel ont pour objectif de donner au lecteur les bases nécessaires pour pouvoir comprendre la France et les Français d'aujourd'hui. L'acquisition de telles bases est nécessaire pour l'entrée dans le cycle avancé des "études françaises". Elle donnera aussi à l'étudiant la capacité de s'intégrer plus aisément dans un milieu français.

Première Partie

Points de vue français

Nous allons d'abord essayer de comprendre comment les Français voient le monde qui les entoure. Cette vision est (comme pour les Américains) une construction culturelle qui leur est transmise par la famille et par l'école. Il est très important de la connaître pour comprendre tout le reste. Quelles sont les valeurs, attitudes et comportements fondamentaux qui sont transmis aux enfants français? En quoi sont-ils différents des valeurs et comportements qui dominent chez les Américains? Comment se fait la transmission? Pour répondre à ces questions, nous allons explorer successivement quatre domaines bien définis: l'espace, le temps, la conception de la nature humaine et le corps.

Chapitre 1

Points de vue français sur l'espace

Pour savoir comment les Français conçoivent l'espace physique et leurs rapports avec lui, il faut regarder les manuels de géographie des écoles françaises, qui suivent tous la même approche définie par le Ministère de l'Education Nationale. L'école, en effet, contribue à transmettre aux enfants la conception française de l'espace.

L'enseignement de la géographie

Une première différence avec les Etats-Unis se trouve dans l'importance plus grande donnée à l'enseignement de la géographie en France. En Amérique, la géographie est un sujet assez secondaire qui est généralement rattaché à ce qu'on appelle *social studies* et qu'on aborde de manière intermittente au cours de ses études. De même, la géographie n'occupe qu'une place relativement mineure dans les universités américaines. En France, au contraire, un élève suit des cours de géographie sans arrêt de l'âge de 7 ans à 18 ans. Le professeur d'histoire est toujours aussi professeur de géographie. L'étude de la géographie est également importante dans les universités.

Les concepts les plus fondamentaux sont exprimés dans les premières leçons des premiers manuels de l'école primaire. Elles montrent presque toujours un enfant (représentant l'élève) placé dans un lieu qui lui est familier (ville, village, campagne). Chaque leçon montre les rapports directs qu'entretient l'enfant avec ce qui l'entoure: le soleil, les étoiles, les montagnes, les rivières, les villes, etc.; on lui apprend à situer les points cardinaux (nord, sud, est, ouest). Quand l'enfant a appris à se situer par rapport à tout ce qu'il voit autour de lui, on lui apprend que ce qu'il voit autour de lui (ville, village) est placé dans une structure plus large qui s'appelle la France, puis que la France elle-même se trouve dans un milieu plus large, la terre, qui est elle-même au centre d'un milieu plus large, l'univers. A chaque étape, l'enfant apprend à se situer dans l'élément étudié. Connaître sa situation dans l'espace lui permet de définir son identité (on dit ainsi de quelqu'un qui ne sait plus qui il est ou ce qu'il fait qu'il "perd le nord"). L'enfant apprend que le monde est immense et en changement perpétuel, mais que tout s'y mesure par rapport à lui, être humain.

Un autre aspect remarquable de cet apprentissage tient au fait qu'on apprend à l'élève de 7 ou 8 ans à utiliser des concepts abstraits pour comprendre la réalité physique du monde. Ainsi, dans *Mon premier livre d'Histoire et de Géographie* (1986), l'enfant français apprend que seule une reconstruction abstraite de la réalité (un plan) permet de comprendre ce qui nous entoure et de ne pas se perdre: "Nous vous envoyons un plan pour que vous puissiez vous repérer", "Le plan avec sa légende permet de se repérer".[1]

Dès les premières leçons, l'enfant apprend ainsi à analyser ce qu'il voit. Il doit savoir distinguer clairement les différents éléments de l'univers physique et apprendre ce qui fait la particularité de chacun de ces éléments. Il apprend ce qui sépare les différents types de sols, de montagnes, de cours d'eau, de climats, d'agriculture, d'habitat. Par exemple, l'apprentissage de l'analyse apparaît avec la légende du plan, qui divise la réalité concrète en éléments séparés, et aussi avec les exercices: "Cherche sur la photo, puis sur le plan, l'école de Pierre, la ferme de ses parents, la mairie. Regarde bien les maisons de ce village. Sont-elles toutes semblables? Fais la liste des points communs et des différences". Dans *Histoire Géographie Education Civique* (1986), l'enfant de 7 ou 8 ans apprend qu'"observer un paysage, c'est organiser tout ce qu'on voit, en distinguant trois plans, du plus proche au plus lointain"; "étudier un paysage, c'est en distinguer les différents éléments et les décrire".[2] Chaque année, les sujets étudiés deviennent de plus en plus complexes, mais l'approche reste toujours la même: l'élève apprend à diviser une structure géographique en éléments distincts de plus en plus subtils et à analyser les rapports entre eux.

Aux Etats-Unis, l'approche suivie dans l'enseignement de la géographie n'est pas du tout la même. L'enfant américain apprend beaucoup moins à analyser ce qui l'entoure. On lui enseigne qu'il existe des différences, mais que sous ces différences, le monde est un, les êtres humains ont les mêmes aspirations. On essaie de lui donner une expérience concrète des pays lointains en apportant leur culture dans la classe: objets d'art, cuisine, langue, vêtements, récits d'adultes ayant voyagé dans ces contrées, tout est rassemblé pour lui permettre de "sentir" comment vit un enfant vietnamien ou africain.

L'enfant américain apprend ainsi à se rapprocher mentalement de ce qui est éloigné par une sorte de sympathie qui annule les distances et les différences. Au contraire, l'enfant français apprend à s'éloigner mentalement de ce qui est rapproché par le moyen de l'analyse. On l'incite à prendre du recul pour mieux évaluer distances et différences ("Voici notre village vu d'avion", "Regarde bien les maisons de ce village", "Pour avoir une bonne vue d'ensemble d'un paysage, il est préférable de se placer au-dessus de lui"). Il apprend ainsi à observer le monde qui l'entoure avec un certain détachement, comme s'il en était séparé.

Le même procédé est utilisé pour l'étude de la France. L'élève français—comme l'élève américain—apprend que son pays occupe une position centrale dans le monde.

---

[1] J.L. Nembrini, D. Panteix, M.-C. Louis, *Mon premier livre d'Histoire et de Géographie, Education civique*. (Paris: Hachette, 1986).

[2] *Histoire Géographie Education civique CE* (Paris: Belin, 1986).

LA TERRE

se repérer

La Terre est ronde, elle a la forme d'une **sphère.** Pour pouvoir repérer avec exactitude un lieu sur la Terre, on a quadrillé le globe terrestre de lignes imaginaires :

● **l'équateur** est un grand cercle qui sépare la sphère de la Terre en deux moitiés égales : **l'hémisphère** Nord et l'hémisphère Sud ;

● les **parallèles** sont des cercles parallèles à l'équateur. Tous les points qui sont sur un même parallèle sont à la même distance de l'équateur. Cette distance s'appelle la **latitude** ;

● les **méridiens** sont des demi-cercles qui relient le pôle Nord au pôle Sud. Tous les points placés sur un même méridien sont à une certaine distance du méridien d'origine (le méridien qui passe par l'observatoire de Greenwich, en Angleterre). Cette distance s'appelle la **longitude.**

Pour localiser un point sur la Terre, il faut connaître à la fois sa latitude et sa longitude. Ces positions se mesurent en **degrés.** Par exemple, Le Caire, capitale de l'Égypte, est située par 30° de latitude Nord et à 30° Est de longitude.

➡ Nomme les continents et les océans que tu vois. Localise la France, le Nil, les grands lacs africains.

● Voit-on la terre ? Pourquoi ?

● Par rapport à une carte du monde, comment apparaît le Brésil ? Pourquoi ? Que représentent les taches blanches ?

● Sur la carte des pages 6-7, repère Montréal, au Canada. Cette ville est située par 45° Nord de latitude et 75° Ouest de longitude. Repère la ville de Leningrad, en Union soviétique (60° Nord de latitude et 30° Est de longitude). Trouve la latitude et la longitude de Shanghai (Chine).

je retiens

La Terre est une sphère. Pour repérer un point sur la Terre, il faut connaître sa latitude et sa longitude.

Manuel de géographie français pour enfants de 7–8 ans (Histoire Géographie Education civique CE, Belin 1986).

Map Skills
Be a Map Detective

As a map detective you will be searching for clues on a globe or a map. A globe is about the same shape as the earth. It is easy to see how the continents and the bodies of water are shaped. You can see from the globe that no part of the earth is really flat!

CLUE #1: LOOK FOR THE EQUATOR
Look for a line that is halfway between the North Pole and the South Pole. It circles the globe. The **equator** is called the **zero parallel**. It is the starting place for numbering the parallel lines that go around the globe. Each of the other lines has a number of degrees from 1 to 90. The symbol for degrees is a small circle (°). The lines also have a letter, N or S, to show if it is north or south of the equator. The equator line runs in an east-west direction.

CLUE #2: LOOK FOR THE PRIME MERIDIAN
Look for lines that run in a north-south direction. They are called **meridians**. They are numbered from 0° to 180°, and each has a letter, E or W. The **prime meridian** is located at 0°.

CLUE #3: LOOK FOR THE OCEANS OF THE WORLD
Find the four large bodies of water called **oceans**. They are the Atlantic Ocean, the Pacific Ocean, the Indian Ocean, and the Arctic Ocean.

CLUE #4: LOOK FOR THE CONTINENTS OF THE WORLD
Use a flat map to help you answer these questions about the seven continents.

1. What are the names of the continents? _____

2. Which continents does the equator cross? _____

3. Name the smallest continent. _____ The largest. _____

4. Which continents are crossed by the prime meridian? _____

5. Which continent is located at 30° S and 130° W? _____

Manuel de géographie américain pour enfants de 7–8 ans (© *Educational Impressions* 1989. From Journey Around the World, *written by Charlotte S. Jaffe and Anne Young. Reprinted with permission from the publisher, Educational Impressions.*)

LES PAYSAGES

observer le paysage

Le paysage est ce qui nous entoure. Observer un paysage, c'est organiser ce que nous voyons autour de nous, en distinguant les différents **plans,** du plus proche au plus lointain.

Le **premier plan** est ce qui est le plus près de nous. On y observe très bien les détails.

Le **deuxième plan** est ce qui est un peu plus loin. Les détails sont moins visibles, mais on a une vue d'ensemble sur un espace beaucoup plus vaste que le premier plan.

Le **troisième plan,** où **arrière-plan,** est ce qu'il y a entre le deuxième plan et la ligne d'**horizon.** Cela représente un très grand espace, mais on ne distingue pas du tout les détails.

Pour avoir une bonne vue d'ensemble d'un paysage, il est préférable de se placer au-dessus de lui. C'est pourquoi on utilise souvent en géographie des photographies **aériennes.**

Le port de Bastia

➡ Choisis un autre paysage dans ton livre et, à l'aide d'un calque, indique les différents plans.

je retiens

Observer un paysage, c'est organiser tout ce qu'on voit, en distinguant trois plans, du plus proche au plus lointain.

Manuel de géographie français pour enfants de 7-8 ans (Histoire Géographie Education civique CE, *Belin 1986; photo by Larrier/Rapho.*)

étudier le paysage

Un paysage du Cantal : le village de Leyvaux.

Le paysage est composé de différents éléments. Étudier un paysage, c'est distinguer tous ces éléments et les décrire.

On étudie d'abord ce que la nature a fait.

Ce sont les éléments **naturels** du paysage.

Le **relief** : est-il plat ? creux ? en hauteur ? Comment le nommer : plaine ? plateau ? colline ? vallée ? falaise ? etc.

La **végétation** : bois ? forêt ? arbres isolés ?

On étudie ensuite ce qui a été fait par l'homme.

Ce sont les éléments **humanisés** du paysage : constructions, routes, cultures, etc.

Les **villes** ou les **villages** : quels sont les différents quartiers ? Comment sont disposées les maisons ? sont-elles neuves ou anciennes ? Comment sont les rues ? y a-t-il des usines ?

Les **champs cultivés** : sont-ils grands ou petits ? Qu'y cultive-t-on ?

⟹ *Ces cinq croquis distinguent les différents éléments du paysage qui est sur la photographie.*
A l'aide d'un calque, fais la même chose sur un autre paysage de ton livre.

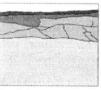

Le relief

Les champs cultivés

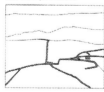

Les routes
et les aménagements

La végétation

Les maisons

je retiens

Étudier un paysage, c'est en distinguer les différents éléments et les décrire.

Manuel de géographie français pour enfants de 7–8 ans (Histoire Géographie Education civique CE, *Belin* 1986; *photo by Berli/Rapho.*)

s'orienter

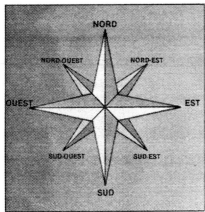

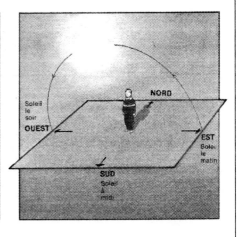

S'orienter, c'est savoir dans quelle **direction** on se trouve. Les directions, ou **points cardinaux,** nous sont données par le soleil.

Le soleil se lève à l'est. A midi, il nous indique le sud. Le soir, il se couche à l'ouest.

On peut aussi s'orienter grâce à la **boussole :** sa petite aiguille bleue aimantée indique toujours le nord, quel que soit le sens dans lequel on tourne le cadran de la boussole.

Souviens-toi que toutes les cartes que tu observes dans ton livre sont orientées de la même façon : le nord est en haut, le sud en bas, l'est à droite, l'ouest à gauche.

je retiens

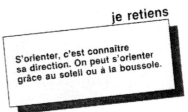

S'orienter, c'est connaître sa direction. On peut s'orienter grâce au soleil ou à la boussole.

Manuel de géographie français pour enfants de 7–8 ans (Histoire Géographie Education civique CE, *Belin 1986*).

Map Skills
Directions Can Be Fun!

There are four basic direction words that help us to read maps. They are NORTH (N), SOUTH (S), EAST (E), and WEST (W). They tell us directions on the earth.

A "compass rose" is usually on a flat map to show direction.

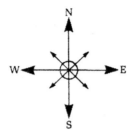

Fill in the missing directions below. Use **N** for north, **S** for south, **E** for east, and **W** for west.

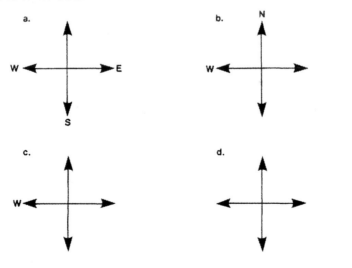

Manuel de géographie américain pour enfants de 7–8 ans (© Educational Impressions 1989. From Journey Around the World, *written by Charlotte S. Jaffe and Anne Young. Reprinted with permission from the publisher, Educational Impressions.)*

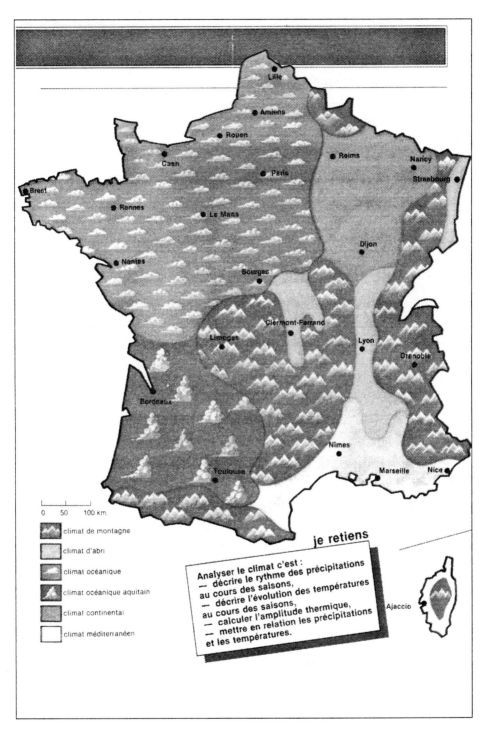

Le relief de la France (Histoire Géographie Education civique CE, *Belin 1986*).

Tout d'abord, la France est au centre de l'Europe—et les cartes utilisées dans les écoles françaises placent toujours l'Europe au centre du monde. Ensuite, si l'on divise la terre en deux hémisphères, l'un à dominante océanique, l'autre à dominante terrestre, on se rend compte que la France est au centre de l'hémisphère terrestre, celui des sociétés humaines. Traversée en son centre par le 45e parallèle, la France est à mi-chemin entre l'équateur et le pôle nord, c'est-à-dire dans une position modérée, loin des extrêmes climatiques. L'élève français apprend aussi que la France est un pays modéré par ses dimensions. Elle n'est ni trop petite, comme la Suisse ou le Danemark, ni trop grande, comme la Russie ou le Canada. Avec ses 550 000 kilomètres carrés (212 000 milles carrés), elle est plus petite que le Texas. Où que l'on soit en France, on peut se rendre à l'étranger en automobile en moins d'une journée. C'est pourtant la plus vaste nation d'Europe après la Russie. L'enfant français apprend également que, contrairement à d'autres pays qui ont des formes bizarres et irrégulières, la France a la chance d'avoir des formes harmonieuses et équilibrées qui se rapprochent de celles d'un hexagone. Le mot "Hexagone" (avec une majuscule) est ainsi devenu synonyme de France. Par l'utilisation de ce terme, les Français—seul peuple à appeler son pays du nom d'une figure géométrique—montrent qu'ils ont une conception abstraite de l'espace qui valorise beaucoup les qualités esthétiques dites "classiques": symétrie, équilibre des formes.

L'enfant français apprend aussi—comme l'avaient fait ses parents et grands-parents—que la France s'étend au-delà de l'Europe: "Très loin, de l'autre côté des océans, vivent des Français. Ils habitent dans les DOM-TOM, séparés de la métropole par des milliers de kilomètres et dispersés à travers le monde".[3] Certes, la France n'a plus d'empire colonial, mais il reste de cet empire quelques territoires lointains (des îles surtout) dans les Caraïbes, en Amérique du Sud, près du Canada, dans l'océan Indien et dans l'océan Pacifique, qui sont aujourd'hui administrativement intégrés à la France.

L'étape suivante de l'étude de la géographie consiste à analyser en détail les différents éléments qui composent la France du point de vue de la géologie, du climat et du système hydrographique. Chaque élément, chaque région a sa personnalité bien distincte que l'élève doit connaître. Sur le plan géologique, la France est d'abord formée de zones datant de l'ère primaire, qui sont toutes des montagnes granitiques basses et usées par l'érosion:

- Le Massif central (centre)
- Le Massif armoricain (ouest)
- Les Ardennes (nord-est)
- Les Vosges (nord-est)
- Les Maures et l'Estérel (sud-est)

---

[3] *Histoire Géographie CE1* (Paris: Casteilla, 1986) p. 92.

La France (Reprinted with permission Maps.com, Santa Barbara, CA.)

À l'ère secondaire se sont formées cinq grandes plaines très riches sur le plan agricole:

- Le Bassin parisien (centre-nord)
- Le Bassin aquitain (sud-ouest)
- La vallée du Rhône (sud-est)
- La plaine d'Alsace (nord-est)
- La plaine des Flandres (nord)

L'ère tertiaire a produit les hautes montagnes de la France qui lui servent de frontière avec ses voisins sur sa moitié sud:

1. Les Alpes (sud-est)
2. Les Pyrénées (sud-ouest)
3. Le Jura (est)

L'élève français apprend que, bien que la France soit située à la même latitude que le Vermont et le sud du Canada, son climat est beaucoup plus doux et modéré. On y est préservé des extrêmes de chaleur, de froid, de sécheresse et des cataclysmes naturels (tremblements de terre, tornades, cyclones) qui menacent habituellement les Etats-Unis. On distingue quatre grandes zones climatiques: le quart nord-ouest de la France, soumis aux influences du Gulf Stream, a un climat doux et assez pluvieux; il neige rarement l'hiver, mais l'été les températures restent assez fraîches (60–80° F le jour). Le quart sud-ouest a aussi des hivers doux; il ne neige presque jamais, mais il fait plus chaud l'été que dans le nord-ouest (70–90° F). La moitié est de la France (côte méditerranéenne exclue), plus montagneuse et soumise aux influences continentales, connait un climat un peu plus dur; il neige assez souvent l'hiver et il fait assez chaud l'été (75–90° F). La quatrième zone, beaucoup plus petite, borde la côte méditerranéenne sur une profondeur d'environ 200 milles. Dans cette région, la végétation est complètement différente du reste de la France: on pourrait se croire en Grèce ou sur la côte sud de la Californie. Il y a des palmiers et des oliviers. Il ne neige presque jamais, les hivers sont très doux (50–65° F), mais les étés sont plus chauds qu'ailleurs en France (80–95° F), très ensoleillés et très secs.

La troisième série d'éléments permettant de définir la France sur le plan physique est l'hydrographie: mers, fleuves, rivières. L'élève français apprend que la longueur des bordures maritimes de la France est grossièrement la même que celle de ses frontières terrestres: un autre équilibre dont il faut se féliciter. Il apprend que la France est entourée de trois mers différentes: la Manche (*English Channel* pour les Anglais) et l'océan Atlantique à l'ouest, la Méditerranée au sud-est. Pour aller en bateau de la côte atlantique à la côte méditerranéenne de la France, il faut faire le tour de l'Espagne en passant par Gibraltar. L'île de la Corse, près de l'Italie, fait partie de la France, mais les îles de Jersey et Guernesey, près des côtes françaises de la Manche, sont anglaises. Comme tout le reste, le système des fleuves et rivières est lui aussi découpé en catégories logiques: grands fleuves essentiellement français (la Seine, la Loire, la Garonne, le Rhône), fleuves partiellement français (Rhin, Meuse, Escaut), affluents des grands fleuves, rivières côtières autonomes, etc.

L'image de la France

L'image de la France produite par cette analyse méthodique et détaillée de toutes les différences géographiques est celle d'un pays extraordinairement varié et en même

Billet de banque, 1947: Marianne et les peuples de l'empire colonial

temps modéré. On trouve de tout, mais sans rien d'excessif. La France possède à l'intérieur de ses frontières une diversité naturelle semblable à celle de l'Europe entière: on y trouve des lieux rappelant la Scandinavie, l'Irlande, le centre de l'Espagne, la Suisse, l'Italie ou la Hollande. Le Ministère de l'Agriculture estime ainsi que la France est composée de 425 "pays" ou régions agricoles ayant chacune leur personnalité bien distincte…. L'élève français apprend que cette diversité exceptionnelle de la France est une richesse et un élément de supériorité de son pays sur ceux dont la géographie est monotone et ennuyeuse. La coexistence de cette très grande variété géographique avec la forte unité politique et culturelle de la France ressemble à un miracle, comme si une force mystérieuse avait réuni ces régions si différentes en un seul bloc.

Un autre aspect important de l'enseignement de la géographie (et de l'histoire) aux élèves français tient dans la forte personnification de l'image de la France. L'historien Jules Michelet écrivait il y a plus d'un siècle: "L'Angleterre est un empire; L'Allemagne un pays et une race; la France est une personne. Sa personnalité, sa variété, son unité la placent haut dans l'échelle des êtres vivants".[4] Cette image de la France-personne date de l'époque romantique (1820-1850) et, sans être aussi forte qu'il y a 50 ou 100 ans, elle existe toujours aujourd'hui. Elle affirme que la réalité physique et le passé de la France en font un véritable être vivant, complexe et original comme un individu. Le premier chapitre d'un récent manuel de géographie pour la classe de première s'intitule "Naissance de la France et du peuple français".[5] La France est présentée comme un pays privilégié; elle est naturellement riche, très belle,

---

[4] Jules Michelet, *Histoire de France*, vol. II.

[5] Jean-Robert Pitte, *Géographie 1ère* (Paris: Nathan, 1988).

Rue d'un quartier très ancien de Paris

bien construite, toute en douceur et en modération; c'est un lieu où la nature a été polie et civilisée par des siècles d'occupation humaine; c'est pour cela qu'elle a suscité l'envie des envahisseurs étrangers dans le passé et qu'elle attire tant de touristes aujourd'hui.

Bien entendu, d'autres pays ont été personnifiés: par exemple, John Bull représente l'Angleterre, Uncle Sam représente les Etats-Unis. Mais il s'agit de figures masculines. La France, elle, est vue par les Français comme plutôt féminine. La statue en buste de Marianne, jeune femme mythique représentant la France républicaine, se trouve dans toutes les mairies et son image figure sur de nombreux timbres et pièces de monnaie.[6] La charge affective et émotionnelle contenue dans cette image féminine est très forte. La France-personne, la République est aimée comme une sorte de mère, d'amante ou de fille dont la beauté rappelle celle du pays. La France est parfois aussi représentée sous

---

[6] Le nom de Marianne pour désigner la république française apparut pour la première fois dans une chanson en 1792. Il fut repris par une société secrète républicaine sous la Restauration (1815–1830). La jeune femme qui sert de modèle (souvent une actrice ou un mannequin de haute-couture) pour les statues de Marianne est choisie par un vote auquel participent tous les maires de France.

Timbre avec la devise de la république française et Marianne coiffée d'un bonnet phrygien

l'aspect d'un animal, le coq. Le coq est qualifié de "gaulois" parce qu'en latin le même mot est utilisé pour désigner un coq et un gaulois (gallus).[7] L'image du coq est utilisée lorsqu'il s'agit de promouvoir des valeurs considérées comme viriles, telles que la combativité et l'agressivité des Français. Le coq est l'emblème officiel des sportifs français dans les compétitions internationales.[8]

Cette forte charge affective et émotionnelle se retrouve dans le lien qui unit les Français—et les Européens en général—au territoire historique de leur nation ou de leur province d'origine. Tout territoire est vu comme correspondant à une ethnie particulière avec non seulement sa langue, sa religion, sa culture, mais aussi ses traits physiques particuliers.[9] Au niveau national, cette ethnie est d'ailleurs souvent mythique, imaginaire—l'"ethnie française", par exemple, n'a jamais existé. Le territoire lui-même fait partie du peuple. Les ancêtres y sont, depuis toujours, enterrés. L'ennemi, c'est donc l'envahisseur, celui qui pénètre sur le sol de la province ou de la patrie. Avant le début du 20e siècle, les seuls étrangers que les Français ont vu arriver en grand nombre dans leur pays n'étaient pas des immigrants ou des touristes, mais les soldats des armées d'invasion.

---

[7] Les Gaulois habitaient la France au 1er siècle avant J.C. lorsque Jules César conquit la Gaule (la France actuelle). En raison des multiples mélanges ethniques ultérieurs (invasions, immigration), il est très exagéré de dire que les Français d'aujourd'hui sont d'origine gauloise.

[8] L'image du coq pour symboliser les Français est apparue au début du règne de Louis XIV, vers 1660–1665.

[9] Il est encore possible de voir des différences collectives d'apparence physique (couleur des cheveux et des yeux, taille, etc.) d'une région à l'autre de la France. Par exemple, il y a une plus forte proportion de gens blonds aux yeux bleus dans le nord du pays ou en Normandie que dans le sud. Pris collectivement, les Bretons (dont les ancêtres sont venus du pays de Galles au VIe siècle après J.C.) ont des caractères physiques différents des Corses ou des Alsaciens. Ces différences régionales d'aspect physique sont très anciennes (elles remontent aux grandes invasions du haut Moyen-Age.) Elles sont en voie d'effacement aujourd'hui, à cause du brassage accéléré de la population au 20e siècle (les déplacements et les mariages inter-régionaux sont beaucoup plus faciles et fréquents que dans le passé).

Un jardin à la française au château de Villandry dans la vallée de la Loire (photo par Bernard Silberstein/Monkmeyer)

une grande différence?

Dans ce domaine, l'Amérique est différente de l'Europe, puisqu'aux Etats-Unis il n'y a pas de correspondance—réelle ou imaginaire—entre l'ethnie et le territoire (sauf dans le cas des Amérindiens).[10] La charge affective de l'appartenance ethnique et territoriale (lorsqu'elle existe) se porte sur les "vieux pays" des ancêtres venus d'Europe, d'Afrique ou d'Asie.[11] Pour la majorité des Français, le "vieux pays" n'est pas ailleurs puisqu'on ne l'a jamais quitté.

[10] Il n'existe pas d'état américain où tous les habitants sont, par exemple, irlandais, et qu'on qualifierait de "terre irlandaise".

[11] La province de Québec, au Canada, échappe à ce modèle nord-américain en raison de sa forte cohésion ethnique (80% des habitants descendent d'immigrants venus de l'ouest de la France).

Le rapport entre l'être humain et la nature

La conception que se font les Français du rapport entre l'être humain et la nature est un autre aspect fondamental de leur relation à l'espace géographique. Ils estiment qu'ils doivent vivre en harmonie avec leur milieu naturel, et toutefois le dominer dans une certaine mesure. Puisqu'ils ne veulent pas le modifier de fond en comble, il leur faut l'adapter à leurs propres besoins, mais sans le détruire ni l'écraser, car les conséquences en seraient désastreuses. Le rapport entre l'être humain et la nature est donc vu comme un rapport de domestication. La culture française n'aime pas ce qui est sauvage. Elle a une aversion pour le naturel brut. Perçue comme désordonnée, chaotique, sans signification par elle-même, la nature doit être polie, civilisée pour répondre aux besoins de l'être humain; car l'être humain, par son intelligence, lui est supérieur. Même ce qui est appelé "naturel" en France garde presque toujours quelque chose d'artificiel, de contrôlé. Le jardin à la française, à la structure géométrique et rectiligne, est le produit de cette attitude poussée à l'extrême. Entre l'être humain et la nature, il y a une sorte de connivence: je t'élève en t'intégrant à la civilisation, dit l'être humain à la nature, et en échange tu acceptes d'être modelée pour embellir ma vie. Un chien bien dressé, le Mont Saint-Michel,[12] un verre de Champagne, un visage maquillé à la perfection sont l'image d'une conception traditionnelle de la civilisation où l'apport de l'être humain et celui de la nature se complètent si parfaitement qu'on ne peut plus très bien distinguer la part de l'un et de l'autre. Cette conception marque encore fortement les attitudes et les valeurs de la société française, mais elle est loin d'être toujours suivie car elle ne s'accorde pas facilement avec le développement industriel moderne. Plus contradictoire, l'attitude des Américains à l'égard de la nature oscille souvent entre deux extrêmes peu familiers aux Français: la volonté de dominer sans réserve la nature pour tirer le maximum de ses ressources et le respect absolu de la nature sauvage.

La relation à l'espace

La vision que les Français se font de leur relation à l'espace se retrouve naturellement dans bien d'autres domaines que la géographie. Les Américains qui arrivent en France sont toujours frappés par l'organisation de l'habitat français, très différente de ce qu'ils connaissent aux Etats-Unis. L'habitat français multiplie les obstacles physiques à la libre circulation du regard et des personnes: murs, clôtures, portes, grilles, volets, serrures sont si nombreux et si hermétiques que chaque logement donne l'impression d'être une forteresse. Pour accéder à l'appartement d'une amie française qui habite à Paris, Jane, étudiante américaine, doit d'abord franchir la grande porte qui donne sur la rue (fermée à clé, il faut taper un code pour ouvrir). Une fois entrée dans la cour

---

[12] Ile de la Manche sur le sommet de laquelle est construit un monastère.

de l'immeuble, elle doit sonner à la porte d'entrée (toujours fermée) du bâtiment où habite son amie. Elle prend ensuite l'ascenseur et se trouve face à la porte d'entrée de l'appartement, où elle doit sonner à nouveau pour entrer. Lorsqu'elle pénètre chez son amie, elle se trouve dans une pièce entourée de portes fermées, ce qui l'empêche de voir l'intérieur de l'appartement. Il lui faudra quitter cette pièce de transition (l'"entrée") et franchir une autre porte pour entrer dans le salon de son amie. Ce type de parcours est normal en France. L'habitat français est fermé aux étrangers (*outsiders*) d'une manière très explicite, sans la moindre ambiguïté.[13] Cela donne à ceux pour qui l'habitat s'ouvre (famille, amis) un statut de privilégiés qui est lui aussi explicite et sans ambiguïté.

La volonté de compartimenter l'espace d'une manière claire et hiérarchisée est un autre aspect caractéristique de l'habitat français. En France—contrairement à ce qui se passe aux Etats-Unis—les portes doivent normalement être fermées, à moins qu'il n'y ait une raison spéciale pour les laisser ouvertes. Les étudiants français arrivant aux Etats-Unis sont gênés de voir des professeurs converser avec eux en gardant la porte de leur bureau ouverte; ces étudiants fermeront automatiquement la porte derrière eux en entrant et considéreront comme un manque de respect le fait d'exposer leur conversation aux oreilles d'autrui. En France, d'autre part, chaque pièce a une fonction bien précise et distincte. La cuisine (souvent petite) sert à cuisiner, non à discuter avec des amis.[14] La chambre sert de chambre, non de vestiaire pour les manteaux des invités. La salle de bain sert à se laver, non de W.C. (normalement séparés). Les invités d'une soirée pénètrent dans les pièces destinées à recevoir les invités (salle à manger et salon), pas dans les autres pièces, considérées comme "non présentables" (cuisine) ou trop privées (chambres). Cette spécialisation traditionnelle des pièces est moins respectée aujourd'hui, en particulier parmi les générations jeunes.

Les murs, les grilles, les volets, les portes fermées ne sont pas une réponse à un sentiment d'insécurité (on les verrait même si la criminalité était nulle); ils traduisent plutôt un désir de contrôle permanent sur l'espace. Ce désir se voit aussi dans la très grande valeur attribuée à ce que quelqu'un ou quelque chose se trouve placé au centre. La culture française associe le pouvoir et le contrôle à une position centrale: ce qui dirige est ou devrait être au centre. Dans un bureau français où travaillent plusieurs employés, le chef est généralement placé au centre (à la Poste, par exemple). Les circonscriptions administratives appelées départements sont toutes de taille grossièrement identique et leurs capitales (les "chef-lieux") sont presque toujours situées au centre. Dans aucun autre pays l'administration territoriale n'a été dessinée d'une manière aussi rationnelle et géométrique. L'importance démesurée de Paris dans la vie nationale française est une conséquence de la grande valeur donnée à la centralité; c'est aussi une

---

[13] La langue française utilise le même mot ("étranger") pour dire *outsider*, *stranger* et *foreigner*.

[14] Les fermes anciennes sont une exception à cette habitude. La cuisine, généralement vaste, sert aussi de salle à manger et de pièce de réception des visiteurs.

conséquence lointaine de la présence des monarques absolus qui gouvernèrent la France aux 17e et 18e siècles.[15] Les images appliquées autrefois au pouvoir des rois (métaphore du soleil pour Louis XIV) ont marqué la langue courante. Ainsi, l'influence partant d'un centre et s'étendant simultanément dans toutes les directions s'exprime dans le concept français de "rayonnement" (littéralement *radiating*). On parlera par exemple du "rayonnement de la science française en Europe" ou du "rayonnement culturel de la France dans le monde".

On remarque aussi que les Français—plus que les Américains—attachent généralement une grande importance à l'équilibre d'ensemble d'une construction (abstraite ou concrète) et à sa cohérence globale. Pour eux, le détail importe moins que l'impression générale. Ils sont moins gênés que des Allemands ou des Américains par une chambre d'hôtel au mobilier un peu usé et incommode si cette chambre donne une impression générale d'harmonie et d'élégance. Ils remarqueront ce qui n'est pas bien accordé. En visite à New York, ils remarqueront que porter des *sneakers* avec des vêtements de ville (comme le font beaucoup de gens) "ça ne va pas du tout ensemble". Ils apprécient de sentir l'unité dans l'apparence et dans la présentation, parce que cela montre le contrôle de la volonté humaine. On retrouve ces attitudes partout, par exemple dans la publicité française qui donne plus d'importance à l'image globale d'un produit qu'à l'explication de détails sur ce produit. Dans l'enseignement, on donne une très grande valeur à la manière dont l'élève organise ses exposés oraux et ses travaux écrits: une dissertation (*essay*) pleine d'idées intéressantes qui ne serait pas structurée d'une manière logique et équilibrée risquerait fort de recevoir une note médiocre. On a connu des professeurs français qui notaient les travaux scolaires uniquement d'après la qualité du "plan" adopté par l'élève: seule l'architecture générale de la dissertation comptait; le détail de sa rédaction avait peu d'importance. Dans un texte célèbre, le général de Gaulle montre comment cette conception se retrouve dans les jardins "à la française":

> Dans le jardin à la française, aucun arbre ne cherche à étouffer les autres de son ombre, les parterres s'accomodent d'être géométriquement dessinés, le bassin n'ambitionne pas de cascade, les statues ne prétendent point s'imposer seules à l'admiration. Une noble mélancolie s'en dégage parfois. Peut-être vient-elle du sentiment que chaque élément, isolé, eût pu briller davantage. Mais c'eût été au dommage de l'ensemble, et le promeneur se félicite de la règle qui imprime au jardin sa magnifique harmonie.[16]

Pour en savoir plus: *www.quid.fr/*

---

[15] Paris se situe à peu près au centre de la moitié nord de la France.

[16] Charles de Gaulle, *La discorde chez l'ennemi*. Paris: Berger-Levrault, 1944, p. 10.s

Chapitre 2

Points de vue français sur le temps

Si l'on veut comprendre certaines différences fondamentales entre Français et Américains, il faut savoir comment la culture française conçoit le temps et le passé. Ici encore, nous allons commencer par regarder l'enseignement donné aux enfants. La manière dont l'histoire est présentée aux jeunes Français est très éclairante.

L'enseignement de l'histoire

Le contenu des programmes et des manuels d'histoire est—comme pour la géographie—fixé par le Ministère de l'Education Nationale et il est le même pour toutes les écoles françaises. L'étude du passé est vue comme étroitement reliée à celle de l'environnement géographique. Jusqu'à la fin de l'école secondaire, l'histoire est enseignée par le même maître que la géographie. Comme pour la géographie, l'élève français suit des classes d'histoire sans arrêt de l'âge de 7 ans à 18 ans.

L'étude de l'histoire est abordée de la même manière que celle de la géographie. De même que l'analyse de l'environnement physique part de l'enfant pour s'étendre progressivement au monde entier, l'étude de l'histoire part de l'enfant puis s'étend petit à petit à l'ensemble du passé. De même qu'il avait appris à s'identifier dans l'espace, dans le monde, il apprend maintenant à savoir où il est et qui il est dans le temps. Le but est de donner à l'enfant un sens très clair de son identité.

L'élève français, comme tout Européen, est en contact quotidien avec d'innombrables témoignages d'un passé très lointain, alors que la plupart des enfants américains ne voient que rarement des édifices construits avant le 19e siècle. La France compte environ 40 000 monuments historiques protégés par l'Etat (cathédrales médiévales, monastères, châteaux, églises, chapelles, etc.). Si l'on en visitait un chaque jour, il faudrait 109 ans pour les voir tous. Un élève français allant à l'école aujourd'hui peut marcher le long d'une muraille romaine, puis passer devant une cathédrale du 13e siècle, tremper sa main dans une fontaine apportée d'Italie en 1515 par l'armée de François 1er, avant d'arriver à son école installée dans un ancien couvent du 18e siècle. Même si cet enfant n'aime pas l'histoire, il ne peut pas échapper à sa présence, elle le cerne de toutes parts.[1] L'histoire lui est donc donnée au

---

[1] Il existe, bien entendu, des quartiers nouveaux dans les banlieues des grandes villes où l'histoire semble être absente. Mais même là, elle apparait dans les noms de lieu, qui datent souvent de l'époque romaine ou du Moyen-Age.

NOTRE PAYS LA FRANCE

notre patrie

La France est la **patrie** de tous les Français. C'est ainsi qu'on appelle son pays quand on parle de le servir ou de le défendre contre un danger.

L'amour qu'on éprouve pour sa patrie et la force qu'on sent en soi pour la défendre s'appellent le **patriotisme**. Tout au long de notre histoire, des Français, célèbres ou inconnus, ont donné leur vie pour défendre leur patrie. Certains se sont conduits en **héros**.

Un grand patriote Jean Moulin, héros de la Résistance. ▶

Chacun de nous peut être patriote sans être un héros, et servir sa patrie en faisant de son mieux pour que notre pays vive dans le progrès et la paix.

➡ Connais-tu dans ton village ou dans ton quartier un monument qui évoque la patrie ? Quelle inscription y a-t-il dessus ?

* Parmi les personnages de l'histoire évoqués dans ton livre, lesquels te semblent être des patriotes ?

je retiens

La France est notre patrie. L'amour qu'on éprouve pour sa patrie s'appelle le patriotisme.

La Marseillaise

Allons enfants de la Patrie,
Le jour de gloire est arrivé.
Contre nous, de la tyrannie
L'étendard sanglant est levé *(bis)*
Entendez-vous dans les campagnes
Mugir ces féroces soldats ?
Ils viennent jusque dans nos bras
Égorger nos fils et nos compagnes.

Refrain
Aux armes, citoyens !
Formez vos bataillons !
Marchons, marchons !
Qu'un sang impur
Abreuve nos sillons !

Manuel d'éducation civique français pour enfants de 7–8 ans (Histoire Géographie Education civique CE, Belin 1986).

14

POUR CONNAÎTRE
L'HISTOIRE LOINTAINE

▲ L'attaque d'un château fort au Moyen Âge : document du Moyen Âge

Manuel d'histoire français pour enfants de 7–8 ans (Mon premier livre d'Histoire et de Géographie, Education civique, *Hachette 1986*).

DANS CE PALAIS
ARCHIEPISCOPAL
LE MARDI 29 MAI
1431
A ETÉ TENVE
LA SCEANCE DV
PROCES
DE JEANNE D ARC
OV ELLE FVT CITÉE
A COMPARAITRE
LE LENDEMAIN
AV
VIEVX MARCHE

*Peut-on se sentir coupé de l'histoire quand on passe devant ce plaque chaque matin
pour aller à l'école?*

départ comme quelque chose de concret, de massivement visible. A l'école, il ira donc très vite du concret à l'abstrait, du visible à l'invisible: la muraille romaine, la cathédrale, la fontaine que je vois tous les jours, pourquoi sont-elles là?

Comme en géographie, les élèves se familiarisent avec une approche analytique et abstraite du passé dès l'âge de 7 ou 8 ans. Dans *Mon premier livre d'Histoire et de Géographie, Éducation civique* (1986), on part d'abord des notions les plus immédiates dans la vie de l'enfant: journée, nuit, matin, après-midi, emploi du temps, papa, maman (exercice: "Compare la matinée de Caroline à celle de sa maman"). Puis, progressivement, on élargit la perspective à la fois dans le temps et dans l'espace social: semaine, mois, année, événement, famille (exercice: "Dessine la ligne du temps de tes années de vie.

l'éducation ili → une abstraction

Tu connais maintenant les grands événements de notre siècle. Mais l'Histoire a commencé bien avant tes arrière-grands-parents. L'étude des traces laissées par nos ancêtres permet de la connaître.

Nous ne connaissons la Préhistoire, ce temps où les hommes n'avaient pas encore inventé l'écriture, que grâce à l'archéologie : des ossements, des outils de pierre, des poteries, bien datés et conservés dans des musées, permettent d'imaginer la vie dans ces temps lointains.

Puis apparut l'écriture. L'Histoire commençait, il y a plus de 3 000 ans. Les hommes ont laissé des tablettes gravées, des parchemins, des dessins : ainsi nous avons des textes pour comprendre.

Quand l'imprimerie et le livre furent inventés, les témoignages du passé ont pu se multiplier. Au XXe siècle l'image et la parole ont pu être enregistrées... Il y a aujourd'hui la mémoire des ordinateurs !

Notre environnement, les villes avec leurs monuments et leurs vieilles rues, les paysages de nos campagnes avec les villages d'autrefois sont aussi des témoignages irremplaçables.

EXERCICES

* la Préhistoire
l'Histoire
l'archéologie
les traces du passé

1 Comment peut-on étudier le passé ? Réponds après avoir lu le texte de la leçon.

2 Compare les deux documents. De quelle époque sont-ils ? Que nous apprennent-ils ?

3 Cherche autour de toi, dans ta ville ou ton village, des traces du passé. Essaie de les classer du plus ancien au plus récent.

▲ Les traces du passé : les restes d'un château fort ; photographie d'aujourd'hui

Par les monuments anciens, l'Histoire est présente autour de nous. Mais c'est par l'étude savante des documents que l'on peut connaître le passé.

Manuel d'histoire français pour enfants de 7-8 ans (Mon premier livre d'Histoire et de Géographie, Education civique, _Hachette 1986_).

Place les événements importants de ta vie"). Puis: génération, siècle, époque, document, ville, village (exercices: "Compare cette rue du début du siècle à la rue d'une ville aujourd'hui. Qu'est-ce qui a changé?"; "Recherche des photographies anciennes de ta ville ou de ton village"). On passe ensuite au niveau national: date historique, souvenir, cérémonies, archives (exercices: "Pourquoi le 11 novembre est-il un jour férié?"; "Explique le titre de *Paris-Match: LUNE numéro historique*"). Enfin, on arrive à l'étude du passé lointain, avant le 20e siècle: Préhistoire, temps des Gallo-Romains, Moyen-Age, Ancien Régime, Révolution, 19e siècle, archéologie, document historique (exercice: "Cherche autour de toi, dans ta ville ou ton village, des traces du passé. Essaie de les classer du plus ancien au plus récent"). Plus tard, l'élève apprendra à distinguer un régime d'un mouvement, un royaume d'un empire ou d'une république. La connaissance des éléments qui permettent de diviser l'histoire en compartiments chronologiques distincts lui permettra—comme en géographie—de "se repérer". Aujourd'hui, la mémorisation tient encore une grande place dans l'enseignement de l'histoire. Ceci est surtout vrai à l'école secondaire, mais déjà, chaque page du manuel *Histoire Géographie Education Civique* (Editions Belin, 1986) destiné à des enfants de 7 ou 8 ans a un segment intitulé "Je retiens", suivi de ce qu'il faut retenir. L'enfant français doit très tôt accumuler un savoir objectif intellectuellement détaché de sa propre expérience et apprendre à s'en servir par le raisonnement: quelles sont les causes de la première Croisade? Quel roi de France a eu le plus long règne et quand a-t-il régné? Pourquoi les protestants ont-ils été massacrés le jour de la Saint-Barthélémy en 1572?

Aux Etats-Unis, l'approche adoptée est complètement différente. L'enseignement de l'histoire dans les écoles américaines accorde moins d'importance à l'acquisition d'un savoir et à la mémorisation des faits historiques. L'essentiel est d'aider l'enfant à se rapprocher du passé, à le sentir (*to get a feeling for the past*). On insiste peu sur la structure chronologique de l'histoire et au contraire beaucoup sur les rapprochements possibles entre l'élève et les êtres du passé. L'enfant est invité à partager—par des documents et des lectures—la vie d'un jeune Athénien de son âge au Ve siècle avant J.C., ou à jouer le rôle d'un "pélerin" du 17e siècle en Nouvelle-Angleterre. L'élève doit sentir l'unité de l'expérience humaine sous l'apparente différence des style de vie ou du développement technologique: le jeune Athénien et le "pélerin" aspiraient déjà, eux aussi, à la liberté et à la démocratie. Les villages anciens minutieusement reconstitués (*Old Sturbridge Village*) et les *re-enactments* de batailles par des figurants en costumes d'époque correspondent à une approche empirique de l'histoire qui donne plus d'importance à l'expérience sensible de la vie passée qu'à sa connaissance intellectuelle.[2]

Une telle approche apparaît plus nécessaire en Amérique qu'en France parce que les témoignages physiques du passé ancien y sont beaucoup moins nombreux et visibles.

---

[2] Les "sons et lumières" français sont différents des *re-enactments* américains. Ce ne sont pas des reconstitutions historiques minutieuses, mais des spectacles nocturnes à but esthétique qui présentent chronologiquement l'histoire d'un monument historique. On trouve toutefois depuis quelques années en France des villages anciens que l'on visite, avec reconstitution de la vie traditionnelle.

Pour l'enfant américain, en effet, l'histoire n'est pas donnée au départ comme quelque chose d'aussi concret, d'aussi massivement visible que pour l'élève français. A l'école, on ira donc vers le concret, vers le sensible: vous avez entendu parler des plantations esclavagistes du Sud; voici des images, des photos de ces plantations. Vous avez entendu parler des cathédrales du Moyen-Age; en voilà une, voyez à quoi elle ressemble; il se peut même qu'on organise un voyage en Europe pour vous la montrer.

Le rapport au passé: la continuité passé-présent

Parmi les concepts fondamentaux liés à l'interprétation du passé chez les Français, il faut mentionner l'image de la "chaîne des générations" que l'on retrouve encore dans les manuels d'aujourd'hui. Cette image, fortement ancrée dans les esprits, voit les Français actuellement vivants comme liés à ceux des générations passées par une sorte de lien continu, chaque génération formant un anneau de la chaîne. Il existe une sorte de solidarité dans le temps entre les individus qui se sont succédés à la même place, créant un devoir de continuité et de fidélité. Chacun apporte, l'un après l'autre, sa pierre à l'édifice. La continuité dans le temps est ainsi vue comme plus honorable que la rupture de la continuité. Rompre celle-ci peut être nécessaire, mais cela est souvent perçu comme un échec. Ainsi, vendre l'entreprise de son père au lieu de continuer à la diriger pourra être vu comme regrettable, même si le fils en retire beaucoup d'argent; émigrer sera vu comme moins enviable que de passer sa vie là où la famille a toujours vécu; changer d'employeur sera perçu comme moins souhaitable que de travailler toute sa vie pour le même. Cette vision des choses est moins courante aux Etats-Unis, où la rupture par rapport au passé, le refus de la continuité sont vus comme des éléments essentiels de la liberté. Pour les Américains, le passé ne doit obliger à rien. Pour les Français, il oblige, et cela est moins perçu comme un poids. Au contraire, la continuité est souvent vue comme un élément essentiel de la liberté: être libre, c'est pouvoir "continuer", c'est pouvoir invoquer le passé pour maintenir ou développer quelque chose. Le passé est vu comme étant source de liberté plutôt qu'obstacle à la liberté. Il permet à l'individu de résister aux menaces des plus puissants et de protéger ses "droits acquis".

Les Français ont plus tendance que les Américains à craindre ou mépriser ce qui est temporaire, fragile, instable; ils respectent et recherchent ce qui est solide, stable, permanent. Par exemple, ils donnent à la sécurité de l'emploi une valeur plus grande qu'en Amérique. Ils prennent, en général, moins de risques que les Américains quand ils placent, prêtent ou empruntent de l'argent—les guerres et les révolutions du passé ont sans doute contribué à ce désir de sécurité. Leurs maisons doivent toujours être en pierre, en ciment ou en brique. Le bois fait fragile, temporaire, donc ne mérite pas le nom de "maison".[3] Une jeune Française arrivant aux Etats-Unis exprima ainsi sa surprise:

---

[3] On dit dans ce cas "châlet" ou "bungalow".

COMMENT VIVONS-NOUS AUJOURD'HUI ?

situons-nous dans le temps de l'histoire

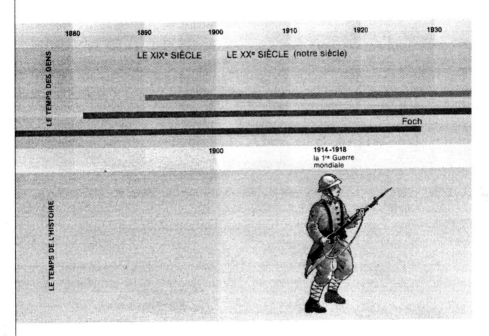

Sur cette frise du temps, on a représenté le siècle où nous vivons, c'est-à-dire le **vingtième siècle** (XXᵉ siècle). Un siècle dure cent ans.

On a représenté aussi la fin du siècle précédent : le **dix-neuvième siècle** (XIXᵉ siècle).

Les siècles se succèdent et forment le temps de l'**histoire.** La vie de chacun se place dans le temps de l'histoire.

Notre société est le résultat de tout ce qui s'est passé et a existé au cours des siècles précédents : découvertes importantes, événements, personnages hors du commun. Pour mieux la comprendre, il faut donc aller à la découverte du passé, depuis le temps des premiers hommes.

▶ *Observe la ligne du temps : Foch est né en 1851. Peut-on marquer l'année de sa naissance sur cette frise ?*

⁕ *Quel âge avaient de Gaulle et Picasso en 1900 ?*

⁕ *Sur ton cahier, reproduis la frise du vingtième siècle et trace dessus ta ligne de vie et celle du maître. Quel âge auras-tu en l'an 2000 ? et la maîtresse ou le maître ?*

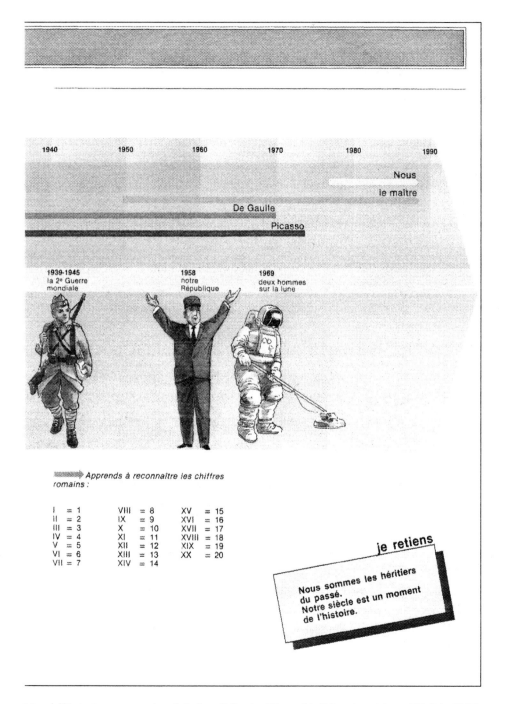

1940   1950   1960   1970   1980   1990

Nous

le maître

De Gaulle

Picasso

1939-1945
la 2ᵉ Guerre
mondiale

1958
notre
République

1969
deux hommes
sur la lune

➤ *Apprends à reconnaître les chiffres romains :*

I = 1	VIII = 8	XV = 15
II = 2	IX = 9	XVI = 16
III = 3	X = 10	XVII = 17
IV = 4	XI = 11	XVIII = 18
V = 5	XII = 12	XIX = 19
VI = 6	XIII = 13	XX = 20
VII = 7	XIV = 14	

je retiens

Nous sommes les héritiers du passé.
Notre siècle est un moment de l'histoire.

Manuel d'histoire français pour enfants de 7–8 ans (Histoire Géographie Education civique, CE, *Belin 1986*).

MR. SAMMONS THOUGHT A DRESS CODE WOULD IMPROVE HIS STUDENTS' PERFORMANCE.

Drexel Sammons uses a variety of games to reinforce specific learning objectives in his sixth grade Social Studies class.

From Mock Sessions of Congress to Colonial School Days, his classes foster participation by making the subject matter come alive.

In Colonial School Days he attires himself and his students in period garb.

They sit on wooden benches, read material written in 18th century style, and discover first-hand how hard it was to write with a soapstone and slate.

It's no wonder Drexel Sammons' students have a superior grasp of their subject matter. They've lived it.

The result has been their record of consistently earning first place in both county and state Social Studies competitions.

For consistently maintaining an atmosphere that encourages learning, even if he has to set teaching back 200 years, State Farm is proud to award him the Good Neighbor Award, along with $5,000 to the Crescent Elementary School of Beckley, West Virginia.

GOOD
NEIGHBOR
AWARD

STATE FARM INSURANCE COMPANIES
Home Offices: Bloomington, Illinois

The Good Neighbor Award was developed in cooperation with the National Council for the Social Studies.

L'approche américaine: faire revivre l'histoire. (Reprinted with permission of State Farm Insurance Companies.)

Social Skills: Participate, no put-downs, seek accuracy.
Academic Skill: Recognize and remember details of a trip at sea.
Teacher: Reproduce one *Picture Study Sheet* for each pair to complete.

ON THE BOUNDING MAIN

Look at the picture with your partner. List the hardships you might encounter on a sea voyage.

Picture Study Sheet

A Colonial Sea Voyage

Manuel d'histoire américain pour enfants de l'école primaire (Colonial America: Cooperative Learning Activities, *Scholastic Inc.*, 1991).

"C'est drôle, les gens habitent dans des sortes de bungalows, ils ne sont pas dans de vraies maisons".

Parfois, la chaîne de la continuité finit par peser lourd aux yeux des Français. Ils cherchent alors brusquement à s'en défaire complètement en faisant "table rase" du passé: "il faut donner un grand coup de balai", "il faut repartir à zéro", disent-ils. Cette idée d'une révolution qui libère d'un seul coup du passé séduit et fascine souvent les Français,

Cherchez l'origine des noms de chacune de ces stations d'une ligne de métro de Paris. L'histoire a-t-elle une place importante dans cette liste?

alors qu'elle n'est pas courante du tout chez les Américains. Lorsqu'il se manifeste, ce désir très fort de se libérer du passé peut mener à des changements radicaux et très rapides (comme ceux apportés par la Révolution française). Beaucoup plus souvent, l'expression de ce désir reste théorique ou superficielle; en fait, la continuité l'emporte et on dit: "Plus ça change, plus c'est la même chose".

Le système scolaire français est caractérisé par une grande unité de contenu: tous les élèves de classes identiques, dans tout le pays, apprennent en principe les mêmes choses. Tous les Français ayant suivi le même cursus scolaire (primaire ou secondaire) à la même époque partagent donc les mêmes connaissances sur l'histoire: ils ont suivi les mêmes programmes et ont utilisé souvent les mêmes livres. Il suffit d'une simple allusion à un fait historique pour évoquer aussitôt la même chose dans l'esprit de tous. Les images des manuels pour classes primaires restent gravées dans la mémoire des Français. Les innombrables faits marquants qu'elles représentent—inconnus de l'étranger qui n'a pas étudié l'histoire de France en France—sont, par exemple, 987, 1515, la Saint-Barthélemy, la nuit du 4 août, Austerlitz, les Trois

Glorieuses, la Commune, les taxis de la Marne, le 6 février, Mers-el-Kébir, etc.[4] Chacun de ces événements (et beaucoup d'autres) peut être utilisé comme une sorte de langage secret pour initiés; il suffit de prononcer l'un de ces mots-clés en allusion à un événement actuel. Si un premier ministre admet l'échec de sa politique et démissionne, on dira simplement: "c'est sa nuit du 4 août". Le discours politique français—oral ou écrit—est ainsi constamment parsemé d'allusions historiques. Pour les Français, chaque situation, chaque événement actuel peut rappeler une situation ou un événement important du passé que l'on met tout de suite en parallèle avec le présent pour donner un sens à celui-ci. Lorsque le général de Gaulle, président de la République, refusa de dévaluer le franc en 1968, le leader de l'extrême-droite, Tixier-Vignancourt, l'attaqua en ces termes: "Le discours du chef de l'Etat est le retour de l'Ile d'Elbe. Mais il ne s'écoulera pas cent jours avant qu'une dévaluation du franc n'intervienne, obligeant à une retraite définitive le chef actuel de l'Etat".[5] L'auditoire saisit immédiatement la comparaison avec la carrière de Napoléon 1er, présentée comme l'annonce de ce qui va arriver à de Gaulle. De même, un journaliste sportif français n'hésite pas à donner au récit d'un match de judo aux résultats imprévus le titre suivant: "On attendait Rougé, ce fut Parisi". Le lecteur doit comprendre tout de suite l'allusion à la phrase de l'historien Michelet sur la bataille de Waterloo ("On attendait Grouchy, ce fut Blucher").[6] Le journal satirique *Le Canard Enchaîné* s'est fait

---

[4] • 987: Hugues Capet devient le premier roi de la troisième dynastie des rois de France (après les Mérovingiens et les Carolingiens).
  • 1515: date de la victoire de François 1er (roi de France de 1515 à 1547) sur les Suisses, à Marignan, près de Milan.
  • La Saint-Barthélémy: la nuit du 23 au 24 août 1572, au cours de laquelle Catherine de Médicis, la mère du roi de France, poussa son fils à faire massacrer un grand nombre de protestants; elle marque le début d'une violente guerre civile.
  • La nuit du 4 août: dans la nuit du 4 août 1789, l'Assemblée nationale (composée en partie de nobles) supprima le système seigneurial et les privilèges civils de la noblesse.
  • Austerlitz: victoire remportée par les troupes de Napoléon 1er sur les Autrichiens et les Russes en 1805.
  • Les Trois Glorieuses: les trois journées d'émeutes révolutionnaires lors de la Révolution de juillet 1830.
  • La Commune: révolte du peuple parisien (mars-mai 1871), exaspéré par ses souffrances à la fin de la guerre franco-prussienne.
  • Les taxis de la Marne: en août 1914, pour bloquer l'avance allemande qui menaçait Paris, le général Galliéni réquisitionna tous les taxis parisiens pour transporter des troupes près de la Marne, une rivière proche de Paris.
  • Le 6 février: le 6 février 1934, 100 000 manifestants d'extrême-droite tentèrent d'envahir la Chambre des Députés. Cette tentative de coup d'état provoqua le rapprochement des partis de gauche qui formèrent le Front Populaire et triomphèrent aux élections de mai 1936.
  • Mers-el-Kébir: port d'Algérie où une partie de la flotte française se trouvait après l'invasion de la France par les Allemands en 1940. Craignant que ces navires ne tombent aux mains des Allemands, les Anglais attaquèrent cette flotte, faisant plus de 1 000 morts parmi les marins français.

[5] L'empereur Napoléon 1er abdiqua et fut exilé à l'île d'Elbe, en Italie du sud, en 1814. Quelques mois plus tard, il décida de rentrer en France et reprit le pouvoir. 100 jours après ce retour, la défaite de ses armées à Waterloo l'obligea à abdiquer de nouveau.

[6] Les troupes du général français Grouchy n'arrivèrent pas à temps pour renforcer l'armée de Napoléon lors de la bataille de Waterloo (18 juin 1815). On crut un moment les voir apparaître à l'horizon; c'était en réalité celles du général prussien Blucher.

une spécialité de ce genre d'allusions, ce qui le rend pratiquement incompréhensible pour des étrangers. Des livres de bandes dessinées comme la collection des aventures d'Astérix et Obélix (deux Gaulois) doivent leur immense succès aux allusions qu'ils font aux souvenirs scolaires des lecteurs français. Il est souvent difficile pour un Américain qui ne connait pas bien l'histoire de la France de suivre un débat politique, de lire la presse, et, d'une manière générale, de comprendre les manifestations de la vie culturelle en France.

La France-personne et sa mission civilisatrice

La personnification de la France, que nous avons présentée sous son aspect géographique, comporte aussi une dimension historique: la France, comme un être humain, a eu une naissance, une enfance, une adolescence, un âge adulte. Comme un être humain sa conscience (la conscience nationale), sa personnalité s'est développée. En 1959, Albert Guérard introduisait ainsi son livre *France:*

> Comme toutes les personnes, la France existe non pas dans l'abstraction, dans l'absolu ou dans l'éternité, mais dans le temps (…) Mais la France n'est pas née adulte, l'oeil clair et résolu. Au 10e siècle, elle n'était qu'un enfant, faible et à l'avenir incertain; au 13e siècle encore, on ne savait toujours pas si la France serait liée à l'Angleterre par une monarchie commune, et si la Bourgogne deviendrait un royaume séparé entre la France et l'empire germanique. C'est l'histoire de ce dessein de plus en plus clair qui s'appelle la France que je me propose de raconter, comment la France a grandi, en territoire, en organisation, mais surtout en conscience d'elle-même (…) La tâche qui me revient est d'écrire la biographie d'une nation.[7]

Au 19e siècle et jusqu'au milieu du 20e, les Français parlaient couramment de la "France éternelle", de l'"âme" ou du "génie" de la France. On avait une vision essentialiste de la nation française, considérée comme un être spirituel traversant les siècles. Cette façon de voir (qui était encore celle du général de Gaulle, président dans les années 1960) apparait tout à fait dépassée aujourd'hui. La France est beaucoup plus vue comme une réalité humaine concrète assimilée à ses habitants. Mais les anciennes conceptions ont la vie dure et les manuels scolaires de l'enseignement primaire, peut-être parce qu'ils cherchent à inculquer aux enfants le sens de l'appartenance à la nation, utilisent encore les images fortes du passé ("Naissance de la France").

Un autre élément appris à l'école qui a profondément marqué la vision que les Français se font de leur pays est le concept de "civilisation". Son origine remonte au 18e siècle; il désignait alors simplement l'état d'une société à l'organisation complexe ayant

---

[7] Albert Guérard, *France* (Ann Arbor: University of Michigan Press, 1959), p. ix (traduit par les auteurs).

La ville de Limoges fête ses 2000 ans

atteint un haut degré de sophistication dans ses moeurs. L'idée que l'histoire était "la civilisation en marche" pénétra les esprits occidentaux—particulièrement en France—à
partir de la fin du 18e siècle et influença profondément l'enseignement aux 19e et 20e
siècles. La majorité des Français ont appris que cette "marche" a commencé en Egypte
et en Mésopotamie. Comme toujours, les pays à haute civilisation tombent en décadence, deviennent la proie d'envahisseurs barbares, mais la flamme de la civilisation continue
à briller en certains lieux protégés, ou bien passe à d'autres peuples. Les civilisations du
Moyen-Orient déclinèrent, puis la Grèce, avec Athènes, prit le relais. Le flambeau passa
ensuite à Rome, qui transmit à la Gaule (qui deviendra plus tard la France) ses concepts
de l'administration, du droit et, en partie, sa langue. Les Romains, malheureusement, ne
surent pas défendre leur civilisation contre la menace des Barbares et leur empire s'effon-
dra. La Gaule recueillit l'héritage romain et chrétien et le fusionna avec l'influence barbare, donnant à la civilisation une nouvelle forme, celles des cathédrales et de la chevalerie
chrétienne. Une partie de l'héritage gréco-romain fut retrouvé à l'époque de la
Renaissance et transmis à la France par l'Italie. Au 18e siècle, la philosophie des
Lumières, dont la France fut le principal foyer, marqua une nouvelle étape dans la
"marche de la civilisation": l'Europe, à partir de la France, allait définitivement se libérer
de son héritage "barbare" grâce au rationalisme, et le reste du monde suivrait. Dans cette
vision traditionnelle, l'histoire de la France est donc la réalisation d'une "oeuvre" qui
traverse les siècles et qui a été menée grâce à une longue série d'efforts, malgré des acci-
dents et des régressions. Chaque Français conscient de la grandeur de l'héritage reçu a,
en principe, la responsabilité de continuer cette lente et difficile transformation de la société.

Plaque commémorative, vieux port de Marseille

Cette vision de l'histoire—que la majorité des Français ont acquise à l'école—a conduit dans le passé à l'idée d'une "mission civilisatrice" de la France dans le monde. La France, pour maintenir la continuité de son histoire—son "destin"— avait le devoir de faire progresser et de défendre la "civilisation" partout où elle pouvait être menacée. L'empire colonial français—plus vaste que les Etats-Unis jusque dans les années 1950—fut justifié par cette "mission" que Léon Blum définissait ainsi en 1945: "substituer aux énergies animales des forces disciplinées, harmonieuses, spiritualisées; transformer les fanatismes et les idolâtries sauvages en certitudes fondées sur la raison, en convictions fondées sur les exigences de la conscience personnelle".[8]

Cette idée que la France est chargée d'une mission particulière, unique, n'est plus exprimée aussi explicitement aujourd'hui, mais elle n'a pas disparu. La France se voit— plus que les autres pays d'Europe—comme gardienne de valeurs universelles à travers sa culture: dignité humaine, droits de l'individu, liberté de pensée. Les Etats-Unis, comme la France, se sont crus investis d'une mission planétaire parce qu'ils croyaient en la valeur universelle de certains éléments de leur culture nationale. Pour l'Amérique, il s'agissait de défendre et de propager partout dans le monde la libre-entreprise et la démocratie, alors que pour la France il s'agissait plutôt de diffuser les valeurs humanistes

[8] Léon Blum, *A l'échelle humaine* (Paris: Editions Gallimard-L'Arbre, 1945), p. 96. Blum (1872–1954) fut chef du Parti socialiste et gouverna la France en 1936–1937 au moment du Front populaire.

occidentales à travers sa langue, sa littérature, son art ou sa pensée philosophique. Si le gouvernement américain se préoccupe assez peu du sort de la littérature ou de l'art américains à l'étranger, le gouvernement français est très soucieux du "rayonnement" de la culture française à travers le monde. Il subventionne d'innombrables manifestations culturelles et artistiques à l'étranger, supervise un réseau d'écoles et de lycées français dans 127 pays, et envoie des milliers de professeurs "missionnaires"—c'est l'expression habituelle—hors de France.

Il faut aussi noter que la marque de l'enseignement français de l'histoire et de la géographie ne s'est pas fait sentir seulement sur les Français. Dans une trentaine de pays qui ont fait partie de l'empire colonial français au 20e siècle, les classes éduquées de la population ont été très imprégnées par l'approche française, même après l'indépendance (vers 1960).

En 1987, le magazine *L'Express* demanda à deux hommes politiques français importants de dire ce qu'"être français" signifiait pour eux. Jacques Chirac, premier ministre, répondit:

> Etre français, pour moi, c'est d'abord appartenir à une nation ancienne qui s'est constituée très tôt, de par la volonté, le génie de quelques hommes d'Etat ou ministres, convaincus que la France avait un rôle particulier à remplir au sein de l'Europe et du monde. Une nation une et multiple à la fois, qui a rassemblé, dans une même identité, de nombreux peuples et qui a continué, au fil des siècles, d'accueillir les étrangers désireux d'entrer dans notre communauté nationale. C'est ensuite être un défenseur naturel des libertés et de la dignité humaine, parce que le drapeau des droits de l'Homme flotte sur notre terre depuis longtemps (…)

A la même question, Michel Rocard, leader socialiste répondit:

> C'est d'abord une sorte de fierté. Français par hasard de naissance, ce hasard nous fait les héritiers d'une histoire, d'une culture et d'un rayonnement que d'autres pays peuvent atteindre, mais aucun, selon moi, dépasser. C'est également une émotion constante et inexprimable qu'offre un pays dans lequel on ne peut parcourir quelques kilomètres sans y croiser la beauté. C'est aussi une chance. Malgré toutes les difficultés, il est peu de pays où il fasse si bon vivre, où se conjuguent à un tel niveau la liberté, l'aisance et la sécurité. C'est ensuite une responsabilité: être dignes de notre passé, rester ouverts et accueillants, demeurer attentifs aux problèmes du monde sur lesquels nous pouvons peser, et ne pas opérer sur nous-mêmes un repli étouffant et peureux (…)[9]

Aux yeux des Français, une implication importante du concept de "civilisation", c'est que celle-ci demande du temps, beaucoup de temps. La "civilisation" leur apparaît

---

[9] *L'Express*, 3 octobre 1987, pp. 26–27.

Vignerons
depuis 3000 ans,
par plaisir
et on continue
d'apprendre.

A.O.C. Côtes du Roussillon
& Côtes du Roussillon Villages

L'ABUS D'ALCOOL EST DANGEREUX POUR LA SANTÉ. A CONSOMMER AVEC MODÉRATION

comme le produit d'une lente maturation sur de nombreux siècles: il n'y a pas de court-circuit, de *fast track* pour l'atteindre. On peut devenir riche rapidement, on peut devenir technologiquement avancé rapidement, mais on ne peut pas construire une civilisation rapidement, pas plus que la mer ne peut polir les galets d'une plage rapidement. Le temps seul donne la maturité, la perfection.

Le rapport au futur: la planification

Le futur ne s'apprend pas comme la géographie ou l'histoire, mais on retrouve dans l'attitude dominante à son égard une tendance fondamentale de la culture française: le souci d'éviter de "se perdre" en établissant toujours des points de repères. Un chercheur, Michael Rowland, a comparé les Guides Michelin français et les *Mobil Travel Guides* américains.[10] Il a remarqué que les guides français sont plus détaillés et exhaustifs que les guides américains. Ils cherchent à éliminer l'inconnu, la surprise (peut-être mauvaise) d'un voyage; ils préviennent le voyageur de tout ce qui l'attend dans un endroit donné. Avant même d'y arriver, le voyageur doit savoir déjà presque tout: l'histoire du lieu, sa géologie, sa géographie, où se trouve exactement ce qu'il faut voir par rang d'intérêt, quelles routes il faut prendre pour y aller, combien de temps dure chaque visite, où il faut manger, etc. Les cartes, les plans sont présents presque à chaque page. Un chapitre entier d'un guide

[10] Michael Rowland, "Michelin's Guide vert touristique: A Guide to the French Inner Landscape", *French Review*, 60.5 (1987), pp. 653–663.

français sur les Etats-Unis (Nouvelles Frontières) est consacré à "Comment ne pas se perdre". Tout est classé, répertorié systématiquement pour permettre de savoir exactement ment où l'on est et de prévoir exactement ce qui arrivera.

Les guides américains, au contraire, sont plus vagues et moins détaillés: ils s'attendent à ce que le voyageur découvre beaucoup par lui-même, qu'il ait des surprises, bonnes ou mauvaises: l'inconnu, l'imprévu font le charme d'un voyage qui doit être une *adventure*.[11]

L'exemple des guides montre la grande importance donnée en France à la planification de l'avenir, au niveau de l'Etat comme au niveau de l'individu. Tous les quatre ou cinq ans en moyenne, le gouvernement français établit des plans fixant les grandes orientations à suivre dans divers secteurs de la vie sociale et économique au cours des années suivantes. "Gouverner, c'est prévoir" dit-on en France: un pays, comme un individu, doit savoir exactement où il va. Dans les examens scolaires, on retrouve cette méfiance à l'égard de tout ce qui arrive spontanément, sans avoir été clairement défini à l'avance. Des professeurs font des recommandations aux candidats qui passent les épreuves du baccalauréat en 1991:

Pour le français:

> Le jour de l'épreuve, vous avez le choix entre un résumé-discussion, un commentaire composé ou une composition littéraire. Prenez un quart d'heure pour vous décider. Ne vous précipitez pas systématiquement sur le premier type d'épreuves sous prétexte que le thème—éducation, violence, loisirs—vous paraît plus accessible et peut masquer vos lacunes littéraires. Toutefois, si pendant l'année vous ne vous êtes exercé qu'à un type de devoir, ne changez surtout pas le jour du bac. Cela conduit à des catastrophes (…) Si vous craignez d'être bousculé, rédigez votre conclusion calmement avant la fin du devoir (…)

Pour les sciences économiques et sociales:

> Méthode conseillée: passer deux heures pour le plan, autant pour la rédaction. Dans l'introduction, vous devez fixer les limites du sujet, reformuler la problématique et annoncer votre plan (…) La conclusion doit apporter une réponse à la question posée (…) Ce qui énerve les correcteurs? le baratin creux, le flou, les plans en désordre (…)[12]

Ce souci—parfois obsessionnel—de planification traduit en réalité une volonté de maîtriser l'espace plutôt que le temps. Il faut connaitre d'avance la durée de visite d'un monument pour être bien sûr de pouvoir en faire le tour. Il faut passer deux heures sur un plan de dissertation pour être bien sûr de couvrir le champ du sujet. La volonté de contrôle et de domination sur l'espace (physique, intellectuel, etc.) apparaît en effet plus

---

[11] En France, le mot "aventure" a une connotation tellement négative qu'il est difficile de l'utiliser dans la publicité pour le tourisme.

[12] "Bac: les conseils des profs", in *L'Express*, no 2081, 31 mai 1991, p. 33. "baratin": familier pour "texte, paroles sans intérêt".

GUEBWILLER — TURCKHEIM — RIQUEWIHR [48] — 209

189,5 km : **Cernay** (p. 215), d'où, par la N. 83 et la N. 66, on pourrait gagner (18 km; 207,5 depuis Strasbourg) **Mulhouse,** p. 185.

2° Retour : de Cernay (Mulhouse ou Colmar) à Strasbourg par la route du Vin.

A partir de **Cernay,** on suit, vers le N., la D. 5 et la **route du Vin,** dont le point de départ est **Thann** (à 6 km O.; *V.* p. 184). — 14 km : **Soultz** (270 m) ▨▨ 5 690 hab.; *église* du XIVᵉ s.; *maisons anciennes.* — Désormais, la route sera jalonnée de vignobles. — On prend la N. 430.

17 km : **Guebwiller** (288 m) ▨▨ Haut-Rhin, ville de 11 367 hab., s'étend sur la rive dr. de la Lauch.

Eglise Notre-Dame du XVIIIᵉ s. Sur la place de la Liberté, *fontaine* du XVIᵉ s. et ancienne *église des Dominicains* (XIVᵉ-XVᵉ s.) renfermant un *musée local* (jubé avec peintures du XVᵉ s.; peintures murales des XIVᵉ et XVᵉ s.). *Hôtel de ville* de 1514.
Eglise Saint-Léger, de la fin du XIIᵉ s., bel exemple des débuts du style gothique en Alsace (extérieur conservant le style roman); sous le porche, portail encore roman; chœur du XIVᵉ s.; chapelles latérales du XVIᵉ s.; stalles du XVIIIᵉ s. Devant l'église, *fontaine* de 1735.

● A 5,5 km O.-N.-O., *Murbach;* transept, chœur et tours d'une superbe *église abbatiale.*

● A 5 km N.-O., *Lautenbach;* *église romane* (*vitrail* du XVᵉ s. et *chaire* de 1717). — De Lautenbach, une route de montagne conduit au (10 km) *lac de la Lauch,* réservoir établi à l'origine de la vallée, et monte au (16 km) *Markstein,* sur la route des Crêtes (p. 208).

A Guebwiller, on prend les D. 5ᴵᴵ et D. 5 se dirigeant vers (27 km) **Soultzmatt;** eau de table; magnifique *clocher* roman de l'église. — Par les D. 18ᴮ, D. 40 et D. 1ᵛ, on atteint (40 km) **Queberschwihr,** village autrefois fortifié qui conserve de nombreuses *maisons anciennes;* église avec *tour* romane du XIIᵉ s. — Par un chemin vicinal, on gagne *Vœgtlinshofen* où l'on rejoint la D. 1 que l'on suit à g. jusqu'à (46 km) *Husseren-les-Châteaux* (350 m), au pied des ruines des trois *tours d'Eguisheim.* — On suit la D. 14. — 49 km : *Eguisheim,* pittoresque bourg qui fut jadis fortifié. — On suit au N. la D. 1 *bis.* — 51 km : A g., *Wettolsheim.*

52,5 km : Carrefour, où la D. 1 *bis* croise la D. 417 qui conduit à dr. à (4 km) **Colmar;** on la prend à g. — 54,5 km : *Wintzenheim,* p. 177. — Dans le bourg, on prend à dr. la route secondaire pour Turckheim.

55 km : **Turckheim** (225 m), 3 609 hab., sur la Fecht; la Grande-Rue possède de nombreuses *maisons anciennes; hôtel de ville* de 1620. — On suit la D. 10. — 57,5 km : *Ingersheim* (215 m), 4 466 hab., tout près de (4 km E.) **Colmar,** *V.* p. 177. On continue par la N. 415.

60,5 km : **Ammerschwihr** (230 m), bourg viticole de 1 547 hab., bien reconstruit depuis 1944. *Obertor* (restes de fortifications du XVIᵉ s.); *Schelmenturm,* tour de 1535 — On suit la D. 11ᴵ.

62,5 km : **Kientzheim;** *portes fortifiées, château* du XVIᵉ s.

Par la D. 28, on fera le crochet de (2 km O.-N.-O) *Kaysersberg,* p. 173.

Par la D. 1 *bis* (E.) on arrive à (64,5 km) *Sigolsheim,* reconstruit depuis 1944; de l'église sont conservés le portail et la nef romans. Sur la hauteur, *Nécropole Nationale de 1945.* — On passe par (65,5 km) *Bennwihr* (belle église moderne de 1960) et (66,5 km) *Mittelwihr.* — 67,5 km : *Beblenheim,* d'où, par la D. 3 (à g.), on fera le détour vers Riquewihr.

69,5 km : **Riquewihr** (300 m) 1 195 hab., une des petites villes les plus typiques de l'Alsace par le grand nombre de ses *maisons anciennes.* Enceinte du Moyen Age avec les portes dites *Dolder* (XIIIᵉ s.; on visite)

forte chez les Français que chez les Américains, qui semblent au contraire plus préoccupés par la maîtrise du temps. Il y a là une différence fondamentale entre les deux cultures.

L'anthropologue Edward Hall oppose ainsi la conception "monochronique" du temps des Américains (et des Allemands) à la conception "polychronique" des Français: les Américains ont une conception très "linéaire" et quantitative du temps. Le temps est vu par eux comme une sorte de matière première analogue à un capital monétaire que l'on gère. On le divise, on l'achète, on le vend, on le donne, on l'économise, on dit *thank you for your time* à un interlocuteur. Le temps est toujours compté, on le mesure sans cesse, même au Congrès dont les membres se cèdent des minutes les uns aux autres pour parler. On fait une seule chose à la fois, méthodiquement, et l'on respecte scrupuleusement (autant qu'on le peut) les horaires, les rendez-vous, les ordres du jour, qui sont vus comme contraignants. La chaîne de montage de Ford et le taylorisme exprimaient parfaitement cette conception du temps.[13]

Les Français, au contraire, ont une conception plus "diffuse" et qualitative du temps. Le temps est élastique; on peut le tirer dans un sens ou dans l'autre, il ne cassera pas. Compter le temps, le mesurer n'est pas une priorité. On saute rapidement d'une activité à une autre, on n'hésite pas à faire plusieurs choses à la fois, à annuler un rendez-vous au dernier moment, à ne pas respecter des délais préétablis ou l'ordre du jour d'une réunion, à arriver en retard à une invitation. Souvent, les émissions de télévision ne respectent pas les horaires prévus. Un Américain appelé au téléphone par un ami juste au moment de se rendre à un rendez-vous professionnel le priera de rappeler plus tard. Un Français hésitera moins à se lancer dans une conversation avec cet ami, même au risque d'être en retard à son rendez-vous. Il supposera que celui qui l'attend s'occupera à autre chose avant son arrivée.[14] Ceci dit, le polychronisme des Français reste modéré. Il y a des circonstances où les Français sont à l'heure et d'autres où ils prennent de grandes libertés avec les horaires. Les trains partent et arrivent avec une précision de chronomètre mais vos invités arriveront pour dîner chez vous avec une heure de retard sans s'excuser ni se sentir coupables.

La conception française du temps met l'accent sur le passé et l'avenir. Le présent n'est qu'un point abstrait entre les deux. Il faut vivre le présent comme si c'était le passé pour lui donner un sens ("c'est le retour de l'île d'Elbe"). L'avenir prolonge le passé qui reste toujours vivant par l'héritage qu'il transmet. Le jardin à la française est une image parfaite de cette conception: il est immobile, il fait disparaître le présent—le jardin est toujours comme il était et comme il sera. "Le passé est la seule réalité que nous possédions (...) le présent, c'est ce qui n'existe pas" écrit l'historien Pierre Chaunu.[15]

[13] Le taylorisme est une méthode d'organisation scientifique du travail industriel inventée par l'ingénieur américain F. Taylor (1856–1915). Le taylorisme cherche (entre autres choses) à supprimer tous les gestes inutiles des ouvriers pour gagner du temps.

[14] Edward T. Hall and Mildred Reed Hall, *Guide du comportement dans les affaires internationales. Allemagne, Etats-Unis, France* (Paris: Seuil, 1990), 1ère et 4e parties.

[15] Pierre Chaunu, *La Mémoire de l'éternité* (Paris: Laffont, 1975), pp. 213 et 241.

La conception américaine du temps est moins centrée sur le passé—qui est vu comme un temps mort—et plus sur le présent et l'avenir. Il faut vivre le passé comme si c'était le présent pour lui donner un sens (*Old Sturbridge Village*). L'avenir ne prolonge pas le passé, il est simplement le présent de demain; c'est pourquoi les Américains aiment garder ouvertes toutes leurs options et pouvoir changer de direction si nécessaire.[16]

Pour en savoir plus: *www.quid.fr/*

---

[16] "The times will always be changing. Much of life and work consists of looking for the changes in advance and figuring what to do about them." *Kiplinger's Personal Finance Magazine*, Vol. 48, no 2 (February 1994), p. 4.

Chapitre 3

Points de vue français sur la nature humaine et valeurs dominantes françaises

Les Français partagent avec les Américains un certain nombre de valeurs fondamentales communes à l'ensemble des pays occidentaux, fondées sur l'héritage moral du christianisme et les principes libéraux et démocratiques moderness. Au-delà de ce fond commun, il existe des différences importantes qui opposent les Français et les Américains sur le plan des valeurs qu'ils respectent.

L'éducation civique

Il est essentiel de savoir, pour comprendre leur culture, ce que les Français pensent de la nature humaine en général, et de leurs propres compatriotes en particulier. Et là encore, les manuels scolaires éclairent la manière dont ils ont été formés. Outre les livres d'histoire qui, nous l'avons vu, fournissent des modèles de comportement humain et des analyses de cas individuels, il existait autrefois dans les écoles françaises des "livres de morale", contenant des "leçons de morale" et des "lectures morales" souvent fondées sur des textes littéraires.[1] Depuis les années 1960, cet enseignement a été remplacé par l'"éducation civique". L'éducation civique est généralement rattachée à l'enseignement de l'histoire.[2] A l'école primaire, son objectif est de transmettre aux enfants les valeurs fondamentales qui président à l'organisation de la vie sociale (respect du bien public, respect des autres, respect des règles collectives, droits civiques, etc.). Plus tard, l'adolescent est initié au fonctionnement de la vie politique et administrative de la France.

Ici encore, l'étude du comportement humain progresse de la même manière que

---

[1] Il y avait aussi, bien entendu, les livres de catéchisme dans les écoles privées catholiques.

[2] L'enseignement public ne donne aucun enseignement religieux et n'autorise aucune référence à Dieu; mais un prêtre aumônier nommé par l'autorité ecclésiastique est généralement rattaché aux établissements scolaires. Dans les écoles privées—presque toutes catholiques et subventionnées par l'Etat—un enseignement religieux est dispensé, mais toujours en dehors de l'horaire scolaire officiel, donc le mercredi, jour de congé scolaire en France. L'Eglise catholique s'est longtemps opposée à ce que, pour plaire aux parents, le jour de congé soit déplacé au samedi. Elle craignait que cela ne réduise l'assistance à l'enseignement religieux.

35

RÈGLES DE JEUX... RÈGLES DE VIE

△ Dans Boule et Bill

△ Un dur combat dans les règles

Le mal en haut, le bien en bas (Mon premier livre d'Histoire et de Géographie, Education civique, *Hachette 1986*).

celui de la géographie et de l'histoire: on part de l'enfant, puis l'on passe à sa famille, puis au milieu social dans lequel il vit, puis à la nation, puis à l'humanité. Dans *Mon Premier livre d'Histoire et de Géographie, Éducation civique* (1986), la section consacrée à l'éducation civique commence par un chapitre intitulé "La sécurité…pour vivre": l'enfant apprend qu'il a d'abord des devoirs à l'égard de lui-même: "être prudent et se protéger". Le chapitre suivant, intitulé "Ensemble: solidarité" évoque les responsabilités de l'enfant en classe ("c'est moi qui efface le tableau; je distribue les cahiers et je donne à manger aux canaris") et dans l'immeuble où il habite ("des volontaires, à tour de rôle, aident les personnes âgées"). Vient ensuite un chapitre intitulé "Tous différents mais égaux" dans laquelle l'enfant est invité à prendre conscience des différences raciales dans son entourage et à les accepter: "Tatie Françoise se marie avec Léonard. Ils font tous les deux le même métier. Elle l'a connu en stage. Il est noir, car sa famille est d'origine africaine. Son père et sa mère sont venus en France, il y a quinze ans: ils travaillent au métro de Paris". Enquête: "Dans quel pays sont nés les parents des enfants de la classe? Cherchons ces pays sur une carte du monde". Le chapitre suivant, intitulé "Règles de jeux…règles de vie" place l'enfant à un niveau plus large de la vie sociale, là où il faut respecter des règles: "pour une bonne entente de groupe, il faut établir des règles…et bien sûr les respecter". Enquête: "A quoi servent les règles de politesse?" Les deux derniers chapitres intitulés "Pour mieux connaître notre république" et "Voter, c'est choisir librement" sont consacrés à la vie nationale: "Avec tes camarades, essaie de comprendre la devise de la République: Liberté-Egalité-Fraternité. Où peut-on la voir écrite?"; "Connais-tu des noms de députés de ton département? Ceux-ci, réunis avec les autres représentants de tous les départements de France, forment l'Assemblée nationale. Décris cette Assemblée que tu vois sur la photo". Enquête: "Cherche les noms des six derniers présidents de la République".

L'éducation civique française est un apprentissage intellectuel plutôt que pratique de la démocratie. La démocratie est présentée à l'enfant comme quelque chose concernant les adultes et l'administration de la nation. Cela ne concerne pas directement les enfants ni la vie de tous les jours: "C'est dimanche. Pierre accompagne ses parents à la mairie. Aujourd'hui a lieu l'élection des conseillers municipaux…. Tu vois, dis Papa, je prends des bulletins. Il y a beaucoup de candidats! Attends-moi, je vais dans l'isoloir pour choisir en secret…. Voilà, il ne me reste plus qu'à glisser mon enveloppe dans l'urne."

La nature humaine paradoxale

Dans ces livres, comme dans l'éducation qui lui est donnée par ses parents et ses maîtres d'école, l'enfant français apprend que la nature humaine est, comme la nature géographique ou animale, fondamentalement paradoxale. De même que la nature géographique ou animale peut être soit sauvage, soit domestiquée, l'être humain peut

Paradox

lui aussi être sauvage ou civilisé et il est, sur le plan moral, capable du pire comme du meilleur. Les Français sont plus intensément conscients de cette dualité contradictoire que les Américains, qui apparaissent plus idéalistes. Dans le manuel scolaire que nous venons de citer, par exemple, les pages opposent chacune deux groupes d'illustrations. On trouve en haut des images qui montrent des individus faisant le "pire", et juste en dessous une image présentant d'autres personnes faisant le "meilleur": rappel clair à l'enfant que les êtres humains, lui compris, sont capables de tout. Le philosophe Pascal disait déjà au 17e siècle que l'être humain n'est "ni ange ni bête"; mais il nous avertit que celui "qui veut faire l'ange fait la bête".[3] Il ne faut donc pas tendre vers un idéalisme absolu qui nous éloignerait de notre humanité; il faut connaître et comprendre les faiblesses de la nature humaine.[4] Cette dualité de l'être humain est souvent exprimée dans la culture française moderne par deux concepts, celui de "dignité humaine" et celui de "condition humaine".

"Dignité humaine" et "condition humaine"

La "dignité humaine" est tout ce qui fait la valeur et la grandeur de l'être humain: l'intelligence, la raison, l'amour, le courage, l'héroïsme, et plus généralement tout ce qui éloigne l'être humain de la nature brute, sauvage, animale. Elle donne des droits: contrôler la nature géographique, modeler le monde à notre image. Elle implique également des devoirs: respecter et faire respecter la dignité physique et morale de tous les êtres humains, même ennemis. Le concept de "dignité humaine", hérité du christianisme, a été repris et détaché de la religion au 18e siècle par l'idéologie des Lumières, qui nous l'a transmis.

La "condition humaine" est une expression difficile à traduire en anglais à cause du sens particulier qu'elle a pris dans la culture française.[5] C'est en quelque sorte l'envers de la "dignité humaine": les êtres humains, qui aspirent au meilleur, font souvent le pire. La réalité de leur comportement est bien éloignée de l'idéal et il ne faut pas s'en étonner. L'impossibilité de respecter l'idéal, la tentation constante de s'en écarter caractérisent tout être humain. Les Français qui arrivent aux Etats-Unis sont très étonnés par les boîtes à journaux

---

[3] "L'homme n'est ni ange ni bête, et le malheur veut que qui veut faire l'ange fait la bête". Pascal, *Pensées* (Paris: Mercure de France, 1976), p. 288.

[4] Les jeunes Français ont souvent été familiarisés avec ces notions dès l'école primaire en étudiant des *Fables* de l'écrivain La Fontaine (1621–1695). Voici la fable "Le lion abattu par l'homme":

On exposait une peinture	Les regardants en tiraient gloire.	Mais l'ouvrier vous a déçus:
Où l'artisan avait tracé	Un lion en passant rabattit leur caquet.	Il avait liberté de feindre.
Un lion d'immense stature dessus	"Je vois bien, dit-il, qu'en effet	Avec plus de raison nous aurions le
Par un seul homme terrassé.	On vous donne ici la victoire;	Si mes confrères savaient peindre."

[5] Le titre du roman d'André Malraux *La Condition humaine* est généralement traduit sous le titre anglais de *Man's Fate*, expression qui ne rend pas le sens complet du titre français.

qui sont placées au coin des rues. Ils sont surpris que la pile de journaux qui se trouve à l'intérieur de la boîte ne soit pas volée par quelqu'un: la nature humaine étant ce qu'elle est, n'est-ce pas à cela qu'il faut s'attendre? Une Française m'a dit un jour: "Des autres j'attends toujours le pire; comme cela, je ne suis jamais déçue". Une telle attitude "sans illusions" à l'égard d'autrui est plus fréquente en France qu'aux Etats-Unis, surtout envers ceux qui n'appartiennent pas au cercle des proches. Il faut garder "les autres" à distance et n'entr'ouvrir sa porte—au sens propre et au sens figuré—qu'à ceux qui ont droit à ce privilège parce qu'ils ont notre confiance: parents ou amis intimes. Cette vision négative et pessimiste de la nature humaine a beaucoup marqué la société française—et les sociétés des pays catholiques en général. Traditionnellement, dans ce système moral, l'égoisme représente le péché par excellence. Sa manifestation économique, l'esprit de lucre (*greed*), fait horreur. On admire le don de soi, l'acte gratuit, le geste généreux, désintéressé. On peut certes être égoïste et aimer le profit, mais il faut le dissimuler pour être respecté. Les personnes soucieuses de respectabilité cherchent donc à donner l'impression qu'elles ont hérité ce qu'elles possèdent et qu'elles n'y attachent pas trop de valeur. Il ne faut pas que ce qui les entoure ait l'air trop neuf. Ainsi, les familles de l'ancienne aristocratie gardent presque toujours une attitude (calculée) de discrétion modeste quant à leurs origines, comme si cela n'avait pas d'importance: s'en vanter laisserait croire qu'il s'agit de quelque chose de nouveau, qu'on a recherché. Ces attitudes traditionnelles se sont affaiblies dans les années 1970–1980 durant lesquelles les Français ont commencé à perdre certains de leurs complexes anciens à l'égard du profit et de l'argent. Au cours d'émissions télévisées, par exemple, on voit des gens annoncer sans honte qu'ils gagnent beaucoup d'argent.

Un tel cadre mental a généralement conduit à valoriser la famille, l'ordre, la discipline, l'éducation, la centralisation, à craindre la liberté et à considérer le capitalisme comme immoral. Parfois, une telle vision peut mener à un certain cynisme. Mais elle peut aussi conduire à une tolérance pour les écarts plus grande que dans les sociétés plus idéalistes (comme la société américaine) puisqu'elle on voit ces écarts—même condamnables—comme une preuve d'humanité.

La "condition humaine" n'est pas limitée aux "faiblesses de la nature humaine" sur le plan moral. Elle englobe aussi les faiblesses de l'être humain sur le plan physique, sa vulnérabilité face aux misères et calamités qui l'accablent: peur, souffrance, maladie, mort. C'est l'impuissance de l'humanité à vaincre le mal. La "condition humaine" désigne donc l'élément tragique de la vie humaine auquel nul n'échappe. Les penseurs et écrivains français, de Villon ou Montaigne jusqu'à Malraux et Camus, ont accordé une place considérable aux thèmes de la "dignité humaine", de la "condition humaine" et de la lutte de l'individu pour surmonter la contradiction entre l'une et l'autre.[6]

---

[6] François Villon (1431–1470) a écrit un poème célèbre, la "Ballade des Pendus" alors qu'il était condamné à mort. Michel de Montaigne (1533–1592) a publié un important recueil de réflexions, les *Essais*. André Malraux (1901–1976) a écrit de nombreux romans et essais, en particulier *La Condition humaine* (prix Goncourt 1933). Albert Camus (1913–1960), prix Nobel de littérature (1957) a publié des essais dont le plus célèbre est *L'Homme révolté*, des nouvelles et des romans dont *La Peste*, *La Chute* et *L'Etranger*.

Habiter au Gray d'Albion, ce n'est pas une preuve de richesse, c'est une preuve d'intelligence.

Habiter au Gray d'Albion, c'est d'abord choisir le plaisir de vivre et la sécurité de l'investissement. D'autres résidences sur la Côte sont aussi luxueuses et d'un prix plus élevé. Mais aucune n'offre un emplacement comparable, en plein Cannes, à deux pas de tout : la plage, les jardins, le futur palais des Festivals, les commerces, les services, tous les loisirs...

Jamais un autre Gray d'Albion ne pourra être construit sur la Croisette. Nulle part ailleurs, vous ne connaîtrez une manière de vivre aussi pratique, aussi agréable, aussi raffinée. Nulle part ailleurs, vous et votre argent ne seront aussi bien protégés.

résidences
GRAY D'ALBION CANNES

4, rue des Etats-Unis 06313 Cannes Cédex
Bureau de Vente : 16, rue des Serbes
Tél. : (93) 48.49.50

Réalisation
SEFRI CIME

Publicité pour des appartements

Les Américains ont une vision plus idéaliste d'autrui et de la société que les Français. Ils tendent à voir le bien et le mal comme des blocs clairement séparés, qu'il faut isoler l'un de l'autre. Pour eux, le caractère bon ou mauvais d'une action ou d'un individu est plus entier: le bien et le mal peuvent difficilement coexister dans la même action, dans le même individu. Ils sont choqués si le bien ne triomphe pas du mal, au cinéma par exemple. Les Français acceptent mieux l'idée de l'ambiguïté morale de l'être humain et de ses actions. Pour eux, le bien et le mal peuvent coexister dans la même action, dans le même individu. Le mal, hélas, triomphe souvent sur le bien. Voir le monde autrement, pensent-ils, c'est s'illusionner. La littérature et le cinéma français abondent de personnages à la fois corrompus et sympathiques, et d'histoires qui finissent tristement. Il faut regarder—et dire—la réalité en face, telle qu'elle est. Il faut être lucide et ne pas risquer d'être pris pour un naïf. C'est pourquoi, dans leur attitude à l'égard d'eux-mêmes et d'autrui, les Français manifestent souvent un réalisme froid et direct qui peut facilement choquer les Américains. Un article d'un grand magazine féminin sera intitulé: "Séduire son patron: avantages et inconvénients". Une annonce de recherche en mariage sera rédigée ainsi: "Jeune femme très belle, 28 ans, cherche mari. Suis fauchée". Un père dira au professeur de son fils qui a eu de mauvaises notes en classe: "Mon fils est nul en maths, vous n'obtiendrez rien de lui dans cette matière. Vos collègues des autres disciplines auront peut-être plus de chance que vous".[7] De même, l'université française vous désignera par ce que vous êtes exactement: "étudiant étranger", sans chercher à utiliser un qualificatif (comme *international student*) qui évoque une société idéale où personne n'est étranger pour personne et où les nations fusionnent.

La valorisation de l'intellect

Dans le jugement qu'ils portent sur les individus et leurs actions, les Français attribuent généralement une très grande importance aux qualités intellectuelles: l'intelligence, la lucidité, le jugement juste, la rapidité d'esprit, le savoir, sont vus comme les qualités suprêmes d'un individu. "Je pense, donc je suis" remarquait déjà Descartes au 17e siècle. Son contemporain Pascal exprimait lui aussi la même idée dans un paragraphe fameux célébrant la primauté de l'intellect:

> L'homme n'est qu'un roseau, le plus faible de la nature, mais c'est un roseau pensant. Il ne faut pas que l'univers entier s'arme pour l'écraser; une vapeur, une goutte d'eau suffit pour le tuer. Mais quand l'univers l'écraserait, l'homme serait encore

---

[7] On retrouve une attitude similaire dans les aphorismes de Montaigne ("Sur le trône le plus élevé du monde, nous ne sommes assis que sur notre cul") ou de La Bruyère ("Il n'y a au monde que deux manières de s'élever: ou par sa propre industrie, ou par l'imbécilité des autres"). Voir Montaigne, *Essais*, livre III, chapitre 13 (Paris: Bibliothèque de la Pléiade, 1962), p. 1096 et La Bruyère (1688–1696), *Caractères*, no. 52, "Des biens de fortune".

plus noble que ce qui le tue, puisqu'il sait qu'il meurt, et l'avantage que l'univers a sur lui, l'univers n'en sait rien. Toute notre dignité consiste donc en la pensée. C'est de là qu'il nous faut relever et non de l'espace et de la durée, que nous ne saurions remplir. Travaillons donc à bien penser: voilà le principe de la morale.[8]

Sans être insensibles, bien entendu, aux qualités intellectuelles, les Américains tendent plus à privilégier les qualités morales: la sincérité, l'intégrité, la rectitude morale tiennent une place primordiale dans l'opinion qu'ils se font des autres et d'eux-mêmes. Ils sont plus tentés que les Français de présenter les gens et les actes sous un angle éthique, celui du bien et du mal (ce qui irrite souvent les Français).[9] Cette différence d'approche se remarque dans de nombreux domaines comme l'enseignement, le système politique ou le cinéma. En France, par exemple, la stature intellectuelle d'un chef politique, sa grande habileté tactique, ses qualités d'orateur brillant jouent un rôle plus important qu'aux Etats-Unis dans une élection, tandis que le côté "moral" de sa personnalité (ce que les Américains appellent le *character*) apparait moins important.

On retrouve cette différence dans l'opposition entre l'humour (*humor*) que l'on pratique volontiers aux Etats-Unis et l'esprit (*wit*), très valorisé en France. Un orateur américain commence son discours devant les étudiants d'une université américaine en racontant comment il a cru que le président de l'université (beaucoup plus jeune que lui) était un étudiant lorsqu'il l'a rencontré pour la première fois. Il lui a même demandé en quelle année d'études il était. Tout le monde rit: l'orateur a le sens de l'humour et il a prouvé sa capacité de sincérité en révélant publiquement une erreur qu'il a commise (mise en valeur de qualités morales). Aucun orateur français parlant à des Français n'oserait commencer un discours par une histoire semblable (un individu intelligent ne dévoile pas volontairement ses faiblesses). Un Français dit à une femme avec un ton de reproche: "Vous êtes insupportable. Si j'étais votre mari, je vous mettrais du poison dans votre café". La femme réplique aussitôt: "Eh bien moi, si j'étais votre épouse, je me dépêcherais de le boire". On ne rit pas, mais on admire l'habileté avec laquelle la femme a retourné l'arme lancée contre elle. Elle a de l'esprit (mise en valeur de qualités intellectuelles).

Un autre aspect de cette valorisation de l'intellect dans la culture française est la tendance à l'abstraction. Cette tendance—qui n'existait pas dans les cultures populaires

---

[8] Pascal, *Pensées* (Paris: Mercure de France), p. 134.

[9] Dans un article (*Le Monde*, 26 juillet 1991, p. 2), Henri Martre, président d'Aérospatiale, répondait ainsi aux accusations lancées par le vice-président de la firme américaine Boeing: "De ce dialogue (du vice-président de Boeing) résultait évidemment qu'il y avait d'un côté les bons, les constructeurs aéronautiques américains non subventionnés, et de l'autre les mauvais, les Européens subventionnés. De qui se moque-t-on? Que l'on puisse tenir un tel langage de l'autre côté de l'Atlantique, passe encore, et l'on ne s'en fait pas faute, mais au pays de Descartes, où le bon sens fait partie des vertus ataviques sorties de la glèbe, il convient d'être plus "factuel" (…) Que nos concurrents défendent leurs intérêts, c'est normal, et encore il y a des limites à respecter, mais de grâce, qu'ils nous épargnent les leçons de morale!"

(paysannes ou ouvrières) de la France d'autrefois—proviennent des classes socio-culturellement dominantes de la société. La tendance à l'abstraction est particulièrement forte dans la langue française telle qu'on la parle et l'écrit dans les milieux "cultivés".[10] Essayez par exemple de traduire littéralement du français à l'anglais cette publicité pour un fromage: "Alléger ses délices, pour augmenter son plaisir, voilà une toute nouvelle façon de vivre sa gourmandise. Avec Bridélice, l'appétit se décline sur tous les tons, sur tous les goûts, en faisant rimer légèreté et générosité".

Devenus adultes, les Français conservent la tendance qu'ils ont acquise à l'école de voir tout problème comme un défi à leur capacité d'analyser. C'est pourquoi ils ont souvent tendance à privilégier la conception et la compréhension abstraite des choses plutôt que la réalisation et l'application, qui les intéressent moins. Ils s'enthousiasment pour les créateurs, les inventeurs et négligent souvent ceux qui tentent de mettre en pratique les nouvelles idées et de les appliquer à la vie concrète. Lorsqu'ils concrétisent ces nouvelles idées, les Français se contentent souvent de prototypes qui correspondent aux idées du concepteur plus qu'aux besoins des utilisateurs. La centrale atomique "Super-Phénix", l'usine marémotrice de la Rance, l'avion "Concorde"

Fromage et langue abstraite: couvercle d'une boîte de Bridélice

---

[10] La langue française n'est pas du tout abstraite par nature. Le français parlé dans les classes "populaires" est très concret et imagé. Sur ce sujet, voir Claude Duneton, *Parler croquant* (Paris: Stock Plus, 1978).

Affiche contre l'invasion des cuivres étrangers

et le T.G.V. (train à grande vitesse) sont des exemples parmi d'autres de prouesses technologiques originales que le monde entier admire mais qui sont difficiles à vendre. Certains responsables politiques et économiques sont tout à fait conscients du handicap que représente cette façon traditionnelle de voir les choses. Sous leur influence, les Français tendent aujourd'hui à devenir plus pragmatiques.

Le refus de l'erreur

Une autre différence très marquée entre les Français et les Américains est leur attitude vis-à-vis de l'erreur.[11] Dans la culture américaine, l'erreur est généralement perçue comme quelque chose de normal, de positif, qui fait partie de la vie; on ne progresse pas sans faire des erreurs, sans se tromper. On rectifie le tir ensuite. La démarche américaine classique consiste à essayer quelque chose pour voir si cela marche et, si cela ne marche pas, à essayer autre chose. On prend donc les décisions assez rapidement

---

[11] On parle ici des erreurs de jugement, mettant en jeu les capacités intellectuelles, pas des fautes morales.

sans passer trop de temps à analyser les conséquences possibles de ces décisions puisqu'il est admis qu'on peut recommencer ou changer d'orientation à tout moment. On reconnait donc facilement ses propres erreurs et on oublie vite celles des autres. L'important, c'est de savoir en tirer les conséquences.

Dans la culture française, l'erreur est au contraire mal acceptée. On ne doit pas se tromper. Faire des erreurs est—au sens littéral—inadmissible. C'est le signe d'une faiblesse, d'une déficience intellectuelle ou sociale humiliante qui touche la personne dans son être. On admet donc difficilement ses propres erreurs et on accuse souvent les autres d'en faire. Cette intolérance à l'erreur, à la faute, provoque une tension très spécifiquement française que l'on ne retrouve pas dans la société américaine. D'un geste maladroit, une femme invitée à une soirée fait tomber par terre une coupe de champagne qui se trouvait sur une table. Si elle est américaine, elle va tout de suite s'excuser et se déclarer coupable: "*I am awfully sorry; it's my fault.*" Si elle est française, il est probable qu'elle lancera quelque chose comme: "Enfin, c'est incroyable, on n'a pas idée de mettre des coupes de champagne aussi près du bord de la table." Quelques minutes plus tard, une autre Française renverse du vin sur le sol du salon et déclare: "Avec un tapis de cette couleur, il ne faut pas qu'ils s'étonnent qu'on fasse des taches dessus". Le refus de la culpabilité, de l'erreur est général du haut en bas de la société. L'impatience est souvent la réponse apportée à ceux qui ignorent comment faire, hésitent, se trompent. L'Américaine Polly Platt raconte qu'un jour sa voiture heurta légèrement celle d'un autre conducteur à Paris. Celui-ci sortit de sa voiture, regarda la petite rayure faite sur son pare-choc et déclara: "Madame, si j'étais à votre place, je prendrais le métro".[12] Certes, il arrive aux Français de s'excuser, mais l'expression française "je suis désolé", qui est généralement employée lorsque l'on a commis une erreur, n'exprime pas la même contrition que le "*I am sorry*" américain; elle signifie simplement "je suis triste" (à cause de ce qui vous arrive). Les médias français consacrent une part considérable de leur attention à déterminer qui est responsable des mauvaises décisions et des erreurs de jugement commises dans les affaires publiques ou privées. Quand on manque de professeurs dans les écoles, quand une fissure apparait dans une centrale nucléaire, quand un pont s'effondre, quand un candidat aux élections échoue à se faire élire, les journaux titrent en grosses lettres: "A qui la faute?" "Qui sont les responsables?", "Graves erreurs commises". On comprend mieux pourquoi les Français n'ont pas l'habitude de prendre des décisions comme le font les Américains. Avant de décider, ils réfléchissent en général longuement et analysent dans les moindres détails la situation donnée, les différentes décisions possibles et toutes leurs conséquences. Quand, après avoir tourné la question dans tous les sens et envisagé tous les scénarios possibles, ils sont convaincus qu'il ont trouvé la meilleure solution (ou la meilleure personne), ils décident d'aller dans cette direction, sûrs d'être sur la bonne voie. C'est une approche complètement différente du *trial and error* à l'américaine.

Avec le mensonge, la situation s'inverse. Les Américains considèrent le mensonge comme les Français considèrent l'erreur: inadmissible. Pour les Américains, être un

---

[12] Polly Platt. *Ils sont fous ces Français* (Paris: Bayard, 1994) pp. 89–96.

liar est une déficience humiliante qui touche la personne dans son être. On admet donc difficilement qu'on ment et dire de quelqu'un qu'il est un menteur est une grave accusation. Les Français, eux, considèrent le mensonge comme les Américains considèrent l'erreur: pas trop grave, cela fait partie de la vie. Qui n'a pas été obligé de mentir de temps en temps? Et puis, comme on dit couramment, "toutes les vérités ne sont pas bonnes à dire" ; il y a des choses qu'il vaut mieux cacher ou ne pas savoir. Accuser un Français d'être un menteur ne l'atteint pas dans son être et n'affecte pas qui il est: c'est comme l'accuser d'avoir joué un mauvais tour (*play a trick*).

Ceci permet de comprendre pourquoi les Français et les Américains ont des réactions différentes à certains événements. Les Américains qui ont critiqué le président Bill Clinton pour sa liaison avec Monica Lewinski l'ont surtout accusé d'avoir menti sur la nature de cette relation. Les Français qui ont critiqué Bill Clinton à propos de cette liaison n'ont au contraire attaché aucune importance à un mensonge du président; ce qu'ils lui ont reproché—et qui était à leurs yeux beaucoup plus grave—c'est l'erreur qu'il a commise de se rendre vulnérable aux attaques de ses adversaires.

L'individualisme et la liberté

Il faut également souligner les différences importantes qui séparent Français et Américains dans leur conception de l'individualisme et de la liberté. Les Américains ont une conception de l'individualisme qui valorise la capacité de se débrouiller seul dans la société, sans l'aide d'autrui. L'individualisme américain est ainsi étroitement associé à ce que l'on appelle *self-reliance*, la capacité de réaliser ou d'accomplir quelque chose par soi-même. Cette notion se retrouve dans l'idée du "rêve américain" et aussi dans la conception américaine du bonheur, vu comme une réalité purement individuelle: en Amérique, on doit pouvoir être heureux sans avoir besoin d'autrui. L'individualisme français ne met pas du tout l'accent sur l'idée de *self-reliance*, mais sur le caractère unique de l'individu, sa différence, le fait qu'il n'y a pas deux personnes comme lui. Dire de quelqu'un qu'il est "très individualiste", cela signifie qu'il ne fait pas comme les autres, qu'il aime toujours se distinguer, se mettre à part. Etre unique (pour une chose comme pour un individu) est vu comme un élément de supériorité que l'on admire et que l'on recherche.

Chez les Français, la liberté est moins liée à l'action que chez les Américains et plus à l'existence: être libre, c'est pouvoir exister en tant qu'identité distincte, protégé de tout risque de disparition, de tout regard extérieur.[13] "La liberté, c'est d'abord pour moi de pouvoir me dérober aux autres", remarque l'écrivain français José Cabanis.[14] Dans les années 1960, les petits commerçants qui exigeaient qu'on bloque la création de nouveaux supermarchés se présentaient comme des défenseurs de la liberté. Les

---

[13] L'origine de cette conception de la liberté remonte à la monarchie absolue (avant 1789), époque où toute forme de liberté était un privilège aux limites bien définies accordé par le monarque.

[14] *Spectacle du Monde*, no 352 (juillet 1991).

grands supermarchés, eux, étaient vus comme les ennemis de la liberté puisqu'ils risquaient, par leur concurrence, de faire disparaître les petits commerçants. La conception française traditionnelle de la liberté s'accorde mal avec celle du système capitaliste!

Cette conception de la liberté éclaire un trait de comportement fréquent chez les Français que l'on retrouve moins souvent chez les Américains: la crainte de toute invasion ou intrusion pouvant menacer la survie ou l'identité (d'un individu, d'une famille, d'une classe sociale, de la nation, d'un quartier urbain, d'un métier, d'un produit, etc.). Cette peur est née de l'histoire. Dans le passé, les Etats-Unis n'ont jamais subi d'invasion massive par des forces étrangères. La France, pays riche situé au centre de l'Europe, très exposée aux attaques étrangères, a été envahie des dizaines de fois au cours de son histoire. Les Allemands, par exemple, l'ont envahie cinq fois en un siècle et demi (1792, 1814, 1870, 1914 et 1940). Ceci a profondément marqué la mentalité des Français. On le voit dans l'importance qu'ont en France les délimitations précises dans tous les domaines et leur caractère souvent défensif. On voit cette peur dans la recherche des frontières "naturelles" de la France au cours des siècles passés ou dans la "ligne Maginot".[15] Cette peur s'est étendue à bien d'autres domaines que le territoire physique: à la langue et à la culture par exemple. L'attachement des Français à la "pureté" de leur langue, l'anti-américanisme culturel de certains Français peuvent s'expliquer en partie par cela. Aux Etats-Unis, la peur de l'invasion est apparue à certaines époques, par exemple pendant la Seconde Guerre mondiale ou pendant la Guerre froide.

Pour en savoir plus: *www.quid.fr/*

---

[15] La "Ligne Maginot" est une ligne de fortifications qui fut construite le long de la frontière avec l'Allemagne dans les années 1930. Elle était destinée à empêcher une invasion de la France par les troupes allemandes.

Chapitre 4

Points de vue français sur le corps

Les gestes des Français

Des milliers d'ouvrages portent sur la nourriture en France, la santé, l'habillement, les sports, les convenances, la vie amoureuse, etc., mais bien peu d'entre eux se préoccupent de savoir comment se tiennent les Français lorsqu'ils sont debout, comment ils se déplacent, quels sont leurs gestes, comment ils définissent leur espace personnel et communiquent par le visage ou le regard. On apprend la langue d'un pays, mais on oublie d'étudier les gestes qui accompagnent cette langue et qui souvent la remplacent. Or ces gestes jouent un rôle fondamental—beaucoup plus important qu'on ne le croit généralement—dans la communication. A cet égard, les Français diffèrent des Américains, à tel point qu'il est parfois possible de distinguer instantanément les premiers des seconds.

Mon œil!—My eye: You can't fool me!

Au poil!—To the hair: Perfect! This gesture is associated with the idea of measuring something perfectly, right down to a hair.

Mon œil!

Au poil!

Extra!—Excellent!

Extra!

La barbe! Rasoir!—How dull. "Beard! Razor!"
acquired the meaning "boring" in the
nineteenth century.

La barbe! Rasoir!

Ras-le bol!—The bowl is full to the brim:
I've had it up to here!

Ras-le bol!

Qu'est ce que tu veux que j'y fasse?—What do you expect me to do about it?

On se tire! On se casse!—One pulls oneself away. One breaks away: Let's get out of here. Let's split.

Qu'est ce que tu veux que j'y fasse?

On se tire! On se casse!

Pour comprendre les êtres humains, il est essentiel de savoir quelle idée ils ont de leur corps, de son fonctionnement, et de la façon dont ce corps doit se mouvoir et réagir vis-à-vis des autres. Cette conception se répercute sur les questions les plus fondamentales de notre vie: comment élevons-nous nos enfants, comment sont organisées les familles, comment se déroulent les rites sociaux, comment fonctionne—ou devrait fonctionner—le gouvernement. Il est donc nécessaire de tenir compte des attitudes corporelles quand on cherche à comprendre une société. Il peut se produire des changements rapides lorsque le rapport de l'individu au corps est très conscient (comme dans les modes vestimentaires ou alimentaires, l'hygiène ou la médecine); mais il existe des aspects beaucoup moins conscients du comportement corporel, tels que la tension musculaire, le rythme des mouvements, le sens des frontières du corps, la relation du corps à l'espace environnant, qui semblent se perpétuer de génération en génération. Tous ces traits réunis forment un style de comportement particulier qui peut être dominant dans un groupe d'individus donné—les Français par exemple—et qui contribue à l'identifier par rapport aux autres groupes.

Une tension musculaire constante

Ce qui frappe le plus un observateur américain dans le comportement corporel général des Français, c'est qu'ils semblent tenus à dominer constamment leurs muscles. Il en résulte une certaine tension habituelle qui n'est absolument pas consciente. Inculquée chez l'enfant par mimétisme, cette tension du corps est généralement plus forte chez les gens d'âge mûr que chez les jeunes, qui ont reçu une éducation moins orientée vers le contrôle du corps que leurs aînés.

Cette volonté de contrôle et la tension qui en découle sont la cause de la rigidité considérable du torse. La poitrine est bombée; les épaules sont tenues hautes et carrées. En contraste avec le reste du torse, les épaules restent des instruments de communication étonnamment flexibles. On les ramène souvent vers l'avant et ce geste s'accompagne d'une expiration ou d'une moue, créant ainsi un mouvement du corps que les étrangers trouvent "typiquement français".

Curieusement, on retrouve cette conception du corps français dans la conduite des automobiles, lesquelles ne sont, au fond, que des extensions du corps humain. Contrairement aux Américains, pour lesquels l'aisance de conduite et le confort (sièges moelleux, direction assistée, vitesses automatiques, suspension très molle) sont les qualités essentielles d'une voiture, les conducteurs français veulent avant tout des voitures rapides, "nerveuses", qui permettent de doubler rapidement les autres et de maintenir une tension constante dans la conduite. Ils préfèrent les changements de vitesse manuels plutôt qu'automatiques parce que cela donne l'impression que l'on contrôle mieux la voiture. Ils ne veulent pas être "portés" par une automobile, mais sans cesse sentir que chacun de ses éléments leur obéit parfaitement.

Cette tension constante existe aussi dans la langue française elle-même. Il suffit de prononcer un mot commun à l'anglais et au français pour s'en rendre compte. Dites à haute voix le mot anglais *literature*, puis le mot français "littérature"; le mot anglais *education*, puis le mot français "éducation"; ou bien le mot anglais *architecture*, puis le mot français "architecture". Une des grandes difficultés pour les anglophones qui apprennent le français est justement d'arriver à maintenir cette forte tension articulatoire, mais sans que cela paraisse forcé. De même, lorsque les Français parlent anglais avec l'"accent français", ils prononcent les mots anglais d'une manière tendue, comme si c'était des mots français.

La station debout

Lorsqu'ils veulent converser debout, les Américains et les Français se tiennent de façon différente. En général, les Américains (les hommes surtout) tiennent les jambes parallèles et les pieds très écartés, et font passer le poids du corps alternativement d'un pied sur l'autre. Cette alternance soulage le corps, car le bassin bascule souvent et se trouve soumis de façon irrégulière à la poussée de la gravitation. De sorte que rester debout est inconfortable, et que les Américains aiment bien se reposer en s'appuyant sur quelque chose—un mur, une table, un bureau ou même en mettant le pied sur une chaise.

Les Français ne basculent pas le bassin. Les muscles de leur corps étant plus tendus, ils ont moins besoin de se reposer en s'appuyant sur quelque chose. Ils peuvent rester plus longtemps dans des positions qui sembleraient inconfortables à des Américains. Lorsqu'ils sont debout, ils ont tendance à balancer leur corps d'avant en arrière plutôt que de droite à gauche comme le font les Américains.

Les gestes des mains et des bras

En France comme aux Etats-Unis, les gestes de la main varient beaucoup selon le niveau social, le sexe, l'âge ou la région. On remarque toutefois certaines différences générales entre Français et Américains.

Les hommes américains, lorsqu'ils sont debout, mettent souvent les mains dans leurs poches (en s'appuyant le dos contre un mur s'ils attendent quelque chose). Les hommes français restent rarement avec les mains dans leurs poches et ont plus tendance à croiser les bras—attitude qui évoque une plus grande tension. Les Français gardent souvent le haut du bras serré contre le corps, mais ont une flexibilité incroyable du coude, du poignet et de la main. Le ballet gracieux et compliqué que constituent les mouvements du poignet et de la main est difficile à imiter. Aux États-Unis, plier le poignet est considéré comme un geste féminin; en France, il ne semble pas y avoir cette différenciation de sexe.

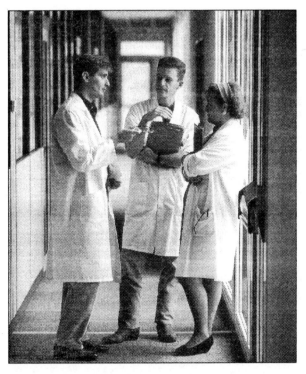

Les Français croisent les bras plus souvent que les Américains.

Au cours d'une conversation, les Français gardent souvent les bras croisés, ou parfois mettent leurs poings sur les hanches. L'un des bras se libère souvent pour permettre des gestes du poignet et de la main. Les mains servent de baguette pour marquer le rythme de la communication. Elles peuvent aussi mimer des situations ou des relations (exemple: "escalier en spirale", "comme ci, comme ça"). Elles peuvent aussi servir de marque pour indiquer les changements dans le sujet de conversation. Enfin, elles peuvent parfois exprimer l'intégralité d'un message, qui peut être obscène ou injurieux (le bras d'honneur, "que dalle", "j'ai eu la trouille!").[1]

Lorsqu'ils frappent à une porte, les Américains ont la paume de la main face à cette porte et frappent à la hauteur de leur visage. Les Français, au contraire, frappent le dos de la main face à la porte, à hauteur de la ceinture. Lorsqu'ils sont à table et ne sont pas en train de manger, les Français gardent les mains sur la table, jamais en dessous. Lorsqu'ils mangent, ils ne mettent jamais la main gauche sous la table comme cela se voit parfois aux Etats-Unis. On raconte aux enfants français que les Américains gardent une main sous la table pour tenir un revolver! En France, les verres sont placés dans l'axe de l'assiette et du buveur, tandis qu'aux Etats-Unis on les place légèrement à droite de l'assiette.

La position assise

Les Américains n'apprécient guère les sièges et la façon de s'asseoir en France. Traditionnellement, les chaises sont raides, droites, faites pour que les Français s'y asseoient comme lorsqu'ils se tiennent debout, c'est-à-dire de façon beaucoup plus droite que les Américains. Les meubles français modernes, en réaction contre cette tradition, sont cependant souvent très bas, de sorte que les genoux tendent à se trouver plus haut que la tête, comme on le voit dans les bandes dessinées de Brétécher. Les Américains préfèrent une façon de s'asseoir intermédiaire, ni droite, ni au même niveau que le plancher. Ils aiment surélever leurs pieds et non leurs genoux. En fait, chaque fois que c'est possible, ils aiment étendre leurs jambes et poser leurs pieds sur une table, un bureau ou une chaise.

Les Français mettent rarement leurs pieds plus haut que leurs genoux. Lorsqu'ils croisent les jambes, ce qu'ils font souvent, la jambe qui est croisée par-dessus le genou repose parallèlement sur l'autre jambe. Au lieu de croiser entièrement les jambes, les hommes américains posent souvent leur pied sur le genou opposé, exposant ainsi le dessous de leurs semelles, ce qui est considéré comme impoli en France.

Les Français gardent souvent les bras croisés quand ils sont assis, comme lorsqu'ils sont debout. Etant assis, il leur arrive de croiser un bras sur la poitrine, un

---

[1] Le bras d'honneur: nom donné à un geste signifiant "n'y compte pas". "Que dalle": expression familière qui signifie aussi "n'y compte pas, rien du tout". "J'ai eu la trouille": expression familière qui signifie "j'ai eu peur".

coude appuyé sur l'une des mains, alors que l'autre main est portée au visage et touche, caresse ou tripote la bouche, les cheveux, ou toute autre partie de la tête. D'autres fois, le menton repose dans le creux de la main pour soutenir la tête. On remarque que les Français touchent leur visage avec leurs mains beaucoup plus que les Américains.

La démarche

La différence entre la façon de marcher des Américains et des Français est moins marquée qu'autrefois—surtout chez les jeunes—mais elle n'a pas disparu. Les Américains (les hommes surtout) ont tendance à marcher en balançant les épaules et le bassin. Ils font des moulinets avec leurs bras. Ils marchent comme si l'espace où ils se trouvent n'était pas limité par des obstacles. Dans ses premiers films où il jouait le rôle de mauvais garçon (*A bout de souffle*), l'acteur Jean-Paul Belmondo marchait comme un Américain.

A l'inverse, les Français ont tendance à marcher comme s'ils descendaient un corridor étroit, avec un espace personnel très restreint. Leur démarche est raide et régulière, avec peu de balancement des épaules et du bassin. La plupart du temps, la tête est légèrement penchée en avant, si bien qu'il semble que ce soit elle la force motrice qui déclenche le mouvement en avant, le reste du corps ne faisant que suivre. Le style de la démarche de Jacques Tati dans ses films (*Les Vacances de Monsieur Hulot, Mon Oncle*) est la caricature de cette position où c'est la tête qui guide.

La figure et le regard

La figure des Français tend généralement à être plus expressive que celle des Américains (et des Anglais). Les Français jouent plus avec le regard et la mimique du visage pour exprimer sans retenue leurs sentiments. Leur bouche, leurs sourcils, leurs yeux sont plus mobiles. En Amérique, on regarde son interlocuteur dans les yeux pendant que l'on parle; le regard ne quitte ces yeux que pendant de brefs moments, pour atténuer la tension trop grande d'un regard continu. En France, on ne regarde les yeux de son interlocuteur que par intermittence; on peut lui parler en regardant ailleurs, à condition de revenir périodiquement sur ses yeux pour maintenir le contact. Par contre, il existe en Amérique une sorte d'auto-discipline du regard qui veut qu'on ne regarde pas les inconnus fixement, car cela peut être perçu comme une forme d'agression. Cette auto-discipline n'existe guère en France, où l'on peut fixer son regard longuement sur les autres sans se sentir le moins du monde agresseur. C'est à celui ou à celle qui est regardé qu'incombe la responsabilité de se défendre, si nécessaire, en se déplaçant, en élevant des murs, en fermant les portes ou les volets. Les Américains qui ne savent pas cela sont souvent gênés de voir des Français qui les dévisagent longuement dans le métro, dans les ascenseurs, etc.

Le vêtement

La recherche du confort corporel, plus forte chez les Américains, se retrouve dans le rapport au vêtement. Les Américains ont une préférence marquée pour les vêtements amples, flous et souples dans lesquels on se sent à l'aise. Aux Etats-Unis, on porte des vêtements "habillés" (*formal*) lorsque les circonstances l'imposent, mais on cherche vite à en réduire l'inconfort (veste déboutonnée, col ouvert avec la cravate, "sneakers" avec tenue de ville, etc.) et à les remplacer par des vêtements de détente (*casual*).

La tension du corps française se retrouve dans le rapport au vêtement. Les Français qui attachent de l'importance à la façon dont ils s'habillent semblent moins soucieux que les Américains du confort vestimentaire et plus préoccupés par l'apparence, par l'effet sur les autres. Comparés aux vêtements américains, les vêtements français semblent plus faits pour ceux qui les regardent et moins pour ceux qui les portent; ils sont plus serrés près du corps. La mode française, si célèbre dans le monde, est essentiellement féminine; l'habillement masculin français s'inspire des styles italien, britannique ou américain. Il est très significatif que, pour tout ce qui a rapport à l'habillement de détente, il n'existe guère de modèles vestimentaires authentiquement français; ce sont les modèles américains qui, depuis les années 1960, sont imités (jeans, t-shirts, bermudas, cols de chemise mous à boutons, chaussures "dockers", etc.).

Le vêtement est, en France comme aux Etats-Unis, porteur de significations sociales: la manière de s'habiller révèle qui l'on est. Dans les deux pays, ce sont surtout les catégories sociales privilégiées de la population qui recherchent l'élégance vestimentaire. En France, toutefois, le souci de l'élégance garde quelque chose de plus contraignant qu'en Amérique, surtout pour les femmes venant de la moyenne et haute bourgeoisie qui doivent impérativement "savoir s'habiller" sous peine d'être critiquées par leur milieu d'origine. En France plus qu'ailleurs, on remarque que les femmes s'habillent avec plus de soin que les hommes. Certaines couleurs et certains vêtements ont de subtiles connotations sociales.[2] Le bleu marine, par exemple, fait "bourgeois". Le béret, symbole de la France pour les étrangers, n'est plus porté que par des hommes âgés appartenant aux milieux populaires.

Cependant, l'habillement des Français a beaucoup changé depuis une trentaine d'années. La mode, par exemple, n'est plus suivie avec rigueur. Les codes traditionnels ont été abandonnés et remplacés par une très grande liberté de choix individuel. On tolère mieux qu'auparavant que les autres s'habillent comme il leur plaît. Dans les écoles privées, les uniformes ont disparu. Les vêtements de détente, de sport, sont beaucoup plus fréquemment portés qu'auparavant, surtout chez les moins de 25 ans dont l'habillement quotidien est très semblable à celui des jeunes Américains

---

[2] La manière de s'habiller "BCBG" (Bon Chic Bon Genre) est celle qui identifie le plus l'individu à la classe bourgeoise traditionnelle.

du même âge. Les distinctions sociales subsistent au niveau du vêtement, mais elles sont plus subtiles qu'auparavant (la qualité du tissu, de la coupe, etc.).

Les règles de la conversation

Les effets des différences culturelles de rythme portent aussi sur la conversation.[3] Chez les Américains, lorsque quelqu'un a fini de parler, il se tourne vers son interlocuteur, le regarde dans les yeux, lève les sourcils et cesse d'émettre des sons. L'autre commence à parler, au deuxième temps de la mesure. Mais, chez les Français, il est fréquent que le second orateur n'attende pas que le premier ait terminé de s'exprimer et qu'il lui coupe la parole à la fin d'une phrase. Cette habitude française d'interrompre l'interlocuteur surprend les Américains. Si un Américain tente de participer à une conversation de groupe avec des Français, il n'a aucune chance d'y parvenir s'il attend que l'un des orateurs s'arrête de parler. Car avant que celui qui parle ne s'arrête, un autre Francais a déjà commencé à parler, privant l'Américain d'une occasion méritée pour laquelle il avait poliment patienté. Un Américain qui attend un temps de silence avant de commencer à parler et insiste pour qu'on l'écoute jusqu'au bout ralentit toute conversation avec des Français. Cela rend généralement les Français impatients et leur donne l'impression que toute conversation avec les Américains est lente et ennuyeuse. Agacés par cette lenteur, les Français sont constamment tentés de finir eux-mêmes les phrases de leur interlocuteur américain ou de lui couper la parole, risquant ainsi de se voir adresser un brutal *let me finish*.

En France, le fait qu'on vous coupe la parole montre que l'on a de l'intérêt pour ce que vous dites. Vous écouter passivement jusqu'au bout sans rien dire signifierait que vous êtes ennuyeux, que ce que vous dites ne mérite pas qu'on le commente. En appliquant une métaphore sportive, on pourrait dire qu'aux Etats-Unis on pose la conversation par terre et on attend que quelqu'un d'autre la ramasse, tandis qu'en France elle ne doit jamais toucher terre: on se la renvoie de l'un à l'autre, le plus vite possible, et elle peut vous être enlevée par quelqu'un si vous la tenez. Ainsi, la personne qui dirige un débat public s'appelle-t-elle *moderator* aux Etats-Unis, mais "animateur" en France.

Une autre habitude française surprend les Américains: c'est celle qui consiste à faire éclater une conversation générale en conversations particulières. Lorsqu'une conversation générale se tient entre des Américains, le groupe tout entier écoute ce que dit celui qui a pris la parole, chaque participant attendant son tour en silence. Les Américains sont gênés lorsque, dans un groupe écoutant quelqu'un parler, un Français parle à son voisin en même temps qu'il écoute. Cela ne semble pas impoli aux Français. Les Français semblent avoir la capacité de suivre plus d'une conversa-

---

[3] Sur ce sujet voir: Raymonde Carroll, *Evidences invisibles. Américains et Français au quotidien* (Paris: Seuil, 1987), "La Conversation" pp. 43–66.

tion à la fois, la conversation générale en même temps qu'une conversation privée avec un autre individu. Suivant les deux à la fois, ils peuvent changer et passer de la conversation générale à la conversation particulière sans gêne ni mauvaise compréhension. Ce dynamisme compliqué des groupes français rend leur conversation plus vivante que celle des groupes américains. Les Américains, incapables de participer à ces changements, se sentent facilement exclus.

D'autre part, la conversation ne joue pas le même rôle social en France et aux Etats-Unis. L'anthropologue Raymonde Carroll fait remarquer qu'aux Etats-Unis, la conversation est un simple échange verbal sans implications sociales; on peut converser avec n'importe qui n'importe où; cela n'engage à rien, ne signifie rien sur la relation à long terme de deux interlocuteurs. Converser avec quelqu'un ne signifie rien de plus que ce que l'on dit. On peut, lors d'une soirée, parler pendant deux heures avec quelqu'un sans se sentir obligé à quoi que ce soit vis-à-vis de cette personne.

En France, au contraire, la conversation signifie plus que ce que l'on dit: elle établit ou maintient une relation personnelle entre deux individus. On ne converse donc pas avec n'importe qui n'importe où, mais seulement avec les personnes avec lesquelles on a l'intention d'établir ou de maintenir une relation (affective, professionnelle, de voisinage, etc.). Entamer une conversation prolongée avec quelqu'un affirme donc l'existence d'une relation qui devrait continuer à exister après qu'on aura cessé de parler. Si l'on refuse cette relation ou que l'on croit qu'elle n'est pas possible, on n'entame pas la conversation. Deux couples français assis à des tables voisines à l'aéroport de Chicago ne s'adresseront pas la parole. De là viennent les accusations de "froideur" lancées par les Américains contre les Français; de là aussi viennent la surprise des Français devant la facilité du contact américain avec les inconnus et leur désarroi quand un interlocuteur américain avec qui ils ont parlé pendant une soirée semble ne plus les reconnaître le mois suivant. En France, la parole, la conversation jouent un rôle de ciment social plus fort qu'aux Etats-Unis.

Les frontières physiques entre les personnes

Dans les rapports avec les autres, la position physique des individus obéit à certains codes qui varient suivant les cultures. Lorsque les Français parlent entre eux, par exemple, ils se tiennent généralement plus près de leur interlocuteur que les Américains. Ceux-ci semblent avoir besoin d'un espace personnel plus large. Dans les restaurants, les cafés, les ascenseurs, etc., les Français acceptent plus facilement que les Américains de disposer d'un espace personnel réduit. Dans une file d'attente française, les personnes qui vous suivent se collent contre vous, de peur que quelqu'un d'autre, voyant un petit espace inoccupé, ne s'infiltre entre vous et eux . Les maisons et les voitures sont généralement plus petites en France qu'aux Etats-Unis. Les Américains ont tendance à donner à l'espace (à la distance ou à la proximité) une forte signification sociale: être spatialement proche de quelqu'un (être voisin, par exemple) entraîne normalement l'établissement de relations; si l'on ne veut pas entrer en relation avec d'autres personnes, il faut établir ou maintenir une distance spatiale entre soi-même et ces personnes. Cette attitude a pu contribuer au développement de la ségrégation raciale dans l'habitat américain. Elle rend aussi les rapports quotidiens entre des inconnus plus faciles, moins hésitants qu'en France; il y a moins de glace à briser pour entrer en contact avec les autres. En France, l'espace (la distance ou la proximité) n'a pas autant de signification sociale: être spatialement proche de quelqu'un n'implique aucun rapport, n'oblige à aucune relation, donc à aucune conversation. On reste longuement silencieux près d'une personne inconnue qui se trouve debout près de nous dans l'ascenseur. On peut, plus facilement qu'aux Etats-Unis, être voisin et inconnu, voisin et ennemi.

L'habitude française de serrer la main ou d'embrasser quelqu'un que l'on connaît chaque fois qu'on le voit pour la première et la dernière fois dans la journée étonne toujours les Américains. En règle générale, les Français embrassent uniquement les personnes qui font partie de leur famille et leurs amis intimes (sauf entre hommes dans ce dernier cas). La "bise" se donne le plus souvent une fois sur chaque joue, mais dans certaines familles ou certaines régions, on donne une troisième et parfois même une quatrième "bise". Un Français peut donc serrer la main ou embrasser quelqu'un jusqu'à 730 fois par an s'il voit cette personne tous les jours. Les Français pratiquent rarement l'accolade à l'américaine (*hugging* avec petite tape dans le dos). La poignée de main française est courte et sèche: on secoue la main de l'autre personne une seule fois et non pas plusieurs fois pendant que l'on parle, comme le font parfois les Américains. Le baise-main aux femmes mariées se pratique uniquement dans la haute-bourgeoisie et l'aristocratie. Serrer la main ou embrasser permet d'établir entre les individus la distance physique normale correspondant à leur degré d'intimité. Cela permet aussi d'établir d'une manière très claire le début et la fin d'un rapport interpersonnel et la nature de ce rapport (proche/non proche). On retrouve ici l'habitude française (inverse de celle des Américains) de faire figurer de manière visible et explicite les limites, les frontières entre les gens et les choses.

La multiplication des murs et des clôtures dans le paysage urbain français traduit aussi la volonté de marquer clairement des limites entre les espaces privés. Dans les banlieues américaines, les frontières entre propriétés semblent imprécises: rien ne marque clairement où commence le gazon de Monsieur X et où finit celui de Madame Y, et cela ne gêne personne. Ce "flou" mettrait la majorité des Français mal à l'aise: s'il n'y a pas de limite visible, diront-ils, comment les enfants des voisins seront-ils avertis qu'ils pénètrent sur mon territoire? Et s'il n'y a pas de mur pour me protéger du regard des voisins, comment être vraiment libre? L'espace privé étant un lieu où ne peuvent pénétrer que les personnes appartenant à mon cercle proche, il est vital que cet espace soit défendu contre les "intrus". Pénétrer sur ma pelouse, c'est comme entrer dans ma chambre.

Aux Etats-Unis, lorsque qu'on veut protéger sa vie privée, on a recours non pas à des murs, mais plutôt à l'espace: les grandes pelouses qui entourent les maisons des banlieues américaines sont des sortes de *no man's land* destinés à établir une distance; peu importe, donc, leurs limites et qui marche dessus. Les Français, qui ne comprennent pas ce rôle, sont choqués par ce qui leur apparaît comme un énorme "gaspillage d'espace" dans l'habitat américain.[4]

La morale du corps

Les attitudes sociales concernant le corps humain sont marquées par de nombreux présupposés moraux qui touchent de près à la religion, à la conception qu'une société se fait de la sexualité, de l'hygiène, etc. Parce qu'elles font plus appel à la conscience, ces attitudes peuvent évoluer plus vite que les habitudes physiques (gestes, etc.) dont il est difficile de se défaire. Sur le plan de la conception morale du corps, des différences sensibles existent entre les Français et les Américains.

En Occident, la vision du corps a été fortement influencée par l'idée (qui s'est répandue à l'époque de l'empire romain) que le corps et les sens sont source de mal, d'immoralité. Cette vision (baptisée familièrement "puritaine") a beaucoup marqué la morale sociale en Europe, surtout depuis le 17e siècle. Les pays de culture protestante ont été plus méfiants vis-à-vis du plaisir sensuel que les pays de culture latine et catholique (France, Italie, Portugal, Espagne) qui ont gardé une attitude plus libre et moins sévère dans ce domaine. Dans la culture de ces pays, en effet, la sensualité a souvent été célébrée alors qu'elle a suscité plutôt des sentiments de culpabilité et de rejet aux Etats-Unis.[5] Un Français serait très surpris de voir qu'en Amérique, on avertit les parents que tel film contient de la *sensuality*, un mot qui a en France une connotation très positive. De même, on remarque que les Américains (et les Européens du Nord en général) tendent à utiliser les boissons alcoolisées comme des drogues, tandis que les Français (et les Européens du Sud) les considèrent plutôt comme des aliments qui procurent un plaisir sensuel. Pour les jeunes Français, boire du vin ou de la bière n'est pas un rite de passage dans le monde adulte et cela n'évoque pas la transgression de l'interdit. Dès l'âge de 12 ou 13 ans, l'enfant français commence à boire un peu de vin ou de bière pendant les repas à la maison. A partir de 16 ans, la loi lui permet de consommer des boissons alcoolisées dans un lieu public, café ou restaurant. Certes, il arrive que des jeunes Français se soûlent (au cours de dîners ou de soirées), mais c'est moins fréquent et moins organisé qu'aux Etats-Unis.

En France—comme ailleurs en Occident—la morale sociale du corps est devenue beaucoup plus libérale et individualiste depuis les années 1960. Avec la perte d'in-

---

[4] Raymonde Carroll, *Evidences invisibles. Français et Américains au quotidien* (Paris: Seuil, 1987), "La Maison" pp. 31–42.

[5] L'Eglise catholique—contrairement aux églises protestantes—a longtemps utilisé la sensualité comme un moyen d'attirer les fidèles vers la foi (cérémonies grandioses avec belle musique, encens, ornements de culte magnifiques, représentations émouvantes du Christ et de la Vierge, etc.)

fluence de la religion sur les comportements individuels (sexuels, notamment), la France a connu une véritable révolution sur ce plan au cours des quarante dernières années. La morale du corps tend à devenir une affaire individuelle, chacun choisissant ses propres normes et tolérant celles suivies par les autres. Les tabous traditionnels sur la nudité—au cinéma, à la télévision, dans la publicité—ont disparu. Les seins nus sont autorisés pour les femmes sur toutes les plages françaises depuis 1970 et cela ne choque plus personne. Les plages publiques naturistes—où la nudité totale est permise—se sont multipliées. Les Français donnent généralement l'impression d'être plus à l'aise, plus détendus et moins angoissés que les Américains dans leur rapport moral au corps. Ils dissocient plus facilement nudité et sexualité alors que les Américains ont souvent du mal à séparer les deux. Sur ce plan, la morale publique américaine reste plus conservatrice et plus crispée.

Au cours des décennies récentes, les Français ont manifesté un intérêt très accru pour la santé, l'apparence du corps et la "forme" physique, suivant un mouvement qui s'est développé aux Etats-Unis dans les années 1970–1980. L'effondrement des grands systèmes idéologiques (communisme, fascisme) et des grands idéaux ("faire la révolution", "changer la société", pacifisme, tiers-mondisme, etc.) a provoqué un repli des individus sur ce qu'on peut voir et toucher immédiatement: la famille, l'argent, le corps humain. Depuis les années 1970, les Français ont (comme les Américains) adopté une approche plus narcissique et hédoniste de la vie, donnant au soin du corps une place plus grande qu'auparavant dans les activités sociales et les préoccupations de chacun. La pratique des sports et de toutes les thérapies corporelles s'est énormément développée. Ces changements traduisent l'émergence (en France comme ailleurs en Occident) d'une culture parfois appelée "post-moderne" dans laquelle le corps et l'esprit ne sont plus vus comme séparés l'un de l'autre. C'est une révolution dans un pays où, traditionnellement, les sports et l'exercice physique étaient peu valorisés par rapport aux activités de l'esprit.

Pour en savoir plus: *www.quid.fr/*

Deuxième Partie

Structures de la famille

Introduction. La famille française "traditionnelle"

La France a été transformée par une véritable révolution économique, sociale et mentale entre 1960 et aujourd'hui. Certes, de grands progrès techniques et économiques ont été accomplis au 19e siècle et dans la première moitié du 20e, et les Français jouèrent un grand rôle dans ces progrès. Ils furent des pionniers de la photographie, de l'automobile, du cinéma, de l'aviation, etc. Mais la société française, dans ses valeurs, ses moeurs et ses mentalités, avait évolué relativement lentement pendant cette période, même si des débuts de changements profonds étaient apparus après la Première Guerre mondiale. Sur ce plan—valeurs, moeurs, mentalités—la France de 1950 ressemblait beaucoup plus à celle de 1880 qu'à celle d'aujourd'hui. On peut appeler "France traditionnelle" cette société française du 19e siècle et du début du 20e dont les structures dataient pour l'essentiel de la Révolution française. Ses fondements légaux se trouvent dans le Code civil de 1803, souvent remanié par la suite.[1] Tous les Français qui ont plus de 50 ans aujourd'hui ont connu ce système social dans leur jeunesse. C'est en partie contre ce système que la révolution des quarante dernières années s'est faite.

La famille française "traditionnelle" est une invention des classes aisées—de la bourgeoisie—qui s'est répandue dans la société toute entière au 19e siècle. Selon ce modèle, l'objectif suprême de la famille était la stabilité, le maintien de l'acquis d'une génération à l'autre: il fallait éviter à tout prix ce qui pouvait menacer cette stabilité. L'objectif était plus collectif qu'individuel: l'intérêt de la famille passait avant le bonheur des individus qui la composent. Ce que faisait l'individu pouvait laisser une empreinte de prestige ou de honte

---

[1] Auparavant, et jusqu'à la Révolution de 1789, les coutumes et les lois civiles variaient tellement d'un lieu à un autre que, selon Voltaire, le voyageur circulant à travers la France devait changer plus souvent de lois et de règlements que de chevaux. Le sud du pays vivait sous le régime du droit écrit (inspiré du droit romain), tandis que le nord pratiquait le droit coutumier (comme dans les pays anglo-saxons).

sur la famille; chacun devait donc se comporter de façon à ne pas dégrader l'idée que le monde extérieur se faisait de sa famille. Le modèle était la "famille-souche" qui, comme un arbre, est solidement enracinée dans le sol, dans une région, dans un milieu social et culturel donné.[2] L'aïeul entouré de tous ses enfants et petits-enfants dans la "maison de famille" représentait une image idéale de ce type de famille. On refusait et méprisait l'émigration ainsi que l'exode rural des campagnes vers les villes qui produisaient des "déracinés". Prôné par les gouvernements successifs jusqu'en 1945, cet idéal allait contribuer à retarder l'urbanisation et l'industrialisation de la France dans la première moitié du 20e siècle. Une petite minorité de Français—surtout dans la bourgeoisie conservatrice catholique—gardent une certaine nostalgie de ce type de famille.

La structure de la famille française "traditionnelle" était strictement hiérarchisée. Le père avait l'autorité suprême: la loi le considérait comme le "chef de famille". Son épouse, juste en dessous de lui, régentait l'intérieur de la maison et s'occupait de l'éducation des enfants. Sauf dans la moyenne et la haute bourgeoisie, elle travaillait souvent hors du foyer. Mais elle était légalement considérée comme étant sous la dépendance de son mari. Elle ne pouvait pas, par exemple, ouvrir un compte en banque sans son autorisation. Et jusqu'en 1945, comme toutes les femmes, elle ne pouvait pas voter. Jusqu'en 1965, son mari avait légalement le droit de lui interdire de travailler hors de la maison. Chacun, mari, femme, enfants, avait son rôle bien défini dans la hiérarchie familiale et il existait une stricte division des tâches en fonction du sexe.

La première fonction de la famille était de se perpétuer, ce qui correspondait à la conception de l'Eglise catholique selon laquelle le but de la sexualité est la procréation. La vente des contraceptifs et l'avortement étaient interdits.[3] L'amour-passion, la recherche du maximum de bonheur individuel et de satisfaction sexuelle étaient considérés comme très instables, donc dangereux pour le mariage. On associait la passion amoureuse avec des relations extra-conjugales. Sans être un facteur exclusif—les mariés devaient quand même "se plaire" l'un à l'autre—l'intérêt matériel (fortune du conjoint, profession du mari) jouait une très grande place dans les unions, surtout chez les bourgeois et les paysans. On faisait alors un "mariage de raison", solide et durable puisqu'il n'était pas fondé sur la passion amoureuse, capricieuse et changeante par définition. La dépendance des femmes par rapport à leur mari avait une contre-partie: les maris étaient obligés de pourvoir aux besoins matériels de leur épouse conformément à leurs revenus. Epouser un homme aisé ou riche donnait à la femme l'assurance d'un niveau de vie confortable sans avoir jamais à travailler. Beaucoup de femmes, surtout dans la bourgeoisie, avaient appris à

[2] L'économiste Frédéric Le Play (1806–1882) s'était fait le théoricien de ce type de famille au 19e siècle. Le film de Georges Rouquier *Farrebique* (1945) présente la vie d'une telle famille dans le monde rural.

[3] L'avortement, assimilé au meurtre, était puni de lourdes peines (peine de mort en 1942). Une femme, Marie-Louise Giraud, fut exécutée en 1943 pour avoir pratiqué des avortements. Le film *Une Affaire de femmes* de Claude Chabrol a pour thème cet épisode tragique. L'avortement a été autorisé par la loi en 1975.

Repas de baptême vers 1950

voir le mariage sous cet angle. Le mariage jouait donc le rôle d'un système de sécurité sociale pour les femmes. L'adultère—qui maintenait intact la structure des familles—était considéré comme beaucoup moins grave que le divorce. Les jeunes filles devaient normalement rester vierges jusqu'au mariage, moins pour des raisons morales qu'à cause du risque de grossesse. Quant aux jeunes hommes, la société tolérait qu'ils fassent discrètement leurs premières expériences sexuelles avant le mariage (avec des prostituées, par exemple).[4] La cohabitation de couples non mariés (le concubinage) considérée comme scandaleuse, était très rare, sauf dans la classe ouvrière des villes.

La famille avait généralement une fonction économique. Chez les agriculteurs, les commerçants, les artisans, mais aussi chez les propriétaires d'entreprises industrielles, la famille représentait une unité économique indépendante dont le capital—ferme, boutique, atelier, entreprise—était uniquement destiné à la faire vivre. Mettre en

---

[4] Jusqu'en 1949, les maisons de prostitution (appelées "maisons closes") avaient existence légale en France. Depuis cette date (loi Marthe Richard), elles doivent se cacher sous des noms divers, mais la prostitution individuelle reste autorisée si elle ne s'affiche pas comme un commerce.

péril cette unité économique voulait dire mettre en péril l'existence d'une famille. On ne cherchait guère à s'étendre ou à se développer, car cela risquait d'enlever à la famille le contrôle exclusif de l'unité économique. On était hostile à l'endettement et très méfiant à l'égard de toute forme de concurrence et de compétition économique. L'instabilité inhérente au système capitaliste faisait peur, car elle présentait un risque pour la survie économique des familles, donc pour l'ordre général de la société. Cette fonction économique de la famille, essentielle autrefois, est aujourd'hui affaiblie mais elle n'a pas disparu.

La famille avait aussi une fonction éducative, particulièrement valorisée parmi la classe bourgeoise. Chez les bourgeois en effet, il fallait absolument que les enfants aient un niveau de connaissances égal à celui de leurs parents pour que la famille conserve le même rang dans l'échelle sociale. L'apprentissage de l'obéissance et des bonnes manières, l'école, les examens, les diplômes scolaires avaient donc une importance cruciale pour les parents bourgeois et aussi pour ceux des classes populaires qui voulaient faire "monter" leur enfant dans la société. L'enfant n'avait de contact avec le monde adulte que par l'école et par la famille. Son bonheur personnel avait peu d'importance; ce qui comptait, c'était son éducation. L'enfant était vu comme une sorte d'animal sauvage qu'il fallait dresser et "former" pour en faire un être humain à part entière, c'est-à-dire un adulte. Dans une société qui valorisait beaucoup le savoir, la maturité et l'expérience, on n'appréciait guère l'innocence enfantine, confondue avec l'ignorance. Cette fonction éducative de la famille subsiste aujourd'hui, mais elle s'est modifiée car la façon d'éduquer les enfants a beaucoup changé.

Enfin, la famille avait—et elle a toujours—une fonction d'intégration psychologique et sociale. Cette fonction de la famille "traditionnelle" est celle qui résiste le mieux aujourd'hui, l'affaiblissement des autres fonctions lui donnant même une place plus grande qu'auparavant. C'est la famille qui donne à l'enfant le sens de son identité. La famille est pour lui le premier "cercle" à l'intérieur duquel il peut se sentir en confiance et grandir à l'abri des dangers du monde extérieur. Milieu exclusif et fermé, forteresse affective et sociale, la famille est comme entourée d'une sorte de "mur": à l'intérieur, la parentèle (grands-parents, parents, enfants, oncles, tantes, cousins) et les amis intimes, avec lesquels on a le devoir de maintenir des relations privilégiées; à l'extérieur, tous les autres, avec lesquels on se contente de maintenir des rapports formels. Dans les relations sociales, chacun sait exactement où se trouve ce "mur" invisible. La différence d'attitude que l'on a envers ceux qui sont dans le cercle et ceux qui sont en dehors est montrée d'une manière bien visible, sans ambiguïté: on s'embrasse au lieu de se serrer la main; on se sourit au lieu de se présenter un visage fermé; on se tutoie au lieu de se vouvoyer; on se fait mutuellement confiance au lieu d'être méfiant; on s'invite à la maison au lieu de se voir dehors. Ceux qui sont admis pour la première fois dans le cercle (nouveaux membres de la famille, nouveaux amis) sont très conscients d'accéder à un statut privilégié. Les hauts murs, clôtures, volets, concierges et pancartes "chien méchant" de l'habitat français ne font que matérialiser ce "mur" invisible qui entoure la famille.[5]

Tout cela est très différent de la société américaine, qui n'a jamais aimé les "murs", ni tout ce qui donne l'impression d'exclusion, de rejet d'autrui. Les Français, eux, ne sont pas choqués qu'on leur fasse sentir qu'ils sont exclus d'un "cercle" puisqu'ils agissent de la même manière avec ceux qui n'appartiennent pas au leur. Et ils sont souvent gênés, lorsqu'ils viennent aux Etats-Unis, par cette absence de "murs" qui leur apparaît comme une absence de sens de la vie privée (*privacy*) chez les Américains. La coupure entre vie privée et vie professionnelle ou publique est très nette en France. Elle explique en partie pourquoi il existe dans ce pays tant de restaurants et de cafés: ce sont des lieux publics où vous pouvez rencontrer d'autres personnes sans qu'elles pénètrent dans l'environnement de votre vie privée; vous pouvez les maintenir—temporairement ou définitivement—à distance.

---

[5] Les Françaises désignaient souvent leur maison ou leur appartement par l'expression "mon intérieur".

Chapitre 5

Enfance et première éducation

La "petite enfance" (0–6 ans) et l'"enfance" proprement dite (6–12 ans) sont cruciales pour l'apprentissage de la langue et la formation de l'identité culturelle. Cette identité est acquise très tôt, avant l'adolescence, par contact avec le milieu familial et avec le pays où l'on a passé son enfance.[1] Ainsi, les traits culturels essentiels qui distinguent un Américain d'un Français, inexistants à la naissance, sont pour l'essentiel déjà acquis à l'âge de 12 ans. Il est donc important de savoir comment les enfants français sont éduqués pour comprendre pourquoi les adultes français agissent ou pensent de telle ou telle manière. Quels sentiments, quelles attitudes, habitudes, valeurs et techniques les parents inculquent-ils à leurs enfants? Quels sont les points de vue français sur la socialisation et l'éducation?

L'image qu'un enfant acquiert de lui-même, de son corps, de ses limites et de l'espace environnant reflète le monde tel qu'on lui apprend à le percevoir; l'enfant interprète lui-même son environnement en fonction de cette image. La façon dont il apprend à manger affecte sans aucun doute d'autres activités orales qui apparemment semblent être sans rapport avec cela. Ses relations avec ses parents, frères et soeurs affecteront les relations qu'il aura avec d'autres personnes dans la vie. La structure familiale dans laquelle il a vécu étant enfant pèsera lourd sur sa façon de concevoir comment la société devrait être organisée. Le vote d'un Français, sa manière de conduire un véhicule, la façon dont il passe son temps de vacances, la manière dont il gère sa propriété, etc. sont, en partie, le produit de son éducation. Les parents français sont très conscients de ce rapport entre l'éducation et le comportement en société.

Une éducation libérale

La famille française d'aujourd'hui accueille les enfants avec enthousiasme, mais en nombre restreint (un ou deux généralement, plus rarement trois). La légalisation de la contraception (1972) a réduit le nombre de naissances non désirées et l'on présume

---

[1] La conscience de cette identité viendra généralement plus tard, pendant l'adolescence ou à l'âge adulte, à l'occasion de contacts avec d'autres individus ayant une identité culturelle différente.

aujourd'hui (ce n'était pas le cas autrefois) que les naissances sont toujours voulues et "planifiées" par les parents. Il existe, bien entendu, de grandes différences dans la manière dont les Français éduquent leurs enfants, selon le niveau d'études des parents, leur classe sociale, leurs idées politiques, etc. Il y a eu aussi de très grands changements au cours des quarante dernières années dans ce domaine. Depuis 1960 environ, l'éducation des enfants est devenue beaucoup moins dure et autoritaire qu'auparavant. Le règne de la discipline rigide, de l'obéissance sans discussion et des châtiments corporels n'est plus qu'un souvenir conservé par les adultes âgés de plus de cinquante ans. Aujourd'hui, les parents français sont beaucoup plus libéraux et permissifs avec leurs enfants. Ils dialoguent avec eux, ils les écoutent. Ils cherchent à les convaincre plutôt qu'à leur imposer leur volonté. Les enfants français des années 1990–2000 ont une liberté et une autonomie inconnues des générations précédentes. Ce changement a été en partie provoqué par le changement de fonction de la famille et par l'individualisme croissant de la société: on ne pense plus aujourd'hui que l'intérêt de la famille passe avant celui des individus qui la composent. L'un et l'autre vont de pair: l'intérêt de la famille, c'est que l'enfant puisse s'épanouir de manière harmonieuse afin de devenir un adulte équilibré. D'autre part, il n'y a plus de consensus social sur ce que doit être l'enfant idéal, l'enfant "modèle". Cette image a disparu, a éclaté en mille morceaux et les parents français éduquent leurs enfants en suivant leurs idées personnelles et en faisant comme les autres parents autour d'eux. Ils ne cherchent plus à reproduire l'éducation qu'ils ont eux-mêmes reçue et qui ne correspond plus à l'atmosphère de la société actuelle. Il y a donc des différences beaucoup plus grandes qu'auparavant dans la manière dont les parents élèvent leur enfants: certains parents restent rigides et autoritaires "à l'ancienne"; d'autres au contraire laissent leurs enfants faire absolument tout ce qu'ils veulent; la majorité suivent une ligne intermédiaire. Ces changements importants dans le style de l'éducation des enfants n'ont toutefois pas fait table rase du passé et certaines différences profondes subsistent entre l'éducation à la française et l'éducation à l'américaine.

Education à la française, éducation à l'américaine

En général, Américains et Français ont du mal à comprendre la façon dont on élève les enfants dans l'autre culture. L'éducation à l'américaine a mauvaise réputation en France. On pense souvent que les enfants américains sont "mal élevés" par des parents qui les laissent faire tout ce qu'ils veulent. Raymonde Carroll donne un exemple de situation "américaine" qui choque profondément les Français: "Je (français) suis engagé dans une conversation intéressante avec X, américain. Juste au moment où il va répondre à ma question, ou alors au moment le plus important de mon discours, arrive son enfant qui interrompt notre conversation de manière que je trouve intempestive. X, au lieu de lui faire une petite leçon de politesse, se tourne vers lui, l'écoute. Il est même possible qu'il se lève, en s'excusant de l'interruption et en disant qu'il doit donner ou montrer quelque chose au petit, qu'il revient "dans quelques minutes". X revient, un grand sourire aux lèvres, "Où en étions-nous?", et reprend la conversation. Le pire, c'est que si ce petit enfant revient parce qu'il n'a pas trouvé, ou que quelque chose ne marche pas, ou qu'il est fier d'avoir fini ce qu'il faisait et veut le dire à X, il n'hésitera pas. Et X non plus. Décidément, ces Américains n'ont aucune éducation".[2]

L'éducation française des enfants ne s'en sort guère mieux dans le jugement des Américains parce qu'elle leur semble trop réprimer la liberté de l'enfant. Des étudiants américains qui comparaient les vêtements pour enfants français et américains ont trouvé que "les vêtements français étaient de loin les plus jolis, mais on ne pouvait imaginer un enfant ainsi habillé autrement que debout et immobile, ou assis sur un siège quelconque. Impossible de l'imaginer en train de courir ou de se battre pour rire, en train de se rouler par terre ou même sur l'herbe (...) Un enfant si joliment habillé qu'il doive constamment veiller à ne pas se salir, bref qui ait conscience de ses vêtements, était, pour eux tous, un enfant brimé (...) Plus d'un Américain, en effet, s'est étonné en ma présence que les enfants français puissent rester "sages" pendant des heures. L'expression même, "être sage", ou "rester sage", les fait sourire (...)

Pour un Américain, qu'un enfant reste tranquille pendant longtemps suggère ou qu'il est malade, ou qu'il est en quelque sorte opprimé par ses parents, qui restreignent ses mouvements, son espace, ses paroles et sa liberté".[3]

Tous les parents savent que l'enfance est une période transitoire de la vie. Mais les parents américains donnent souvent l'impression qu'ils considèrent l'enfance comme un état privilégié qu'il faut protéger des laideurs de la vie auxquelles les adultes sont confrontés. On ne doit donc pas initier trop tôt les enfants aux réalités 'coupables' du monde adulte, il faut qu'ils gardent leur innocence naturelle le plus longtemps possible. L'enfance est un moment de la vie dont l'adulte devrait garder la nostalgie, un peu comme si c'était une sorte de "paradis perdu". La publicité américaine pour certains produits (voyages à Disneyland, films, jeux, etc.) joue sur ce sentiment avec des slogans sur le thème *Become a child again, Rediscover the child in you*, etc. Un tel argument serait plus difficilement utilisable en France, car cela risquerait d'avoir une connotation négative. Ceci ne veut pas dire du tout que les Français ignorent l'enfance, qui a souvent été un thème favori de la littérature et du cinéma français. Mais les Français voient plus l'enfance comme étant en continuité avec le monde adulte. Le cinéma français, par exemple, montre souvent une image très émouvante de l'enfance, peut-être parce qu'il met l'accent (plus que le cinéma américain) sur l'intégration des enfants dans le monde des adultes. Les enfants des films français sont souvent plongés dans un univers qui les dépasse et qu'ils essaient de comprendre.[4] La scène du

---

[2] R. Carroll, *Evidences invisibles. Américains et Français au quotidien.* (Paris: Seuil, 1987), pp. 68–69.

[3] R. Carroll, *Evidences invisibles. Américains et Français au quotidien* (Paris: Seuil, 1987), p. 72.

[4] Voir par exemple *Jeux interdits, L'Argent de poche, Au revoir les enfants, Le Grand Chemin*, parmi beaucoup d'autres films.

Comme c'est agréable de déjeuner en plein air ! Ces spaghetti semblent delicieux... mais qu'il est difficile de les déguster ! On les saisit, ils s'échappent. On les pique, ils se dérobent. On les enroule, ils glissent. Ah oui, c'est tout un art que d'arriver à manger des spaghetti !

Dans Caroline en vacances, *les enfants sont représentés sous la forme d'animaux et l'adulte qui les surveille sous la forme d'un enfant (Pierre Probst,* Caroline en vacances, *Hachette-Jeunesse 1985).*

film *Le Grand chemin* dans laquelle deux jeunes enfants cachés dans la paille regardent avec étonnement deux adultes faire l'amour serait impensable dans un film américain pour grand public. Cette scène ne choque guère les spectateurs français: la découverte précoce de la sexualité par les enfants est vue comme quelque chose de normal et d'inévitable; qu'on le veuille ou non, les enfants découvrent un jour ou l'autre, dans des circonstances imprévues, les actions des adultes; c'est souvent ainsi que se fait l'apprentissage de la vie et il est préférable que cette connaissance vienne un peu trop tôt plutôt que trop tard. La société française cherche moins que la société américaine à protéger les enfants de la connaissance des réalités du monde adulte.[5]

L'enfant français "produit" de ses parents

Etre humain en puissance, l'enfant est aussi un monstre en puissance s'il est abandonné à lui-même, car l'être humain contient à la fois le bien et le mal. Il faut donc le modifier pour la vie sociale, car la matière première ne se transforme pas toute seule. Le mot français "formation" (synonyme d'"éducation") exprime bien cette conception de l'éducation comme une mise en forme ou mise en ordre qui s'oppose à l'idée d'un

[5] Contrairement aux Etats-Unis, la France ne produit pas de films spécifiquement destinés aux enfants.

développement libre et spontané. On fait assez peu confiance à la liberté de celui qui n'est au départ qu'un être brut, "sauvage". Toute initiative et tout critère en matière de socialisation doivent provenir d'éducateurs attitrés, seuls capables de faire jouer les forces rationnelles: parents, maîtres, professeurs et tous les adultes compétents en matière d'éducation et d'instruction. L'éducation à la française est généralement hostile au concept couramment appliqué aux Etats-Unis de l'apprentissage "par les erreurs" qui laisse l'enfant découvrir lui-même, par sa propre expérience—démocratiquement en quelque sorte—où est la bonne voie. On considère en effet que l'enfant ne peut pas découvrir où est son intérêt en tant que "futur adulte"; seuls les adultes le savent. Ceux-ci ont donc le devoir d'utiliser leur autorité de parents et leur pouvoir de persuasion pour convaincre l'enfant d'agir selon la voie qu'ils considèrent la meilleure pour lui. L'enfant français apprend ainsi à avoir moins confiance dans son initiative personnelle que l'enfant américain. Il apprend souvent à fuir la spontanéité et à s'en remettre à ceux qui, au dessus de lui, savent mieux que lui où se trouve son intérêt.

Un autre élément important est celui de la responsabilité des parents français. Comme c'est exclusivement à eux—et non à leur enfant—qu'incombe la tâche de transformation vers l'état adulte, ils sont considérés comme entièrement responsables de ce que devient cet enfant. L'enfant est vu comme le produit de ses parents. Les parents sont donc jugés sur leurs enfants. Lorsqu'aux Etats-Unis un enfant ou un adolescent commet un acte blâmable, c'est d'abord l'enfant ou l'adolescent que l'on incrimine parce qu'on estime qu'il est habitué à une grande indépendance et—théoriquement au moins—connaît ses responsabilités. En France, ce sont toujours les parents qui sont tenus moralement et légalement responsables de tous les actes de leurs enfants.[6] Les fautes commises par les enfants sont toujours vues comme la conséquence d'une déficience des parents qui ont manqué à leur "devoir" d'éducateurs. Les parents français vivent donc—plus que les parents américains—dans la crainte que leur enfant n'agisse "mal" car cela montrerait à autrui, d'une manière humiliante pour eux, qu'ils ne savent pas éduquer leur enfant. Cette conception, traditionnelle en France, peut aujourd'hui entraîner des frictions dans les familles, les grands-parents n'étant souvent pas d'accord avec les parents sur ce que constitue une bonne éducation. Inversement, les réussites (scolaires, universitaires, professionnelles, etc.) des enfants sont vues comme la récompense des talents éducatifs des parents: ceux-ci méritent d'être personnellement fiers des succès de leurs enfants puisque ce succès a été obtenu grâce à eux. Les parents suivent donc de très près les résultats scolaires de leurs enfants, parce qu'ils sentent que ce sont eux qui sont notés à travers ces résultats. L'ethnologue Raymonde Carroll explique pourquoi les parents français se comportent ainsi: "dès qu'on devient parent en

---

[6] Jusqu'à l'âge de 13 ans, les enfants français sont pénalement irresponsables des délits ou crimes qu'ils commettent: ils échappent à la justice, car on considère qu'ils n'ont pas la maturité nécessaire pour vraiment savoir ce qu'ils font. Les parents, par contre, sont civilement responsables des dommages causés par leurs enfants jusqu'à l'âge de 18 ans.

France, on doit rendre des comptes à la société sur son comportement à l'égard de l'enfant (…) Ce qui veut dire qu'en devenant parent, c'est d'abord et avant tout envers la société que je contracte une obligation, une dette, plutôt qu'envers mon enfant qui, lui, vient en deuxième place. Si je donne priorité à mon enfant, je me mets en marge de cette société (…) Mon comportement à l'égard de mon enfant est constamment soumis au jugement d'autrui (…) Nous connaissons tous ces regards réprobateurs qui convergent sur les parents qui "ne savent pas tenir leurs enfants".[7]

En France, tout se passe donc comme si le fait d'éduquer ses propres enfants était une responsabilité sociale plutôt qu'une responsabilité individuelle comme aux Etats-Unis. En ayant un enfant, vous avez automatiquement accepté de devenir éducateur ou éducatrice, fonction que vous remplissez au nom de la société française. La société a droit de regard sur la manière dont vous accomplissez votre tâche et personne ne se privera de vous critiquer en public pour vos défaillances dans ce domaine. Tous les adultes se sentent investis de responsabilités parentales à l'égard de tous les enfants. En l'absence des parents, ou si ceux-ci oublient leurs devoirs, on voit presque toujours d'autres adultes (même des inconnus qui passent) intervenir pour remplir leur fonction: "Si tes parents savaient ce que tu fais, ils ne seraient pas contents", "Ta maman ne t'a jamais dit qu'il ne faut pas faire cela?" On remarque d'ailleurs qu'en France les adultes tutoient toujours tous les enfants, comme s'il n'y avait pas de différence entre ceux des autres et les leurs.[8] Les injonctions données par les parents français à leurs enfants en public sont donc en fait surtout destinées aux autres adultes présents qui sont pris comme témoins des efforts des parents: "Voyez, semblent dire ceux-ci, ce n'est pas de ma faute, je fais tout ce que je peux pour que mon enfant soit bien éduqué". Cette conception française de la responsabilité des parents s'oppose à la conception américaine qui voit dans l'éducation des enfants une affaire purement individuelle sur laquelle "les autres" n'ont pas le droit de regard. Les parents américains n'ont pas le sentiment d'avoir des comptes à rendre à la société sur la bonne ou mauvaise éducation de leurs enfants. On remarque toutefois que certaines écoles et cours de justice américaines combattent aujourd'hui cette attitude et tiennent les parents responsables des défaillances graves de leurs enfants.

L'apprentissage des règles

Avoir le sens des limites, des frontières dans l'espace et dans le temps est, en France, considéré comme une qualité fondamentale de toute personne mûre et éduquée.

[7] Raymonde Carroll, *Evidences invisibles. Américains et Français au quotidien* (Paris: Seuil, 1987), pp. 76–79.

[8] On tutoie toujours les enfants jusque vers l'âge de 12 ans. Certaines familles de la haute bourgeoisie ou issues de la noblesse font exception à cette règle et pratiquent le vouvoiement entre les parents et leurs enfants. Cet usage est considéré par ceux qui le pratiquent comme un signe d'appartenance aux élites anciennes de la société française.

Publicité pour le fromage Kiri

L'apprentissage précoce de ce sens est donc très important dans la famille française. Ceci est particulièrement visible dans ce qui se rapporte aux processus d'alimentation et d'élimination chez les très jeunes enfants. Tout ce qui concerne la nourriture est généralement plus ritualisé en France qu'aux Etats-Unis: cuisiner ou manger obéit à des règles précises que tout le monde connaît et qui sont suivies avec une certaine rigidité. En France, manger et boire jouent un rôle plus important et plus central dans les rapports sociaux qu'aux Etats-Unis: on mange toujours en famille (au moins le soir) et il serait hors de question d'organiser des activités pour les jeunes à l'heure du dîner. C'est pourquoi ce que les enfants mangent et la manière dont ils le font préoccupent les parents français plus que les parents américains. D'une façon générale, tout ce qui se rapporte à la bouche (alimentation, parole) est vu comme important dans l'éducation des enfants en France. Très tôt—dès que l'enfant peut être assis avec une assiette devant lui—les parents cherchent à lui inculquer le sens de limites à respecter, l'idée que manger s'ordonne selon des règles (dont certaines sont propres à la France) qui restreignent sa liberté mais qui l'intègrent à la société: on mange ce qui est présenté dans l'assiette; on ne commence à manger ni avant ni après les autres; on mange chaque plat l'un après l'autre suivant un ordre précis, toujours le même (entrée, viande ou poisson, légumes, salade, fromage, dessert); on doit manger en quantité modérée des mets formant un repas équilibré; on doit normalement finir tout ce qui est dans son assiette (ne pas le faire signifie qu'on n'aime pas le plat); on ne met jamais de main sous la table quand on mange; on ne mange jamais entre les repas; on ne mange jamais ailleurs qu'à table (sauf le goûter, léger *snack* pris l'après-midi par les enfants).[9] Une mère française avait invité deux jeunes adolescentes américaines à passer quelques semaines chez elle pour donner une expérience cosmopolite à ses propres enfants. Elle fut horrifiée de voir les Américaines passer la journée à se servir librement dans le réfrigérateur et transporter la nourriture dans leur chambre en se séchant les cheveux. Elle les renvoya tout de suite aux États-Unis de peur que ses enfants ne soient tentés d'en faire autant. Les deux jeunes Américaines, qui agissaient comme chez elles, n'ont pas compris ce qui leur arrivait.

Une attention considérable est apportée par les parents français à la qualité de ce qui est absorbé par le corps de l'enfant et qui doit aussi obéir au sens des limites et de l'équilibre. On surveille de près le développement physique de l'enfant. On s'inquiète s'il est trop maigre ou trop gros. Les règles qui ordonnent l'absorption de nourriture s'appliquent aussi hors de la maison. Dans les cantines scolaires où les enfants mangent souvent le midi, on sert toujours des repas avec hors-d'oeuvre, viande ou poisson, légumes et dessert, suivant des menus contrôlés par les diététiciens rattachés aux écoles. On plaindrait l'enfant qui serait condamné à manger des sandwiches au lieu d'un "vrai repas" et ses parents seraient ouvertement critiqués pour leur négligence.[10]

Les enfants français apprennent aussi très tôt l'importance sociale de la parole au moment des repas. En France—plus qu'aux États-Unis—la fonction d'un repas n'est pas seulement de manger, mais aussi de communiquer avec les autres. Manger et parler vont ensemble, ne font qu'un. Lorsqu'un adolescent irrité mange et refuse de parler, on lui demande de quitter la table. Aujourd'hui, les parents français parlent beaucoup avec leurs jeunes enfants à table. Dans une société où de nombreuses mères travaillent et où les enfants vont à l'école dès l'âge de 3 ans, le dîner est un des rares moments de la journée où tous les membres d'une famille se retrouvent ensemble et

---

[9] Cette dernière règle explique pourquoi la télévision est souvent dans la salle à manger en France et non dans le salon: pour pouvoir manger en regardant la télévision, il faut apporter la télévision là où l'on mange, près de la table.

[10] En France, les sandwiches sont réservés aux pique-niques ou aux repas anormalement rapides.

peuvent communiquer. On encourage donc les enfants à s'exprimer, mais on n'accepte généralement pas qu'ils coupent la parole à un adulte. Comme en France il est habituel de couper la parole à ceux qui parlent (selon des règles précises que l'enfant ne maîtrise pas), l'enfant se trouve très tôt incité à parler vite, à dire rapidement ce qu'il pense: les adultes n'auront pas la patience d'attendre qu'il cherche ses mots.

L'enfant français apprend aussi très tôt à utiliser la parole à la place de la violence physique pour exprimer l'agressivité. La colère doit toujours s'exprimer verbalement ("Arrêtez de vous battre! Vous avez une langue, non?"); il est malsain de la garder pour soi et encore plus malsain de l'exprimer par des coups. La violence verbale est une manière "saine" et légitime d'éviter ou de retarder la violence physique. L'expression française courante "en venir aux mains" pour désigner le fait de se battre traduit l'idée que la violence physique est quelque chose qui dépasse les limites d'un comportement normal. Le niveau d'agressivité verbale pratiqué (et accepté) dans la vie quotidienne est sensiblement plus élevé en France qu'aux Etats-Unis. Les Français expriment souvent leurs sentiments ou leurs opinions par des mots ou des expressions "extrêmes", ce qui est plus rare chez les Américains. Une phrase familière comme "écoute, tu nous pompes l'air, toi" (*listen, you pump air from us, you*) signifie "laisse-nous tranquilles". Le sens littéral de ces expressions est très affaibli par leur usage répété à toute occasion. Cette agressivité verbale est souvent ritualisée de telle sorte qu'elle n'est pas du tout prise à la lettre: on sait que les gens ne veulent pas dire ce qu'ils disent. Ignorant les codes linguistiques français, les Américains qui visitent la France peuvent être facilement choqués par des mots qui ne blessent pas ou ne choquent pas les Français. Les Français peuvent aussi, plus facilement que les Américains, prononcer des paroles blessantes tout en restant parfaitement polis.

En Amérique, la colère peut s'exprimer par des mots, mais, plus souvent qu'en France, elle est soit contenue ou bien s'exprime par la violence physique. Le coup de poing dans la figure précédé d'un long silence appartient au cinéma américain. Et plus qu'en France, les mots veulent dire ce qu'ils disent littéralement. Il y a quelques années, la serveuse d'un restaurant américain appela la police parce que des touristes français parlaient avec beaucoup d'animation autour d'une table. Elle était convaincue que le ton sur lequel ils s'adressaient les uns aux autres ne pouvait mener qu'à des coups. Il fallut la rassurer: il n'y avait rien d'anormal, c'était un groupe d'amis qui discutaient de politique.

L'éducation relative aux fonctions d'élimination obéit aussi à cette conception française ritualisée de la vie quotidienne. Dès que possible, les très jeunes enfants doivent apprendre à aller à la selle et à uriner en privé: ces choses-là ne se font pas en public. Jusqu'à cinq ans toutefois, les petits garçons peuvent uriner sans se mettre tout à fait à l'écart. Tout ceci n'est pas imposé par l'hygiène, ou par les mauvaises odeurs; ce que l'on veut, c'est que ces actes s'accomplissent en privé. C'est un code arbitraire, comme le fait de ne pas manger avec ses doigts. On ne transmet guère à l'enfant l'idée que le corps et ses fonctions naturelles ont quelque chose de "sale". Cette attitude est différente de celle des Américains qui, eux, cherchent surtout à éliminer de l'existence saleté, malpropreté, mauvaises odeurs, comme si celles-ci équivalaient au "mal". Il faut dire aussi que de tout temps les Français ont accepté plus simplement que les Américains les aspects désagréables du corps humain. Une publicité française pour une eau minérale annonce "Buvez, éliminez"—slogan impensable aux Etats-Unis. De même, alors que les Américains souffrent parfois de ce que leur interlocuteur français se tient très près d'eux, les Français, moins sensibles aux odeurs de vin, de nourriture, de sueur qui se dégagent toujours d'une foule un peu serrée, paraissent moins gênés qu'eux dans les mêmes circonstances.

Sur le plan émotionnel et sur le plan verbal, l'enfant français apprend à être très indépendant, mais dans tout ce qui concerne l'action physique et ses rapports avec le monde physique, on lui enseigne à faire attention, à être sur ses gardes. On lui apprend très vite à respecter les limites, les frontières établies pour lui par les adultes. Lorsque j'étais professeur à Haverford College, je suis allé un jour faire la connaissance d'une jeune Française qui allait venir donner quelques cours dans notre établissement. Elle avait un garçon d'un an et demi, et j'avais pensé que ma femme emmènerait l'enfant jouer dehors pendant que j'expliquerais à la jeune femme quel allait être son travail. Mme V. toutefois a déclaré qu'il était inutile de faire sortir son enfant. Elle a placé alors une grosse boîte dans un coin de la pièce; elle a mis son fils derrière, et elle lui a dit: "tu vois cette boîte? Il y a une ligne qui va de là à là, et qui traverse la boîte. Toi, tu es de ce côté, il t'appartient, et tu restes là; nous autres, nous restons de l'autre côté de la ligne." Fort amusé, je me suis imaginé tout de suite ce qui serait arrivé si j'avais utilisé ce stratagème avec des enfants américains! J'ai eu la stupéfaction de constater que le petit garçon est demeuré tranquillement dans son coin à jouer avec un petit jouet pendant tout l'entretien. De temps en temps, il venait s'appuyer sur la boîte; il nous regardait un instant, puis il revenait à son jouet, sans franchir une seule fois la ligne imaginaire. Cet exemple est un cas extrême de la façon dont les enfants français apprennent à voir le monde qui les entoure: divisé en compartiments bien délimités, chaque compartiment ayant ses caractéristiques précises qui commandent la conduite à tenir à son égard.

Il serait tentant de croire que l'enfant français, restreint dans sa liberté d'action par le sens des limites qu'on lui inculque, se sent moins libre que l'enfant américain. En réalité, une fois que l'enfant français a accepté de respecter les exigences de comportement social qui lui sont arbitrairement imposées par les adultes, ceux-ci le laissent très libre. Ces exigences, en effet, sont purement formelles: connaître les codes, les règles. Elles ne font pas appel aux sentiments de l'enfant et n'exigent de lui aucune adhésion morale. L'enfant français n'est pas soumis aux mêmes pressions que l'enfant américain pour se sentir d'accord ou en harmonie avec le groupe dont il fait partie. Les sentiments de l'enfant lui appartiennent; il est totalement libre de penser ce qu'il veut. Parents et maîtres verront même souvent d'un oeil favorable le fait qu'il pense différemment d'eux et qu'il le dise; cela montre qu'il "a de la personnalité". L'enfant français n'apprend pas à se sentir coupable s'il ne partage pas les mêmes sentiments que ceux qui l'entourent. Il construit autour de lui-même, autour de sa "personnalité", un mur psychologique. A l'intérieur de ce mur, il est dans son monde, dans son domaine propre, il est libre, à l'abri des intrusions d'autrui.

L'ethnologue Raymonde Carroll résume ainsi la différence fondamentale de conception entre l'éducation à la française et l'éducation à l'américaine:

Quand j'élève mon enfant à la française, je défriche, en quelque sorte, un lopin de terre, j'arrache les mauvaises herbes, je taille, je plante, etc., pour en faire un beau jardin qui soit en parfaite harmonie avec les autres jardins. Ce qui veut dire que j'ai en tête une idée claire du résultat que je veux obtenir, et de ce que j'ai à faire pour y arriver (…) Mais quand j'élève mon enfant à l'américaine, c'est un peu comme si je plantais une graine dans la terre sans trop savoir quelle sorte de graine j'ai plantée. Je me dois de lui donner de la nourriture, de l'air, de l'espace, de la lumière, un tuteur si c'est nécessaire, des soins, de l'eau, bref tout ce dont la graine a besoin pour se développer le mieux possible. Et puis j'attends, je suis les développements avec attention (…) Mais si j'essayais de donner forme à mes rêves, de transformer ma graine de tomate en pomme de terre par exemple, je ne serais pas un "bon parent". Pour être bon parent, je donnerai donc à mon enfant toutes les chances, toutes les "opportunités" possibles, et puis je "laisserai la nature suivre son cours" (…) En d'autres termes, c'est le parent français qui est soumis à un test, et son rôle de porte-parole de la société et sa qualité d'enseignant qui sont évalués. Mais c'est l'enfant américain qui est soumis à un test, c'est à lui de montrer à ses parents ce qu'il a fait des chances qu'ils lui ont données.[11]

Pour en savoir plus: *www.quid.fr/*

Cela montrer bien la différence de l'éducation.

---

[11] R. Carroll, *Evidences invisibles. Américains et Français au quotidien* (Paris: Seuil, 1987), pp. 80–81.

Chapitre 6

Socialisation et modes d'évasion

Les enfants français, nous l'avons vu, sont éduqués dans un système qui leur demande de suivre des règles de comportement assez bien définies et de respecter des limites précises dans ce qu'ils peuvent faire ou ne pas faire. Autrefois (jusqu'aux années 1960), cela leur était imposé d'une manière rigide et autoritaire par les adultes. Ce n'est plus du tout le cas aujourd'hui. Les adultes sont beaucoup plus souples et tolérants dans leur façon d'éduquer les enfants. Les parents n'ordonnent plus beaucoup, ils écoutent, suggèrent, conseillent, cherchent à convaincre. L'approche douce et libérale domine. Toutefois, les fondements culturels du système n'ont pas été bouleversés.

Les fondements culturels du système de socialisation

Les jeunes Français apprennent très tôt que leur existence se déroule simultanément dans deux univers qui se définissent l'un par rapport à l'autre. Il y a d'une part le monde de la société qui exige que l'on connaisse et que l'on respecte—au moins dans la forme—les règles, les codes, les apparences, sous peine d'être rejeté. Il y a d'autre part—bien distinct du précédent—le monde privé de chaque individu, lieu par excellence de la liberté, du rêve, de la fantaisie, auquel on n'accède qu'en échappant à l'autre monde. Alors que les Américains s'efforcent de ne pas séparer ces deux mondes, de les faire coïncider, les Français apprennent au contraire, dès l'enfance, à les distinguer, à les opposer, et à jouer simultanément avec chacun d'eux.

En échange du respect des règles sociales, l'enfant est assuré que les autres lui reconnaîtront un espace privé bien à lui, un sanctuaire de liberté protégé des regards extérieurs. Violer cet espace, y pénétrer sans autorisation, c'est briser un principe fondamental et risquer de susciter de violentes réactions. Cet univers privé jalousement gardé et plus ou moins secret peut être un univers concret et visible. A l'école, par exemple, le sac ou le cartable de l'enfant représentent ce lieu protégé. A la maison, la chambre et le petit bureau de l'enfant ou de l'adolescent jouent la même fonction. L'écrivain François Mauriac évoque ses souvenirs d'enfance:

Avoir une chambre où j'eusse été seul, ce fut le désir frénétique et jamais satisfait de mon enfance et de ma jeunesse: quatre murs entre lesquels j'eusse été un individu, où je me fusse retrouvé enfin. Celui de mes frères qui partageait ma chambre, sans doute en souffrait-il autant que moi, car nous étions arrivés à nous rendre invisibles l'un à l'autre, tant nous avions su délimiter nos domaines respectifs.[1]

Il faut maintenir l'intégrité de cet espace exclusif aux frontières très précises. Devenu adulte, l'ancien élève conserve les habitudes acquises et donne à son domicile et a son jardin le même rôle qu'à son cartable ou à sa chambre.

Cet espace personnel de liberté que les Français apprennent dès l'enfance à protéger jalousement peut aussi être psychologique, moral ou intellectuel. C'est alors l'intellect, les sentiments personnels et l'imagination qui jouent le rôle du cartable. S'il n'est pas possible d'agir comme on le veut en société, on peut toujours penser ce que l'on veut, croire ce que l'on veut: là, la société ne peut rien voir, rien imposer; c'est le secret absolu, donc la liberté absolue.

Ce rôle privilégié donné au monde intérieur considéré comme lieu de la liberté séparé du monde social extérieur est très important. Cela permet aux Français de supporter sans trop de difficulté des poids qui paraîtraient plus lourds aux Américains: poids, par exemple, de l'énorme bureaucratie centralisée de l'Etat; poids, aussi, d'une vie sociale avec des codes et des règles aujourd'hui encore plus rigides qu'en Amérique. Chacun apprend à trouver des lieux ou des moyens lui permettant d'échapper à ces poids. La grande valeur donnée en France à la liberté d'opinion et de pensée reflète ce rôle de "contre-poids" indispensable joué par l'esprit et l'imagination face aux contraintes de la vie sociale extérieure.

Dans la société américaine, on ne retrouve pas une coupure aussi grande entre un monde extérieur des convenances ou des apparences et un monde intérieur de la liberté. L'idéal américain, c'est d'unir tout d'un bloc: ce que je fais ou ce que je dis doit normalement correspondre à ce que je crois, à ce que je pense. Il ne doit pas y avoir de dédoublement de la personne entre l'extérieur et l'intérieur. Si le monde social extérieur est un monde de liberté, pourquoi aurais-je besoin de lui opposer un monde intérieur protégé et secret? Cette façon de voir les choses fait que les Américains se comportent parfois d'une manière qui, pour les Français, constitue une atteinte choquante à la liberté de l'individu. Certains Français en concluent qu'il y a moins de liberté aux Etats-Unis qu'en France. La société américaine, disent-ils, ne restreint pas la liberté par le pouvoir du gouvernement mais, plus subtilement, en imposant aux individus d'agir dans la transparence, sans pouvoir rien cacher. L'utilisation de détecteurs de mensonge, par exemple, les choque parce qu'elle représente une intrusion intolérable (à leurs yeux) dans le monde intérieur de l'individu: ne pas pouvoir protéger sa pensée du regard des autres, c'est la fin de la liberté. De même, la liberté d'esprit, la liberté de ne pas croire en Dieu

---

[1] Cité dans C.D. Rouillard (sous la direction de), *Souvenirs de jeunesse* (New York: Harcourt Brace, 1957), p. 151.

leur parait réprimée aux Etats-Unis, où les pièces de monnaie et les discours politiques officiels affirment la croyance en Dieu comme si c'était quelque chose qui était imposé à tout le monde. *modesty*

La "pudeur" est concept important inculqué très tôt aux jeunes Français. Ils apprennent que le monde intérieur privé de chaque individu doit être non seulement protégé, défendu, mais qu'on ne doit pas l'exposer au regard des autres. Il est indécent de trop révéler à autrui sur soi-même. Etaler aux yeux des autres ce que l'on a de plus intime, de plus privé, de plus personnel, est choquant et répréhensible; c'est "manquer de pudeur". Cette pudeur (*modesty*) est beaucoup plus psychologique que physique. Ce n'est pas son corps qu'il faut cacher—il fait partie du monde des apparences, on peut donc l'exposer au regard des autres—mais ses pensées, ses sentiments et ses actes intimes. Les mêmes personnes qui, sans hésiter, se mettront quasiment nues sur la plage pourront être choquées d'entendre un auditeur parler de ses problèmes sexuels à la radio.

Lorsqu'ils viennent aux Etats-Unis, les Français se sentent souvent gênés parce que les Américains leur paraissent manquer de réserve vis-à-vis de ce qui est privé chez l'individu. Une Française, Christine Rieuf, raconte:

> J'ai passé deux jours dans une *sorority*, j'en garde un souvenir horrifié (…) Pendant les sept années passées autrefois dans une pension austère, je n'ai jamais souffert de la promiscuité comme je l'ai fait durant ces deux jours. Plus rien ne m'appartenait, même plus moi-même. Ma valise était pillée. L'une essayait mes soutiens-gorge, une autre se tartinait de mes pots de crème…[2]

Les chambres des résidences universitaires françaises sont généralement individuelles. Peu d'étudiants français accepteraient volontairement de partager pendant des mois leur chambre avec une personne inconnue au départ, comme le font des milliers d'étudiants américains chaque année.[3] Lors d'un colloque organisé sur un campus universitaire aux Etats-Unis, le choix avait été offert aux participants entre des chambres individuelles au confort primitif et des appartements beaucoup plus confortables pour deux ou trois personnes. Tous les Français choisirent des chambres individuelles et les Américains des appartements. Ici encore, le choix des Français n'est pas lié au corps—les Français acceptent mieux la proximité physique des autres que les Américains—mais a la crainte d'ouvrir son monde privé et personnel à des inconnus qui n'ont pas mérité une telle faveur.

Une étudiante française venue faire des études dans une université américaine raconte qu'on lui avait demandé, dans un document administratif, quelle était sa religion. Comme elle n'en suivait aucune, elle n'avait rien inscrit. La doyenne lui demanda alors quelle était la religion de ses parents. —Aucune, répondit-elle— Et celle de

---

[2] Christine Rieuf, "L'amour chez les mantes religieuses d'outre-Atlantique", *La Nef* (janvier–mars 1961).

[3] Ce qui étonne les Français, c'est que les Américains recherchent ou acceptent volontairement cette cohabitation. Lorsque les Français sont forcés de partager la chambre (on dit la "chambrée" dans ce cas-là) avec d'autres individus—écoliers pensionnaires, soldats à l'armée, malades des hôpitaux—ils le voient comme une contrainte inévitable que l'on supporte plus ou moins bien, mais à laquelle on cherche normalement à échapper.

31

APPRENDRE ET COMPRENDRE DES

Devenir grand, c'est apprendre et comprendre des règles (Mon premier livre d'Histoire et de Géographie, Éducation civique, *Hachette 1986*)

vos grands-parents? —je crois que ma grand'mère fut baptisée catholique —Eh bien, inscrivez "catholique", dit la doyenne. La jeune Française fut scandalisée par cet incident, d'abord parce qu'il paraissait obligatoire d'avoir une religion (atteinte à la liberté de pensée), ensuite parce qu'on ne semblait pas attacher d'importance à ses convictions personnelles, comme si son monde intérieur spécifique et unique n'existait pas.

L'enfant ou l'adolescent grandit donc, certain qu'il peut toujours se réfugier dans cette "arrière-boutique" où personne n'a le droit d'entrer. Il prend l'habitude de distinguer deux univers séparés: le sien, et celui de la société dont il fait partie.[4]

Contrairement à ce qui se passe dans la société américaine, les Français évitent de confondre leur identité personnelle privée et leur identité sociale. Ils font une distinction bien claire entre les deux, comme s'ils étaient deux individus différents en même temps, l'un étant la vraie personne, l'autre un rôle que l'on joue devant les autres.[5] Il en résulte souvent un dédoublement de l'identité de l'individu qui surprend et trouble les Américains. Un Américain écrivant pour une raison professionnelle a un ami qui est directeur d'une entreprise commencera sa lettre par *Dear John*. Un Français écrira: "Monsieur le Directeur et Cher Ami", distinguant clairement la double identité (professionnelle d'abord, privée ensuite) de son correspondant. De même, un employé de bureau français présente généralement une façade parfaitement neutre et impersonnelle au public avec lequel il est en contact: il a très conscience de remplir une fonction indépendante de sa personne. Il ne porte généralement aucun badge révélant son nom, son identité. Inutile d'attendre de lui une attention spéciale, un sourire, quelque chose de personnel. En général, il ne vous aidera pas d'un pouce au delà de ce que sa fonction lui commande: c'est à vous de vous débrouiller. La politesse, et non une quelconque *friendliness* règle ses rapports avec vous. Mais si vous réussissez à établir avec lui une relation personnelle "privée" (nous avons découvert que nous avons des amis communs, etc.), il y a de fortes chances pour que tout change: il devient quelqu'un d'autre, très aimable, prêt à vous aider et à vous favoriser discrètement par rapport aux autres (il fermera les yeux sur une petite entorse au règlement, par exemple). Chercher à établir un rapport personnel avec un inconnu peut donc susciter une réaction immédiate de méfiance: "Qu'est-ce que cette personne cherche à obtenir de moi par un comportement si personnel et amical?", pense-t-on. Les Américains ont du mal à comprendre ces attitudes face auxquelles ils se sentent perdus. Ils se plaignent que les Français sont peu serviables dans les rapports publics. Raisonnant comme s'ils étaient aux Etats-Unis, ils s'imaginent que les Français n'aiment pas les Américains.

C'est cette double identité qui permet à beaucoup de jeunes Français d'accepter avec détachement des critiques et des réprimandes que supporterait mal un jeune Américain. En effet, seule l'identité sociale "extérieure" des Français est touchée par

---

[4] Le meilleur exemple littéraire se trouve peut-être dans *Le Petit Prince* de Saint-Exupéry; au cinéma, dans *Le Ballon Rouge*.

[5] Ce comportement n'est pas spécifiquement français. Les Italiens, par exemple, agissent de la même manière.

ces critiques. Un enseignant français annonce en classe la mauvaise note d'un élève (2 sur 20) et critique devant tous son devoir. L'élève regrette la mauvaise note, s'inquiète de la réaction de ses parents, mais il est conscient que ce jugement public ne s'adresse qu'à son identité "extérieure" d'élève. C'est l'élève Dupont, sa réputation scolaire, l'image que les autres se font de lui qui sont touchés et non Jean Dupont dans sa personne intime et privée.[6] Poussé à l'extrême, ce détachement donne ce que l'on appelle le "je m'en foutisme":[7] vous pouvez me critiquer tant que vous voulez, vous pouvez me mettre la plus mauvaise note possible à mon devoir si cela vous amuse, cela ne me touche pas. Sans approuver le "je m'en foutisme", les parents français pensent que l'enfant doit se créer cette carapace défensive; sinon, il serait trop vulnérable, trop sensible, trop facilement blessé.

L'éducation à l'américaine fait l'inverse de l'éducation à la française. Au lieu d'apprendre à l'enfant à se défendre et à résister, elle lui apprend plutôt à ne pas attaquer, à ne pas critiquer les autres. Si une fillette se plaint que son frère l'accable d'attaques verbales, une mère américaine dira: "John, s'il te plaît, laisse ta soeur tranquille". Il est peu probable qu'elle dise à sa fille—comme une mère française le ferait: "Eh bien, défends-toi!"[8]

Loi écrite et éthique du devoir

Une autre forme de résistance accessible à l'enfant français est l'action clandestine. Derrière la muraille solide qu'il s'est construite, il peut manoeuvrer et réaliser en secret ce qu'il ne pourrait accomplir à ciel ouvert. Cette possibilité d'action clandestine fait corps avec le système social sous le nom de "système D". Le "système D" est l'art de se débrouiller (D), de se dégager d'une situation difficile par des moyens non réguliers, plus ou moins clandestins (mais pas nécessairement illégaux) qu'il faut savoir trouver et utiliser à son profit. L'enfant apprend très tôt à utiliser le "système D" et il fait l'admiration de ses proches s'il se montre débrouillard parce qu'on sait qu'il fera son chemin dans la vie. Un jour, dans la cour de l'Ecole Internationale Franco-Américaine de Paris, deux équipes d'enfants jouaient à tirer en sens opposé sur une corde. Un élève américain raconte:

> It was the Americans against the French. Monsieur René got us all started, eight on each side. We pulled and pulled. But they looped their rope around a tree. We were trying to pull a tree down. We were "plus forts", but they were "plus malins". In school at home, the teacher would have said it wasn't fair. But Monsieur René said, "C'était malin."[9]

---

[6] Bien entendu, certains enfants se sentent plus atteints que d'autres dans leur personne par des critiques ou des réprimandes. Il s'agit de variations psychologiques individuelles.

[7] De "je m'en fous", forme vulgaire de "je m'en moque".

[8] L'assimilation entre la survie et le fait de se défendre est passée dans la langue puisqu'on dit couramment "je me défends" pour signifier "ça va, je vais bien".

[9] "Malin" veut dire "rusé", "astucieux", "intelligent".

En France, contourner ou violer les règles sociales ou les lois écrites peut être durement sanctionné, mais souvent cela n'entraîne pas la même condamnation morale qu'aux Etats-Unis. En effet, ces règles et ces lois appartiennent au monde "extérieur" des contrats et conventions arbitraires de la vie en société. Elles apparaissent donc comme presque détachées de la morale qui, elle, appartient au monde "privé" de l'individu. D'autre part, les racines de la morale sociale ne sont pas exactement les mêmes en France et aux Etats-Unis. Chez les Français, en effet, l'éthique est plus fondée sur le sens de l'honneur et du devoir à l'égard de soi-même: est immoral ce qui est déshonorant. Chez les Américains, au contraire, l'éthique est plus fondée sur le sens de l'équité (*fairness*) et du devoir à l'égard des autres: est immoral ce qui ne respecte pas la loi (divine et humaine) ou le contrat.[10] L'éthique française tend donc à être plus subjective que l'éthique américaine. Pour les Français, ce qui est important sur le plan moral, c'est moins de respecter les lois faites par les autres que celles qu'on s'est faites pour soi-même, ce que l'on appelle les principes. Ces principes peuvent être individuels, mais ils sont souvent communs à des groupes d'individus (membres d'une profession, catégorie sociale, famille, etc.). L'individu qui "a des principes" et y reste fidèle en toutes circonstances dans ses actions est beaucoup plus admiré que le citoyen respectueux des lois civiles ou divines.[11]

Dans l'exemple cité du jeu de corde, un maître français sera tenté d'utiliser des arguments faisant appel au sens de l'honneur de l'élève qui triche, c'est-à-dire aux devoirs qu'il a envers lui-même. Il lui dira en substance: tricher est indigne de toi, en trichant tu t'abaisses, un élève qui a des principes et qui se respecte ne triche pas. Dans les mêmes circonstances, un maître américain utiliserait plutôt des arguments fondés sur le respect de la règle du jeu et les devoirs de l'élève envers les autres. Il dira en substance à l'enfant: tricher est injuste (*unfair*) pour ceux avec qui tu as accepté de jouer selon des règles équitables. La conduite de l'élève sera condamnée parce qu'il a enfreint le contrat, la loi: immoralité et illégalité sont synonymes.

Chez les Français, la loi écrite "extérieure" (ce qui est légal) n'est généralement bien respectée—en pensée et en action—que si elle s'accorde avec la loi "intérieure" non-écrite des principes (ce qui est perçu comme légitime). S'il y a contradiction, les chances que la loi écrite soit bafouée sont grandes; seul un système répressif puissant assure alors son application. En janvier 1990, le Parlement français (à majorité socialiste) a amnistié les députés et les personnages politiques qui avaient illégalement financé leurs campagnes électorales. L'amnistie, toutefois, n'était pas valable dans le cas d'un enrichissement personnel des coupables. En effet, s'enrichir personnellement à cette occasion révélait l'amour de l'argent, du profit; c'était une conduite

---

[10] Philippe d'Iribarne, *La logique de l'honneur. Gestion des entreprises et traditions nationales* (Paris: Seuil, 1989).

[11] "Les hommes à grand caractère ont un ensemble de conduites qui ne se dément pas. Leurs actions et leurs principes sont à l'unisson" écrivait l'abbé Grégoire en 1804 dans son *Apologie de Don Barthélémy de Las Casas, évêque de Chiappa*. L'abbé Grégoire est célèbre pour ses prises de position en faveur des Juifs et des Noirs à la fin du 18e et au début du 19e siècles.

déshonorante, contraire aux principes que tout individu respectable doit avoir. Par contre, utiliser illégalement de l'argent pour sa campagne électorale n'était pas vu comme déshonorant ou immoral puisque c'était fait dans un but "noble", celui de servir une cause politique. Dans ce cas, on pouvait donc pardonner l'illégalité.[12]

Un journaliste américain de passage à Paris raconte qu'une nuit, le conducteur de taxi qui le ramenait chez lui brûla tous les feux rouges:

> "Vous devriez avoir honte, lui ai-je dit. Un vétéran du volant comme vous ne devrait pas se moquer du règlement et prendre de tels risques!" Il me regarda d'un air sidéré: "Pourquoi avoir honte? Au contraire, je suis fier de moi. Je respecte le règlement et je n'ai aucune intention de me faire tuer (…) J'ai ralenti au feu, j'ai regardé soigneusement à droite et à gauche. Il n'y avait pas de voiture à l'horizon, surtout à cette heure-ci. Et vous voudriez que je m'arrête comme un toutou parce qu'une machine automatique sans cervelle passe au rouge toutes les quarante secondes? (…) Je devrais avoir honte, dites-vous. Eh bien, moi j'aurais honte de laisser ces lumières imbéciles me dire ce que je dois faire. Bonsoir, Monsieur."[13]

Le chauffeur de taxi avait bien respecté ce qu'il estimait, lui, être son devoir de conducteur en allant le plus vite possible tout en faisant attention aux autres voitures (c'est ce qu'il voulait dire par "je respecte le règlement"). Il était scandalisé qu'on mette en doute ce sens du devoir bien accompli dont il était fier. Et il se moquait complètement de la loi écrite l'obligeant à s'arrêter aux feux rouges.

Ce sens du devoir fondé sur les principes peut aussi pousser les Français à faire des efforts qui ne sont pas requis par la loi écrite et à aller au-delà de ce que les règlements les obligent à faire. Le sociologue Philippe d'Iribarne, qui a observé des ouvriers français, américains et néerlandais dans les mêmes conditions de travail, remarque que les Français acceptent plus difficilement que les autres les ordres de leurs supérieurs hiérarchiques: ils prennent une grande liberté dans l'exécution de ces ordres; par contre, ils n'hésitent pas à travailler beaucoup plus que les autres si leur sens de l'honneur professionnel est mis en jeu.[14] Aujourd'hui encore, les conducteurs de train de la SNCF s'efforcent de faire arriver leur train très exactement à l'heure prévue (à la minute près), non pas tant parce que c'est le règlement mais parce que ne pas le faire serait une atteinte à la réputation du corps professionnel dont ils font partie.[15] Ce genre d'attitude reste encore très répandu, surtout dans les métiers qui ont une tradition ancienne.

On a souvent remarqué que les industriels et les commerçants français répugnent à se plier aux désirs des clients ou des consommateurs. Ils tendent en effet à voir cette dépendance comme vexante et déshonorante pour eux: leur fierté leur commande

---

[12] Cette amnistie n'a pas été appréciée du tout par certains Français, notamment par les magistrats chargés de la justice.

[13] David Schoenbrun, *Ainsi va la France* (Paris: Julliard, 1957), pp. 223–224.

[14] Philippe d'Iribarne, *La logique de l'honneur. Gestion des entreprises et traditions nationales* (Paris: Seuil, 1989).

[15] SNCF: Société Nationale des Chemins de Fer Français.

d'obéir non pas au consommateur, mais à ce qu'ils estiment, *eux*, être leur devoir de producteurs et de commerçants. L'histoire de la France offre aussi de nombreux exemples d'individus qui ont fait passer leur morale personnelle, leurs principes avant le respect des lois civiles. En 1940, le général de Gaulle désobéit au gouvernement français et créa une armée française basée en Angleterre pour défendre l'"honneur" de la France et soustraire le pays à la domination allemande. Pendant la guerre d'Algérie (1954–1962), une partie de l'armée française s'est violemment opposée au gouvernement français qui voulait négocier avec les rebelles luttant pour l'indépendance de leur pays. L'armée estimait que son "honneur" et son sens du devoir lui commandaient de continuer la guerre jusqu'au bout pour maintenir l'Algérie française.

Apprendre à se défendre

L'apprentissage de la défensive, de la résistance aux autres se fait aussi en groupe, d'une manière collective, dans le mileu scolaire. L'enfant apprend alors à s'intégrer à ce qu'un sociologue américain, Jesse Pitts, a appelé le "groupe des camarades". Ces groupes servent à protéger l'élève qui, sans eux, serait isolé et sans défense face à la puissance de l'administration scolaire. Le "groupe des camarades" (une classe entière ou une partie de classe) est là, prêt à résister et à défier le pouvoir de l'administration et des professeurs si ceux-ci veulent imposer quelque chose que les élèves jugent excessivement arbitraire (une punition collective pour le trouble causé par un élève, par exemple). La manifestation classique de cette résistance est le "chahut"—explosion de cris et de vociférations— contre les enseignants qui manquent d'autorité personnelle. Mais cela peut aussi prendre des formes sournoises et féroces contre ces enseignants (les élèves, bouche fermée, font le son d'un bourdon volant dans la classe, ils dessinent une caricature du professeur sur le tableau, etc.)[16] Ces relâchements de tension, qui étaient autrefois collectifs et ritualisés, sont souvent individuels, violents et incontrôlés aujourd'hui, et il arrive que des enseignants soient physiquement agressés par des élèves. La classe fournit également un extraordinaire champ d'entraînement pour les "mots d'esprit" des élèves qui cherchent à faire rire leurs camarades.[17] En général, les groupes d'élèves, qui sont bien unis dès qu'il s'agit de se révolter pour défendre leurs intérêts, ont beaucoup de mal à maintenir leur cohésion pour construire quelque chose de positif (créer un club de cinéma dans l'école par exemple): chacun aura une opinion différente sur ce qu'il faut faire et le groupe éclatera facilement. C'est dans le refus que le groupe fait bloc et que son action est efficace.

---

[16] Ce phénomène est représenté dans certains films (*Zéro de conduite* de Jean Vigo, 1933), romans (*Les faux-monnayeurs* d'André Gide, *Les copains* de Jules Romains) et pièces de théâtre (*Topaze* de Marcel Pagnol).

[17] Ainsi dans la scène de *Topaze* (Marcel Pagnol, 1928) où Topaze demande à ses élèves si un homme malhonnête peut avoir des amis:

Topaze: (…) quoi qu'il fasse, où qu'il aille, il lui manquera toujours l'approbation de sa cons… de sa cons… (science)

L'élève Pitart-Vergniolles: De sa concierge. (explosion de rires)

Jesse Pitts remarque que ces comportements collectifs appris très tôt se retrouvent dans la société adulte française. L'unité des citoyens en France se réalise généralement dans la défense, la résistance. Un appel à l'unité, dans quelque domaine que ce soit, doit prendre la forme d'un appel à la défense de quelque chose. Le patriotisme français moderne, depuis la Révolution de 1789, s'est construit en grande partie sur l'idée de défense du pays face à une menace militaire étrangère.[18] Le discours politique français, depuis deux siècles, reprend aussi sans cesse l'idée de défense contre une menace (réelle ou imaginaire) existant à l'intérieur du pays même. A gauche, il s'agit de "défendre la république", "défendre la démocratie", "défendre les droits des travailleurs"; à droite, de "défendre l'ordre public", "défendre la nation", "défendre les libertés". Les syndicats français (contrairement aux syndicats allemands) fonctionnent essentiellement sur un mode défensif. De même, l'action officielle ou privée en faveur de l'enseignement du français hors de France est souvent présentée comme une "défense" de la langue et de la culture françaises dans le monde.

Si, en règle générale, on doit garder pour soi tout ce qui est très personnel, il est bien évident que dans un couple on ouvre largement sa "coquille" personnelle à l'autre. C'est également le cas dans l'amitié. L'amitié à la française, note l'ethnologue Raymonde Carroll, diffère de l'amitié à l'américaine. Elle est plus contraignante, plus tyrannique et plus formalisée—quand par exemple l'on passe du "vous" au "tu".[19] Les Français acceptent (plus facilement que les Américains) l'inégalité et la perte de liberté dans l'amitié. Ils n'ont pas peur de dépendre de leurs amis, de se reposer entièrement sur eux. L'amitié doit apparaître indestructible, elle doit pouvoir traverser n'importe quel obstacle ou mésentente passagère (sinon on n'est pas "vraiment" amis). D'où l'habitude (troublante pour les Américains) qu'ont les amis français de prouver leur amitié en jouant à s'adresser l'un à l'autre sur un ton offensant: "Non mais, tu t'es vu avec cette cravate? Tu n'as pas peur de faire rire tout le monde?": ces mots de reproche—que personne ne prend au sérieux—sont une façon de montrer que l'amitié résiste à tout, que rien ne peut la menacer.

---

[18] Les Français ont toujours été plus fascinés par l'image des soldats qui résistent que par l'image des soldats qui attaquent. Autrefois, l'enseignement français de l'histoire dans les écoles donnait relativement peu de relief aux conquêtes (militaires ou autres) et exaltait au contraire les épisodes de résistance héroïque contre un ennemi supérieur en nombre ou en moyen.

[19] Le passage au tutoiement se fait généralement assez vite, après suggestion à l'autre: "D'accord pour qu'on se tutoie?". Il faut savoir poser la question ni trop tôt—un refus serait extrêmement gênant—ni trop tard—il est difficile de tutoyer quelqu'un que l'on a vouvoyé longtemps. Depuis les années 1960, le passage au tutoiement se fait beaucoup plus vite et plus fréquemment qu'avant, surtout parmi les adolescents et les jeunes adultes. On tutoie non seulement les membres de sa famille et ses amis, mais très souvent aussi ses collaborateurs et collaboratrices professionnels d'un rang équivalent. Deux médecins travaillant dans le même service d'un même hôpital peuvent se tutoyer, mais ils ne tutoient pas les infirmières. Une femme chef d'entreprise peut appeler sa secrétaire par son prénom, mais ne la tutoie pas. Le tutoiement traduit une certaine égalité et une certaine familiarité (qui peut être purement professionnelle); il n'implique pas nécessairement l'amitié au niveau personnel. Tutoyer un adulte qu'on ne connait pas est une marque de mépris envers cette personne.

L'amitié à l'américaine, au contraire, évite tout ce qui risque de créer des liens de dépendance inégalitaires entre individus. Les rapports entre amis doivent être égaux, les faveurs doivent être réciproques, afin d'éviter l'impression que l'un "exploite" l'autre—déséquilibre qui ne gênerait pas les Français puisque pour eux c'est cela justement qui prouve l'amitié. Un Français en difficulté s'attend à ce que ses amis lui proposent de l'aider sans même qu'il le leur demande, et même qu'ils lui imposent leur aide ("Pas d'histoires, je passe te prendre ce soir à 8 heures, et nous allons au cinéma. Tu es crevé, tu as besoin de te détendre").[20] Un Américain en difficulté sait que ses amis sont prêts à l'aider, mais qu'ils hésiteront à proposer eux-mêmes cette aide, pour ne pas lui donner l'impression qu'ils le "prennent en charge". Carroll cite le cas d'une Française vivant aux Etats-Unis qui était scandalisée qu'une amie américaine, sachant qu'elle était très fatiguée, ne lui ait pas immédiatement proposé de garder ses enfants. Dégoûtée, elle en concluait que l'Américaine n'était pas "vraiment" une amie.

L'amitié en Amérique semble aussi plus fragile, plus périssable qu'en France. On ne cherche pas à affirmer—comme le font les Français—son caractère indestructible. Chacun sait que des menaces diverses peuvent y mettre fin (dépendance trop grande de l'un sur l'autre, dispute, distance, silence, etc.). La différence fondamentale, remarque Carroll, est que l'amitié à la française imite les liens qui unissent les membres d'une famille (frères, soeurs...) tandis que l'amitié à l'américaine imite les rapports de couple. Ceci est visible dès l'enfance et l'adolescence: les jeunes Français font toujours se connaître leurs amis entre eux, un peu comme s'ils faisaient tous partie d'une même famille et ils sortent avec eux en groupe (on dit: "les amis de mes amis sont mes amis"). Sylvia, élève d'un lycée français, décrit un de ses amis, Pascal, comme "un mec très gentil qui me considère comme sa vraie soeur".[21] Aux Etats-Unis, au contraire, on privilégie très tôt des relations à deux, souvent instables et en compétition les unes contre les autres (*secret pal, best friend, boy friend, girl friend, etc.*).[22] La cause de ces différences tient probablement à l'enracinement des Français dans un réseau de relations très stables et de longue durée—quelque chose qui est rendu plus difficile par la mobilité et l'isolement des individus aux Etats-Unis.

Puisque le plus précieux de soi se dissimule derrière une muraille, tout ce qui reflète la partie cachée de la personnalité présente un grand intérêt. La peur intense de perdre son caractère individuel unique dans un moule uniforme se voit dans la réticence des Français à porter des uniformes. Lorsqu'ils doivent le faire, ils s'arrangent souvent pour se différencier des autres par un détail vestimentaire. Lorsque je cherchais un village français à étudier pour mes recherches sur la société française, j'ai annoncé que je voulais trouver un village "moyen" ou "typique". Partout, les habitants protestaient: "Ah, mais attention! Notre village n'est ni "moyen" ni "typique"! Nous

[20] Raymonde Carroll, *Evidences invisibles. Américains et Français au quotidien* (Paris: Seuil, 1987), p. 118.
[21] *La Vie, tu parles. 160 lettre du courrier des lecteurs de Libération* (Paris: Seuil, 1984), p. 302.
[22] Raymonde Carroll, *Evidences invisibles*, pp. 121–131.

sommes totalement différents des autres villages", et ils me donnaient la liste des différences. Il fallait dire "village témoin" pour ne pas blesser la fierté des habitants. De même, l'importance attribuée au "style" dans la culture française reflète le désir de faire apparaître la personnalité de l'individu dans ce qui est extérieur, visible, social. Avoir du "style", un "style" bien particulier (dans la façon de s'habiller, de conduire, d'écrire, etc.), c'est la preuve qu'on a une personnalité unique, originale. Tandis que les jeunes Américains apprennent à signer d'une manière qui permette de reconnaître sans difficulté leur identité sociale, les jeunes Français apprennent à révéler leur singularité en signant d'une manière illisible. La signature française doit être en principe inimitable et exprime ce que le signataire a d'unique, sa personne profonde. Elle est du "style" à l'état pur.[23]

Tout ceci permet de comprendre pourquoi les Français ont longtemps été réticents face à la production de masse mécanisée qui nie le caractère unique de l'individu comme producteur (fin de l'artisanat) aussi bien que comme consommateur (fin du "sur mesure"). Le refus de l'individu de se laisser "écraser" par la mécanisation de l'existence, de perdre son originalité a été un thème à succès du cinéma français.[24] Depuis le début du 20e siècle, l'Amérique a été vue en France comme un pays porteur de cette menace d'écrasement de l'individu, car c'est un préjugé courant chez les Français de croire que les Américains acceptent facilement le nivellement des différences par la consommation de masse.

Jeunesse et liberté

En France, l'adolescence tend à être une période de plus grande liberté que l'enfance. En réaction contre la surveillance à laquelle il était soumis, l'adolescent français devient assez facilement rebelle ou bien renfermé sur lui-même. Alors, les parents "lâchent du lest", desserrent la surveillance. Les amis offrent un refuge, un havre de liberté loin des pressions du milieu familial. On ne travaille pas encore, mais l'on commence à voyager, seul ou avec des copains, à l'étranger, parfois très loin. On fait des choses un peu folles que ni un enfant ni un adulte ne ferait (peindre sa motocyclette en rose, etc.) Les Français acceptent aisément ce sursis avant la prise des responsabilités d'adulte. Le service militaire obligatoire a pendant longtemps marqué l'entrée dans le monde adulte pour les jeunes hommes; il a récemment été aboli (la France a une armée uniquement professionnelle).

Ce schéma est toutefois moins clair aujourd'hui que dans le passé. D'abord parce que le contraste entre enfance "sans liberté" et adolescence "libre" est moins marqué qu'avant dans la majorité des familles; et aussi parce qu'une période intermédiaire d'une dizaine d'années s'est intercalée pour beaucoup de jeunes entre la fin de l'adolescence et la vie adulte. Entre 18–19 ans et 27–28 ans en effet, la majorité des jeunes sont soit étudiants,

---

[23] Voir échantillon de signatures françaises, p.110.

[24] Citons par exemple: *A nous la liberté* (René Clair, 1931), *Jour de fête* (Jacques Tati, 1948), *Mon Oncle* (Jacques Tati, 1956), *Playtime* (Jacques Tati, 1967). Le livre de Georges Duhamel *Scènes de la vie future* (Paris, 1931) illustre aussi cette attitude.

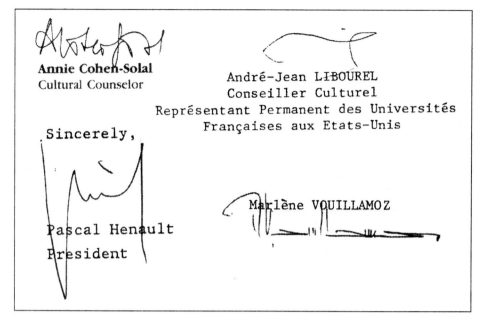

Signatures françaises

soit chômeurs, ou bien ont un emploi instable. La difficulté de trouver un emploi satisfaisant quand on est jeune a créé une sorte de "post-adolescence" pendant laquelle on accumule les diplômes, les stages de formation et les "petits boulots".[25] Les jeunes Français ont beaucoup plus de mal à s'insérer dans le monde professionnel aujourd'hui qu'en 1960 ou 1970. Ils sont plus pessimistes, démoralisés et cyniques sur l'avenir que leurs parents au même âge. Ils ont souvent l'impression qu'ils arrivent trop tard, qu'il n'y a plus de place pour eux, que la société des adultes leur laisse seulement les "miettes" du festin.

Un autre mode d'évasion utilisé par les jeunes Français consiste à fuir la famille, la société. Au lieu de se replier d'une manière défensive derrière le mur qui entoure la personnalité, l'individu quitte le milieu social dans lequel il a été élevé et "coupe les ponts" avec ce milieu. Cette coupure peut être physique (on part pour ne plus revenir) ou bien simplement morale, culturelle ou sociale. Elle peut être temporaire ou permanente. Par exemple, un jeune homme ou une jeune fille d'une famille de haute bourgeoisie parisienne a pris en horreur les moeurs et la mentalité de son milieu social et décide de gagner (mal) sa vie en jouant des petits rôles au théâtre. Un fils d'agriculteur, mécontent que son père lui demande d'exploiter sa ferme quand celui-ci prendra sa retraite, "claque la porte" et part faire des études universitaires à Paris. Jadis, dans l'ancienne noblesse, les fils cadets écartés de la fortune familiale suivaient assez souvent ce modèle du "rebelle".

---

[25] Boulot: emploi (familier)

*la fin
de l'apprentissage*

*la difficulté dans
l'apprentissage de la vie*

Le film Au revoir les enfants *de Louis Malle
montre des enfants aux prises avec le monde des adultes.*

On classait aussi dans ce groupe ceux qui partaient faire leur vie dans l'empire colonial. L'individu en état de rupture avec son milieu, soit parce qu'il est en révolte contre ce milieu, soit parce qu'il aime l'aventure, le risque, la liberté est un type social qui occupe une place importante dans la culture française.[26] La littérature et le cinéma reprennent souvent ce thème du révolté, de l'inadapté, avec parfois une femme comme héroïne.[27]

Pour en savoir plus: *www.quid.fr/*

[26] La tendance de chaque génération à se dresser contre les normes de la société ou à s'en évader s'est fait clairement sentir en France dans la littérature (et l'art) à partir du Romantisme. Dans la deuxième moitié du 19e siècle, Baudelaire, Lautréamont, Jarry dénoncent l'hypocrisie de la société. Au 20e siècle, les adolescents de Gide ("Familles, je vous hais") rejettent les valeurs familiales pour affirmer leur personnalité. Puis, après la Première Guerre mondiale, c'est un grand besoin de liberté, qui mène à l'évasion hors du monde accepté (Alain Fournier, Paul Morand, Blaise Cendrars) et à la recherche de moyens de connaissance et d'expression scandaleusement nouveaux (surréalisme). Plus tard, Malraux et Saint-Exupéry montrent l'individu qui s'affirme par son action. Enfin, pendant et après la Seconde Guerre mondiale, l'existentialisme (Sartre, Camus) assure à ceux qui sont assez courageux pour refuser les fausses valeurs sociales qu'ils peuvent trouver leur vérité en assumant leur responsabilité envers les autres hommes.

[27] Par exemple, Thérèse Desqueyroux dans le roman *Thérèse Desqueyroux* (1927) de François Mauriac. Au cinéma, Séverine dans le film *Belle de jour* de Luis Bunuel (1967), Mona dans le film *Sans toit ni loi* (1985) d'Agnès Varda ou bien Hippo dans *Un Monde sans pitié* (1989) d'Eric Rochant.

Chapitre 7

Démographie et intervention de l'état

Aux Etats-Unis, on accorde relativement peu d'importance à la démographie (phénomènes affectant la population d'un pays: natalité, mortalité, mariages, émigration, immigration). La démographie est vue essentiellement comme un ensemble de données que l'on constate et qui ne provoque pas d'inquiétude ni d'angoisse. L'Amérique n'a jamais eu peur d'être insuffisamment peuplée ou trop peuplée. Le gouvernement américain s'intéresse donc peu à la démographie et, sauf en matière d'immigration, il ne cherche pas à l'influencer d'une manière ou d'une autre: les naissances, les décès, les mariages sont des affaires purement individuelles. Il en est de même pour la famille. Le gouvernement fédéral américain ne cherche pas à soutenir la famille par des lois particulières et à aider les parents à élever leurs enfants, parce qu'il considère que cela ne le regarde pas. Le gouvernement fédéral américain n'a donc ni politique démographique ni véritable politique familiale.

En France, au contraire, la démographie et la famille jouent un rôle assez important dans les préoccupations nationales. On s'inquiète ou l'on se réjouit de leur évolution et le gouvernement s'y intéresse de près, considérant qu'il est de son devoir d'aider les parents et d'agir sur la démographie pour l'orienter dans un sens favorable à l'intérêt du pays. Cette attitude est relativement récente puisqu'elle date du 20e siècle et s'est manifestée surtout depuis la Seconde Guerre mondiale. Mais elle suit une longue tradition française de paternalisme gouvernemental qui n'existe pas aux Etats-Unis. Cette tradition paternaliste, héritée de l'ancienne monarchie et de l'Eglise catholique, a été reprise par l'Etat républicain moderne. Elle voit l'Etat comme une sorte de père qui a le devoir de protéger ses enfants—surtout les faibles—et, en contrepartie, a le droit d'intervenir dans leur vie pour imposer un ordre conforme à l'intérêt supérieur de la nation. A cette tradition paternaliste s'est ajouté l'influence plus récente de l'Etat-providence (*Welfare State*) qui est aujourd'hui plus développé en Europe qu'aux Etats-Unis.[1]

L'Etat français, par exemple, accorde à toutes les femmes enceintes de généreuses allocations, à la condition qu'elles subissent tous les tests médicaux (gratuits) prescrits par l'administration. L'Etat garantit à chaque salarié français un minimum légal de cinq semaines de congés payés par an, mais il impose de prendre ces congés en

---

[1] L'Etat-providence est né dans les années 1930 (au moment de la crise économique) et s'est surtout développé après 1945. C'est un système qui assure à tous les habitants du pays une sécurité économique minimale en toutes circonstances et élimine (en principe) la misère de la société.

deux blocs, le bloc principal ne pouvant pas faire moins de deux semaines ni plus de quatre semaines. Ce paternalisme de l'Etat français est souvent pris par les Américains pour du socialisme, ce qui est une erreur. Même si elle a résisté à l'interventionnisme étatique dans la vie des entreprises, la droite adhère comme la gauche à cette tradition, qui a des racines idéologiques différentes de celles du socialisme. C'est un régime ultra-conservateur, celui du Maréchal Pétain (1940–1944), qui généralisa la politique d'aide de l'Etat aux familles. La tradition de l'Etat protecteur et interventionniste a exercé sur la France une influence beaucoup plus forte que le socialisme (c'est l'inverse dans certains autres pays d'Europe, en Angleterre par exemple).

La population dans le passé

Pour comprendre l'importance de la démographie aux yeux des Français, il faut connaître l'évolution passée de la population française. Prenons un manuel de géographie de la classe de 1ère, celui des éditions Nathan, par exemple.[2] Le chapitre 2, consacré à la démographie de la France, est intitulé "15 milliards d'ancêtres" (le nombre d'êtres humains qui ont vécu sur le territoire de la France depuis les origines de l'humanité). Par ce titre-choc, l'élève français se trouve personnellement rattaché à l'histoire démographique de la France. Il apprend qu'il est l'aboutissement d'une lignée d'individus formidablement nombreuse: "tu as, toi et tes camarades, 15 milliards d'ancêtres", dit en substance le manuel. L'idée principale qui s'ancre dans son esprit est celle d'un pays qui a été très peuplé dans le passé.

La France a en effet été pendant très longtemps le pays le plus peuplé d'Europe. Le tableau 1 montre la population du pays à travers les siècles.

Tableau 1.
Evolution de la population de la France (dans les frontières européennes actuelles)

ANNÉES	POPULATION	
Epoque de Jules César (50 avant JC)	6 700 000	(estimation)
Epoque de Charlemagne (800 après JC)	8 800 000	(estimation)
1345 *Charles VII (le dauphin)*	20 000 000	(estimation)
1700 *Louis XIV*	21 000 000	(estimation)
1800 *Napoléon*	28 000 000	
1850 *Nap. 3*	35 600 000	
1920 *(entre les 2 guerres)*	39 000 000	
1939	42 000 000	*→ baby boom*
1968	50 000 000	
1999	59 000 000[3]	

[2] Jean-Robert Pitte (sous la direction de), *Géographie 1ère* (Paris: Nathan, 1988).

[3] *Quid 2000*, p. 601. Le premier recensement de la population de la France fut effectué en 1801. Avant cette date, on ne faisait que des évaluations très approximatives.

On remarque l'importance numérique de la population de la France avant le 19e siècle, qui contraste avec sa faible croissance aux 19e et 20e siècles. A la veille de la Seconde Guerre mondiale, la France avait seulement deux fois plus d'habitants qu'au 14e siècle, ce qui représente une hausse beaucoup plus faible que celle des autres pays européens.[4] En effet, si entre 1650 et 1950 la population française a doublé, celle de l'Europe a quintuplé; et le pourcentage des Français par rapport aux Européens n'a cessé de diminuer. En 1650, 24% des Européens étaient français. En 1800: 19%. En 1900: 14%. En 1950: 10,6%. En 1998: 8%. En d'autres termes, la population française ne s'est pas accrue aussi vite que celle des autres pays européens. Cette situation était alarmante, car le taux des naissances ne cessait, lui aussi, de baisser.

Tableau 2.
Evolution du taux de natalité en France

ANNÉES	TAUX DE NATALITÉ (NOMBRE DE NAISSANCES PAR AN POUR 1 000 HABITANTS)
1800	32
1850	27
1900	22
1935	15
1946	21
1955	19
1968	17
1985	14
1998	12,6[5]

Cette chute du taux de natalité n'est pas particulière à la France. Elle a affecté tous les pays industrialisés. Mais la France se distingue par le fait qu'elle a été le premier pays du monde à réduire son taux de natalité, dès la fin du 18e siècle.[6] Parce que les autres pays d'Europe ont attendu plus longtemps avant de commencer à diminuer leur taux de natalité, leur population a augmenté plus vite que celle de la France. C'est pourquoi la place relative des Français en Europe (et dans le monde) a diminué au cours du 19e siècle et de la première moitié du 20e, changeant le rapport des forces en Europe. Jusqu'en 1815 au moins, la France fut une

---

[4] Cette hausse n'a pas été régulière. Il y a eu des périodes d'expansion démographique relativement rapide (12e–13e siècles, 16e siècle, 18e siècle) et des périodes de contraction ou de stagnation de la population (14e–15e siècles, 17e siècle).

[5] *Quid 2000*, p. 601.

[6] Les causes de cette baisse, très discutées par les historiens, sont assez obscures. Il est souvent difficile d'expliquer les variations de la natalité.

superpuissance mondiale, comme les Etats-Unis d'aujourd'hui. Sa forte population (combinée à d'autres facteurs politiques et économiques) lui a permis d'atteindre ce niveau.

Après 1815, le géant français (que l'on surnommait "la grande nation") commença à faiblir. Les Français prirent conscience de cette évolution défavorable après avoir été battus par les Allemands en 1870. Les causes de ce déclin n'étaient pas uniquement démographiques. Les Français sont entrés moins vite dans l'ère industrielle que les Anglais, les Allemands ou les Américains et cela a sans doute pesé plus lourd dans leur déclin relatif. Ils ont toutefois commencé à s'inquiéter du "malthusianisme" démographique[7] de leur société. Au début du 20e siècle, la situation devint catastrophique: après les énormes pertes humaines de la Première Guerre mondiale (un million et demi de morts), on vit même—situation unique au monde—le taux de natalité français tomber plus bas que le taux de mortalité.[8] L'avortement fut puni comme "délit contre la nation" et on ouvrit le pays aux immigrants étrangers pour compenser le déficit. La France est alors devenue, comme les Etats-Unis, un grand pays d'immigration. Elle devint même, dans les années 1920, le premier pays d'immigration du monde.[9] Ce ne furent plus seulement quelques milliers de réfugiés politiques, comme au 19e siècle, qui s'établirent en France, mais des millions de Polonais, de Russes, de Belges, d'Italiens, d'Espagnols qui affluèrent pour travailler dans les mines, les ports et les villes industrielles françaises. Très peu de Français, par contre, émigrèrent à l'étranger, ce qui explique pourquoi il n'y a jamais eu de communautés venues de France dans les villes américaines.[10] A la veille de la Seconde Guerre mondiale et pendant cette guerre, les Français prirent enfin conscience de la gravité de leur situation démographique. On estima que la faiblesse du taux de natalité français était une des causes profondes de la défaite militaire et de l'invasion du pays par l'armée allemande en 1940. Le gouvernement adopta alors une politique nataliste ayant pour but d'inciter les Français à avoir plus d'enfants. L'avortement (considéré comme un crime contre la sûreté de l'Etat) fut férocement réprimé et tout un arsenal de primes et de privilèges furent attribués par le gouvernement aux parents en fonction du nombre d'enfants qu'ils avaient. La principale "arme" utilisée fut les allocations familiales, somme d'argent versée pour chaque enfant, quel que

---

[7] Le malthusianisme, du nom de l'économiste anglais Malthus (1768–1834), consiste à limiter le nombre des individus accédant à la vie (limiter les naissances) ou à tout autre avantage ou place dans la société.

[8] Cette situation catastrophique était due en partie au fait que la génération qui produisait des enfants dans les années 1930 (les hommes et les femmes nés entre 1900 et 1920) était anormalement peu nombreuse puisqu'il y eut une chute brutale des naissances pendant la guerre entre 1914 et 1918.

[9] Les Etats-Unis ont fermé leurs frontières à l'immigration massive en 1920.

[10] La France est le pays d'Europe qui a envoyé le moins d'émigrants aux Etats-Unis. Parmi les 37 millions d'Européens qui ont émigré aux Etats-Unis entre 1820 et 1990, on compte seulement 800 000 Français. Un courant d'émigration de faible ampleur a été dirigé vers l'empire colonial—vers l'Algérie surtout—au 19e siècle. Il a été provoqué par des troubles politiques (révolution de 1848, rébellion parisienne de la Commune en 1870, annexion de l'Alsace par l'Allemagne en 1871).

soit le revenu de la famille. Ces allocations, d'abord réservées aux fonctionnaires, fu-rent étendues à toutes les familles en 1940. En 1939, une prime spéciale fut accordée pour le premier bébé des jeunes mariés et l'on réunit les lois concernant la famille dans un nouveau code, le Code de la Famille. Un autre type d'aide, l'"allocation de la mère au foyer" était versé aux mères des familles à faible revenu qui souhaitaient res-ter chez elles pour élever leurs jeunes enfants.

La population aujourd'hui

La France d'aujourd'hui a conservé cette politique "nataliste", qui est unanimement soutenue, à droite comme à gauche. Nulle part ailleurs dans le monde le fait d'avoir des enfants n'apporte autant d'avantages. Les partis politiques de gauche—et ceux de droi-te, dans une moindre mesure—ont considéré que ces avantages correspondent aussi à la justice sociale: le gouvernement, pense-t-on, a le devoir d'aider les parents qui se char-gent d'élever les futures générations de Français. On retrouve ici la conception française des enfants comme étant sous une sorte de responsabilité collective de tous les adultes. Parmi les avantages accordés aujourd'hui aux familles par le gouvernement, citons:

- les allocations de grossesse, qui donnent l'équivalent de 180 dollars américains par mois (chiffres de 1999) pendant 8 mois à toute femme qui subit les tests médi-caux (gratuits) requis par les services de santé publique avant et après la naissance
- le congé de maternité obligatoire et payé de 16 semaines pour toute femme sala-riée qui donne naissance à un enfant[11]
- l'allocation de maternité qui donne 870 dollars à chaque femme quand elle met au monde un enfant
- la gratuité des frais d'accouchement
- les allocations familiales (125 dollars par mois pour 2 enfants, 285 dollars par mois pour 3 enfants, 445 dollars par mois pour 4 enfants, 605 dollars par mois pour 5 enfants, jusqu'à ce que ceux-ci atteignent l'âge de 18 ans.)
- l'allocation parentale d'éducation (556 dollars par mois à tout parent qui cesse d'avoir un emploi pour s'occuper d'au moins 2 enfants, dont un âgé de moins de 3 ans)
- l'allocation de parent isolé (585 dollars à toute femme enceinte isolée, 780 dollars si elle a un enfant à sa charge)
- l'allocation de rentrée scolaire aux familles ayant des revenus modestes pour les aider à payer les livres et les cahiers de leurs enfants
- l'allocation de logement pour les familles au revenu modeste
- la prime de déménagement (936 dollars aux familles au revenu modeste ayant au moins 3 enfants pour les aider à changer de logement à la naissance d'un enfant)

---

[11] Le droit de prendre un congé de maternité non payé sans risquer de perdre son emploi fut donné aux femmes américaines en 1993 (*Family Leave Act*). Les Françaises ont reçu ce droit en 1909.

- l'allocation de garde d'enfant à domicile pour aider les parents qui travaillent à faire garder leurs jeunes enfants à leur domicile
- une retraite haussée de 10% à tout homme ou femme ayant eu au moins 3 enfants
- les réductions spéciales accordées aux détenteurs de la "carte de famille nombreuse" (jusqu'à 75% de réduction sur les chemins de fer)[12]

Deux parents employés au salaire minimum (SMIC) et ayant 5 ou 6 enfants à leur charge peuvent ainsi recevoir chaque mois de l'Etat des sommes égalant leurs salaires.

Il est difficile de savoir dans quelle mesure cette politique a influencé la natalité, parce que beaucoup d'autres facteurs pèsent sur celle-ci. Toujours est-il que dès les premières années suivant sa mise en place, le taux de natalité français remonta rapidement (à partir de 1942), et, passé le "baby boom" de la fin de la guerre, continua de rester assez élevé jusqu'en 1972, puis recommença à baisser jusqu'à aujourd'hui. Cette récente baisse a été provoquée par différentes causes, mais il ne fait guère de doute que la légalisation de la vente des contraceptifs (1967) et de l'avortement (1975) y ont contribué. La France se trouve donc aujourd'hui dans une situation apparemment paradoxale puisque ses lois "tirent" la natalité dans deux sens contraires: les unes incitent à avoir plus d'enfants (l'Etat aide les familles), les autres permettent d'en avoir facilement moins ou pas du tout (l'Etat protège la liberté de reproduction). Cette législation apparemment contradictoire donne en tout cas une très grande liberté de choix aux Français: ceux qui veulent beaucoup d'enfants sont aidés, soutenus par l'Etat; ceux qui n'en veulent pas le sont aussi d'une autre manière (puisque la Sécurité Sociale rembourse les contraceptifs et l'avortement). Il faut souligner que le gouvernement français actuel n'a pas abandonné les objectifs natalistes. Il cherche autant que possible à encourager l'arrivée d'un 3e enfant dans les familles, afin de faire augmenter la population (si chaque femme n'a que deux enfants en moyenne, la population stagne).

La hausse de la natalité après la Seconde Guerre mondiale n'a pas réduit le besoin de faire venir des immigrés dans le pays. En effet, cette hausse a d'abord entraîné un accroissement considérable du nombre des enfants et non des travailleurs adultes dont on avait un urgent besoin pour reconstruire la France et pour soutenir le développement industriel accéléré des années 1950 et 1960. Il a donc fallu à nouveau recourir à l'immigration, qui fut massive de 1945 à 1974, avec tout d'abord l'arrivée d'Italiens et d'Espagnols, puis à partir de 1955, de Portugais et d'habitants des pays d'Afrique du Nord (Maghreb) récemment décolonisés.[13] Cette dernière vague d'immigration,

MAGHREB

---

[12] *Quid 1999*, pp. 1734–1735. Aucun de ces avantages n'existe aux Etats-Unis. Les autres pays européens sont moins "généreux" que la France, mais plus que les Etats-Unis. Les chiffres donnés ont été convertis au taux moyen de 5,50 F pour un dollar.

[13] Les trois pays du Maghreb sont l'Algérie, devenue indépendante de la France en 1962, Le Maroc et la Tunisie, tous deux indépendants depuis 1956. Les immigrés maghrébins en France sont venus en plus grand nombre d'Algérie.

LIBERTÉ – ÉGALITÉ – FRATERNITÉ
RÉPUBLIQUE FRANÇAISE

LIVRET

DE

FAMILLE

A. E.

PARIS
IMPRIMERIE NATIONALE
1969

Chaque couple reçoit le jour du mariage un livret de famille où est inscrit l'état-civil de chacun de ses membres.

identique aux précédentes sur le plan du travail (main d'oeuvre non qualifiée à bon marché), était complètement différente sur le plan social: auparavant, les immigrés étaient toujours des Européens, généralement catholiques; leur intégration dans la société française se faisait assez rapidement et sans difficulté majeure.[14] Les nouveaux immigrés des années 1960, eux, étaient arabes ou berbères, de religion musulmane, et souvent illettrés.[15] Leur intégration dans la société française se fit beaucoup plus difficilement. En 1962, à la fin de la guerre d'Algérie, un million de colons européens (les "Pieds-Noirs") habitant ce pays furent précipitamment "rapatriés" en France. L'immigration légale de travailleurs a été arrêtée en 1974, mais les familles des hommes immigrés d'Afrique du Nord arrivés auparavant ont été autorisées à rejoindre leur mari ou père en France. L'immigration illégale, difficile à quantifier, vient surtout des pays d'Afrique du Nord et d'Afrique noire.

L'afflux d'étrangers en France au cours du 20e siècle a souvent provoqué dans la population des réactions de xénophobie, surtout en période de difficultés économiques (années 1930 et années 1970–1980). On estime qu'aujourd'hui 18 millions de Français (soit le tiers d'entre eux) ont une ascendance étrangère. Près de deux millions de Français sont eux-mêmes des immigrés naturalisés. C'est pourquoi un très grand nombre de Français portent des noms à consonance étrangère.[16]

La population actuelle de la France métropolitaine est d'environ 60 millions d'habitants. Dans ce chiffre, il y a environ 4 millions d'étrangers, soit 6,6% de la population du pays (le même pourcentage qu'en 1931). Les Portugais, les Algériens et les Marocains sont les plus nombreux. Il faut également ajouter 2 millions de Français résidant dans les départements et territoires d'outre-mer français hors d'Europe et 1,7 million de Français résidant à l'étranger. La densité de peuplement (107 habitants par kilomètre carré) est plus faible que dans la plupart des pays d'Europe, mais beaucoup plus élevée que dans les pays qui ont de grands espaces vides, comme les Etats-Unis (29 habitants par kilomètre carré), le Canada ou l'Australie. Le taux de natalité (12 pour mille habitants en 1999) est légèrement plus faible qu'aux Etats-Unis (15 pour mille habitants en 1999); le taux de mortalité est le même qu'aux Etats-Unis (9 pour mille habitants en 1999). Toutefois, le taux de mortalité infantile est plus bas en France (5 pour mille naissances en 1999) qu'aux Etats-Unis (7 pour mille naissances)

---

[14] Le fait qu'ils aient été catholiques facilitait leur intégration car cela les rapprochait socialement des Français (même système de valeurs, assistance à la messe, etc.).

[15] Certains immigrés algériens étaient des militaires. Lorsque les Français reconnurent l'indépendance de l'Algérie en 1962, après une guerre féroce qui dura 8 ans, ils ramenèrent avec eux en France 20 000 des 200 000 soldats musulmans qui avaient combattu dans les rangs de l'armée française contre les rebelles indépendantistes. Ces anciens soldats (les "Harkis") et leurs familles, qui ont la nationalité française, vivent toujours en France aujourd'hui.

[16] Certains Français ayant des noms à consonance étrangère ne sont pas d'origine étrangère, mais viennent de régions de France où la langue parlée jusqu'au 20e siècle n'était pas le français. C'est le cas notamment des Alsaciens (noms à consonance germanique), des Corses (noms à consonance italienne), des Flamands ou des Basques.

en raison de la meilleure situation sanitaire des classes défavorisées en France. L'espérance de vie est un peu plus élevée pour les femmes françaises (82 ans) que pour les femmes américaines (79 ans). Les familles nombreuses et les familles sans enfant, fréquentes avant 1950, sont rares aujourd'hui: la famille à deux ou trois enfants domine.[17] La plus grande différence entre la France et les Etats-Unis se trouve dans le mariage et le divorce. Le taux de nuptialité (nombre de mariages par an pour 1 000 habitants) est beaucoup plus bas en France qu'aux Etats-Unis, ce qui traduit un refus du mariage beaucoup plus fort de la part des couples français. Ce taux s'est effondré en France depuis 1975:

Tableau 3.
Nombre de mariages par an pour 1 000 habitants:

1926–1930	8,2
1946–1950	9,7
1971–1975	7,7
1980	6,2
1993	4,7 (Etats-Unis: 9)
1998	4,9[18] (Etats-Unis: 8,3)

Le taux de divorce, bien qu'il ait beaucoup augmenté depuis 20 ans, est moitié plus bas en France qu'aux Etats-Unis, ce qui traduit sans doute une résistance ancienne (d'origine catholique) au divorce. Le pourcentage de grossesses qui se terminent par un avortement est beaucoup moins élevé en France qu'aux Etats-Unis (156 000 avortements en France en 1995 contre 1 211 000 aux Etats-Unis). De même, le taux d'adolescentes de 15 à 19 ans qui sont enceintes est moins élevé en France qu'aux Etats-Unis, probablement parce que les jeunes Françaises ont un meilleur accès à la contraception. Les contraceptifs classiques et (depuis janvier 2000) les "pilules du lendemain", à prendre dans les deux jours suivant un rapport sexuel, sont distribués dans les infirmeries des lycées.

La loi française sur l'avortement (officiellement appelé "interruption volontaire de grossesse" ou IVG) est le résultat d'un compromis entre partisans et opposants à l'avortement. Elle impose certaines restrictions qui n'existent souvent pas aux Etats-Unis. Les mineures non mariées doivent obtenir l'approbation d'un de leurs parents. Les femmes qui veulent obtenir un avortement pendant les 10 premières semaines de la grossesse (ce n'est plus possible après) doivent obligatoirement se rendre dans un centre de planning familial pour être informées sur les différentes options qui leur

---

[17] Aujourd'hui, les familles nombreuses (rares) se rencontrent surtout dans la bourgeoisie catholique pratiquante et non plus chez les ouvriers ou chez les paysans comme autrefois.

[18] *Quid 1994*, p. 90 et *Quid 1999*, p. 111.

sont offertes et doivent ensuite attendre 11 jours avant de donner leur décision finale à un médecin. Contrairement à ce qui se passe aux Etats-Unis, où s'affrontent les défenseurs de positions extrêmes (liberté totale ou interdiction totale), l'avortement n'est plus un sujet de controverse politique majeure en France. Il est remboursé par la Sécurité Sociale.[19]

La pyramide des âges

La tendance des Français à utiliser l'abstraction et les figures géométriques (cf. l'hexagone) pour décrire la réalité se retrouve dans la pyramide des âges, figure triangulaire qui joue en France un rôle plus important dans l'enseignement et dans les manuels scolaires qu'aux Etats-Unis (voir ci-dessus). La pyramide des âges représente la population d'une société par tranches d'âge (d'une largeur proportionnelle au nombre d'individus qui sont dans chaque tranche). Elle transmet aux enfants français l'idée que la population de la France forme un ensemble fermé et cohérent dans lequel ils peuvent se situer eux-mêmes. Comme dans l'hexagone ou dans la chaîne des générations, l'enfant reçoit toujours la réponse à la question "où suis-je?", "qui suis-je?".

L'élève apprend qu'en matière de pyramide des âges, la France n'a pas de quoi être très satisfaite d'elle-même. Deux "trous" marquent les deux côtés de la pyramide (les "classes creuses"), traduisant la chute brutale des naissances au cours des deux guerres mondiales. Plus grave, la forme générale de la pyramide ressemble à une cloche plutôt qu'à une pyramide, avec trop de vieillards vers le haut et trop peu d'enfants vers le bas. 20% des habitants de la France ont plus de 60 ans: jamais ce pourcentage n'a été aussi élevé, il continue à croître, et on sait qu'il augmentera brutalement après 2010. 26% des habitants de la France ont moins de 20 ans: jamais ce pourcentage n'a été aussi faible.[20] Continuera-t-il à baisser? L'élève français qui étudie la pyramide des âges de son pays est logiquement amené à considérer qu'il aura un rôle à jouer dans la forme que prendra cette pyramide: elle est une affaire nationale qui concerne chaque Français; le destin de la France est en jeu. Les retraités de demain, en effet, risquent d'être trop nombreux pour que les jeunes d'aujourd'hui puissent leur donner un niveau de vie satisfaisant.

Le système de santé

La France a, comme les Etats-Unis, un système privé de médecine. La plupart des médecins sont des praticiens libres et ne sont pas salariés. Il existe, comme en Amérique, des hôpitaux publics et des hôpitaux privés (appelés "cliniques"). La

---

[19] La moitié des avortements se font par absorption de la pilule RU 486, créée en France et disponible depuis 1988.

[20] La situation de la France n'est pas originale. La plupart des pays développés ont des pyramides des âges assez semblables à celle de la France. Les pays du tiers-monde ont des pyramides des âges beaucoup plus larges à la base. Dans certains de ces pays, plus de la moitié de la population a moins de 20 ans.

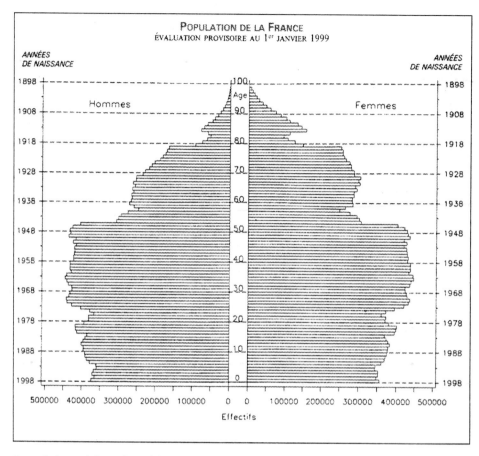

POPULATION DE LA FRANCE
ÉVALUATION PROVISOIRE AU 1ᵉʳ JANVIER 1999

Pyramide des âges de la population de la France. *Source:* Quid 2000–*editions R. Laffont.*

grande différence entre les deux pays concerne l'assurance-santé qui est nationale en France: il n'y a qu'un seul assureur, la Sécurité Sociale, qui couvre obligatoirement tout le monde (100% de la population en 2000.)[21] L'assureur unique permet d'avoir un système où la prime d'assurance-santé à payer est proportionnelle aux revenus des assurés; c'est ce qui permet à la France d'assurer tous ses habitants (ce ne serait pas possible avec un système à l'américaine où les primes d'assurance sont fixes.) Tous les employeurs sans exception sont obligés de couvrir leurs employés. En France, l'assurance-santé n'est pas vue comme un *fringe benefit* comme aux Etats-Unis, mais comme un droit fondamental, le droit à la sécurité physique. On considère que la santé n'est pas un bien marchand comme les autres (puisqu'on ne peut jamais

---

[21] La France a donc ce que les Américains appellent *single payer system.*

choisir de la refuser) et qu'elle doit donc être un domaine où s'exerce la solidarité sociale. Si on étendait *Medicare* à tous les habitants des Etats-Unis, l'Amérique aurait un système très semblable au système français.

Comme il n'y a qu'un seul assureur pour tout le pays, les Français peuvent choisir librement leur médecin n'importe où en France. Le tarif des actes médicaux est négocié entre les syndicats des médecins et la Sécurité Sociale. Ce tarif est uniforme pour tout le pays: une visite chez le médecin, un accouchement ou une opération d'appendicite coûtent le même prix partout en France (à part quelques exceptions). Il est normalement interdit aux médecins de dépasser ces tarifs (s'ils le font, ils peuvent être exclus du système, ce qui veut dire que leurs actes ne seront plus couverts par l'assurance). Le prix des actes médicaux et des médicaments est beaucoup plus bas en France qu'aux Etats-Unis. Ceci est dû au fait qu'il n'y a qu'un seul assureur (frais réduits), qu'il existe une règlementation très stricte des investissements en technologie de pointe (pour éviter le gaspillage), que les tarifs médicaux ne sont pas libres, et aussi au fait que les études médicales sont quasi-gratuites en France (les médecins n'ont pas à rembourser de gros emprunts pour leurs études). Toute publicité médicale est interdite. L'assurance-santé nationale est financée par une taxe sur les salaires et sur les employeurs (comme pour *Medicare* aux Etats-Unis). Certains actes médicaux (les visites chez le médecin) et les médicaments peu chers ne sont remboursés qu'à 60, 70 ou 80% de leur prix par la Sécurité Sociale. La plupart des Français couvrent la portion restant à leur charge par des assurances privées (souvent affiliées à des syndicats). Les médecins se plaignent assez souvent du contrôle rigoureux exercé par la Sécurité Sociale sur le secteur de la santé, mais les Français sont généralement satisfaits de ce système. Son financement représente toutefois une charge de plus en plus lourde. Certains suggèrent de "fiscaliser" l'assurance-santé (c'est-à-dire de la payer avec l'impôt sur le revenu) pour alléger le poids qui pèse sur les employeurs. Le gouvernement s'est engagé dans cette voie en 1990 en créant un impôt spécial sur les revenus, la contribution sociale généralisée (CSG).

Les retraites

Les systèmes de retraites en France sont des systèmes dits "par répartition" (on distribue à chaque retraité de l'argent collecté sur les actifs), tandis qu'aux Etats-Unis prédominent les systèmes "par capitalisation" (on distribue à chaque retraité l'intérêt de ce qui a été épargné pour sa retraite pendant sa vie active). On retrouve donc en France la notion de solidarité sociale (entre les générations, dans ce cas), tandis qu'en Amérique c'est au contraire le concept d'auto-suffisance individuelle qui l'emporte.[22] La forte réduction du nombre des actifs par rapport au nombre des retraités dans la première moitié du 21e siècle fait peser une lourde menace sur les retraites des générations nées après la Seconde Guerre mondiale.

---

[22] Il faut toutefois noter que les retraites de la *Social Security* américaines sont un système par répartition.

Villes et campagnes

Sur le plan de la répartition géographique de la population, les Français ont aussi des raisons d'être insatisfaits. Certes, la densité de la population à l'échelon national reste modérée, éloignée des extrêmes que connaissent d'autres pays. Il n'y a pas de régions surpeuplées (comme en Egypte ou en Inde) ni de zones totalement vides (comme au Canada ou en Russie). Mais la population de la France n'est pas du tout répartie d'une manière équilibrée sur le territoire du pays: Paris et son agglomération (9 millions de personnes) concentrent un pourcentage extrêmement élevé des habitants de la France (15%). La France a donc une tête monstrueuse et un corps chétif. Les quelques grandes villes françaises (Lyon, Marseille, Bordeaux, Strasbourg) viennent très loin derrière Paris. Certaines régions ont vu leur population baisser sensiblement depuis 30 ans; ce sont des pôles de répulsion: Nord, Massif Central, Corse, Lorraine. D'autres ont une population à peu près stabilisée, comme l'Ile de France. Certaines, enfin, ont vu leur population s'accroître très vite; ce sont des pôles d'attraction: Sud-Ouest et surtout régions bordant la Méditerranée (dynamisme économique et climat plus chaud et ensoleillé qu'ailleurs). Les migrations internes sont donc orientées vers la France du Sud. Les immigrés étrangers vivant en France sont fortement concentrés à Paris et dans la moitié est de la France, qui est la partie la plus industrialisée du pays. Ils sont peu nombreux dans l'ouest du pays. Près de 17% de la population de Paris, 10% de celle de la Corse, 8% de celle de la région Rhône-Alpes et de l'Alsace est étrangère contre 1% seulement de la population de la Bretagne.

L'exode rural vers les villes a été plus lent et plus tardif en France que dans d'autres grands pays d'Europe comme l'Angleterre ou l'Allemagne. Il a fallu attendre la Seconde Guerre mondiale pour voir la population urbaine dépasser la population rurale. Jusqu'en 1945, les gouvernements successifs ont toujours été hostiles à l'exode des campagnes vers les villes et ont plutôt cherché à le freiner, pour des raisons politiques et sociales. La société rurale paraissait plus solide, plus stable que la population urbaine et les grandes villes—surtout Paris—étaient vues par la bourgeoisie comme des nids à révolution: on risquait de multiplier les révolutionnaires en multipliant la population ouvrière des villes. L'entreprise familiale (ferme, atelier, boutique) était vue comme le fondement le plus solide de la société. Les gouvernements ont donc fait passer des lois pour protéger les petits paysans, artisans et commerçants contre la concurrence de l'étranger et des grosses entreprises, tactique qui leur rapportait de nombreuses voix aux élections. Ce système protégeait la famille comme unité de production économique, mais condamnait l'agriculture, l'industrie et le commerce français à rester archaïques. Après 1945, cette vision fut abandonnée, l'exode rural étant enfin considéré comme un phénomène positif et même nécessaire pour que la France se modernise. Très fort dans les années 1950 et 1960, l'exode rural est aujourd'hui non seulement arrêté, mais renversé puisque la population rurale s'accroît, mais seulement autour des villes: l'automobile permet en effet de vivre à la campagne et de travailler en ville.

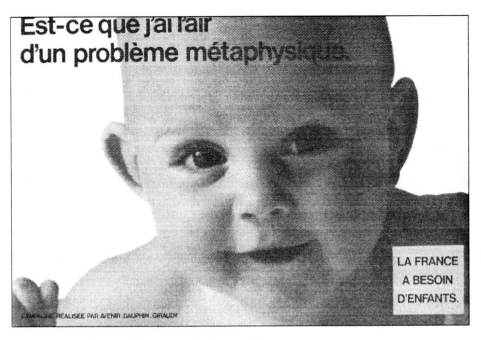

Campagne nataliste (S. Lousada / Petit Format / Photo Researchers)

Le fait que la société française soit restée très tardivement un pays à dominante rurale est très important, car cela signifie qu'une forte proportion de Français qui vivent aujourd'hui dans des villes ont passé leur enfance ou leur jeunesse à la campagne. Ils ont gardé de cette époque encore proche une nostalgie diffuse qui marque leurs habitudes et leurs goûts. L'obsession des Français pour les produits alimentaires frais ou pour l'eau de source en bouteilles (record du monde de consommation par habitant) provient peut-être d'habitudes de goût acquises en milieu rural au cours des décennies passées. La passion des résidences secondaires (près de 3 millions, record du monde par habitant) dans les classes aisées provient également du désir de retrouver des racines rurales encore récentes. Toutefois, les Français ont, comme la plupart des Européens, une vision plus positive des villes que les Américains. Ceux-ci tendent à fuir les villes dès qu'ils ne sont ni pauvres, ni immigrants récents. Ils recréent dans les banlieues, dans les campus universitaires et jusque dans les cimetières un univers rural artificiel où l'on échappe à la promiscuité urbaine. L'hostilité au monde de la ville que l'on rencontre en Amérique ne se retrouve pas en France, où domine la tradition européenne (et notamment méditerranéenne) de la "cité", lieu de rencontre et de communication. Depuis l'empire romain, la ville est associée en France à la civilisation, à la sophistication et à la citoyenneté. Paris est appelée "la ville-lumière". A Marseille, une plaque de bronze rappelle que de cette ville "rayonna la civilisation en Occident".[23] Ceci peut expliquer certaines diffé-rences qui séparent les villes françaises des villes américaines. En France, les gens des classes aisées ne fuient pas la ville, mais sont attirés par elle.[24] Ils habitent les belles maisons et les beaux immeubles des quartiers historiques du centre. Les pauvres, les déshérités sont repoussés hors des villes, vers les laides banlieues "ouvrières" avec leurs H.L.M.[25] Les universités sont toujours dans des villes ou près des villes. Le centre des grandes villes est généralement animé, vivant, avec des magasins élégants et des cafés. Dans les quartiers anciens (construits avant le 19e siècle), les rues étroites sont souvent interdites aux automobiles et réservées aux piétons. Les parkings sont souterrains. Mais l'attraction des villes et la congestion humaine qui en résulte pro-duisent aussi des nuisances (pollution, bruit, embouteillages) qui sont souvent pires qu'aux Etats-Unis.

Pour en savoir plus: *www.quid.fr/*

---

[23] Des marins venus de Phocée, ville grecque d'Asie Mineure, fondèrent la ville de Marseille en 600 avant J.C.

[24] S'ils la quittent, c'est pour des raisons liées aux nuisances urbaines modernes (pollution, embouteillages, etc.) ou parce que les prix du logement y sont trop élevés.

[25] Habitations à loyer modéré (immeubles dont la construction a été subventionnée par l'Etat).

Chapitre 8

La famille française aujourd'hui

La famille "traditionnelle" a commencé à changer après la Première Guerre mondiale. Ces changements se sont fortement accélérés entre 1960 et aujourd'hui. Toutefois, la famille n'a pas souffert de la même désaffection que les autres piliers traditionnels de la société française tels que l'Eglise catholique, l'Etat ou les partis politiques. Elle a changé de visage, elle n'est plus la même qu'avant, mais elle reste certainement l'institution la plus solide de la société française. Elle a même plutôt profité de l'affaiblissement des autres institutions sociales parce qu'elle reste, pour beaucoup de gens, la seule en laquelle ils "croient" encore aujourd'hui. Dans une société où la confiance dans les grands systèmes de mobilisation collective (communisme, socialisme, nationalisme, etc.) et le prestige des grandes institutions sont en chute, l'individu se replie sur ce à quoi il semble le plus sûr de croire: lui-même et sa famille.

Autrefois, on considérait généralement que l'intérêt de la famille était plus important que celui des individus qui la composent; chacun devait, si nécessaire, sacrifier son intérêt personnel pour sauvegarder l'intérêt ou la réputation de la famille. Celle-ci pouvait facilement devenir un milieu étouffant pour ses membres. Depuis une quarantaine d'années, la montée très forte de l'individualisme (visible dans tous les pays occidentaux) a renversé ce rapport: c'est plutôt la famille qui est vue aujourd'hui comme étant au service du bonheur de l'individu. Tant que la famille donne à l'individu ce qu'il recherche (affection, protection, soutien psychologique, etc.), le lien entre les deux reste très fort; mais si l'individu ne trouve plus dans la famille la satisfaction de ses besoins, le lien peut facilement se casser. La même chose est vraie pour les rapports conjugaux, ce qui explique la hausse du nombre des divorces. Cette hausse a eu pour conséquence de multiplier les seconds mariages et les familles avec des enfants nés de parents différents, ainsi que les familles monoparentales (généralement mère seule avec des enfants). La famille classique constituée de deux parents vivant avec leurs enfants communs n'est donc plus du tout un modèle unique dans la France d'aujourd'hui. Pour éviter les ruptures, la famille française d'aujourd'hui est obligée d'accepter le particularisme de chacun de ses membres. La tolérance de la diversité individuelle (des goûts, de l'habillement, etc.) est nécessaire à l'unité familiale. La famille est vue aujourd'hui comme une collection d'individus et non plus comme un être abstrait supérieur à ses membres. Elle est un milieu où chacun revendique et dispose d'une assez grande autonomie personnelle. Certains Français (surtout les gens âgés) ne comprennent pas ces changements et ont l'impression que la famille éclate, qu'elle est en déclin.

La base de cette autonomie nouvelle (comme celle de l'absence d'autonomie auparavant) est largement économique. La famille, en effet, n'est plus une unité de production assise sur un patrimoine (petite exploitation agricole, petit commerce, petite entreprise artisanale) qui fait vivre tous les membres de la famille quel que soit leur âge. De plus en plus, chaque adulte et souvent chaque adolescent a son propre revenu (salaire, allocations de l'Etat, retraite, etc.), ce qui le rend financièrement indépendant des autres membres de la famille. Le pourcentage de la population française qui est salariée a énormément augmenté depuis 1960. La proportion des femmes qui ont un emploi salarié a aussi beaucoup augmenté. Le grand changement dans ce domaine tient au fait que les femmes des classes aisées travaillent maintenant en grand nombre à l'extérieur de chez elles, généralement dans le secteur des services. C'est une révolution dans un pays où les femmes de la bourgeoisie considéraient comme une déchéance sociale de devoir travailler à l'extérieur, sort autrefois réservé aux femmes des classes populaires. Les Françaises d'aujourd'hui recherchent l'activité, le travail intéressant et rémunérateur. Les femmes qui restent à la maison, dépendantes de leur mari, sont encore nombreuses, mais leur situation ne représente plus un idéal social. Le modèle dominant est celui de la femme qui a une carrière, qui est économiquement indépendante de son mari.

Toutefois, le fait que la famille n'est plus une unité de production ne signifie pas du tout qu'elle n'est plus une unité économique. En effet, ce que les individus achètent avec leur revenu sert souvent à tous les membres de la famille. En dehors de sa fonction psychologique, la famille d'aujourd'hui est donc surtout une unité de dépense, de consommation, c'est-à-dire un lieu de plaisir pris en commun (et non plus un lieu de travail, d'activité pénible). D'autre part, l'autonomie financière des individus n'empêche pas les parents ou grands-parents de transmettre gratuitement à leurs enfants ou petits-enfants une partie de leur richesse par toutes sortes de moyens (aide en services ou en argent, héritage, etc.).

La situation des femmes

La disparition de la famille "traditionnelle" a été accompagnée d'un changement majeur dans la situation légale des femmes en France. La Révolution française et le code civil de 1804 avaient maintenu la femme comme un être juridiquement inférieur à l'homme.[1] Sur le plan des droits civils et politiques, les Françaises sont restées longtemps en retard par rapport aux Américaines et ne se sont libérées que lentement et tardivement de la

---

[1] Jusqu'en 1884, la femme adultère était punie de prison tandis que le mari adultère était puni d'une amende seulement dans le cas où il amenait sa maîtresse au domicile conjugal. La loi interdisait aux femmes d'assister aux réunions politiques, etc.

tutelle des hommes. Certes, le féminisme a une longue histoire en France. En 1791, deux ans après la "Déclaration des Droits de l'Homme" promulguée par l'Assemblée nationale, Olympe de Gouges avait publié une "Déclaration des Droits de la Femme et de la Citoyenne". Il y eut d'autres féministes célèbres (Flora Tristan, George Sand, Pauline Roland, Jeanne Deroin, Marie Deraismes, Clémentine Royer) au 19e siècle, mais leur influence était très limitée et leur action mit longtemps à avoir de l' effet. Au 20e siècle, les féministes françaises les plus importantes étaient des femmes de la bourgeoisie, des intellectuelles dont l'influence s'est répandue grâce aux livres qu'elles ont écrit (Louise Weiss, Simone de Beauvoir, plus récemment Benoîte Groult, Hélène Cixous, Monique Wittig). L'absence presque totale des femmes dans le monde politique en France a longtemps représenté un handicap majeur pour la mise en application des idées des féministes.

C'est au début de la IIIe république (1880–1940), avec l'établissement définitif de la démocratie, que les choses commencèrent à changer, mais les progrès furent lents. En 1880, les femmes eurent pour la première fois accès à l'enseignement secondaire public. En 1884, la femme mariée reçut le droit d'ouvrir un compte à la Caisse d'Epargne à son propre nom. L'année suivante, elle obtint le droit de divorcer (s'il y avait faute de l'un des conjoints). En 1907, la loi lui donna le droit d'employer son salaire comme elle le désirait, sans l'autorisation de son mari. En 1920, elle put adhérer à un syndicat sans l'autorisation de son mari. En 1938, elle cessa d'être considérée juridiquement comme une mineure. En 1945, elle put voter pour la première fois. En 1965, son mari perdit le droit de lui interdire d'avoir un emploi. En 1967, elle reçut le droit d'acheter et d'utiliser des contraceptifs. En 1970, son mari cessa d'être légalement "chef de famille" et elle partagea avec lui l'autorité sur les enfants. En 1972, la loi lui donna l'égalité de rémunération pour un travail égal à celui de l'homme. En 1975, elle obtint la légalisation de l'avortement (interruption volontaire de grossesse ou IVG), le droit de divorcer par consentement mutuel (sans faute de l'un des conjoints) et le droit de choisir le domicile conjugal avec son mari. La même année, une loi interdit toute discrimination fondée sur le sexe dans l'emploi. En 1981, fut créé un Ministère des Droits de la Femme (transformé plus tard en Secrétariat d'Etat chargé des Droits de la Femme).[2] En 1992, une loi réprimant le harcèlement sexuel fut votée par le Parlement.[3]

Le mariage et la vie de couple

Parallèlement à ces changements légaux, les rapports entre individus à l'intérieur de la famille se sont beaucoup modifiés depuis 1960. Cette évolution n'est pas spécifiquement française. Elle a affecté plus ou moins fortement tous les pays occidentaux, mais a gardé une "coloration" particulière en France.

---

[2] L'expression "droits de la femme" a une signification sociale (droits égaux) et non pas juridique (droits réservés à la femme que l'homme n'aurait pas).

[3] La loi française réprime uniquement le harcèlement sexuel provenant de supérieurs hiérarchiques.

Publicité pour les soutiens-gorges Boléro

La première mutation a touché le mariage et la vie de couple. Aujourd'hui—ceci n'a été admis qu'au 20e siècle—le mariage est fondé sur l'attraction affective et sexuelle des partenaires. L'intérêt (métier, salaire, fortune, prestige social du futur conjoint) continue à influencer les choix, mais on ne l'admet plus ouvertement; on fait comme si seul l'amour comptait. L'homogamie—le fait de se marier avec une personne issue d'un milieu social identique ou proche—reste très élevée en France: le mariage ne mélange guère les catégories sociales. Par contre, l'endogamie—la tendance à se marier entre personnes de la même aire géographique—est en baisse.

Les Français se marient obligatoirement à la mairie devant le maire (ou son délégué) qui, dans cette fonction, représente l'Etat. Après ce mariage civil, 60% des couples environ (pratiquants ou non) se marient une deuxième fois devant une institution religieuse. En effet, à cause de la séparation de l'Eglise et de l'Etat, l'Etat français ne reconnaît pas comme juridiquement valide un mariage religieux.

Tableau 1.
Nombre total de mariages en France 1972–1998

1972:	417 000
1980:	334 000
1990:	287 000
1995:	254 000
1998:	292 000[4]

Tableau 2.
Nombre total de couples cohabitant sans être mariés 1975–1996

1975:	446 000
1982:	810 000
1990:	1 700 000
1996:	2 500 000[5]

Le refus du mariage, très marqué chez les jeunes couples en France (et surtout chez la femme), est une réaction contre la tradition conjugale française: vivre ensemble sans se marier, c'est refuser toute association avec l'image du couple où la femme dépend de son mari. C'est aussi une conséquence de la chute du prestige des institutions publiques et religieuses: nul besoin d'un "clown tricolore" (le maire), affirme Sophie, 33 ans, pour aimer l'homme qu'elle a choisi.[6] Il y a aujourd'hui en France six fois plus de couples cohabitant non mariés que dans les années 1960. La cohabitation est particulièrement élevée chez les très jeunes couples (moins de 25 ans) habitant dans la région parisienne. Elle est moins fréquente chez les catholiques pratiquants. Les pressions sociales qui, jusque dans les années 1960, condamnaient

---

4 *s*, p. 1688.
5 *Quid 2000*, p. 1691.
6 *L'Express*, 11 mars 1983, p. 70.

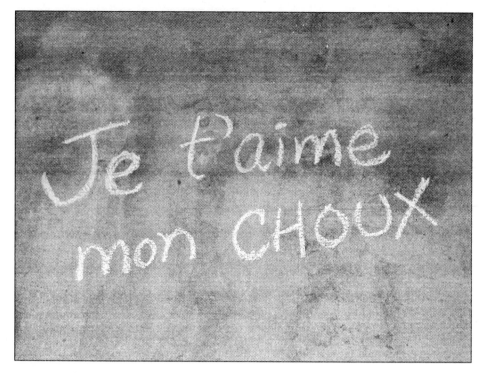

Je t'aime mon choux

toute forme d'union hors de la norme traditionnelle se sont beaucoup relâchées.[7] On constate une tolérance beaucoup plus grande à l'égard de l'union libre (cohabitation), des naissances hors mariage (4 enfants sur 10), du divorce, des familles monoparentales qui sont de plus en plus nombreuses. Il y a aussi beaucoup plus de gens qui restent volontairement célibataires, ce qui était rare autrefois. L'homosexualité est devenue mieux acceptée et moins secrète qu'auparavant, à Paris et dans les grandes villes notamment (où se déroulent chaque année des défilés de la *Gay Pride*).[8] Le cinéma français n'hésite plus à consacrer des films à l'homosexualité (*Les Nuits fauves*, *Gazon maudit*). Comme ailleurs en Europe, les homosexuels sont acceptés dans l'armée française, ce qui n'est pas le cas dans l'armée américaine.[9] Depuis 1999, le Pacte civil de solidarité (PACS) permet aux couples cohabitant non mariés (hétérosexuels ou homosexuels)

---

[7] Cette tolérance nouvelle a sans doute contribué à réduire le recours traditionnel aux prostituées chez les jeunes hommes. En 1970, 25% des hommes de 20 à 29 ans avaient fréquenté une prostituée. En 1992, ce chiffre n'était plus que de 5% (Rapport Simon de 1970 et enquête INSERM/INED de 1992).

[8] En 1992, 4% des hommes français et 2,6% des femmes françaises déclaraient avoir eu de relations homosexuelles.

[9] La loi n'interdit pas d'être homosexuel dans les forces armées mais elle réprime tout comportement amoureux ou sexuel entre militaires lorsque cela nuit à la discipline et à la cohésion des forces armées.

d'obtenir une reconnaissance légale de leur situation et de bénéficier d'un grand nombre d'avantages sociaux auparavant réservés aux couples mariés. Le PACS, proposé et voté par une majorité de gauche, a été combattu par l'Eglise catholique qui le considère comme une attaque contre la famille traditionnelle.

La hausse du taux de divorce est une conséquence de la perte d'influence de l'Eglise catholique sur les Français, mais elle est surtout le résultat du changement de nature du mariage: si la satisfaction amoureuse et sexuelle de chacun des partenaires est un fondement essentiel du mariage, le lien matrimonial devient beaucoup plus fragile puisque cette satisfaction peut faiblir ou disparaître un jour. Malgré cette hausse du divorce, la proportion des mariages qui se terminent par un divorce reste plus faible en France (et en Europe en général) qu'aux Etats-Unis.[10] Les partenaires français se marient moins vite et ils divorcent aussi moins vite lorsqu'il y a des difficultés. Les divorces étant suivis de remariage, de cohabitation ou bien (de plus en plus souvent) de célibat, un grand nombre de familles françaises se présentent sous des formes qui étaient rares autrefois et sont devenues fréquentes aujourd'hui: familles dont les enfants viennent de mariages différents, familles monoparentales (6% des familles françaises, généralement mère seule avec ses enfants). La famille stable avec deux parents et enfants du même sang domine toujours en nombre, mais elle n'est plus un modèle unique. C'est un changement majeur et rapide qui a touché toutes les couches de la société française.

L'ethnologue Raymonde Carroll remarque que dans un couple français, les partenaires n'hésitent pas à se critiquer ou à se contredire mutuellement devant autrui ("Qu'est-ce qui te prends? Tu ferais mieux de te taire!", "Ne le croyez pas, il exagère toujours".) Cela n'inquiète personne. On pense volontiers que même si un couple passe son temps à se disputer, "ça ne les empêche pas de s'aimer". C'est la preuve que leur union est vraiment solide, puisqu'elle résiste à toutes ces épreuves. L'amour, la passion ne signifient pas du tout l'harmonie. On se méfierait plutôt d'un couple qui afficherait toujours une entente parfaite. On penserait qu'ils cherchent à cacher quelque chose.

Dans un couple américain, au contraire, les partenaires cherchent à présenter aux autres une image d'unité. Ils doivent se soutenir mutuellement et ne pas se critiquer l'un l'autre devant autrui. Un désaccord est vu comme le signe que "quelque chose ne va pas" entre eux. Ils apparaissent le plus possible ensemble. Puisqu'on ne voit aucun nuage entre les partenaires, c'est la preuve que l'union est solide. L'amour implique l'harmonie. Et comme la passion amoureuse elle-même peut être dangereuse pour l'harmonie, on s'en méfie.[11]

---

[10] Environ la moitié des divorces se font par consentement mutuel, l'autre moitié sur la base d'une faute d'un des conjoints justifiant légalement le divorce (adultère, injures et coups, refus de relations sexuelles, condamnation à la prison ou fuite du domicile conjugal).

[11] Raymonde Carroll, *Evidences invisibles* (Paris: Seuil, 1987) pp. 93–109.

En général, les membres du couple français hésitent moins que les Américains à paraître séparés l'un de l'autre. On observe ce phénomène plus souvent vers le haut de la hiérarchie sociale. L'influence des moeurs aristocratiques anciennes, où l'unité du couple ne comptait guère, a pu jouer ici.[12] En été, par exemple, les épouses appartenant aux catégories aisées de la société et leurs jeunes enfants vont souvent passer des vacances au bord de la mer pendant un mois tandis que le mari reste seul à la maison et continue à travailler.[13] Cela n'étonne personne. Un mari et sa femme invités à dîner ne sont jamais placés l'un à côté de l'autre. Nous retrouvons ici ce que nous avions remarqué à propos de l'amitié: le lien conjugal, comme l'amitié, est présumé solide et durable en France; il subit des secousses très visibles dont on ne s'inquiète pas trop. L'homogamie souvent très forte qui existe en France (même milieu social et professionnel, mêmes études, même région d'origine, même religion) permet aux membres du couple d'afficher sans risque les traits de caractère ou les opinions qui les séparent. Aux Etats-Unis, au contraire, le lien conjugal est perçu comme étant plus fragile et instable. Il est possible que les fortes différences d'origine ethnique ou de religion qui séparent souvent les partenaires poussent ceux-ci à montrer avec insistance ce qui les unit. On remarque aussi que les Français sont depuis toujours étroitement intégrés à de larges réseaux familiaux (parents, frères et soeurs, cousins et cousines, etc.) sur lesquels chaque membre du couple est sûr de pouvoir s'appuyer en cas de besoin. D'où un grand sentiment de sécurité qui rend moins nécessaire l'unité du couple. Les Américains, au contraire, ont conservé les attitudes des immigrants coupés de leurs réseaux familiaux d'origine: le couple est seul dans la société et ne doit compter que sur lui-même; son unité apparait donc vitale.

Hommes et femmes tendent à se considérer aujourd'hui comme des partenaires égaux ayant les mêmes droits à l'épanouissement individuel dans la famille comme à l'extérieur. L'influence du féminisme a, sur ce plan, profondément changé la société française depuis 1960. A la maison, la spécialisation des rôles masculins et féminins, très forte dans le passé, s'est affaiblie. Certaines tâches traditionnellement "féminines" (faire la cuisine, laver les vitres, passer l'aspirateur ou le balai, laver la vaisselle, faire les courses, mettre le couvert) sont aujourd'hui "négociables": les hommes y participent d'autant plus que leurs compagnes exercent une activité professionnelle. Certains maris donnent le biberon, changent les couches des bébés, les promènent en poussette, repassent eux-mêmes leurs chemises, aident les enfants à faire leurs devoirs. Ceci est vrai surtout chez les jeunes couples où les deux partenaires ont un niveau d'études élevé et un emploi. Toutefois, le fait que les tâches de la vie courante deviennent interchangeables ne signifie pas qu'elles sont assumées à égalité par chaque membre du couple, ce qui est loin d'être le cas. Les femmes ont encore souvent une plus forte charge de responsabilités domestiques.

---

[12] Le vouvoiement entre époux, pratiqué encore aujourd'hui dans certaines familles, est une survivance de ces moeurs.

[13] Cette situation a la réputation d'être favorable (pour le mari) aux liaisons extra-maritales.

Dans le passé, un grand nombre de femmes françaises avaient un emploi (52% des femmes de plus de 15 ans en 1921). C'était en général les femmes des milieux populaires, obligées de travailler—souvent durement et pour des salaires très bas—parce que le mari seul ne pouvait subvenir aux besoins de la famille. Chez les agriculteurs et les commerçants, les épouses aidaient leur mari. Tout le monde considérait alors le travail des femmes comme quelque chose de négatif, à éviter si possible. Les quarante dernières années ont vu un renversement complet de cette attitude. Le travail des femmes à l'extérieur est perçu aujourd'hui comme le moyen privilégié de leur indépendance et de leur épanouissement personnel. Ceci est surtout vrai pour les femmes des milieux aisés qui ont fait des études universitaires. Le pourcentage des femmes françaises qui ont un emploi a baissé au milieu du 20e siècle (39% seulement des femmes de plus de 15 ans en 1970), mais il a augmenté ensuite (47,6% en 1998). Ce pourcentage est à peu près équivalent en France et aux Etats-Unis. L'immense majorité des travailleurs à temps partiel sont des femmes.

La sexualité

En donnant aux femmes la possibilité de séparer leur vie sexuelle de la procréation, la contraception a déclenché la révolution sexuelle qui a transformé la société française (et occidentale) au cours des années 1970. Les conséquences de cette transformation extraordinaire se sont fait sentir dans de nombreux domaines de la vie sociale. La société française est devenue tout d'un coup beaucoup plus permissive en matière de sexualité, en particulier avant le mariage. L'âge des premiers rapports sexuels s'est abaissé, pour les femmes notamment (fin de l'adolescence, très souvent). Il existe toujours, bien sûr, des individus qui arrivent vierges au mariage, mais ceux-ci sont de plus en plus rares. La fièvre de liberté sexuelle exprimée par les Français dans les années 1970 (au moment où l'on rompait avec les tabous traditionnels) est un peu retombée aujourd'hui. La liberté sexuelle n'a en effet plus rien de révolutionnaire; elle est une chose acquise et établie, en particulier pour les jeunes qui n'ont jamais connu d'autre régime. Les risques liés à la transmission du sida ont aussi contribué à rendre les Français plus prudents dans ce domaine.

Les relations entre hommes et femmes

Les Américains qui séjournent en France remarquent souvent que les relations entre les hommes et les femmes ne sont pas identiques en France et aux Etats-Unis. L'ancienne culture aristocratique française valorisait la femme et la féminité.[14] La culture traditionnelle de la bourgeoisie, comme celle des classes populaires, était au contraire plutôt ma-

---

[14] Le 13 avril 1794, le comte Arthur Dillon attendait d'être exécuté par la guillotine lorsqu'une femme qui allait être exécutée avant lui lui demanda, terrorisée: "Je vous en prie, monsieur Dillon, passez avant moi." Il salua profondément et répondit "Je n'ai rien à refuser à une dame", puis monta à l'échafaud (*Mémoires de la Marquise de La Tour du Pin*. Paris: Mercure de France, 1979).

LES PRÉSERVATIFS PRÉSERVENT DE TOUT.
DE TOUT, SAUF DE L'AMOUR.

Campagne contre le sida

chiste et hostile aux femmes. La société française moderne a subi cette double influence, ce qui permet de comprendre certaines contradictions présentes chez les Français et que l'on retrouve moins aux Etats-Unis: d'un côté, la tradition courtoise du "culte" de la femme et l'adulation de la féminité; de l'autre, la grande dépendance de la femme par rapport à l'homme, à son pouvoir, à son autorité. Dans la France d'autrefois, ces deux traditions opposées coexistaient dans les rapports entre les hommes et les femmes. Aujourd'hui, les femmes françaises sont beaucoup plus indépendantes des hommes qu'auparavant, mais en général elles ne veulent pas perdre les avantages (réels ou illusoires) que leur donnait la tradition galante. Elles tiennent à conserver la partie traditionnellement valorisée par les hommes de leur identité de femmes: être égales aux hommes, oui; cesser d'être admirées par eux comme femmes, non. Ceci permet de comprendre les hésitations, et même l'hostilité d'un grand nombre de Françaises vis-à-vis du féminisme. La peur latente des femmes françaises de ne plus apparaître "femme" en réclamant l'égalité avec les hommes (c'est-à-dire en jouant leur rôle) a contribué à retarder leur émancipation civile et professionnelle au cours du 20e siècle.

En Amérique, l'expérience souvent rude de la colonisation et de l'immigration a produit une société où les hommes étaient plus solitaires qu'en France et les femmes plus indépendantes, sachant mieux compter sur elle-mêmes pour obtenir ce qu'elle voulaient.

Les Françaises, au contraire, se tournaient vers les hommes pour obtenir ce qu'elles recherchaient et voyaient donc souvent les autres femmes comme des rivales. Pour ces raisons, l'impact du féminisme en France a été différent de ce qu'il a été aux Etats-Unis. Contrairement aux Américaines qui ont mis en avant la recherche de l'égalité avec les hommes, les Françaises ont mis l'accent sur ce qui risquait moins de nuire à l'image traditionnelle de la femme "féminine": la recherche de l'indépendance, avec des avantages concrets et spécifiquement féminins (gratuité des contraceptifs et de l'avortement, possibilité de divorcer librement, congés de maternité payés à plein salaire avec emploi garanti, crèches pour les enfants, etc.). Des progrès ont été réalisés en matière d'égalité: les inégalités de salaires entre hommes et femmes pour un travail égal (courantes autrefois) ont été interdites par la loi. Mais les Françaises ont surtout cherché à devenir aussi libres que les hommes. Tandis que le féminisme américain apparaît comme une lutte pour la démocratie, le féminisme français ressemble plutôt à un nationalisme féminin: la femme affirme une identité bien distincte de celle de l'homme tout en s'émancipant de sa tutelle (le principal mouvement féministe français s'appelle d'ailleurs le Mouvement de libération des femmes). Certaines féministes françaises ont ainsi reproché aux féministes américaines d'ignorer les besoins spécifiques des femmes (notamment ceux liés à la maternité) dans leurs revendications.

A l'inverse de ce qui s'est passé aux Etats-Unis, l'initiative des réformes concernant le statut des femmes en France est pour une large part venue "d'en haut": c'est le gouvernement—sous la pression de féministes modérées et influentes comme Françoise Giroud, Nicole Pasquier, Gisèle Halimi, Simone Weil, Yvette Roudy—qui a conduit le changement.[15] En 1974, on créa un Secrétariat d'Etat à la condition féminine (devenu en 1981 Ministère des Droits de la Femme, puis à nouveau Secrétariat d'Etat). En général, il n'y a pas eu de grand mouvement de masse des femmes à la base (ce qu'on qualifie aux Etats-Unis de *grassroots* pour exiger ces changements. Les mouvements féministes militants n'ont touché, en France, que des milieux intellectuels. Leur attitude révolutionnaire, leur querelles théoriques et leur refus de collaborer avec les institutions étatiques les ont marginalisés.

La France est un pays où la mixité des sexes dans les relations sociales est généralement plus grande qu'aux Etats-Unis.[16] Les Français, en effet, apprécient moins que les Américains les activités sociales séparées par sexe. Donner des dîners ou des réceptions réservés à un seul sexe, par exemple, leur semble un peu bizarre. N'est-il pas plus agréable et intéressant de mêler hommes et femmes? Certes, des groupements ou associations d'hommes ou de femmes existent en France, mais ils sont plus rares qu'aux Etats-Unis (loges maçonniques, groupements d'anciens combattants, de chasseurs ou équipes de sport, par exemple, pour les hommes). Dans les milieux populaires (ouvriers, petits agriculteurs), certains loisirs traditionnels restent exclusivement masculins (longues discussions au café avec jeux de cartes et billard, pétanque, pêche à la ligne); mais la concurrence de la télévision a beaucoup réduit l'importance de ces loisirs passés entre hommes après le travail.

On trouve moins chez les Français que chez les Américains la conscience d'une solidarité collective entre individus du même sexe (notamment entre femmes). C'est sans doute pourquoi on ne rencontre pas en France l'équivalent des innombrables

---

[15] Gisèle Halimi (avocate des femmes condamnées pour avortement avant 1975) et Simone Weil (ministre de la Santé Publique) ont joué un rôle crucial dans la bataille pour la légalisation de l'avortement en 1975.

[16] Michèle Sarde, *Regards sur les Françaises* (Paris: Stock, 1983), pp. 75–79.

Women's Clubs des Etats-Unis, ni de *fraternities*, ni de *sororities*, ni de départements de *Women's Studies* dans les universités. Il y eut toutefois pendant longtemps (jusque vers 1970) des écoles et lycées séparés par sexe, héritage du temps où filles et garçons ne recevaient pas le même enseignement. La mixité scolaire est générale aujourd'hui.

L'infidélité conjugale est un autre domaine dans lequel l'attitude des Français diffère de celle des Américains. L'adultère jouit en effet d'une tolérance morale plus grande en France qu'aux Etats-Unis (ce qui n'implique pas nécessairement que sa pratique soit plus fréquente chez les Français.)[17] Même s'ils n'approuvent pas l'infidélité conjugale, les Français la considèrent comme quelque chose de plus ou moins inévitable qui fait et fera toujours partie de la vie de nos sociétés aussi longtemps que le mariage existera. Sujet classique de plaisanteries et d'oeuvres littéraires, l'infidélité conjugale ne choque guère en France et il ne viendrait à l'idée de personne de refuser d'élire un candidat ou une candidate à une élection pour raison d'infidélité. Cette indifférence s'explique par les exemples historiques venus d'en haut (monarques, présidents, ministres ayant des maîtresses, femmes écrivains ayant des amants, etc.), par l'ancienne séparation de l'amour et du mariage et aussi par la coupure très nette existant entre vie publique et vie privée en France. Lors des funérailles de l'ex-président François Mitterrand en 1996, sa femme, sa maîtresse et la fille qu'il a eu de celle-ci étaient toutes les trois debout devant son cercueil. Une telle scène aurait été inimaginable aux Etats-Unis. Les Français ont été un peu étonnés, mais pas scandalisés: un président est un être humain, pas un saint, et à l'heure de la mort, cette humanité doit être regardée en face.

L'adultère, toutefois, mène aujourd'hui plus vite au divorce que dans le passé. Le divorce, en effet, ne fait plus honte et l'indépendance économique des partenaires permet aujourd'hui à chacun de se libérer du lien conjugal quand bon lui semble. Les femmes sont actuellement plus nombreuses à prendre l'initiative d'un divorce que les hommes. Le taux de divorce a sensiblement augmenté au cours des trente dernières années, mais comme beaucoup de couples ne se marient pas, il est impossible de savoir quelle est la proportion exacte de ceux qui se défont.

Tableau 3.
Nombre de divorces pour 100 mariages:

1970:	12
1980:	22
1990:	32
1996:	42[18]

---

[17] En 1992. 17% des hommes et 11% des femmes en France déclaraient avoir été infidèles dans le mariage (ces chiffres ne représentent que des déclarations individuelles invérifiables).

[18] *Francoscopie 1999*, p. 139.

Comme aux Etats-Unis, les seconds mariages sont plus stables que les premiers. Les divorcés, toutefois, tendent de plus en plus à ne pas se remarier et à vivre en cohabitation avec leur nouveau partenaire.

La famille et les autres

Dans ses relations avec l'extérieur, la famille française tend à être plus fermée, plus repliée sur elle-même que la famille américaine. Les frontières du "cercle de famille" français font un peu penser aux murailles d'une forteresse: il est difficile d'y entrer, mais, une fois entré, il est également difficile d'en sortir. Une famille française accepte de recevoir pendant deux mois John, jeune étudiant américain, par gratitude pour l'accueil cordial qui a été réservé à un de ses fils lors d'un voyage aux Etats-Unis. Le jeune Américain est reçu à bras ouverts et traité comme un membre de la famille durant son séjour. Une fois rentré aux Etats-Unis, John considère que la relation avec cette famille française—qu'il a beaucoup apprécié—ne joue pas de rôle particulier dans sa vie américaine; il ne voit donc pas de raison de garder un contact suivi avec elle. Dans son esprit, l'expérience qu'il vient de vivre n'entraîne pour lui aucune obligation à long terme. Quelques mois plus tard, John reçoit une lettre de la famille française. Celle-ci demande qu'il aille collecter une série de renseignements auprès d'une université située à 50 kilomètres de chez lui; François, un des fils, pense s'y inscrire l'année suivante. Pour la famille française, il est étonnant que John n'ait pas écrit et il serait inimaginable qu'il refuse de rendre le service demandé. John, très déconcerté, ne comprend pas qu'en s'intégrant à un cercle de famille français, il s'est engagé pour l'avenir à aider d'une manière inconditionnelle les parents, frères, soeurs, cousins et amis proches faisant partie de ce cercle. Ceux-ci auront recours à lui sans hésitation ni excuses, voyant dans leur demande d'aide une affirmation du lien privilégié qui les unit à John (hésiter ou s'excuser serait une manière d'exclure John, de le traiter comme un simple étranger et s'il était Français, il pourrait être offensé par cette hésitation). Les Américains se sentent mal à l'aise dans une telle situation. Ils n'aiment pas se voir enfermés dans leur liberté d'action par un droit que d'autres personnes auraient de s'appuyer sur eux en toutes circonstances. La famille française et l'amitié à la française (qui fonctionne sur le même modèle) leur donnent souvent un sentiment de claustrophobie.

François, un Français qui arrive dans une famille américaine, a une réaction exactement inverse. Il croit que la cordialité de l'accueil qui lui est fait et l'aide qui lui est offerte à son arrivée signifient qu'on l'inclut dans un cercle familial ou d'amis à la française. Quand il commence à compter sur l'appui de ses nouvelles connaissances américaines (comme il le ferait en France), il est très surpris de la réaction de recul des Américains: ceux-ci n'ont pas du tout l'intention de se lier les mains d'une manière aussi profonde et définitive à son égard. Grande déception de François qui a le sentiment de voir ses préjugés sur les Américains confirmés: les Américains, se dit-il, sont hypocrites et incapables d'une véritable amitié; ils vous laissent croire qu'ils sont de vrais amis et puis vous lâchent dès que la relation semble devenir solide.

Tableau 4.
A qui feriez-vous le plus confiance pour vous venir en aide en cas de difficulté?

A votre famille	81%
A vos amis	15%
A la vie associative	2%
A l'Etat	1%
A vos collègues de travail	0%
Ne se prononcent pas	1%[19]

Tableau 5.
Jusqu'à quel moment considérez-vous normal qu'un enfant vive chez ses parents?

Jusqu'à sa majorité	5%
Jusqu'à la fin de ses études	17%
Jusqu'à ce qu'il trouve un travail	55%
Jusqu'à son mariage ou sa vie en couple	20%
Ne se prononcent pas	3%[20]

La famille française, nous l'avons vu, accepte beaucoup mieux qu'autrefois l'autonomie psychologique de ses membres, mais elle ne cherche pas, comme la famille américaine, à développer précocement l'indépendance matérielle et économique de ceux-ci. On ne rencontre pas en France d'enfants payés par leurs parents pour tondre la pelouse ou laver la vaisselle, ni d'adolescents qui distribuent les journaux à 7 heures du matin ou paient pension à leurs parents pour leur chambre. Les emplois temporaires ou à temps partiel pour les jeunes existent mais ils sont plus rares qu'aux Etats-Unis. On ne s'attend pas à ce qu'un adolescent gagne de l'argent avant la fin de ses études secondaires. Un étudiant d'université ne cherchera un emploi rémunéré que s'il y est forcé par le manque de ressources de ses parents. Contrairement à ce qui se passe en Amérique, aucune pression sociale n'incite les jeunes à quitter le domicile familial et à voler de leurs propres ailes dès la fin de l'adolescence. Une proportion

[19] Sondage IFOP, avril 1999 (*L'Express*, no 2496, 6–12 mai 1999, p. 40).
[20] Sondage IFOP, avril 1999 (*L'Express*, no 2496, 6–12 mai 1999, p. 41).

considérable d'étudiants d'université vivent au domicile familial jusqu'à la fin de leurs études, à 23, 24, 25 ans.[21] Dépendre de ses proches est considéré comme normal jusqu'à ce qu'on ait trouvé un emploi permanent. Dans l'optique française, chercher à tout prix l'indépendance individuelle, la *self-reliance*, c'est se couper de la société, être un asocial. "Si tu n'as jamais besoin de personne, personne n'aura jamais besoin de toi", déclare Nathalie à Hippo dans le film *Un Monde sans pitié*.[22] S'appuyer sur les autres, c'est leur donner une valeur. Cette perspective s'applique aussi bien aux rapports hommes-femmes (d'où la méfiance fréquente à l'égard du féminisme) qu'à la famille et au cercle des amis. Ceci permet de comprendre pourquoi les Français hésitent souvent (beaucoup plus que les Américains) à se déplacer d'une manière définitive loin de leur famille et de leurs amis. En 1990, soixante-quinze pour cent des jeunes couples mariés français résidaient à moins de 12 *milles* de l'un de leurs parents.[23] Grands-parents, frères et soeurs devenus adultes et petits-enfants passent souvent leurs vacances ensemble. On se rend souvent visite, on prend des repas en commun, on discute longuement au café, on garde les enfants des uns et des autres, on s'appuie mutuellement sur le plan psychologique. Certes, on se dispute aussi, mais c'est le prix de la proximité et tout le monde l'admet. Les relations entre membres des différentes générations et entre amis proches tendent à être plus fréquentes et plus intenses qu'aux Etats-Unis. Personne ne sera étonné si une étudiante de 20 ans déclare à ses amis qu'elle va déjeuner avec sa grand-mère chaque semaine. Certes, les distances plus courtes séparant les individus expliquent en partie cette différence entre les deux pays, mais il y a surtout le désir chez les Français de disposer, à portée de la main pour ainsi dire, d'un réseau de relations sur lesquelles on puisse s'appuyer—lourdement si nécessaire—en toutes circonstances. Tout ceci est très éloigné du "rêve américain", qui met en avant l'indépendance de l'individu et sa réussite par ses propres forces.

Pour en savoir plus: *www.quid.fr/*

---

[21] Toutes les universités françaises sont situées dans des grandes villes.

[22] *Un Monde sans pitié*, film d'Eric Rochant (1990).

[23] Louis Dirn, *La Société française en tendances* (Paris: PUF, 1990), p. 65.

Troisième Partie
Structures de la société

Introduction: La société française "traditionnelle"

La structure de la société française est, depuis une quarantaine d'années, en train de subir des changements très importants qui ont été qualifiés de "Seconde Révolution française".[1] Cette "révolution", qui a bouleversé le visage de la France depuis 1960, a brutalement accéléré et généralisé des changements profonds qui étaient en marche depuis la Première Guerre mondiale. La société française "traditionnelle", dont les fondements socio-politiques avaient été établis au moment de la Révolution (1789–1799) et qui avait connu son apogée à la fin du 19e siècle a vu ses bases sapées lentement après 1914. La classe dominante, la bourgeoisie, s'est trouvée affaiblie sur le plan économique (par les effets de la Première Guerre mondiale), l'industrie moderne et la classe ouvrière urbaine se sont beaucoup développées, le marxisme s'est répandu, attaquant la légitimité du système social et économique traditionnel.[2] Jusque vers 1950, toutefois, ces changements n'avaient pas été suffisamment importants pour forcer la société à bouleverser ses habitudes de pensée et ses institutions.

---

[1] Henri Mendras, *La Seconde Révolution française 1965–1984* (Paris: Gallimard, 1988).

[2] Le marxisme (du nom de son fondateur Karl Marx) est l'idéologie de base du parti communiste. Le marxisme affirme que l'histoire politique et sociale d'un pays est le reflet du rapport de force (entre les classes sociales) qui détermine comment la production économique est organisée. Ce rapport de force, disent les marxistes, est un rapport d'exploitation: des individus en exploitent d'autres pour leur profit. C'est le cas du système capitaliste industriel qui, pensent-ils, permet aux propriétaires des moyens de production de garder pour eux le profit produit par les ouvriers qui ne possèdent rien d'autre que leur force de travail. La société communiste, disent-ils, doit libérer les travailleurs de cette exploitation en transférant la propriété des moyens de production à la collectivité (à l'Etat). L'économie fonctionnera alors au profit de tous et non plus seulement de quelques-uns. Les socialistes se sont progressivement détachés du marxisme au cours du 20e siècle. Ils pensent que le système capitaliste est efficace mais injuste parce qu'il ne distribue pas équitablement les richesses; il faut donc, d'après eux, corriger le fonctionnement du système (et non pas le supprimer) en prélevant des taxes élevées sur les riches. Le communisme et le socialisme ont exercé un attrait considérable sur les esprits en France (et en Europe en général) au 20e siècle.

Viticulteur s'apprêtant à faire goûter son vin vers 1950

Travaux des champs vers 1950

A quoi ressemblait cette société française "traditionnelle"? Les Français se trouvaient divisés entre trois grandes classes sociales ayant chacune une identité et une culture bien distinctes: la bourgeoisie, les paysans et les ouvriers (communément groupés sous le nom de classes populaires).[3] La bourgeoisie était la classe dominante sur tous les plans (politique, économique, culturel). Cette prééminence était reconnue et acceptée comme normale par les classes moyennes, les paysans et les ouvriers.

Numériquement, les bourgeois ne formaient qu'une minorité assez restreinte de la population, mais grâce à leur aisance matérielle, à leur éducation et au prestige de leur culture (devenue "la culture française"), ils exerçaient une influence démesurée sur le reste de la société. Il existait de grandes différences de richesse entre les bourgeois: l'argent ou la fortune n'était pas vraiment ce qui les unissait. Mais contrairement à la culture des paysans ou des ouvriers, la culture des bourgeois était unifiée sur le plan national, ce qui lui donnait une force redoutable. Tous les bourgeois de France partageaient la même culture scolaire, fondée sur la maîtrise parfaite de la langue française et des humanités classiques (latin, grec, philosophie, histoire, littérature). Il fallait suivre l'enseignement secondaire et passer le baccalauréat pour faire partie de la bourgeoisie. Certains traits de mentalité unissaient aussi les bourgeois: le culte de la propriété et de l'épargne, l'amour de l'ordre, de la discipline, de la stabilité, la peur du risque et une certaine anxiété à l'égard de l'avenir qu'on ne retrouvait pas dans les autres segments de la société. Les bourgeois avaient aussi en commun un code de "savoir-vivre" très précis et rigoureux (manières de table, règles de politesse, code vestimentaire, etc.). Ils étaient influencés par la mentalité, la culture et les goûts de l'aristocratie qui s'était plus ou moins assimilée à eux: comme celle-ci, ils avaient le sentiment de former une classe héréditairement supérieure aux autres classes. L'équivalent du "rêve américain" chez les bourgeois français était le "rêve aristocratique", idéal difficile à atteindre: vivre confortablement de ses revenus sans avoir à travailler, imiter le style de vie de l'ancienne noblesse et transmettre ces avantages à ses enfants.

La classe de loin la plus nombreuse, celle des paysans, n'avait pas de culture unifiée, mais se divisait en une multitude de cultures locales avec chacune sa langue (variante particulière du français ou langue autre que le français), ses moeurs, ses vêtements particuliers, etc. Des paysans de Bretagne, de la région parisienne, de Provence et d'Alsace, bien que tous citoyens français, appartenaient à des univers culturels aussi différents que s'ils avaient été irlandais, italiens et allemands. A partir de 1880, l'école primaire obligatoire (en français) pour tous et les moyens de communication modernes réduisirent cette diversité et unifièrent dans une certaine mesure le monde paysan.

Les ouvriers habitant les villes, relativement peu nombreux au 19e siècle, virent leur nombre augmenter rapidement dans la première moitié du 20e. Leur culture spécifique n'était pas non plus unifiée: selon les villes et les métiers, la façon de parler

---

[3] La bourgeoisie correspond à peu près à ce qu'on appelle aux Etats-Unis *lower middle class* (petite bourgeoisie), *upper middle class* (moyenne bourgeoisie), et *upper class* (haute bourgeoisie).

français, les traditions, les vêtements de travail, etc. variaient. Les mineurs de charbon, les ouvriers des filatures lyonnaises, les typographes parisiens, par exemple, avaient chacun une sorte de micro-culture bien à eux. Comme les paysans, ils n'allaient pas à l'école au delà du primaire.

Entre le bloc bourgeois et l'énorme bloc des classes populaires se trouvait une sorte de classe intermédiaire, la classe moyenne, relativement peu nombreuse et mal définie. Les gens appartenant à ce groupe étaient en position de transition: d'origine souvent populaire (enfants ou petits-enfants d'ouvriers ou de paysans), ils avaient atteint un degré d'éducation et de revenu qui leur permettait d'imiter dans une certaine mesure le style de vie de la classe bourgeoise. Ils s'habillaient comme les bourgeois, par exemple, mais ils savaient parler les langues régionales et restaient assez proches des ouvriers ou des paysans. Ils n'avaient pas une culture spécifique distincte de celle des autres classes. Dans cette classe moyenne, on trouvait des petits fonctionnaires (le chef d'un bureau de poste, par exemple), des professeurs d'école primaire (instituteurs) ou des chefs de petites entreprises artisanales.

Une barrière sociale et culturelle, difficile à franchir, existait entre les bourgeois et les membres des classes populaires. Un paysan et un fils de paysan pouvaient devenir ouvriers. Mais ni un paysan ni un ouvrier—ni sans doute leurs enfants—n'avaient aucune chance de devenir bourgeois un jour: il aurait fallu qu'ils réussissent à effacer en eux toute trace de leur classe d'origine (façon de parler, gestes, goûts, ignorance des codes bourgeois) et sachent les mêmes choses que les bourgeois, ce qui était quasiment

Ecoliers vers 1950

impossible. Les difficultés de la langue française jouaient un rôle très important dans ce barrage socio-culturel: seuls les bourgeois connaissaient très bien les règles de la syntaxe et de l'orthographe du français.

Quels rapports sociaux avaient entre eux les membres des trois grandes classes? Les relations entre les bourgeois et les paysans étaient plutôt bonnes, parce que les paysans—souvent propriétaires d'une partie des terres qu'ils cultivaient—partageaient certaines valeurs fondamentales des bourgeois. Comme ceux-ci, ils respectaient beaucoup la propriété privée, l'épargne, la stabilité sociale et considéraient le travail de la terre comme une activité honorable. Par contre, les relations entre les bourgeois et les ouvriers étaient plutôt mauvaises. Depuis les sanglantes émeutes urbaines de la Révolution (1789–1794), les bourgeois avaient une peur intense du monde ouvrier des villes. Cette peur, ravivée par des soulèvements populaires à Paris (1830, 1848, 1871) et par la révolution russe (1917), a subsisté jusqu'au milieu du 20e siècle. Contrairement aux paysans, les ouvriers étaient méprisés par les bourgeois qui jugeaient le travail manuel industriel dégradant, dénué de respectabilité. Au 20e siècle, les ouvriers réagirent souvent à ce mépris en adhérant à des syndicats et aux partis socialiste ou communiste qui, eux, exaltaient la dignité du travailleur manuel.

Jusque dans les années 1950, la classe à laquelle un individu appartenait restait en général très apparente: ses gestes, son habillement et sa façon de parler montraient en quelques secondes où il se situait dans l'échelle sociale. Par exemple, les bourgeois tenaient leur cigarette entre l'index et le majeur tandis que les hommes des classes populaires la tenaient toujours entre le pouce et l'index; les hommes bourgeois (écoliers, étudiants, adultes) portaient presque toujours une cravate; les femmes bourgeoises étaient toujours habillées avec une certaine élégance qui les distinguait clairement de la masse des autres femmes; les ouvriers portaient leurs vêtements de travail dans la rue, dans les magasins; on pouvait reconnaître les paysans en un clin d'oeil à leur vêtements différents, généralement sombres et totalement démodés.

Il est important de savoir comment la société française "traditionnelle" était organisée parce que la littérature française du 19e et de la première moitié du 20e siècle se réfère à cette société, et aussi parce que cela permet de comprendre d'où vient la société française d'aujourd'hui. La société française "traditionnelle" telle qu'on vient de la décrire a disparu dans les années 1950 et une nouvelle société, avec des structures et des formes différentes, a commencé alors à apparaître.[4] La France d'aujourd'hui est toujours en transition vers cette nouvelle société. Les trois grandes classes de la France "traditionnelle" déclinent et se rétractent; les bourgeois ont abandonné les anciens codes rigides de leur classe; les agriculteurs sont devenus peu nombreux et ont perdu leur culture paysanne particulière; les ouvriers sont moins nombreux et la culture ouvrière traditionnelle n'existe plus. C'est la classe moyenne qui est devenue la classe dominante numériquement et culturellement.

---

[4] Voir Laurence Wylie, *Un Village du Vaucluse* (Paris: Gallimard, 1968) pour une analyse de la vie d'un village français en 1950.

Chapitre 9

Droit, loi, justice

Il faut deux mots français pour traduire le mot américain "law": droit et loi. Le droit désigne l'ensemble des lois; c'est la matière que l'on étudie à l'université. "Law school" se traduit donc par "école de droit". L'adjectif "juridique" signifie "qui se rapporte au droit", tandis que "judiciaire" signifie "qui se rapporte au système de justice". La loi désigne les textes votés par le Parlement et que les individus doivent respecter. La justice désigne le réseau de moyens pratiques prévus (magistrature et police) pour faire appliquer les lois.

Sur un plan purement théorique, les différences sont minimes entre les Etats-Unis et la France en ce qui concerne le droit, la justice et les lois. Les deux pays ont des systèmes de justice fondés sur les mêmes principes généraux élaborés en Europe au 18e siècle (indépendance de la justice par rapport au gouvernement, présomption d'innocence d'un accusé, droit d'être défendu par un avocat, pas de détention arbitraire, etc.). On trouve par contre des différences marquées dans la manière dont ces principes généraux de droit et de justice sont appliqués dans les deux pays.

Le droit et la justice américains sont bâtis sur les traditions du droit et de la justice britanniques, c'est-à-dire sur un système coutumier (la loi est à l'origine une codification des usages établis). Selon cette tradition anglo-saxonne, les lois humaines expriment une sorte de loi naturelle que nous sentons en nous-mêmes et qui est transcendante (inspirée par Dieu). Le Bill of Rights et la constitution américaine, par exemple, sont aujourd'hui encore vus par les Américains comme des textes semi-sacrés, analogues à une loi divine intangible s'imposant aux êtres humains.

En France, au contraire, le droit et la justice sont bâtis sur les traditions du droit romain, c'est-à-dire sur un système de droit écrit non coutumier.[1] Selon ce système, les lois sont faites par l'être humain et lui seul. La loi humaine, totalement détachée de la religion, n'a rien à voir avec Dieu. Que sa source soit un seul être humain (le roi, autrefois) ou les représentants de tous les êtres humains (la démocratie), c'est la même chose: le droit, la justice, viennent de ceux qui écrivent les lois et sont capables de les interpréter, c'est-à-dire qu'ils viennent de l'Etat et non pas des citoyens qui porteraient en eux une sorte de connaissance innée de la justice. Ceci explique pourquoi

---

[1] La moitié nord de la France avait pratiqué des systèmes de droit coutumier avant 1789.

la coutume anglo-américaine du "jugement par ses pairs" se rencontre rarement en France. L'institution du "jury" en matière judiciaire, par exemple, est plus rare et plus restreinte qu'aux Etats-Unis. Les juges français ne sont pas élus par des citoyens (comme cela se voit dans certains cas aux Etats-Unis) mais sont nommés par le gouvernement central. Ils sont organisés en corporation professionnelle autonome, avec un fort "esprit de corps" datant de l'époque où ils jugeaient au nom du roi.

L'organisation de la justice

Les hommes et les femmes qui administrent la justice sont divisés en deux grands groupes: les magistrats d'une part, qui sont des fonctionnaires représentant l'Etat, et les avocats et avoués (le "Barreau") d'autre part, qui représentent les parties privées en cause et sont payés par elles. Les magistrats sont eux-mêmes divisés en deux groupes, les magistrats "assis" (les juges, appelés aussi "magistrats du Siège"), et les magistrats "debout" (les procureurs qui accusent, appelés aussi "magistrats du Parquet"). Les magistrats sortent tous de la même école spécialisée à l'entrée extrêmement sélective (l'Ecole de la Magistrature) et se voient comme un corps d'élite au service de l'Etat. Ils dépendent du Ministre de la Justice, qui porte de nom officiel de "Garde des sceaux." Les avocats, par contre, sont formés dans différentes écoles spécialisées. On trouve un grand nombre de femmes aujourd'hui parmi les magistrats et les avocats.

La France étant un pays démocratique, les juges (et eux seulement) bénéficient de garanties d'indépendance par rapport au gouvernement et au pouvoir législatif: ils sont nommés à vie par le Président, mais ne peuvent pas être sanctionnés (révocation, mutation, etc.) par les autorités politiques. Malgré cela, le système judiciaire français est moins indépendant des pressions politiques que le système judiciaire américain. Les gouvernements français ont souvent cherché—et réussi—à influencer la justice d'une manière qui ne serait pas admise aux Etats-Unis (un procureur intéressé par une affaire compromettant des hommes politiques de la majorité se voit enlever par ses supérieurs du ministère de la justice le droit de suivre ce dossier, par exemple). Des réformes sont aujourd'hui proposées pour réduire cette possibilité d'influencer la justice.

Il y a très longtemps (avant la Révolution française), les magistrats royaux achetaient à l'Etat leur poste de magistrat. Ils étaient propriétaires de ce poste et pouvaient donc le transmettre à leurs enfants ou le revendre à d'autres juristes. C'était le système de la "vénalité des charges". Cela donnait aux magistrats une indépendance de fait par rapport au roi (puisque celui-ci ne pouvait pas les relever de leur fonction). Au 18e siècle, ils cherchèrent furieusement à la transformer en indépendance de droit officiellement reconnue, ce qui causa de graves conflits entre eux et le roi. Ce système a été aboli en 1789 pour les magistrats, mais il existe aujourd'hui encore pour les notaires, qui sont des officiers publics ayant le monopole d'enregistrement des actes privés (vente de terrain, de maison, contrats de mariage, etc.). Les fondements du système judiciaire français moderne ont été mis en place par Napoléon 1er entre 1804 et 1815. On a établi alors un système plus rationnel, mais en s'inspirant des anciennes lois sur le mariage, la propriété, les délits et crimes, etc. en vigueur dans différentes parties de la France. Un Code civil, un Code pénal unifiés pour tout le pays ont été promulgués. Plus tard, un Code du commerce et un Code du travail furent rédigés. Au 20e siècle, les règles de la conduite automobile furent groupées dans le Code de la route. La France étant un pays unitaire (et non fédéral), toutes les lois sont nationales et s'appliquent partout en France; l'équivalent des *state laws* américaines n'existe pas.[2]

Dans le système judiciaire français le magistrat ou l'avocat n'a, en principe, pas besoin de disposer d'un grand nombre de livres dans son cabinet, mais il doit connaître parfaitement les codes, lesquels se ramènent à des formules abstraites qu'il faut appliquer à des situations concrètes spécifiques. La procédure anglo-saxonne est différente: les juges doivent disposer d'immenses bibliothèques contenant une quantité de cas similaires précédemment décidés, car ils se basent sur la jurisprudence (c'est-à-dire les jugements précédents).[3] D'ordinaire, ils partent d'un cas bien déterminé où un juge a pris telle ou telle décision (par exemple *Roe vs. Wade* en matière d'avortement) et, avec ce point de départ, ils essaieront d'appliquer le jugement antérieur au cas présent. Les Anglo-Saxons semblent aller du concret à l'abstrait, tandis que les Français procèdent plus communément de l'abstrait au concret: ils ont des codes qui tentent de prévoir toutes les situations théoriquement possibles et regardent laquelle de ces situations s'applique au cas présent. L'étude du droit est donc très différente dans les deux pays.

Les concepts de justice et de droits de l'individu, bien qu'importants et respectés en France aussi bien qu'aux Etats-Unis, diffèrent cependant dans leur application—et donc dans le traitement de l'individu—selon le pays. Aux Etats-Unis domine la peur de voir le gouvernement abuser de ses pouvoirs pour contrôler les actions des individus. Les Américains—contrairement aux Français et aux autres Européens—sont extrêmement hostiles à tout paternalisme gouvernemental: l'Etat doit laisser les individus juger où se trouve leur propre intérêt, il ne doit pas le faire à leur place. On est donc peu préventif dans la lutte contre les délits et les crimes, car chercher à les empêcher de se produire obligerait à restreindre la liberté des individus; et on essaie—plus qu'ailleurs dans le monde—de protéger l'individu contre l'arbitraire possible de la police et des autorités. En France domine la peur de voir le gouvernement incapable de contrôler les actions des individus dangereux pour la société. On essaie donc—plus qu'aux Etats-Unis—de protéger la société contre les individus dangereux. Les lois

---

[2] Les autorités locales ont seulement le droit de règlementer l'ordre public par des "arrêtés".

[3] C'est la raison pour laquelle les juges et avocats américains se font généralement photographier avec un mur tapissé de livres derrière eux.

règlementant l'achat des armes à feu, par exemple, sont beaucoup plus strictes en France qu'aux Etats-Unis: il faut obtenir un permis officiel pour posséder une arme à feu (même un fusil de chasse) et accepter d'être fiché par la police comme possesseur d'arme. Se déplacer dans des lieux publics en portant sur soi une arme à feu (autre qu'un fusil de chasse) est puni de 2 à 5 ans de prison (c'est autorisé aux Etats-Unis). Les traditions américaines d'autodéfense nées de la colonisation n'existent pas en France. La constitution française ne donne pas aux habitants du pays le droit de posséder des armes. A cause des fréquents troubles politiques (émeutes, révolutions, etc.), l'Etat français a toujours contrôlé de près la détention des armes. La police contrôle les papiers d'identité de certaines personnes dans le métro, dans les gares; c'est en général pour détecter les immigrants illégaux. Tous les Français ont une carte nationale d'identité sur laquelle se trouve leur adresse, leur date de naissance et leur photo (le permis de conduire joue le même rôle aux Etats-Unis). Ils en ont besoin pour les formalités administratives mais pas, comme aux Etats-Unis, pour acheter de la bière ou des cigarettes! L'administration attribue une multitude de cartes donnant des privilèges (réductions de tarif ou droit de couper les files d'attente) à certains groupes particuliers: cartes "canne blanche" (aveugles), de combattant (anciens combattants), de déporté de la Résistance, d'invalidité (infirmes), "jeune" (réductions au cinéma, dans les musées, pour les voyages), de priorité dans les transports en commun (infirmes, certaines mères de famille, mutilés de guerre), d'économiquement faible, "famille nombreuse" et "vermeil" (réductions pour les voyages en train), etc. A l'entrée des musées nationaux est souvent affichée une liste de 15 ou 20 cartes différentes qui permettent à leur détenteur d'entrer à prix réduit ou sans rien payer.

Les juridictions

Il existe en France trois catégories de juridictions (au lieu de deux aux Etats-Unis). La justice civile traite des conflits entre personnes ou entre intérêts privés (droits de propriété, divorce, succession, dégâts et dommages). Elle est divisée entre les tribunaux de droit commun et des juridictions spécialisées (tribunaux de commerce, etc.) La justice pénale traite des cas où l'ordre public est troublé par des crimes ou des délits (tels que vols, agressions, meurtres, banqueroutes frauduleuses, etc.) Elle est également divisée entre des tribunaux de droit commun et des juridictions spécialisées (tribunaux pour mineurs, tribunaux militaires). Une justice pénale particulière, celle de la Haute-Cour de Justice, est chargée de juger les crimes et délits commis par le Président de la République ou les ministres dans l'exercice de leurs fonctions; elle est très rarement utilisée. Ce qui est particulier aux institutions judiciaires françaises, c'est l'existence d'une justice administrative. Les tribunaux administratifs examinent le cas de toute personne privée, association ou société qui estime avoir été lésée par l'Etat. C'est elle donc—et non la justice civile normale—qui juge les fonctionnaires qui ont outrepassé les limites de leurs responsabilités dans leurs rapports avec les citoyens.

En justice civile et en justice pénale, il existe trois sortes d'infractions à la loi: contravention, délit et crime. Une contravention entraîne une amende ou (dans les cas les plus graves) un emprisonnement de un à dix jours. Le délit: une amende ou (dans les cas les plus graves) de six jours à cinq ans de prison. Le crime: des années de prison, pouvant aller jusqu'à la prison à vie, peine maximale. La peine de mort a été abolie en France en 1981, comme dans tous les pays d'Europe. Jusqu'à cette date, les condamnés à mort étaient décapités par la guillotine en France. La dernière exécution publique eut lieu en 1939. La dernière exécution d'une femme eut lieu en 1943, d'un homme en 1977.

Il existe des tribunaux d'instance et de grande instance (justice civile) et des tribunaux de police, des tribunaux correctionnels et des cours d'assises (justice pénale). Le jury (neuf jurés et trois juges) n'existe que dans les cours d'assises, qui jugent les crimes graves.[4] Il existe aussi (au civil et au pénal) des cours d'appel qui jugent une seconde fois des cas déjà jugés. Les fonctions de la Cour Suprême américaine sont remplies par trois cours différentes en France: le Conseil Constitutionnel juge si les lois sont

Le procureur général de la Cour de Cassation portant son manteau en fourrure d'hermine

[4] Certains crimes graves—les actes terroristes, par exemple—sont jugés sans jury en cour d'assise.

constitutionnelles. Un simple citoyen ne peut pas directement avoir recours au Conseil constitutionnel (alors qu'il peut avoir recours à la Cour suprême aux Etats-Unis). Le Conseil d'Etat est la juridiction administrative suprême: si vous estimez que l'Etat vous a lésé (il a pris votre terrain pour construire une autoroute en vous payant un prix que vous jugez insuffisant, par exemple) et si vous n'êtes pas satisfait des jugements rendus par les tribunaux administratifs sur ce litige, vous ferez appel devant le Conseil d'Etat. La Cour de Cassation vérifie la légalité des jugements rendus par les autres cours de justice; elle peut seulement annuler ("casser") des jugements et les renvoyer devant d'autres cours. Justice pénale et justice civile ont la même structure, les mêmes tribunaux et un recrutement identique des magistrats qui les animent.

Les juristes

Les juristes français sont assez différents des juristes américains. Aux Etats-Unis, la même personne peut être au cours de sa carrière tantôt avocat, tantôt procureur, tantôt juge. En France, par contre, la spécialisation interdit le passage de l'un à l'autre: on devient à 25 ans soit avocat, soit procureur, soit juge et on le reste toute sa vie. L'étudiant en droit doit donc choisir très tôt la voie qu'il suivra, car il ne pourra plus changer par la suite. Le ministre de la Justice dirige les juges d'instructions (chargés de décider si quelqu'un mérite d'être jugé), les procureurs et toute l'administration pénitentiaire. Les juristes professionnels sont (par rapport à la population du pays) beaucoup moins nombreux en France qu'aux Etats-Unis parce que le système judiciaire y est plus centralisé (il n'y a pas plusieurs systèmes qui se superposent comme en Amérique) et aussi parce que les Français ont beaucoup moins l'habitude que les Américains de chercher une solution judiciaire à tout conflit. Ils préféreront faire reculer l'adversaire en manifestant massivement dans la rue par exemple ou par des tractations secrètes.

La nomination des juristes à certains postes se fait encore aujourd'hui selon des procédures datant de l'Ancien Régime (avant 1789) que l'on ne verrait jamais aux Etats-Unis: les avocats auprès de la Cour de Cassation et du Conseil d'Etat, par exemple, ont le monopole de la défense dans ces deux juridictions (personne d'autre qu'eux ne peut plaider pour vous). Ils forment un "ordre", c'est-à-dire une sorte de compagnie avec ses propres règles professionnelles. Leur nombre est limité à 60 (depuis 1817). Nommés par le ministre de la Justice, ils sont propriétaires de leur poste qu'ils doivent acheter à leur prédécesseur, qui les "présente" au ministre.

La police

Il existe en France deux grandes branches dans l'organisation de la police. L'une dépend du ministre de l'Intérieur, l'autre du ministre des Armées. Celle qui obéit au ministre de l'Intérieur, la Sûreté nationale, se divise elle-même en plusieurs branches:

Palais de Justice de Basse-Terre, Guadeloupe

1. la police des Renseignements généraux surveille les frontières et les ports, ainsi que les salles de jeux et les champs de courses;
2. la Direction de la surveillance du territoire est chargée du contre-espionnage et des activités secrètes; elle protège la nation contre les étrangers indésirables;
3. la police de la Sécurité publique groupe et contrôle toutes les polices urbaines; les polices municipales (dépendant des maires des grandes villes) ne se réservent que les affaires peu importantes (circulation en ville, etc.);
4. la Police judiciaire (la P.J.) poursuit les auteurs de délits et de crimes pour les livrer à la justice;
5. les Compagnies républicaines de sécurité (les C.R.S.) correspondent à peu près aux groupes spécialisés dans les émeutes des *state troopers* américains. Lorsque des troubles se produisent quelque part en France, les C.R.S. arrivent par centaines dans des autobus blindés. Ils ont la réputation d'être assez brutaux mais disciplinés. Ils habitent dans des casernes et n'interviennent que sur ordre du ministre de l'Intérieur.

La police qui obéit au ministre des Armées est la Gendarmerie nationale. Celle-ci est spécialisée dans la police rurale. Comme les C.R.S., les gendarmes vivent avec leur famille dans des casernes, séparés du reste de la population. On ne les trouve jamais dans la localité de leur origine; ils doivent en quelque sorte demeurer étrangers au milieu où ils sont appelés, de façon à remplir plus fidèlement leur rôle d'agent du gouvernement. Militairement organisés, ils circulent en général par deux, à motocyclette ou en voiture. Ce sont eux qui surveillent la circulation routière.

La perception de la police par les Français est différente de celle des Américains. Les Français voient traditionnellement la police comme étant au service du gouvernement plutôt qu'au service des citoyens. Les vieux réflexes hérités du temps où la France avait des régimes politiques autoritaires survivent encore: on se méfie de la police, on ne l'aime pas et on ne l'admire pas. Aux Etats-Unis, les noirs ont souvent une perception semblable de la police, mais ce n'est pas cette perception qui domine dans la société américaine. "Flic", le mot français familier pour désigner un policier, est plus méprisant que *cop*. Les films français ridiculisent généralement la police (*Le Gendarme de Saint-Tropez*, *Les Ripoux*); lorsqu'elle est présentée positivement, c'est plutôt sous l'aspect d'un détective admirable pour son intelligence et ses capacités d'analyse déductive. Les films américains où le policier est présenté comme un héros moral cherchant à faire triompher la justice paraissent étranges aux yeux des Français.

Les poursuites et les condamnations

Toute personne qui est soupçonnée par la justice d'avoir commis un délit ou un crime est "mise en examen" (*indicted*). Les membres du Parlement français (députés et sénateurs) ne peuvent pas être arrêtés par la police ni poursuivis par la justice, sauf si l'assemblée dont ils font partie l'autorise. Cette garantie, appelée "immunité parlementaire", n'existe pas aux Etats-Unis; elle est destinée à empêcher toute arrestation injustifiée de représentants du pouvoir législatif par le gouvernement. Les autres citoyens peuvent être arrêtés par la police et détenus par elle pendant 24 heures au maximum (la "garde à vue").[5] Au delà de ce délai, il faut qu'un magistrat instructeur (celui qui recherche une preuve de culpabilité) autorise la détention, mais il peut faire enfermer quelqu'un jusqu'à son jugement six mois ou un an plus tard; et il se peut que cette personne soit ensuite déclarée innocente... Ainsi, presque la moitié des individus qui sont en prison en France (42% en 1998) n'ont pas encore été jugés. Le système du relâchement sous caution, courant aux Etats-Unis, est plus rare en France. A cause de l'insuffisance des moyens de la justice, la détention provisoire avant jugement est plus fréquente et longue en France qu'aux Etats-Unis.[6] La France a été sévèrement critiquée par la Cour Européenne des Droits de l'Homme pour son régime de détention provisoire avant jugement et une réforme est en cours pour changer ce système et renforcer la présomption d'innocence des personnes accusées

---

[5] Ce délai peut être augmenté dans les cas de trafic de drogue ou de terrorisme.

[6] Les détenus provisoires jouissent d'un régime d'incarcération plus "doux" que les condamnés (ils ne travaillent pas, ils peuvent recevoir de nombreuses visites, etc.).

d'un délit ou d'un crime. Le système judiciaire américain est moins dur pour les accusés, mais il est plus dur pour les gens qui sont reconnus coupables. Le pourcentage de la population totale du pays qui se trouve en prison est beaucoup plus bas en France qu'aux Etats-Unis qui sont le pays du monde ayant le plus fort pourcentage de ses habitants incarcérés. En 1998, la population des Etats-Unis était 4,5 fois plus nombreuse que celle de la France; mais il y avait 31 fois plus de personnes en prison aux Etats-Unis qu'en France.[7] Les Etats-Unis se distinguent de la France (et des autres pays occidentaux) par le fait qu'ils sont plus punitifs: on met plus facilement les gens en prison aux Etats-Unis et les peines imposées par la justice américaine sont plus lourdes. Même les enfants de moins de 13 ans peuvent être incarcérés en Amérique alors qu'en France ils sont considérés comme trop jeunes pour être poursuivis s'ils ont commis un délit ou un crime. La justice américaine peut juger des criminels mineurs comme s'ils étaient des adultes. La peine de mort existe encore aux Etats-Unis et même les mineurs peuvent être exécutés dans ce pays, ce qui ne s'est jamais vu en France.[8] Une proportion considérable des personnes emprisonnées en France sont des étrangers (environ 30%).

La France a un taux général de criminalité plus bas que celui des Etats-Unis, surtout en ce qui concerne les assassinats, les viols et les délits liés à la drogue. D'une manière générale, le niveau de violence imprégnant la société est moins élevé qu'aux Etats-Unis. La fréquence de certains crimes et délits (attaques dans le métro, vols, cambriolages) s'est toutefois beaucoup accrue dans les grandes villes françaises depuis une vingtaine d'années, incitant les électeurs à réclamer un durcissement du contrôle policier.[9] La part des mineurs dans la criminalité s'accroit (deux fois plus qu'il y a trente ans). Les longues vacances d'été des Français et les nombreuses résidences secondaires facilitent la tâche des cambrioleurs. Si la criminalité est plus faible en France qu'aux Etats-Unis, le suicide, par contre, a toujours été plus fréquent chez les Français que chez les Américains. Le taux de suicide des femmes françaises est deux fois plus élevé que celui des femmes américaines. Les Français consomment trois à quatre fois plus de médicaments anti-dépressifs, calmants ou somnifères que les autres Européens.[10]

Certaines lois françaises n'ont pas d'équivalent aux Etats-Unis. Ainsi, en France, il est obligatoire d'aider toute personne qui se trouve en grave danger physique. Si vous ne le faites pas alors que vous pouvez le faire, vous risquez d'être poursuivi en justice pour le délit de "non assistance à personne en danger".

Seul le Président de la République a le droit de grâcier des condamnés en France.

---

[7] Il y avait 1 800 000 personnes en prison aux Etats-Unis et 57 000 en France.

[8] Cinq pays dans le monde autorisent l'éxécution des mineurs: l'Iran, le Pakistan, le Nigeria, l'Arabie saoudite et les Etats-Unis.

[9] Le taux général de criminalité en France aujourd'hui est environ six fois plus élevé que dans les années 1950.

[10] *Francoscopie 1999*, p. 4.

Il le fait chaque année le jour de la fête nationale (14 juillet). Ce droit de grâce peut s'exercer non seulement pour les peines les plus lourdes, mais aussi pour les condamnations les plus légères. Il est ainsi de tradition que lors de son inauguration, un nouveau Président annule toutes les contraventions reçues par les automobilistes français.

La procédure d'instruction des cas criminels et leur jugement sont différents en France et aux Etats-Unis. La procédure française est inquisitoriale: la justice cherche à établir la vérité indépendamment de ce que disent l'accusation et la défense; c'est le rôle du juge d'instruction qui doit enquêter et présenter à ses collègues juges tous les éléments objectifs du dossier sans prendre parti pour l'un ou l'autre camp. L'accusation et la défense cherchent ensuite à faire interpréter ces éléments par les juges dans le sens qui leur convient. La procédure américaine est au contraire adversariale: la justice cherche à établir la vérité en écoutant ce que disent l'accusation et la défense, et non pas indépendamment de celles-ci. Contrairement à ce qui se passe aux Etats-Unis, les avocats français ne peuvent pas interroger directement les témoins; seuls les juges peuvent le faire. Le talent d'un avocat français ne se manifeste donc pas dans ses questions aux témoins, mais dans sa "plaidoierie" qui cherche à convaincre les juges et jurés de juger en faveur de l'accusé. Dans les deux pays, un accusé non jugé est toujours juridiquement considéré innocent. Mais la procédure française donne plus de poids à l'accusation contre l'accusé qui doit absolument se défendre, avec preuves à l'appui, s'il est innocent (d'où l'importance des témoins qui prouvent l'innocence): si vous êtes innocent, dit la justice française, vous allez sûrement nous donner toutes les informations qui vont éteindre tout soupçon contre vous; vous devez absolument parler; votre silence renforcerait les suspicions. La procédure américaine donne plus de poids à l'innocence présumée de l'accusé contre l'accusation qui doit absolument apporter la preuve de la culpabilité (d'où l'importance des témoins qui accusent): si vous êtes innocent, dit la justice américaine, vous n'avez rien à dire, car l'accusation ne pourra pas prouver que vous êtes coupable; en parlant, vous risquez de donner des armes à l'accusation; faites donc très attention à tout ce que vous dites. La procédure française, plus destinée à protéger la société contre l'individu anti-social, risque donc un peu plus—en théorie—de mener à l'incarcération d'un innocent. Au contraire, la procédure américaine, plus destinée à protéger l'individu contre un pouvoir judiciaire arbitraire, risque un peu plus de mener vers le maintien en liberté d'un coupable.

Pour en savoir plus: *www.quid.fr/*

Chapitre 10

Le gouvernement

Pour parler de la structure politique française, il faut d'abord clarifier le sens de certains mots qui ne signifient pas en français ce qu'ils signifient en anglais: le mot français "administration", par exemple, signifie en américain *government*; le mot français "gouvernement" signifie en américain *administration*. *The Clinton Administration* se donc traduit en français par "le gouvernement Clinton", car le gouvernement, c'est ce qui change. *Government intervention* se traduit par "l'intervention de l'administration", car l'administration (de l'Etat), c'est ce qui ne change pas.[1] Il ne faut donc pas faire de contre-sens lorsque la presse française annonce que le gouvernement est tombé! Le mot français "député" ne signifie pas non plus *deputy* mais représentant élu à l'Assemblée nationale. De même, le terme "libéral" signifie en France "de droite", car il est compris dans un sens économique (favorable à l'économie libérale capitaliste): rien à voir avec les *liberals* américains!

libéral = un sens économique

Deux grands types de démocratie

Il existe dans le monde deux grands types de démocratie: la démocratie parlementaire, dont la Grande-Bretagne représente le modèle et la démocratie présidentielle, dont le modèle est fourni par les Etats-Unis. La majorité des démocraties du monde suivent le modèle parlementaire. Les démocraties peuvent être soit des républiques (comme la France et les Etats-Unis), soit des monarchies (avec un chef d'Etat héréditaire sans pouvoir politique).

Dans la démocratie parlementaire, le gouvernement doit toujours être soutenu dans sa politique par la majorité des députés de la principale assemblée élue. Le leader du principal parti (ou coalition de partis) à l'Assemblée devient le chef du gouvernement (Premier ministre) et choisit ses ministres. Le chef de l'Etat (président ou monarque) joue un rôle symbolique et n'a pas de pouvoir politique. Aucun désaccord politique fondamental entre l'Assemblée et le gouvernement n'est permis. Si un tel désaccord se produit, l'un des deux pouvoirs—Assemblée ou gouvernement—

---

[1] La presse française emploie quelquefois l'expression "l'administration Clinton", etc. C'est un américanisme.

doit être immédiatement remplacé, afin de rétablir l'accord. Cela peut se faire de deux manières différentes: l'Assemblée peut "faire tomber" (ou "renverser") le gouvernement, c'est-à-dire peut l'obliger à démissionner par un vote spécial appelé "motion de censure" (ce qui provoque aussitôt la formation d'un nouveau gouvernement ayant une autre politique); ou bien—deuxième option—le gouvernement peut "dissoudre" l'Assemblée, c'est-à-dire obliger tous les députés à quitter leur fonction (ce qui provoque aussitôt de nouvelles élections). Qui "élimine" l'autre? Le premier qui réussit à le faire. L'équilibre des forces politiques du moment le décide. Le gouvernement ne dissoudra l'Assemblée que si celle-ci s'oppose à des éléments fondamentaux de sa politique et s'il croit que de nouvelles élections lui seront favorables.[2]

En général, le système parlementaire marche bien dans les pays où il existe deux grands partis (comme en Grande-Bretagne). Dans les pays où il y a de nombreux partis, il marche plus difficilement parce qu'une coalition de plusieurs partis est nécessaire pour soutenir l'action du gouvernement. Comme ces coalitions sont fragiles, le gouvernement perd souvent le soutien de la majorité de l'Assemblée et "tombe". C'est pourquoi, dans ce système, les députés d'un parti votent en général tous de la même manière, comme une armée bien disciplinée. Les électeurs se demandent donc comment tel ou tel parti—et non pas tel ou tel député—va voter ou a voté. La plupart du temps, on connait à l'avance le résultat d'un vote de l'Assemblée. Les partis comptent donc plus que les personnes lors des élections: on vote pour un parti, souvent sans s'intéresser au candidat lui-même (c'est le cas en France).

Dans la démocratie présidentielle à l'américaine, le gouvernement—dirigé par un Président élu—n'a pas besoin du soutien permanent de l'Assemblée (Chambre des Représentants) pour gouverner. Les deux pouvoirs—éxécutif et législatif—coexistent séparément et ne peuvent pas s'éliminer mutuellement. Ils peuvent seulement paralyser l'autre pouvoir (veto du Président sur les lois ou refus de la Chambre d'approuver les projets du Président), ce qui arrive souvent lorsqu'ils appartiennent à des partis opposés. Seul un compromis peut alors débloquer la situation. Comme le gouvernement ne risque pas de démissionner quoiqu'il arrive, on peut donner à chaque député la liberté de voter comme bon lui semble, quel que soit son parti. Les électeurs se demandent donc comment tel ou tel député—et non pas tel ou tel parti—a voté. Ce système favorise l'action des groupes de pression, qui peuvent plus facilement influencer les individus que les partis. On comprend aussi pourquoi la presse joue un rôle politique plus important aux Etats-Unis qu'en France: comme le gouvernement américain ne peut pas être démis de ses fonctions par le Congrès, la presse joue le rôle informel de "surveillant" du gouvernement. La liberté de la presse est donc un élément essentiel du système politique. En France, ce rôle de "surveillant"

---

[2] Parfois, le gouvernement prend volontairement le risque de "tomber" en "engageant sa responsabilité" lors d'un vote de l'Assemblée, ce qui veut dire qu'il démissionnera si ce vote lui est défavorable. Cette procédure peut être utilisée comme une sorte de chantage par un gouvernement qui veut forcer ses alliés de l'Assemblée à approuver un projet de loi important qu'il propose.

Les ministres et les députés

▲ Le palais de l'Élysée, résidence du Président de la République.

Le Président de la République ne gouverne pas seul. Il désigne un Premier ministre, qui choisit avec lui des **ministres** pour former un **gouvernement**. Le Premier ministre est le chef du gouvernement. Chaque ministre a son domaine de travail ; son **ministère** (justice, agriculture...)

Chaque semaine, le Président de la République réunit le **Conseil des ministres.**

Les décisions prises par le gouvernement concernent tous les Français. Comme chacun ne peut pas donner son avis individuellement, les citoyens élisent des **députés** qui les représentent à **l'Assemblée nationale.**

Les députés sont élus pour 5 ans, au suffrage universel. Ils sont beaucoup plus nombreux que les ministres. Ils votent les **lois** et le **budget** (comment répartir l'argent de l'État).

➤ *Connais-tu le nom du Premier ministre ? du ministre de l'Éducation nationale ? d'autres ministres ?*

● *Quand a-t-on voté pour élire les députés actuels ?*

L'Assemblée nationale. Ci-dessus, la façade. Ci-dessous, la salle en demi-cercle, ou hémicycle, où siègent les députés.

je retiens

Les ministres forment le gouvernement, qui travaille avec le Président de la République. Les députés représentent les Français à l'Assemblée nationale.

Manuel d'éducation civique pour enfants de 7–8 ans (Histoire Géographie Education civique CE, *Belin* 1986)

est exercé d'une manière formelle et directe par l'Assemblée nationale, devant qui les gouvernants français doivent constamment rendre des comptes sur leur action. La presse joue donc un rôle plus effacé dans le système politique français.

Le système politique français

La France a eu dans le passé un système de démocratie parlementaire "pur" avec un premier ministre (appelé "président du Conseil") et un président de la République dont le rôle était purement cérémonial. En raison du grand nombre de partis (plus de 30), ce système a souvent mal marché, avec des gouvernements qui ne duraient parfois que quelques semaines ou même quelques jours. La constitution de 1958, aujourd'hui en vigueur, a établi la Ve république (on change de république chaque fois que l'on change de constitution). Cette constitution, créée par le général de Gaulle (premier ministre à l'époque) et révisée en 1962, maintient le système parlementaire en France, mais y ajoute une dose de système présidentiel. Le président est en effet élu au suffrage universel direct par tous les citoyens et il dispose de pouvoirs politiques importants. Il choisit le premier ministre, qui choisit ensuite les ministres du gouvernement. Mais le gouvernement doit toujours être soutenu par l'Assemblée, qui peut "renverser" le premier ministre, mais pas le président. Le président, toutefois, ne peut pas opposer son veto aux lois votées par le Parlement. Quand la majorité de l'Assemblée est du même côté que le président, le premier ministre est une sorte d'"assistant" du président qui se charge surtout des affaires intérieures du pays. Mais lorsque la majorité de l'Assemblée est du bord opposé au président, la situation devient beaucoup plus compliquée, puisque le président est obligé de nommer un de ses adversaires politiques comme premier ministre. C'est ce qu'on appelle la "cohabitation" (politique). Le premier ministre joue alors un rôle beaucoup plus important et l'essentiel du pouvoir passe entre ses mains. Ses relations avec le président peuvent dans ce cas être assez difficiles, le président essayant de bloquer ou de freiner certaines de ses initiatives. Ce fut le cas lors de la première "cohabitation" en 1986–1988. Le président de la France est élu pour cinq ans (un "quinquennat") et il est rééligible. Il n'y a pas de vice-président: une nouvelle élection a lieu s'il meurt ou démissionne. Le premier ministre et les ministres, qui sont nommés et non élus, restent en poste aussi longtemps que le président ou l'Assemblée le désirent.[3]

Les ministères français ne correspondent souvent pas, dans leurs noms et leurs fonctions, aux ministères américains. De plus, le nom des ministères change souvent en France alors qu'il reste fixe aux Etats-Unis. L'équivalent du *Labor Secretary* est en France le ministre de l'Emploi et de la Solidarité. La France a un ministre de la Culture, un ministre de la Jeunesse et des Sports, un ministre de l'Aménagement du

---

[3] Il n'y a pas besoin de confirmation de la nomination par l'Assemblée, puisque celle-ci peut les renvoyer (en bloc) à tout moment par la suite (ce qui n'est pas possible aux Etats-Unis).

Territoire et de l'Environnement, un ministre des Relations avec le Parlement, un ministre des Affaires Européennes et une secrétaire d'Etat aux droits des femmes. Elle a eu dans le passé récent un ministère du Temps Libre chargé des loisirs des Français. . . .

Bien que la France soit une république et une démocratie, son gouvernement garde un style monarchique inconnu dans d'autres républiques comme les Etats-Unis ou la Suisse. Le président et le premier ministre résident dans de magnifiques palais du XVIIIe siècle (Palais de l'Elysée, surnommé "le Château", pour le président; Hôtel Matignon pour le premier ministre).[4] Il existe souvent autour d'eux un phénomène de "cour" avec des intrigues personnelles pour savoir qui deviendra confident du "prince" (expression familière pour désigner le président); on se vante de pouvoir les approcher facilement et d'être écouté d'eux. On parle couramment du "règne" d'un président. On désigne souvent le gouvernement par l'expression "le pouvoir", comme si le pouvoir politique venait d'en haut et était limité au gouvernement: "le pouvoir a décidé de faire ceci", "les syndicats s'opposent au pouvoir". . . Les présidents ou premiers ministres français conservent une allure un peu hautaine qui les maintient au-dessus du commun et qui contraste beaucoup avec le désir des présidents américains de paraître comme des "Américains moyens". On ne verrait pas, par exemple, un président français portant une casquette d'ouvrier lorsqu'il s'adresse à des ouvriers. Ceux-ci seraient très surpris et croiraient que le président se moque d'eux. De même, la demande d'un référendum ne vient pas d'en bas (des citoyens) comme aux Etats-Unis, mais uniquement d'en haut: seul le président français a le droit de proposer un référendum sur une question qu'il choisit.[5] Lorsque l'Etat finance des travaux publics de prestige (musées, opéras, bibliothèques. . .), le président prend conseil et décide, un peu comme un monarque absolu, quel sera le plan adopté. . . .

La pratique du secret dans le gouvernement est aussi une tradition plus marquée en France qu'aux Etats-Unis. Les gouvernants français élaborent souvent leurs projets ou leurs décisions dans le secret des bureaux ministériels, puis les annoncent publiquement. Ils viennent dans l'hémicycle de l'Assemblée nationale (où ils ont des sièges réservés) expliquer leur politique et répondre aux questions des députés. Les *public hearings* à l'américaine, destinés à consulter l'opinion des citoyens, n'existent pas. Si ces gouvernants ont mal calculé leur coup et que le public affecté réagit négativement, cela peut tourner mal pour eux (ils sont obligés de faire marche arrière) ou bien pour le public (obligé d'accepter les mesures prises). Tout dépend du rapport des forces en présence. Lorsqu'un groupe de citoyens particulier (les étudiants, les infirmières, les conducteurs de taxis, les agriculteurs, les parents d'élèves, les fonctionnaires, etc.) estime que le gouvernement ignore ses désirs ou ses revendications, il "descend dans la rue", c'est-à-dire manifeste en masse dans les rues, généralement à

---

[4] "Hôtel" est pris ici dans son ancien sens de grande demeure urbaine (*mansion*).

[5] Le général de Gaulle fit plusieurs référendums, par exemple en 1960 pour demander aux Français s'ils approuvaient l'indépendance de l'Algérie; en 1962 s'ils approuvaient l'élection présidentielle au suffrage universel.

Paris puisque c'est là que se trouvent les décideurs. Les manifestations groupant 50 000, 100 000, 300 000 personnes dans les rues sont assez courantes. Parfois, cela peut aller jusqu'à un million de personnes qui "descendent dans la rue" pour forcer le gouvernement ou l'Assemblée à les écouter. La protestation peut prendre des formes très spécifiques: deux mille conducteurs de camions mécontents bloquent l'accès des autoroutes avec leurs véhicules; cinq mille éleveurs de bétail mécontents vont verser du purin devant les grilles de la Préfecture (bâtiment où réside le représentant du gouvernement central). Ces manifestations sont généralement calmes, mais il arrive que des heurts violents se produisent entre policiers et manifestants, surtout quand ceux-ci sont jeunes.[6] "Descendre dans la rue" et l'émeute ont longtemps été (sous la monarchie) le seul moyen pour le peuple des villes d'exprimer son mécontentement. Ceci n'a pas été le cas aux Etats-Unis, pays où les manifestations de protestation sont plus rares, plus discrètes et rarement violentes.[7] En 1983, le gouvernement français annonça des mesures menant à une fusion de l'enseignement privé avec l'enseignement public; en 1986, il annonça une réforme du système universitaire; en 1993, une réforme du financement de l'enseignement privé. Dans ces trois cas, de gigantesques manifestations de rue obligèrent le gouvernement à annuler ses projets. Par contre, il put faire construire des dizaines de centrales nucléaires sans tenir compte de l'opposition anti-nucléaire, trop faible pour le faire reculer.

Le Parlement français est, comme le Congrès américain, composé de deux chambres: le Sénat (320 sénateurs élus au suffrage indirect) et l'Assemblée nationale (577 députés élus au suffrage direct). Le Sénat ne représente pas les électeurs français, mais les collectivités territoriales (communes, départements, régions). Il peut seulement proposer des modifications aux projets de lois; c'est l'Assemblée nationale seule qui vote la version définitive des lois. Comme pour le président, la durée du mandat est beaucoup plus longue qu'aux Etats-Unis: 9 ans pour les sénateurs, 5 ans pour les députés; les élections ont donc lieu moins souvent qu'en Amérique. Les Français élisent aussi au suffrage direct leurs députés au Parlement européen de Strasbourg. Contrairement à ce qui se passe aux Etats-Unis, les élections (présidentielles ou parlementaires) peuvent avoir lieu à n'importe quel moment de l'année, mais toujours le dimanche. On peut cumuler un poste de ministre, de député ou de sénateur avec d'autres fonctions électives, comme maire d'une ville, président d'un conseil régional, etc. Lorsque Jacques Chirac, par exemple, est devenu premier ministre en 1986, il resta maire de Paris. Dans le passé, le "cumul des mandats" était fréquent et a conduit à des excès: beaucoup d'hommes politiques français se faisaient élire à cinq ou six fonctions simultanément, ce qui les transformait en véritables seigneurs féodaux

[6] Les manifestations de mai–juin 1968 firent des milliers de blessés et plusieurs morts. Celles de l'automne 1986 contre la réforme universitaire firent des centaines de blessés et un mort.

[7] Parce qu'elles s'opposaient à une autorité internationale (L'Organisation Mondiale du Commerce) accusée de ne pas être démocratique, les violentes manifestations de Seattle de 1999 ont fonctionné 'à la française' plutôt que comme de classiques manifestations américaines.

qui bloquaient l'accès des autres aux postes de responsabilité. Le "cumul des mandats" est aujourd'hui limité à deux ou trois fonctions.

Les partis et les élections

Depuis la Révolution française (1789–1799), la France est politiquement divisée en deux camps, la droite et la gauche.[8] Chacune défend en priorité (mais pas uniquement) l'un des deux grands idéaux contradictoires de l'Occident: la liberté et l'égalité. Cette division a été dans le passé plus intense et violente en France qu'aux Etats-Unis, entraînant parfois une atmosphère de guerre civile (dans les années 1930, par exemple) et des troubles très graves. Le conflit droite-gauche est aujourd'hui beaucoup moins fort qu'auparavant, parce que les idéologies qui soutenaient ce conflit (nationalisme, catholicisme, communisme, socialisme, anticléricalisme, etc.) se sont beaucoup affaiblies.

La droite se considère comme l'héritière des idéaux de liberté de la Révolution française. Les gens de droite cherchent aussi à maintenir l'identité culturelle de la nation française et l'ordre social. Ils valorisent la patrie, la famille, la propriété, la stabilité sociale, l'enseignement privé. Ils acceptent le système capitaliste mais s'en méfient un peu, non pas parce ce qu'il serait injuste, mais parce qu'il déstabilise la société en remettant en cause les positions acquises. Ils sont donc plutôt hostiles à un capitalisme très "libre" à l'américaine et préfèrent un capitalisme tempéré par certaines protections étatiques: ils n'aiment pas la concurrence "sauvage". Ils acceptent l'existence d'un "filet de sécurité" pour les plus défavorisés et une redistribution limitée des riches vers les pauvres (pour maintenir la paix sociale). Ils ont tendance à voir la nation française comme si elle était un ensemble biologique, une sorte d'ethnie. Il existe, depuis le début du 19e siècle, deux grandes tendances dans la droite française: la droite conservatrice "autoritaire" et la droite progressiste "libérale". La tendance "autoritaire" est aujourd'hui représentée par le Rassemblement pour la République (RPR), héritier des partis "gaullistes" qui ont soutenu autrefois le général de Gaulle. Le RPR valorise plus la famille, la nation, l'ordre, l'autorité, la centralisation de l'Etat; il se méfie d'une liberté trop grande (économique, de moeurs, etc.); il est aussi très réticent à l'égard de l'unification européenne. La tendance "libérale" est représentée par L'Union pour la Démocratie Française (UDF), qui valorise plus la liberté, le capitalisme, l'unification européenne, l'alliance avec les Etats-Unis. Il existe également une extrême-droite (beaucoup moins importante que les deux grandes tendances de droite), aujourd'hui incarnée par le Front National (FN). Le Front National est nationaliste, opposé à l'unification de l'Europe et très hostile aux immigrés étrangers

[8] Le distinction entre droite et gauche est née le 11 septembre 1789 à l'Assemblée nationale française. Ce jour-là, les députés d'origine noble ou cléricale partisans de donner au roi un droit de véto absolu sur les lois se rassemblèrent à la droite du bureau du président. Leurs adversaires, les députés d'origine non-noble, se réunirent à sa gauche.

("La France aux Français" est son slogan). L'extrême-droite aime les gouvernements autoritaires qui maintiennent l'ordre et la sécurité avec beaucoup de vigueur; elle dit qu'elle accepte la démocratie (ce n'était pas le cas avant 1945). Le RPR et l'UDF sont habituellement alliés lors des élections nationales et gouvernent ensemble (sans être d'accord sur tout) lorsque la droite est au pouvoir.

La gauche se considère comme l'héritière des idéaux de démocratie sociale et d'égalité de la Révolution française. Etre de gauche, c'est être en faveur d'une égalité croissante entre les citoyens sur le plan civil, politique et économique. C'est aussi être contre l'influence de l'Eglise catholique, pour la laïcité (neutralité religieuse) de l'Etat et pour l'enseignement public. Les gens de gauche sont traditionnellement méfiants ou hostiles à l'égard du capitalisme, qu'ils critiquent comme étant la loi de la jungle, le droit du plus fort d'écraser le plus faible. A leur avis, l'Etat, seul organisme incarnant l'intérêt général et capable de protéger les faibles, doit exercer un certain contrôle sur les agents économiques. Ils voient la nation française comme un ensemble politique d'individus d'origines diverses ayant choisi de vivre ensemble (cette conception s'apparente plus à la conception américaine qu'à celle de la droite française). Il existe aujourd'hui en France deux grands partis de gauche: le Parti Communiste (PC) et le Parti Socialiste (PS). Jusqu'à une époque récente, les communistes n'acceptaient pas la propriété privée des biens de production (usines, entreprises commerciales) parce que, disaient-ils, les propriétaires de ces biens les exploitent uniquement dans leur intérêt particulier, sans se soucier de l'intérêt général, que seul l'Etat peut défendre. Les socialistes acceptent le système capitaliste pour son efficacité économique, mais pensent qu'il fabrique de l'injustice sous forme d'inégalité croissante entre riches et pauvres: le capitalisme produit très bien les richesses, disent-ils, mais les distribue mal. Il faut donc, d'après eux, corriger cet effet pervers par une politique de redistribution des revenus des plus riches (fortement taxés) vers les plus pauvres (fortement aidés).

Depuis le début des années 1980, les communistes et surtout les socialistes sont moins hostiles qu'auparavant au capitalisme. Les communistes restent toujours opposés à l'unification de l'Europe parce qu'ils ont peur qu'elle affaiblisse la puissance de l'Etat français et renforce le pouvoir des grandes entreprises multinationales. Quant aux socialistes, ils se distinguent moins qu'avant des libéraux de droite. On assiste donc depuis une quinzaine d'années à un effacement progressif des différences entre droite et gauche en France, ce qui est le signe qu'un changement majeur est en train de se produire. Les divisions idéologiques issues de la Révolution française sont en train de disparaître. On tend de plus en plus à avoir aujourd'hui une approche pragmatique (et non plus idéologique) des problèmes: comment faire baisser le chômage? Comment donner des emplois aux jeunes? La classe politique a souvent du mal à s'adapter à cette nouvelle approche, car pour se faire élire il faut exagérer les différences entre soi-même et ses adversaires. La rhétorique des discours politiques apparait donc souvent artificielle et irréelle aux électeurs, comme s'il s'agissait d'un langage d'un autre âge. L'idéologie ne comptant plus autant qu'auparavant, les rivalités

Affiche pour l'hebdomadaire du Front National

personnelles entre candidats prennent une importance démesurée. Tout cela contribue à créer un certain cynisme chez les électeurs, renforcé par le fait que les responsables politiques semblent incapables de résoudre les problèmes les plus graves du pays (chômage).

Certaines questions divisent tout de même encore la droite et la gauche parce qu'elles conservent une dimension idéologique: c'est le cas de l'immigration. La droite, par exemple, est plus "dure" avec les immigrés clandestins (internement, expulsions) que la gauche, qui conserve l'idéal de la France patrie des droits de l'homme ouverte aux opprimés.

Le parti communiste, qui fut assez puissant en France de 1930 à 1970, est aujourd'hui en très fort déclin. Le parti socialiste reste une force politique majeure, mais son acceptation croissante du capitalisme remet en question son identité traditionnelle. Il existe également à gauche, depuis les années 1970, des partis "verts" défendant l'écologie et s'opposant à l'énergie nucléaire. Ces partis sont relativement peu importants en France (contrairement à d'autres pays d'Europe, l'Allemagne notamment). Le PS et le PC sont habituellement alliés lors des élections.

En France comme ailleurs, les individus choisissent souvent de voter pour la droite ou la gauche par tradition familiale ou sociale. Les riches votent traditionnellement à droite et les pauvres à gauche, mais c'est loin d'être toujours vrai. Pendant longtemps, certaines régions de France—l'Ouest en particulier—ont massivement voté pour la droite: ce sont des zones où l'Eglise catholique avait conservé une influence sociale importante et où il y avait eu autrefois une forte opposition à la Révolution. Les régions qui votaient massivement à gauche étaient des zones très industrialisées (le Nord) ou à faible influence de l'Eglise catholique (région parisienne, Sud-Ouest). Aujourd'hui, ces divisions géographiques et religieuses sont en train de disparaître. On trouve des catholiques pratiquants à gauche comme à droite. L'élévation du niveau de l'éducation et les mélanges de population donnent beaucoup plus d'importance aux choix individuels.

Les élections primaires n'existent pas en France. L'élection (présidentielle ou parlementaire) se fait en deux tours: au premier tour, seul un candidat ayant reçu plus de 50% des voix est élu (ce premier tour joue le rôle d'élection primaire). Si, comme cela arrive généralement, aucun candidat n'atteint ce niveau, on refait un deuxième tour où seulement les deux premiers candidats du premier tour peuvent s'affronter. Ce système force les partis à se regrouper en blocs électoraux: plus on s'unit avec d'autres partis pour soutenir un candidat, plus on a de chances de gagner. Les campagnes électorales durent beaucoup moins longtemps en France qu'aux Etats-Unis: elles commencent officiellement 15 jours avant les élections. Il est interdit de publier des sondages électoraux pendant cette période. Les campagnes électorales coûtent aussi beaucoup moins cher qu'en Amérique: la loi interdit aux candidats députés d'utiliser la radio et la télévision pour se faire élire et ils ne peuvent pas dépenser plus de 500 000 francs (environ 100 000 dollars) pour leur campagne;[9] l'élection d'un candidat est annulée s'il est prouvé qu'il a dépensé plus. Cette stricte limitation des dépenses électorales est destinée à maintenir une certaine égalité entre les candidats et à empêcher qu'ils ne tombent sous la dépendance de puissants intérêts financiers.[10] Pour l'élection présidentielle seulement, les candidats ont droit à deux heures de campagne (gratuite) à la radio et à la télévision. On utilise surtout la presse, l'affichage mural et les tracts. Le taux de participation aux élections est nettement plus élevé (aux alentours de 80 % des électeurs inscrits) qu'aux Etats-Unis.

Comme aux Etats-Unis, le monde politique en France reste massivement dominé par les hommes. Les femmes y sont présentes en nombre croissant depuis 1980, au niveau local surtout (conseils municipaux, conseils généraux) mais beaucoup moins au niveau national. La France a eu constamment des femmes ministres depuis 1974 et a même eu une femme premier ministre (Edith Cresson, 1991–1992). Elles ont eu du mal à se faire respecter: leurs adversaires politiques masculins ont fréquemment mis en doute leur compétence et les médias ont souvent adopté un ton condescendant et amusé pour décrire leurs activités. En janvier 2000, des femmes étaient ministre de la Justice, ministre de la Jeunesse et des Sports, ministre de l'Environnement et ministre des Affaires Sociales et de la Solidarité. L'Assemblée nationale élue en 1997 ne comprenait que 11% de femmes, taux le plus bas d'Europe (Grèce exceptée). En 2000 pourtant, consciente du retard de la France dans ce domaine, cette Assemblée fit une véritable révolution: elle vota une loi, proposée par les socialistes, qui oblige les partis politiques à présenter le même nombre de candidats hommes et de candidats femmes à la plupart des élections (loi sur la parité). On s'attend à ce que cette loi, qui a fait l'objet d'un grand débat en France, contribue à augmenter sensiblement le nombre de femmes dans le monde politique. Les choses sont donc en train de bouger dans ce domaine.

En France, la vie privée de la classe politique—et des autres citoyens—est plus protégée de l'oeil des médias qu'aux Etats-Unis. La loi française, en effet, interdit à la presse, à la radio et à la télévision d'informer le public sur la vie privée des individus. Le directeur d'un journal qui révélerait qu'un homme politique est homosexuel ou infidèle à sa femme risquerait la prison ou une forte amende et la saisie de tous les exemplaires de son journal.[11] On ne trouve donc pas en France de presse du genre *tabloid*, spécialisée

---

[9] C'est pourquoi les affiches jouent un rôle beaucoup plus important qu'aux Etats- Unis dans les campagnes électorales. Comme il est interdit de les coller en dehors des panneaux officiels réservés à chaque candidat, les collages se font la nuit, clandestinement, sur tous les murs de la ville. Les bagarres entre colleurs d'affiches de partis opposés font partie du "folklore" traditionnel des élections.

[10] Bien entendu, il arrive que ces règles soient bafouées. Le financement frauduleux des campagnes électorales entraîne à chaque élection une série de poursuites judiciaires ("caisses noires" alimentées par le moyen de services imaginaires rendus par des "sociétés" fantômes, dons masqués à l'aide de fausses factures, etc.).

[11] L'hebdomadaire *Minute*, par exemple, fut condamné à une amende de 400 000 francs ($80 000) pour avoir publié une photo de la femme du président de l'Assemblée nationale bronzant seins nus sur la plage: atteinte à la vie privée.

Arlette Laguiller, seule femme candidate à des élections présidentielles en France (en 1974, 1981, 1988 et 1995). D'après cette affiche, quelle est son orientation politique?

dans les scandales privés du monde politique ou artistique. La tradition française séparant nettement vie publique et vie privée explique cette sévérité. De plus, l'éthique de la vie politique française considère comme tabou d'attaquer l'adversaire sur sa vie privée: cela est vu comme une tactique désespérée et risquée pour l'accusateur (qui pourrait se voir attaqué lui aussi sur le même terrain...). Aux Etats-Unis, où la liberté de l'information est la plus grande au monde, la loi permet de tout dire (mais pas de présenter comme vraies des informations que l'on sait être fausses).

La conception de la vie politique

La conception française de la vie politique et de la démocratie est très différente de celle des Américains. Les Français, traditionnellement, ne partagent pas la grande méfiance des Américains à l'égard du pouvoir de l'Etat.[12] Ils ont moins peur que les

---

[12] Il existe, on le sait, des différences entre les Américains à cet égard. Les Républicains sont plus hostiles au pouvoir de l'Etat que les Démocrates.

Américains des abus de pouvoir. Ils voient l'Etat comme ils voyaient les monarques autrefois: parfois allié, parfois ennemi, mais plutôt allié qu'ennemi. C'est l'Etat qui interdit et règlemente, et il peut être combattu pour cette raison; mais c'est aussi l'Etat qui émancipe, qui protège, qui défend l'individu contre l'oppression des puissants et lui assure un espace de liberté personnelle.[13] Sans l'Etat, les forts écraseront les faibles et ce sera la fin de la liberté. Pour les Français, les droits de l'individu (liberté civile, liberté d'expression, etc.) ne peuvent donc pas exister sans l'Etat, car c'est lui qui les donne. Chez les Américains au contraire, les droits de l'individu sont vus comme quelque chose qui existe en dehors de ce qu'on appelle *government* et qui peut même être menacé par lui. La liberté, c'est plutôt l'absence de *government*. Celui-ci a pourtant été vu parfois comme assumant un rôle protecteur et émancipateur "à la française"—dans le cas des noirs des Etats-Unis en particulier.

Aux Etats-Unis règne un système de démocratie égalitariste très décentralisée. Les racines de cette démocratie américaine sont religieuses (protestantes) et morales: partout la majorité des voix doit l'emporter, non pas parce que la majorité aurait nécessairement raison, mais parce que c'est la seule façon morale de décider lorsqu'on est tous égaux. L'essentiel est que le choix fait soit produit démocratiquement suivant le *due process*. Les représentants élus, les gouvernants sont des individus comme les autres, simplement délégués pour exprimer ou appliquer la volonté des électeurs. Il n'existe pas à l'intérieur du pays d'intérêt national abstrait supérieur aux intérêts des individus. On parle donc d'*American people* plutôt que d'*American nation*. Le mot *nation* lui-même désigne une réalité géographique et démographique plutôt qu'un être abstrait. Le concept d'intérêt national n'existe guère que face à l'extérieur, dans le commerce international, la diplomatie ou la guerre. L'Etat, au sens français—entité abstraite représentant l'intérêt supérieur de la nation—est quasiment absent. La politique est le système par lequel les intérêts particuliers—les seuls qui existent vraiment—s'affrontent et se combinent.[14]

Le système politique français est très différent. Il est plus enraciné dans le rationalisme de la philosophie des Lumières (18e siècle). On croit qu'il existe un intérêt général supérieur à celui des individus. L'Etat incarne cet intérêt au niveau national. Le pouvoir de diriger la société doit donc être donné aux plus intelligents, à ceux qui, par leurs brillantes qualités intellectuelles et leur éducation très poussée, sont les plus capables de voir où est l'intérêt supérieur de la nation et de le servir. L'individu de base,

---

[13] Sous la monarchie, ce double rôle existait déjà, même s'il ne s'agissait pas à l'époque des "droits de l'individu". Les rois étaient vus comme les protecteurs lointains des sujets et des groupes contre l'oppression des puissants locaux (noblesse féodale, etc.). Leur protection était accordée sous forme de privilèges ou "libertés" spécifiques qui étaient conservés jalousement par la suite. L'hostilité contre la monarchie qui se manifesta violemment à l'époque de la Révolution française fut exceptionnelle dans l'histoire; elle ne correspondait pas du tout à la vision que la grande majorité des Français ont eu généralement de leurs rois. C'est parce que la monarchie fut vue à la fin du 18e siècle comme étant passée du côté des oppresseurs qu'elle fut violemment attaquée.

[14] Ainsi, *political* en américain veut dire "qui se rapporte au conflit entre intérêts particuliers", alors qu'en français l'adjectif "politique" signifie "idéologique", "qui se rapporte à la conception de l'intérêt national".

lui, ne voit que son intérêt personnel: sa voix est donc facilement suspecte. Dans ce modèle, l'essentiel n'est pas que les décisions soient prises d'une manière morale, mais qu'elles soient les meilleures pour la société. La méthode employée pour y arriver ne va pas de soi: on peut choisir la démocratie (ce qui est le seul cas envisagé aujourd'hui par les Français), mais aussi la dictature.[15] Au cours des deux derniers siècles, la France a ainsi souvent oscillé entre des périodes de démocratie (les "républiques") et des périodes de pouvoir personnel (l'empereur Napoléon 1er, les rois Louis XVIII, Charles X, Louis-Philippe et l'empereur Napoléon III au 19e siècle, le Maréchal Pétain au 20e siècle). Ce modèle mène toujours à la méritocratie, c'est-à-dire au pouvoir exercé par les plus "méritants", ce qui peut signifier (selon les régimes) les plus doués sur le plan intellectuel ou bien les plus fidèles à l'idéologie dominante. Alain Minc, ancien haut-fonctionnaire français, exprime cette conception du pouvoir (qui est la sienne) lorsqu'il écrit: "Quelle autre légitimité existe-t-il aux privilèges dont les élites disposent que d'être capables de précéder, d'anticiper, de devancer le pays, d'être, en un mot, les gardiens de la raison?"[16]

Quand ce système se combine à la démocratie—comme c'est le cas aujourd'hui en France—cela engendre une situation très différente du système américain. Cela crée d'abord une vie politique plus agitée et intellectualisée qu'aux Etats-Unis: car si l'on admet que la majorité doit l'emporter sur la minorité, on croit surtout que ceux qui ont raison doivent l'emporter sur ceux qui ont tort. D'où l'importance cruciale des mots, des arguments logiques de la persuasion dans les interminables discussions politiques entre Français.

Une autre conséquence est le conflit entre les intérêts particuliers des individus et l'intérêt national. La politique, en effet, n'est pas supposée être le lieu d'affrontements d'intérêts particuliers (comme aux Etats-Unis), mais de conceptions différentes de l'intérêt national. Ainsi, légalement, chaque député ou sénateur français ne représente pas les intérêts de ses propres électeurs, mais ceux de la nation française toute entière (un député n'est même pas obligé de résider dans sa circonscription électorale).[17] Aux

---

[15] La logique de l'intérêt national peut facilement dériver vers un régime autoritaire ou dictatorial si l'on n'a pas confiance dans la démocratie comme moyen de servir cet intérêt. Imaginons, par exemple, que le gouvernement américain soit convaincu qu'il serait dans l'intérêt des Etats-Unis que tous les habitants du pays soient en meilleure forme physique. Il déciderait d'obliger tout le monde à faire du sport deux heures par jour dans des clubs gratuits. Ceux qui refuseraient de participer seraient vus comme des gens qui se moquent de l'intérêt des Etats-Unis, donc comme des ennemis du pays. Si l'on étendait ce système à tous les domaines de la vie, on transformerait les Etats-Unis en un pays totalitaire de type fasciste ou communiste. L'Allemagne nazie, l'Italie de Mussolini et l'Union Soviétique ont suivi cette voie au 20e siècle.

[16] Alain Minc, "La nouvelle trahison des clercs", *Le Monde*, 10 juin 1993, p. 2.

[17] Cette indépendance du député par rapport à ses propres électeurs est largement théorique, puisque ceux-ci peuvent ne pas le réélire s'il leur déplaît. En fait, c'est surtout la discipline de vote que lui impose son parti qui rend l'élu relativement indépendant de ses électeurs. Dans ces conditions, "plaire aux électeurs" signifie, par exemple, faire pression dans les coulisses pour que le gouvernement modifie un projet de loi, augmente les subventions à une commune, ou intervienne pour débloquer un conflit social particulièrement grave.

Etats-Unis, au contraire, chaque représentant ou sénateur s'identifie étroitement avec sa circonscription, au point de se faire appeler par le nom de celle-ci (*gentleman from Georgia*, etc.).

Il est évident que les intérêts particuliers sont très forts en France, comme ailleurs; mais contrairement à ce qui se passe aux Etats-Unis, le système politique tend à les considérer comme illégitimes. La France se trouve donc dans une situation un peu inverse de celle de l'Amérique: alors qu'aux Etats-Unis les intérêts particuliers s'expriment puissamment et pèsent de tout leur poids sur le système politique, en France il leur est souvent difficile de s'exprimer autrement que par des pressions secrètes ou bien par la protestation bruyante (manifestations de rue, émeutes, barrage des routes ou des voies de chemin de fer, explosion de bombes, etc.). Innombrables sont les cas où un gouvernement français a été condamné à l'échec parce que, convaincu de la justesse de ses choix, il avait superbement ignoré les intérêts de certains groupes affectés par ses décisions.

Cette façon de voir pousse aussi à une organisation autoritaire et centralisée du système politique et administratif: puisque les plus capables sont toujours (en principe) en haut de l'échelle, on ne fait pas confiance à ceux qui sont en bas pour prendre des décisions. Cela mène également à l'élitisme dans le gouvernement et l'administration: l'Etat sélectionne les meilleurs pour le servir. Un des objectifs du système scolaire français a été—et est toujours—de pratiquer la sélection des fonctionnaires de l'Etat. Aujourd'hui encore, un des sommets du prestige et de la réussite en France est de passer brillamment les examens très difficiles qui permettent de devenir hautfonctionnaire à 25 ans. Aux oreilles de certains Français, "servir l'Etat" sonne un peu comme "servir le Roi" ou "servir Dieu": l'honneur et le prestige autrefois liés au service monarchique ou ecclésiastique de haut rang ont été transférés à l'Etat. Et lorsqu'un personnage politique important meurt, on dit de lui qu'il fut "un grand serviteur de l'Etat". Cette conception un peu mystique du service public n'existe pas aux Etats-Unis. Cela explique pourquoi la classe politique française compte une forte proportion de haut-fonctionnaires: formés par des écoles prestigieuses, très expérimentés dans les affaires de l'Etat, ils utilisent leur image de serviteur compétent de la cause publique pour entrer en politique, puis éventuellement redevenir haut-fonctionnaires si la malchance les frappe aux élections. On ne compte plus le nombre de ministres, premiers ministres, et présidents qui sont des haut-fonctionnaires, tous formés par la même école, l'ENA (Ecole Nationale d'Administration). Toutefois, d'autres professions mènent aussi souvent à la vie politique en France—avocat et professeur en particulier. Aux Etats-Unis, beaucoup d'hommes politiques sont des avocats ou des juges, mais contrairement à la France, il y a peu de professeurs ou de hauts-fonctionnaires: la politique est vue comme étant liée au monde de la loi plutôt qu'au monde intellectuel.

Tableau 1.

Les présidents de la Ve république

1959–1969:	Charles de Gaulle (droite)
1969–1974:	Georges Pompidou (droite)
1974–1981:	Valéry Giscard d'Estaing (droite)
1981–1995:	François Mitterrand (gauche)
1995–2002:	Jacques Chirac (droite)

Tableau 2.

L'héritage politique de la Révolution française

RÉVOLUTION	JACOBINS	THERMIDORIENS	ROYALISTES
	↓	↓	↓
	REPUBLICAINS	MONARCHISTES	ULTRAS
	(principes de 1793)	CONSTITUTIONNELS	(ancien régime)
	anticléricaux	(principes de 1789)	Eglise catholique
		et BONAPARTISTES	
19e	l'emportent	l'emportent	l'emportent
siècle	en 1848 (2e	de 1794 à 1815	de 1815 à 1830
	république) et	(empereur Napoléon 1er)	(rois Louis XVIII
	après 1870 (3e	et de 1830 à 1870	et Charles X)
	république)	(roi Louis-Philippe et	
		empereur Napoléon III)	
	↓ ↘	↓ ↘	↓
	GAUCHE	DROITE REPUBLICAINE	EXTREME-DROITE
	(principes de 1793)	(principes de 1789)	ANTI-REPUBLICAINE
20e	radicaux	libérale autoritaire	royalistes
siècle	socialistes	(Giscard) néo-gaulliste	Bonapartistes
	communistes	UDF (Chirac)	(Pétain)
	(Jospin)	RPR	(Le Pen)
	PC/PS		FN

Principes de 1789: libéralisme politique et économique; les valeurs de liberté sont vues comme les plus importantes

Principes de 1793: démocratie politique et économique; les valeurs d'égalité sont vues comme les plus importantes

Pour en savoir plus: *www.quid.fr/*

Chapitre 11

L'administration

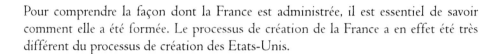

Pour comprendre la façon dont la France est administrée, il est essentiel de savoir comment elle a été formée. Le processus de création de la France a en effet été très différent du processus de création des Etats-Unis.

La création de la France

La France moderne est le produit d'une lutte féroce entre les rois de France, qui cherchèrent constamment à accroître leur pouvoir, et leurs pires adversaires, les grands nobles du royaume, qui voulaient conserver leurs importants pouvoirs locaux (administrer, rendre la justice, taxer, etc.). A partir de la province qu'ils contrôlaient à l'origine (la région autour de Paris appelée "France"), les rois firent une véritable reconquête intérieure de leur royaume, parfois les armes à la main, parfois en concluant des alliances matrimoniales avec de grands nobles. Cette lutte très compliquée dura 600 ans, du 12e au 18e siècle. Les grands nobles résistèrent farouchement à la progression du pouvoir royal. Certains se soumirent à l'autorité du roi et l'aidèrent, en échange de faveurs diverses; d'autres se révoltèrent ou s'allièrent même avec des pays étrangers contre leur propre roi. Plusieurs ministres célèbres—au 17e siècle en particulier—aidèrent beaucoup le roi à accroître son autorité: Richelieu, Mazarin et Colbert sont les plus connus. Le conflit se termina par la victoire du pouvoir central de la monarchie absolue et l'écrasement des pouvoirs locaux.

La France telle que nous la connaissons a donc été créée par la volonté des rois et de leurs ministres, et non par celle des habitants du pays qui sont restés largement passifs dans ce processus. Les habitants de la France étaient extrêmement différents les uns des autres et la plupart ne comprenaient pas ce qu'"être français" pouvait signifier (même s'ils étaient tous sujets du roi de France). Leur sens de l'identité n'était pas national mais régional: on se sentait breton, picard, normand, franc-comtois, provençal. Ce n'est qu'à la fin du 18e siècle, à l'époque de la Révolution française, que les Français prirent conscience qu'ils formaient une nation. La France devint alors le prototype de l'état-nation moderne centralisé et un modèle politique pour les autres pays. Lorsque la démocratie fut instaurée (au 19e

NOTRE PAYS, LA FRANCE

le territoire national

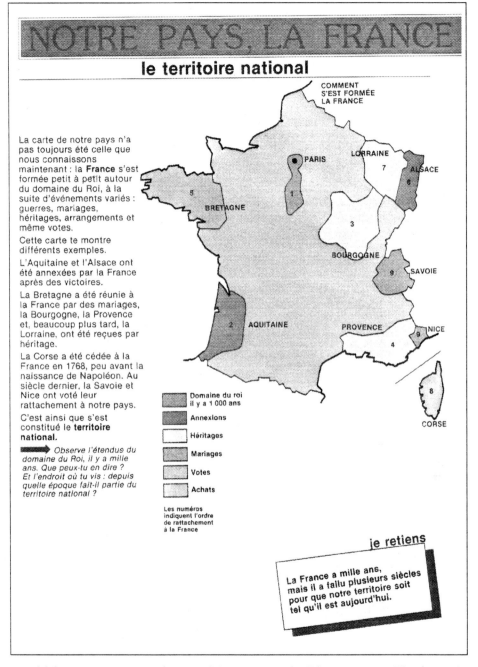

La carte de notre pays n'a pas toujours été celle que nous connaissons maintenant : la **France** s'est formée petit à petit autour du domaine du Roi, à la suite d'événements variés : guerres, mariages, héritages, arrangements et même votes.

Cette carte te montre différents exemples.

L'Aquitaine et l'Alsace ont été annexées par la France après des victoires.

La Bretagne a été réunie à la France par des mariages, la Bourgogne, la Provence et, beaucoup plus tard, la Lorraine, ont été reçues par héritage.

La Corse a été cédée à la France en 1768, peu avant la naissance de Napoléon. Au siècle dernier, la Savoie et Nice ont voté leur rattachement à notre pays.

C'est ainsi que s'est constitué le **territoire national.**

➤ *Observe l'étendue du domaine du Roi, il y a mille ans. Que peux-tu en dire ? Et l'endroit où tu vis : depuis quelle époque fait-il partie du territoire national ?*

COMMENT S'EST FORMÉE LA FRANCE

PARIS
LORRAINE
7
ALSACE
6
5
1
BRETAGNE
3
BOURGOGNE
9
SAVOIE
2 AQUITAINE
PROVENCE
NICE
4
8
CORSE

Domaine du roi il y a 1 000 ans

Annexions

Héritages

Mariages

Votes

Achats

Les numéros indiquent l'ordre de rattachement à la France

je retiens

La France a mille ans, mais il a fallu plusieurs siècles pour que notre territoire soit tel qu'il est aujourd'hui.

Manuel d'éducation civique pour enfants de 7–8 ans (Histoire Géographie Education civique CE, *Belin 1986*)

le sentiment national

La dernière classe

Ce matin-là, j'étais très en retard pour aller à l'école et j'avais grand peur d'être grondé, d'autant que M. Hamel nous avait dit qu'il nous interrogerait sur les participes et que je n'en savais pas le premier mot...

Eh bien, non. M. Hamel me regarda sans colère : « Mes enfants, c'est la dernière fois que je vous fais la classe. L'ordre est venu de Berlin de ne plus enseigner que l'allemand dans les écoles d'Alsace et de la Lorraine... Le nouveau maître arrive demain. Aujourd'hui, c'est votre dernière leçon de français.... »

➡ *Cherche dans la bibliothèque de l'école une histoire de Jeanne d'Arc.*

● *Y a-t-il dans ta ville une rue, une place ou une statue qui évoque son souvenir ?*

◀ En Alsace, au siècle dernier, le sentiment national se réveille pour défendre la langue française.

Le territoire français a mis du temps à se constituer. C'est pourquoi les Français ont été longs à ressentir qu'ils faisaient partie d'une même nation.

Peu à peu, le **sentiment national** s'est formé. Il s'est renforcé chaque fois que la France s'est trouvée menacée ou vaincue.

Voici deux exemples de moments difficiles de notre histoire, qui ont réveillé le sentiment national.

Au XVe siècle, une grande partie de la France était occupée par les Anglais. Une jeune fille, venue de son village de Lorraine, redonna courage au Roi de France et à tous ceux qui voulaient chasser les Anglais hors de France. Elle s'appelait **Jeanne d'Arc**.

Des siècles plus tard, après la guerre de 1870, la France, vaincue, avait perdu l'Alsace et la Lorraine : les Allemands ne voulaient plus qu'on parle français, et ils imposaient la langue allemande dans les écoles. C'est ce que raconte un écolier alsacien de cette époque, dans *La dernière classe*, d'Alphonse Daudet.

je retiens

Le sentiment national a été lent à se former. Il est devenu de plus en plus solide chaque fois que la France s'est trouvée en danger.

Manuel d'éducation civique pour enfants de 7–8 ans (Histoire Géographie Education civique CE. *Belin 1986*)

siècle) et qu'on put consulter tous les Français sur leurs désirs politiques, il était trop tard pour leur demander s'ils voulaient faire la France: elle était faite.

Puisque c'est une lutte contre les pouvoirs locaux qui a fait la France, les pouvoirs locaux (en général) ont longtemps été considérés comme des ennemis potentiels de la France et de son unité. De sa main de fer, le pouvoir central bloquait toute résurgence des pouvoirs locaux sous quelque forme que ce soit. Au 19e siècle, le gouvernement avait si peur des pouvoirs locaux qu'il nommait lui-même les maires des communes! Ces principes permettent de comprendre pourquoi la France est restée jusqu'à une époque très récente un pays hyper-centralisé sur le plan politique et administratif: le gouvernement central surveillait tout, décidait de tout et ne laissait aucune autonomie aux autorités locales. C'était l'inverse des Etats-Unis ou de la Suisse, pays très décentralisés où les autorités locales sont puissantes. Les Français n'ont d'ailleurs jamais été tout à fait d'accord entre eux au sujet de cette centralisation. Ceux qui pensent que c'est une bonne chose, nécessaire pour l'unité du pays, sont aujourd'hui encore appelés les "jacobins" (du nom d'un club pendant la Révolution); ceux qui souhaitent au contraire décentraliser sont appelés les "girondins" (du nom d'un groupe de députés pendant la Révolution).

Les cultures régionales

En s'étendant dans l'espace, l'autorité directe des rois de France couvrit des régions où le français n'était pas la langue des habitants. Ces régions représentaient à peu près la moitié du territoire français.[1] Jusqu'à la Révolution française (fin du 18e siècle), le gouvernement monarchique laissa les habitants non-francophones de la France parler leur langue: seule l'administration et la justice royales utilisaient le français dans ces régions, ainsi que les élites cultivées.[2] A partir de la Révolution française, pour renforcer l'unité nationale et faire progresser la "civilisation", les gouvernements cherchèrent à franciser tous les Français. Il voyaient les cultures non-francophones comme archaïques, comme des survivances du Moyen-Age qu'il fallait faire disparaître: tâche colossale qu'on ne put entreprendre qu'à la fin du 19e siècle en s'attaquant d'abord aux enfants: l'enseignement primaire obligatoire et gratuit (1882) allait créer la première génération de Français sachant tous parler et écrire en français (celle qui fit la guerre de 1914–1918). Cette francisation forcée fut brutale pour les enfants (ceux qui parlaient leur langue à l'école étaient punis).[3] Mais les

---

[1] Même dans les régions francophones (comme la Normandie ou la Picardie), les paysans parlaient des patois difficiles à comprendre pour qui n'était pas né dans la région.

[2] Le français est la langue officielle de l'administration française depuis 1539 (édit de Villers-Cotteret).

[3] La punition la plus courante était la "vache": lorsqu'un maître entendait un enfant parler dans sa langue maternelle à l'école, il lui plaçait une sorte de collier autour du cou. Si l'élève qui avait le collier entendait un de ses camarades parler dans sa langue, il lui passait à son tour le collier, et ainsi de suite. L'élève qui portait le collier à la fin de la journée devait rester pour nettoyer la classe.

parents l'acceptèrent, en raison du prestige social de la langue française, langue de la bourgeoisie et de l'éducation. Chacun savait que pour "monter" dans la société, il fallait absolument savoir parler et écrire le français. L'unification linguistique de la France s'est donc faite très tardivement, au 20e siècle seulement. Claude Duneton, auteur de nombreux livres sur la langue française, raconte son premier jour à l'école, dans un village du sud de la France:

> Au moment de se mettre en rang sous la cloche, un des nouveaux s'est fait remarquer. Il était tout petit, vif, rieur, pas intimidé du tout par sa première visite; l'institutrice l'a tout de suite appelé "Trois-Pommes". Alors que nous étions tous rassemblés devant la classe, il faisait encore le clown en dehors de la file. La demoiselle lui expliquait gentiment qu'il devait se mettre sur le rang comme les autres, mais il se rebiffait: "Qué me vol?" répétait-il ("Qu'est-ce qu'elle me veut?"). C'était le fou rire général sur le rang, parce que voilà: Trois-Pommes ne connaissait pas un seul mot de français.[4] Sa grande soeur tâchait de faire l'interprète. Elle l'avait pourtant prévenu qu'il faudrait être sage, et tout! En fait, Trois-Pommes et moi, nous représentions symboliquement, et sans nous en douter, le tournant du siècle: en ce matin d'avril 1941, j'étais là, devant la classe, le premier enfant de la commune à se présenter dont le français était la langue maternelle; il était, lui, le dernier qui arrivait à l'école sans en connaître un seul mot.[5]

Aujourd'hui encore, plusieurs millions de Français—surtout des gens âgés—savent parler des langues régionales autres que le français. On distingue sept langues régionales en France métropolitaine:

- le flamand, langue parlée dans l'extrême nord de la France (région de Dunkerque).
- l'alsacien, langue proche de l'allemand parlé dans l'est de la France, en Alsace. L'alsacien est la langue régionale qui a résisté le plus longtemps à la suprématie du français (à cause de l'annexion à l'Allemagne des régions où on la parle en 1871–1918 et 1940–1945). Les grands journaux quotidiens d'Alsace avaient encore récemment des éditions en allemand.
- l'occitan, langue romane parlée dans le tiers sud de la France, avec de nombreux dialectes (gascon, provençal, etc.).
- le corse, langue proche de l'italien parlé en Corse.
- le catalan, langue romane parlée dans l'extrême sud de la France (région de Perpignan) et aussi en Catalogne espagnole (Barcelone).
- le basque, langue non indo-européenne d'origine mal connue, parlée dans l'extrême sud-ouest de la France (région de Bayonne) et aussi au Pays Basque espagnol.
- le breton, langue celtique parlée dans l'ouest de la Bretagne.

Dans les départements d'outre-mer (Guadeloupe, Martinique, Guyane, Réunion), la population locale parle actuellement le créole, langue dérivée du français et des

---

[4] Trois-Pommes s'exprimait en occitan, langue parlée depuis le début du Moyen-Age dans le tiers sud de la France.

[5] Claude Duneton, *Parler croquant* (Paris: Stock, 1973).

Panneau en langue occitane, Saintes Maries de la Mer

langues africaines. Dans les territoires d'outre-mer du Pacifique, les langues canaque (Nouvelle Calédonie) et polynésienne (Polynésie) sont parlées par les habitants d'ascendance locale. A chacune de ces langues régionales correspond une culture traditionnelle souvent très riche englobant la totalité de la vie, avec sa littérature, sa musique, sa cuisine, ses vêtements, son style de maisons, etc.

Jusque dans les années 1960, Paris écrasait tout de son autorité, et dans tous les domaines les individus les plus doués cherchaient à s'établir à Paris, car on ne pouvait "réussir" qu'à Paris. La capitale concentrait sur quelques kilomètres carrés l'élite du pays dans les secteurs politique, économique, intellectuel et artistique. Cela faisait de Paris une ville fascinante, mais laissait les provinces à la traîne, avec des villes endormies et sans dynamisme. A cours des années 1960 et surtout à partir de 1968, les Français prirent conscience des inconvénients d'une centralisation excessive. L'exemple de la décolonisation leur suggéra qu'eux aussi étaient en quelque sorte "colonisés" par Paris et qu'ils devaient se libérer de la tutelle parisienne: si les Africains étaient devenus indépendants de Paris, pourquoi les Bretons ou les Corses ne le seraient-ils pas

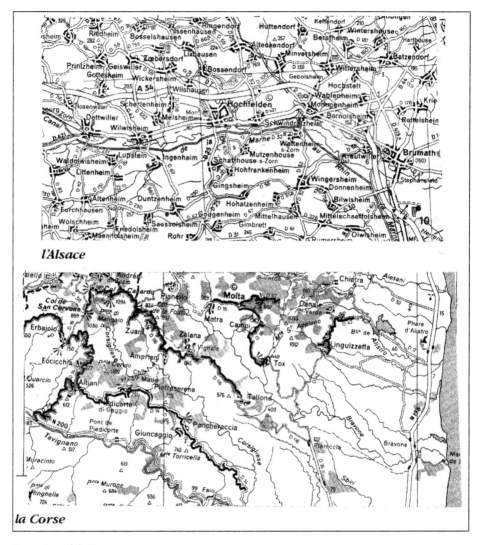

Deux régions de la France

aussi? On vit donc se développer dans certaines régions (Bretagne et Corse surtout) des mouvements séparatistes, parfois violents mais qui restèrent toujours marginaux. Par contre, il y eut un soutien très large de la population pour briser l'ancienne centralisation et donner une autonomie plus grande aux autorités locales élues. La France s'enrichissait, se modernisait très vite et le niveau d'éducation de la population était de plus en plus élevé: les gens supportaient de moins en moins que les décisions affectant l'avenir de leur région soient prises par des bureaucrates à Paris; ils voulaient que les autorités locales élues participent beaucoup plus directement à ces décisions.

En 1982, on a donc entrepris une vaste réforme visant à décentraliser l'administration de la France. Cette réforme a donné des pouvoirs plus étendus aux autorités locales, mais n'a pas modifié radicalement la structure politique du pays, qui reste toujours plus centralisée que dans les autres pays d'Europe. Avant même cette réforme—dans les années 1970—on assista à un renouveau de la conscience "ethnique" régionaliste, surtout dans les zones du pays qui avaient une spécificité culturelle très marquée (les plus éloignées de Paris). Beaucoup de Français—des jeunes en particulier—cherchèrent à redévelopper la culture non-française de leurs ancêtres, qui était en train de disparaître avec la mort des vieux paysans. Maintenant que la "francisation" du pays était achevée, on pouvait choisir de défendre la langue et les traditions de sa province d'origine sans risquer d'être pris pour un ennemi de la France ou un individu sans éducation. Le gouvernement relâcha les anciennes restrictions bloquant l'usage des langues régionales. On commença donc (pour la première fois) à enseigner le breton, le corse ou l'alsacien à l'école, à l'université et à diffuser des émissions de radio et de télévision dans ces langues. Les Français collèrent à l'arrière de leur voiture des macarons indiquant leur région d'origine: BZH pour les Bretons, OC pour les Occitans, etc.[6] Cet intérêt pour les racines locales a beaucoup contribué à revivifier la vie locale en France en incitant chaque village, chaque ville, chaque région à mettre en valeur son capital historique et culturel (festivals, fêtes folkloriques, musées, spectacles "sons et lumière", etc.).

Voici des textes en langues régionales de la France:

BRETON:

Ma bro din a zo da werza diouz ar goulou
D'an diod bouzar-kleuz ha d'an divalo frank
D'an Doue Arhant a zo mestr warno
Ma bro din a zo boued eun divorhed a genwerz
Gand asantadeg a hoskor hag ar meuriad.

OCCITAN:

Emponha un libràs roge, gros coma un anuari de telefona. Me fa veir lo titre. Quicom del genre: "Reglament general de la RATP". I se pèrd pas dedins, lo tipe, puta non. "Vols et pertes" ço ditz e t'i partis tot drech. Legis. Lai es question de bordereau e de pèças d'identitat. Siai flambat.

BASQUE:

Euskai pestak eta jaiak, folklorea, pilota partidak, erromeriak...
Baionatik Hendaiaraino, Miarritzetik Mauleraino, Euskal-Heri
guzian udako feri handia. Bi hilabetez, Euskal-Herrian, sekulako
migimendua. Kolpez, sosa burrustan, eta plaza guzietan, zer nahi
euskal kantu eta dantza.

---

[6] BZH pour Breizh (Bretagne) et OC pour Occitanie.

CORSE:

U Corsu è oghj une lingua. Ma quantu po si sarà bistrasciatu parghjunghjani qui! Disprizzata, assuffucata, calcicata, a lingua corsa di i nosci maiori un n'era piu che unu schelatru scuntravvatu e mezzu allivantatu.

ALSACIEN:

Heersch denn net wia d'r wend
Si Liada pfifft dur d'Gàssa
Herrsch wia d'Glocka verkenda
Alljahrlig's Grosa Gleck.
Wia esch gebora arm en d'r Krepp
Un's Liacht d'r Ewalt endeckt
D'r Retter d'r Senda
Un trotz noch ka Mensch so g'lehrt
Wàs racht un g'racht sech g'heert.

CRÉOLE (ANTILLES):

Se paskeu m'wè ouy renmen seu ou la vre, ou pèdi tan pou wèl', ou konnen, se samdi si Djeu veu, kon sa, ou kapab vini, ou kapab wè l'. Men si pou di ou rete on lot jou, dimwen mardi, mèkredi, ouben jedi, jou sa yo, ou pa kab wèl'. Se sèl samdi avèk dimanch, ak tou sa, dimanch lan, ou pa fouti wè l'pas ou gen onpil zanmi rwa yo, zanmi rwa vin vizitel'.

La France est, depuis la Révolution française, un pays unitaire (non fédéral), c'est-à-dire un pays où il n'y a pas de lois différentes selon les régions où l'on se trouve.[7] L'équivalent des états américains, avec leurs lois particulières, n'existe pas. C'est en 1790-1791 que fut créé en France un système d'administration moderne et rationnel que Napoléon 1er (1799-1815) perfectionna et qui est encore la base du système actuel.

Les structures administratives

On distingue en France trois grands niveaux d'administration locale:

1. Au niveau le plus bas se trouve la division territoriale la plus petite, la commune. Il y en a 36 000 en France. Les communes correspondent géographiquement aux villes et, dans les campagnes, aux paroisses catholiques. Leur taille et leur population varient énormément: de

---

[7] Seules exceptions à cette règle: a) les trois départements du Haut-Rhin, du Bas-Rhin et de la Moselle qui faisaient partie de l'Allemagne avant 1918 et où la loi française sur la séparation de l'Eglise et de l'Etat (1905) n'est pas appliquée; b) les départements d'outre-mer de la Guyane et de Saint-Pierre-et-Miquelon où ne s'applique pas la séparation de l'Eglise et de l'Etat; b) les territoires d'outre-mer (Nouvelle-Calédonie et territoires du Pacifique) qui n'ont pas la même organisation administrative ni la même législation sociale qu'en métropole.

La France administrative (Pitte, Géographie 1ère, Nathan 1988)

quelques dizaines d'habitants à plusieurs millions suivant les cas. Leurs frontières n'ont souvent pas changé depuis le 18e siècle et beaucoup ont vu leur population fondre avec l'exode rural (32 000 d'entre elles ont moins de 2 000 habitants). Le gouvernement incite donc les moins peuplées à fusionner avec d'autres. Les habitants de chaque commune élisent un Conseil municipal pour 6 ans. Ce Conseil municipal élit le maire de la commune. Le maire a un double rôle: il gère les services municipaux et représente les habitants devant l'administration de l'Etat; il représente aussi l'administration de l'Etat face aux habitants: par exemple, il célèbre les mariages, tient les registres d'état-civil. Il est chargé du maintien de l'ordre public dans la commune et peut faire édicter des "arrêtés municipaux" pour maintenir cet ordre (interdire de faire du bruit après 10 heures du soir, de stationner sa voiture dans certains lieux, etc.) Il est aussi officier de police judiciaire, sous l'autorité du procureur. Il n'a pas le droit de faire voter un budget en déficit et sa gestion est soumise au contrôle (a posteriori) du préfet, représentant de l'Etat dans le département. Dans les cérémonies officielles, le maire porte sur l'épaule une écharpe tricolore (bleu-blanc-rouge) à frange d'or. Il est secondé dans son travail par des adjoints choisis par lui dans le conseil municipal. Ce sont eux qui font marcher les affaires de la commune au jour le jour. Ils se tiennent régulièrement à la disposition des habitants à la mairie (appelée "hôtel de ville" dans les grandes villes). Plus les communes sont petites et moins l'élection des maires est politisée. Le poste de maire le plus prestigieux (et le plus politisé) de France est celui de maire de Paris. Les maires sont souvent ré-élus pour de nombreux mandats successifs: il n'est pas rare d'en trouver qui sont en poste depuis 20 ou 25 ans. Les ressources des communes proviennent des impôts locaux et de l'Etat.

Au-dessus de la commune existent deux divisions territoriales qui n'ont pas une grande importance: les cantons et les arrondissements.

2. A un niveau plus élevé se trouve la division terrritoriale la plus importante: le département. Les réformateurs de la Révolution ont longuement discuté pour savoir quelle dimension donner à ces départements. L'un de leurs projets (qui n'a pas eu de suite) était de diviser la France en départements carrés de taille identique. Les dimensions finalement adoptées pour chaque département permettaient d'aller à cheval de la limite du département au chef-lieu dans la même journée. C'est pourquoi les départements ont tous à peu près les mêmes dimensions avec une capitale (le "chef-lieu") souvent située au centre. Pour détruire le vieux patriotisme provincial, des noms de cours d'eau, de côtes et de montagnes leur ont été donnés. On trouve donc, par exemple, les département de la Sarthe, du Rhône, de la Haute-Loire, de la Gironde, des Hautes-Alpes, des Vosges, etc. Il y a aujourd'hui 101 départements: 96 en France métropolitaine et 5 outre-mer. Dans chaque département, les habitants élisent un Conseil général pour 6 ans lors des élections cantonales (un conseiller élu pour chaque canton; on ne dit pas "élections départementales"). Le Conseil général élit son président, qui devient le chef de l'éxécutif du département. Il y a aussi dans chaque département un préfet, haut-fonctionnaire nommé par le gouvernement central, qui représente l'Etat et qui réside toujours au chef-lieu dans un édifice appelé "préfecture". Chaque ministère du gouvernement de Paris (finances, intérieur, justice, éducation, défense, etc.) a ses services et son personnel propre dans le département avec un haut-fonctionnaire à la tête (l'inspecteur d'académie pour l'éducation, le trésorier-payeur-général pour les finances, etc.). Le préfet co-ordonne et supervise l'activité de tous ces services. Il est responsable du maintien de l'ordre public et il exerce un contrôle (a posteriori) sur la gestion du président du Conseil général et sur celle des maires de son département. Il peut bloquer toute décision d'un président de Conseil général ou d'un maire qui ne serait pas conforme aux lois. Il porte un uniforme militaire (bleu foncé orné d'or) dans les cérémonies officielles. Tous les préfets ont été formés par l'Ecole Nationale d'Administration (ENA), grande école très prestigieuse qui forme les hauts-fonctionnaires. Ils font partie d'un "corps" spécial (le corps préfectoral) pendant toute leur carrière. Afin d'éviter qu'ils ne créent des liens personnels trop étroits avec les autorités

locales, le gouvernement les nomme dans un département différent tous les quatre ou cinq ans. Les préfets ont sous leurs ordres plusieurs sous-préfets (un dans chaque arrondissement, subdivision du département). Depuis 1981, on trouve parmi eux quelques femmes. Les ressources des départements proviennent de taxes locales et de l'Etat.

3. La région est la plus vaste division territoriale (chacune comprend plusieurs départements) et aussi la plus récente: les régions furent créées dans les années 1960 pour faciliter l'action économique qui s'ajustait mal à la dimension trop étroite des départements. Elles ont pris une importance de plus en plus grande depuis leur création. On compte aujourd'hui 22 régions en France métropolitaine, qui correspondent parfois à d'anciennes provinces historiques (sans que cela ait été l'objectif du découpage, qui s'est fait sur des critères économiques et géographiques).[8] Chaque département d'outre-mer (DOM) est aussi une région. Il existe un débat entre ceux qui pensent que les régions devraient complètement remplacer les départements (trop petits) et ceux qui veulent maintenir le statu quo. Les habitants de chaque région élisent un Conseil régional pour six ans lors des élections régionales. Le Conseil régional choisit son président qui devient le chef de l'éxécutif régional. Les compétences du Conseil régional sont surtout économiques ou sociales et concernent les intérêts régionaux (par exemple les centrales nucléaires, le réseau des autoroutes ou l'implantation de nouvelles universités). Il y a également dans chaque région un préfet de région, lui aussi haut-fonctionnaire nommé par le gouvernement et qui représente l'Etat. Son rôle est surtout économique (planification régionale, contrôle des investissements de l'Etat, etc.) et ne concerne pas la vie civile ou la sécurité publique qui relèvent des préfets de départements. Il contrôle lui aussi la gestion du Conseil régional. Les ressources de la région viennent des taxes locales, de l'Etat et de l'Union européenne. Les régions, comme les communes et les départements, sont appelés des "collectivités locales".

L'administration locale en France, bien qu'élue démocratiquement et autonome dans sa gestion, est donc sous le contrôle administratif du gouvernement central. Si par exemple, à cause de conflits internes, un conseil municipal n'arrive pas à voter le budget de sa commune avant le 31 mars, le préfet peut lui imposer un budget. Mais ce contrôle se fait maintenant a posteriori (et non plus a priori), c'est-à-dire après l'éxécution des décisions de l'autorité locale. Tout ceci explique pourquoi les Français ont beaucoup de mal à comprendre comment peut marcher l'administration très décentralisée des Etats-Unis. La première impression qu'ils ont en arrivant en Amérique est une impression d'anarchie. Ils sont habitués à un pays où l'administration fonctionne comme un bloc, où tout est unifié et cohérent; et ils arrivent dans un pays *patchwork* où les lois varient à l'infini sans raison apparente, où il n'y a pas de système unifié d'éducation ni d'assurance médicale pour tous, où la peine de mort existe d'un côté d'une rivière mais pas de l'autre côté, etc. Il y a quelques années, lorsque l'avion supersonique Concorde ne fut pas autorisé à atterrir à l'aéroport Kennedy par la *Port Authority of New York*, les Français étaient persuadés que le gouvernement fédéral américain mentait quand il disait qu'il n'approuvait pas cette interdiction. Il était

---

[8] Les anciennes provinces historiques n'ont plus d'existence légale. Elles sont divisées en plusieurs "pays", par exemple le "pays d'Auge" ou le "pays de Caux" en Normandie.

inconcevable pour eux que le gouvernement américain ne puisse pas imposer sa volonté à une petite administration locale comme la *Port Authority of New York*.

Les départements et territoires d'outre-mer (DOM-TOM)

La France est le pays européen qui conserve aujourd'hui le plus de territoires hors d'Europe. Depuis 1946, ces territoires ne sont plus des colonies, mais sont administrativement intégrés à la France métropolitaine (et à l'Union Européenne) sous l'autorité du Secrétaire d'Etat à l'Outre-Mer. Ce sont tous des îles, sauf la Guyane. Leur population totale est de 2 300 000 habitants (4% de la population de la France). Ils sont de deux sortes:

1. Quatre départements d'outre-mer (DOM): la Guyane (Amérique du Sud), la Martinique (Antilles), la Guadeloupe (Antilles) et la Réunion (près de Madagascar) auxquels s'ajoutent les collectivités territoriales de Saint-Pierre-et-Miquelon (près du Canada) et de Mayotte (près de Madagascar). Ces départements sont administrés exactement comme ceux de la métropole avec un préfet.[9]

2. Quatre territoires d'outre-mer (TOM) situés dans l'Océan Pacifique: Nouvelle-Calédonie, Polynésie française, Wallis et Futuna, Terres australes et antarctiques françaises. Il existe des lois et règlements particuliers qui ne s'appliquent que dans ces territoires. Un haut-commissaire représente le gouvernement.

Les habitants des DOM-TOM sont noirs, amérindiens, mélanésiens, polynésiens, etc. sauf à Saint-Pierre-et-Miquelon où tout le monde est d'origine européenne et en Nouvelle-Calédonie où un tiers de la population est d'origine européenne. Ces habitants sont tous citoyens français et envoyent des députés et sénateurs à Paris. Les autorités locales (maires, conseils généraux et conseils régionaux) sont formées d'habitants du lieu, mais les préfets et haut-commissaires viennent de métropole (ainsi que la gendarmerie). Bien que le niveau de vie y soit très élevé par rapport à celui des pays indépendants voisins, les DOM-TOM français connaissent des problèmes graves en raison du chômage extrêmement élevé qui y règne. Leur population augmente quatre fois plus vite que celle de la métropole et les jeunes, qui ne trouvent pas d'emploi sur place, sont souvent obligés de "s'expatrier" en métropole pour en trouver. Les policiers et fonctionnaires noirs que l'on rencontre en France viennent généralement des Antilles. Il existe des mouvements indépendantistes aux Antilles françaises et en Nouvelle-Calédonie. Leur audience dans la population locale n'est importante qu'en Nouvelle-Calédonie, où des incidents très graves eurent lieu dans les années 1980 (plusieurs dizaines de policiers et d'indépendantistes tués). Après dix ans de négociations avec les indépendantistes, le gouvernement passa avec eux en 1998 un accord

---

[9] Les DOM sont français depuis le 17e siècle et les TOM depuis le 19e siècle. La partie nord de l'île de Saint-Martin fait partie du département de la Guadeloupe; ses habitants—des noirs—sont anglophones (ils apprennent le français à l'école). L'anglais est donc aussi une langue régionale de la France….

qui donne un nouveau statut d'autonomie au territoire. Un référendum sur l'indépendance de la Nouvelle-Calédonie est prévu dans une vingtaine d'années.

Les fonctionnaires

La fonction publique française (Etat, collectivités locales et hôpitaux) est une énorme machine qui emploie 4,5 millions de personnes. L'Etat français emploie 2,2 millions de fonctionnaires nationaux. Ils sont protégés par le statut de la fonction publique de l'Etat qui leur garantit l'emploi à vie et une retraite généreuse à 60 ans après une trentaine d'années de service (75% de leur dernier salaire avec hausse automatique suivant le coût de la vie).[10] Sauf exceptions, ils peuvent se mettre en grève (droit que n'ont pas les fonctionnaires américains).[11] Leur salaire s'appelle un "traitement". Les employés des collectivités locales (1,2 million de fonctionnaires territoriaux) et ceux des hôpitaux publics (650 000 personnes) ont un statut légèrement différent de celui des fonctionnaires de l'Etat. Les salariés employés par les nombreuses entreprises nationalisées appartenant à l'Etat (Electricité de France, Gaz de France, Air France, etc.) ne sont pas fonctionnaires. Comment devient-on fonctionnaire en France? Il faut d'abord être citoyen français. Il faut aussi avoir un casier judiciaire vierge (aucune condamnation pour délit ou crime). Il faut enfin passer avec succès un concours (examen avec nombre de reçus limité d'avance) pour le poste que l'on recherche. Les fonctionnaires de l'Etat sont souvent enviés par ceux du secteur privé—surtout en période de chômage.

Dès le 18e siècle, la puissance des fonctionnaires était établie en France. Napoléon 1er les considérait comme des soldats civils, toujours prêts à exécuter les ordres. Plus tard, on a appelé les maîtres d'école primaire (fonctionnaires eux aussi) les "hussards (soldats) de la République". On a toujours vu quelque chose d'un peu militaire en eux (l'uniforme des préfets le montre bien). Il s'est formé chez eux une forte tradition de loyalisme envers l'Etat qui se maintient à travers les régimes politiques différents. Les fonctionnaires doivent accomplir leur mission de service public quel que soit le gouvernement ou le régime politique en place. Ils incarnent la permanence de l'Etat. Politiquement, ils doivent rester neutres et sont tenus au "devoir de réserve" (interdiction de prendre parti publiquement sur les décisions du gouvernement). En plein bouleversement politique, par exemple quand on passait de la monarchie à la république (1848) ou de la république au pouvoir personnel (1940), les postes essentiels de l'administration ne changeaient pas de mains.[12] Les politiciens

---

[10] La garantie de l'emploi à vie est destinée à empêcher les gouvernements de licencier les fonctionnaires ayant des idées politiques opposées aux leurs.

[11] N'ont pas le droit de grève en France: les militaires, les policiers, les douaniers, les pompiers et les gardiens de prison.

[12] La coutume américaine consistant à remplacer de nombreux membres du personnel administratif à chaque changement de gouvernement est à peu près inconnue dans l'administration française. Seuls changent les ministres et leurs conseillers immédiats (cabinet).

CHOISIR NOS RESPONSABLES

les responsables de notre pays

Le Président de la République, chef de l'État.

La France est un pays, limité par des frontières : c'est un **territoire**. C'est aussi un ensemble de gens qui ont la même histoire et vivent dans le même pays ; ils forment la **nation** française.

Pour faire vivre une nation sur son territoire, il faut toute une organisation : l'**État**. Pour que l'État fonctionne bien, il faut des règles de vie applicables à tous les citoyens : les **lois**, et des gens dont la fonction est de travailler pour le service public : ce sont les **fonctionnaires**.

Le chef de l'État est le **Président de la République**. En France, il est élu au suffrage universel.

➡️ *Connais-tu le nom du chef de l'État actuel ? Sais-tu en quelle année il a été élu ?*

✳ *Dans une leçon précédente, on t'a donné un exemple de fonctionnaires. Lequel ?*

✳ *Que représentent les dates inscrites sous les portraits des quatre présidents ?*

▲ Charles de Gaulle (1958-1969).

▲ Georges Pompidou (1969-1974).

Valéry Giscard d'Estaing (1974-1981). ▶

◀ François Mitterrand (1981-).

je retiens

L'État est l'organisation qui permet à la nation française d'exister dans le monde. Le chef de l'État est le Président de la République.

Manuel d'éducation civique pour enfants de 7–8 ans (Histoire Géographie Education civique CE. *Belin 1986*)

sont souvent obligés, lorsqu'ils arrivent à un poste gouvernemental, de se fier entièrement à l'expérience et à la compétence des fonctionnaires. Les changements fréquents de gouvernements et de régimes donnaient donc une fausse impression d'anarchie: derrière la scène politique agitée, cachés dans les coulisses, les hauts-fonctionnaires des "grands corps de l'Etat" (Conseil d'Etat, Cour des Comptes, Inspection Générale des Finances, préfets, diplomates) faisaient marcher la France quoiqu'il arrive. Les membres de ces "grands corps", élite de l'administration française, sont tous formés par l'Ecole Nationale d'Administration.[13] On a parfois reproché aux élèves (et anciens élèves) de cette école de former une véritable caste d'origine sociale privilégiée. Face à ces critiques, des réformes ont été introduites dans les années 1980 pour essayer de rendre son recrutement socialement plus divers.

L'attitude à l'égard de l'Etat

L'attitude des Français envers l'Etat est souvent contradictoire. Ils se plaignent beaucoup de son énorme bureaucratie, omniprésente et aveugle aux situations particulières; mais dès qu'un problème se pose, les individus, les groupes et les entreprises se tournent très vite vers l'Etat et attendent de lui la solution pour le résoudre. Le paternalisme traditionnel de la monarchie et de l'Eglise catholique a été transmis à l'Etat français: suivez mes directives, dit l'Etat, et je vous protégerai de toute ma puissance. Ce paternalisme étatique se retrouve partout, depuis le statut des fonctionnaires jusqu'aux lois qui protègent les petits commerçants contre les grandes surfaces. Il est beaucoup moins développé aux Etats-Unis parce que la peur de *Big Brother* y est bien plus forte.

Contrairement à ce qui se passe dans d'autres pays, on ne discute pas et on ne donne pas d'argent pour obtenir des "arrangements" ou faveurs spéciales face à l'administration française, généralement inflexible sur le maintien des règles. Il faut soi-même, par sa propre débrouillardise, trouver le moyen de contourner ces règles rigides, et les Français connaissent souvent les "trucs" qui permettent d'y échapper. Ceci explique la frustration des visiteurs étrangers auxquels ces règles sont rigidement appliquées et qui ignorent ces "trucs".

La centralisation du pouvoir donne une impression de puissance et de solidité qui est en partie illusoire: en effet, en concentrant le pouvoir de décision au sommet, on concentre aussi vers le sommet les canaux de la rébellion possible. Comme le sommet est responsable de tout, tout mécontentement va se retourner directement vers le sommet. Si ce mécontentement est très fort et partagé par un très grand nombre

[13] L'Ecole Nationale d'Administration (qui se trouve à Strasbourg) est accessible sur concours aux étudiants titulaire d'une licence ou d'un diplôme équivalent. Pour avoir les meilleures chances d'y entrer, il est recommandé d'être diplômé de l'Institut d'Etudes Politiques de Paris ("Sciences Po"). Le concours d'entrée à l'E.N.A. est extrêmement sélectif. Pendant leurs études—qui sont gratuites—les élèves reçoivent un salaire de l'Etat.

d'individus, cela crée un risque considérable pour l'autorité centrale qui peut "sauter" à la suite de manifestations monstres ou d'émeutes. Si l'on mange mal dans les restaurants de toutes les universités américaines, il y aura 100 personnes manifestant devant la porte du bureau de chaque président d'université. Si l'on mange mal dans tous les restaurants universitaires français, il y aura 50 000 personnes criant sous les fenêtres du ministre à Paris…. Un pouvoir centralisé centralise les troubles, ce qui augmente leur danger pour ceux qui détiennent le pouvoir. Il n'est donc pas étonnant que Paris ait été une ville particulièrement "active" en matière de troubles publics depuis deux siècles.

Remarquons enfin que, d'une manière générale, l'administration de l'Etat en France est très peu touchée par la corruption. Celle-ci atteint surtout la classe politique—membres du Parlement et élus locaux. La corruption politique, qui a toujours existé en France, s'est étendue depuis les débuts de la décentralisation. En décentralisant le pouvoir, en effet, on a aussi décentralisé la corruption. Les magistrats français ont poursuivi et fait condamner de nombreux élus locaux—parfois des personnages importants—pour financement frauduleux de campagnes électorales ou trafic d'influence (utiliser une fonction publique pour son profit personnel). Mais par rapport à ce qui se passe ailleurs dans le monde, la France reste un pays où le niveau de corruption est modéré.

Pour en savoir plus: *www.quid.fr/*

Chapitre 12

L'enseignement: Ecoles, collèges, lycées

Comme l'éducation familiale, le système scolaire contribue à "former" (au sens littéral) les Français et laisse sur eux une marque indélébile. Une grande part de ce qui unit culturellement les Français est transmise par ce système. Son organisation est complètement différente de ce qui existe aux Etats-Unis.

Le système scolaire dans le passé

L'organisation actuelle du système scolaire français—dans ses structures générales—date du début du 19e siècle (règne de Napoléon 1er). C'est alors qu'on a commencé à mettre sur pied un système d'enseignement public laïque (neutre sur le plan religieux et contrôlé par l'Etat).[1] On a débuté par le sommet—enseignement secondaire et universitaire—d'abord parce que ce sommet existait déjà (mais il était auparavant sous le contrôle de l'Eglise); ensuite parce que le gouvernement voulait sélectionner les meilleurs esprits pour le service de l'Etat. Ce n'est qu'à la fin du 19e siècle que l'on a étendu le système public national à l'enseignement primaire, qui est devenu gratuit et obligatoire à partir de 1882 (loi Ferry).[2] Progressivement, l'âge jusqu'auquel les enfants étaient obligés d'aller à l'école a été élevé: 11 ans d'abord, puis 14 ans, puis 16 ans (1959). Le nombre d'élèves augmenta parallèlement. Jusque dans les années 1950, l'enseignement secondaire et universitaire était en pratique réservé aux enfants de la bourgeoisie; seule une petite minorité d'enfants des classes populaires allaient au lycée et à l'université.[3] Aucune loi n'empêchait personne d'y avoir accès, mais il y avait des examens sélectifs à l'entrée; et le lycée comme l'université étaient des univers complètement étrangers à la culture des ouvriers et des paysans, qui désiraient souvent que leurs enfants travaillent le plus tôt possible.

L'opposition parfois violente entre l'Etat et l'Eglise catholique joua un grand rôle

---

[1] La constitution de 1793 (inappliquée) avait déjà émis le principe de l'éducation pour tous les citoyens.

[2] Il y avait alors deux types d'enseignement primaire public, l'un menant à l'école secondaire (pour les enfants de la bourgeoisie), l'autre ne menant pas au-delà des études primaires (pour les enfants des classes populaires).

[3] Ils devenaient souvent maîtres d'école ou professeurs.

dans le développement de l'enseignement public aux 19e et 20e siècles.[4] Les écoles privées, contrôlées par l'Eglise, enseignaient un système de loyauté (Dieu, le pape, le curé, etc.) qui concurrençait celui de l'Etat national républicain (la patrie, la démocratie, le gouvernement, etc.). Pour renforcer l'Etat national et affaiblir l'influence de l'Eglise, les gouvernements développèrent l'enseignement public laïque. Une sorte de guerre (scolaire) opposa les maîtres d'écoles publiques et les curés de paroisses pour influencer culturellement les enfants. L'opposition Etat-Eglise fut particulièrement forte pendant la IIIe république (1875–1940): pendant cette période, les ministres de l'Instruction publique furent toujours des francs-maçons anti-cléricaux et un maître d'école publique aurait bloqué sa carrière en mettant ses enfants dans une école privée. Les rapports entre l'enseignement public et l'enseignement privé ont donc longtemps été très tendus en France. Ce n'est plus vrai aujourd'hui, et l'Etat soutient même financièrement l'enseignement privé. Il y a pourtant eu des retours de tension au cours des années 1980. En 1984, par exemple, le gouvernement socialiste essaya d'entamer une fusion de l'enseignement privé et de l'enseignement public. Des manifestations massives l'obligèrent vite à abandonner ce projet. En 1987, un autre gouvernement essaya d'abolir l'ancienne loi qui accorde une journée de congé en semaine aux élèves de l'enseignement public (pour qu'ils assistent au catéchisme).

Le système scolaire aujourd'hui

Contrairement au système d'enseignement américain qui est extrêmement décentralisé, l'enseignement français est centralisé et unifié sur le plan national. C'est comme si le pays tout entier ne formait qu'un seul et immense *school district* employant 1,2 million de personnes et administrait 12 millions d'élèves.... Le ministère de l'Education nationale contrôle toutes les écoles publiques du pays et tous leurs enseignants. La division administrative principale en matière d'éducation n'est pas la région ou le département, mais l'académie (qui groupe plusieurs départements). Dans chaque académie (il y en a 27) se trouve un recteur—haut-fonctionnaire nommé par le ministre—qui administre le système, depuis l'école maternelle jusqu'à l'université. Ce recteur est représenté dans chaque département par un inspecteur d'académie, lui aussi nommé par le ministre.

les académies

   Les programmes scolaires, établis par le ministère, sont identiques partout en France (avec une certaine flexibilité dans certaines matières, par exemple en littérature.) Les enseignants sont recrutés suivant les mêmes critères de qualité et reçoivent les mêmes salaires partout. Le financement public des écoles est uniforme: les dépenses d'infra-

---

[4] Cette opposition date de la Révolution française. Elle fut extrêmement violente pendant la Révolution: des prêtres furent massacrés ou exécutés et le gouvernement essaya de créer une nouvelle Eglise catholique fidèle à la république révolutionnaire (l'Eglise "constitutionnelle"). Plus tard, lors de la séparation de l'Eglise et de l'Etat (1905), une partie du clergé catholique vit ses activités interdites par le gouvernement.

Entrée du lycée La Fontaine à Paris

structure (bâtiments) sont payés par les collectivités locales (communes, départements) et le fonctionnement est pris en charge par l'Etat. Il n'y a donc—en théorie—aucune différence de niveau entre les établissements scolaires: toutes les écoles du pays sont de qualité identique. En réalité, cela n'est pas vrai, car le niveau des élèves et la qualité des professeurs varient selon les lieux.[5] Mais on ne trouve pas en France des écarts de qualité entre écoles aussi considérables qu'aux Etats-Unis. Le système scolaire américain, avec ses énormes inégalités de richesse entre écoles, étonne beaucoup les Français.

Les professeurs d'école primaire (auparavant appelés "instituteurs" ou "institutrices") et les professeurs d'école secondaire de l'enseignement public sont nommés dans l'école où ils enseignent par le ministre de l'Education nationale. Ils doivent obéir à l'ordre qui leur est donné d'enseigner dans telle ou telle école en France.[6] Ils peuvent par la suite demander à changer de lieu. S'ils font des fautes professionnelles, la sanction pourra être de les nommer (sans leur avis) dans une autre ville (cela s'appelle "être muté d'office"). Pour devenir maître d'école primaire ou professeur dans le secondaire, il ne suffit pas d'avoir obtenu une licence ou une maîtrise à

[5] Les lycées des quartiers bourgeois de Paris sont réputés être les meilleurs de France. Les lycées Louis-le-Grand et Henri IV (tous les deux au Quartier latin) occupent le sommet de l'échelle. Ces distinctions non officielles tiennent uniquement au niveau des professeurs et des élèves. Elles n'ont rien à voir avec le fonctionnement et le financement de ces lycées, identiques à ceux des autres.

[6] On tient compte dans une certaine mesure de leurs désirs.

l'université; il faut, en plus, avoir réussi un concours de recrutement très sélectif. Pour enseigner dans les collèges, il faut avoir une licence dans sa spécialité et réussir le concours du Certificat d'aptitude au professorat de l'enseignement secondaire (CAPES). Pour enseigner dans les lycées, il faut avoir une maîtrise et réussir le concours de l'agrégation. En 1998, il y avait 51 928 candidats au concours de l'agrégation; 3 400 d'entre eux ont été admis. Si l'on passe avec succès ces concours de recrutement, on devient fonctionnaire de l'Etat à vie.

Contrairement à ce qui se passe aux Etats-Unis, la pédagogie compte relativement peu dans la formation des enseignants français: c'est leur savoir dans leur spécialité qui est surtout poussé; il n'y a pas de diplôme en *education* ni de *school of education* comme aux Etats-Unis. Les enseignants doivent toutefois faire un stage d'un an dans un Institut universitaire de formation des maîtres (IUFM) après leur réussite au concours pour devenir titulaires. Les professeurs d'école secondaire français enseignent 15 à 18 heures de classe par semaine (moins d'heures que leurs collègues américains). Ils arrivent à l'école pour faire leurs classes puis repartent chez eux. Ils n'ont pas de tâches "hors curriculum" à accomplir et seraient très étonnés d'apprendre que certains de leurs collègues américains doivent surveiller les élèves à la cafétéria ou entraîner l'équipe de football. Les écoles secondaires sont divisées en "collèges" (*junior high school*) dirigés par un "principal", et "lycées" (*high school*) dirigés par un "proviseur" (tous nommés par le ministre).

Jusqu'à une époque récente, les parents d'élèves français étaient assez peu impliqués dans le fonctionnement des écoles, puisqu'ils n'avaient aucun pouvoir sur la machine scolaire. Ceci n'est plus vrai aujourd'hui. Ils sont groupés en associations et leurs représentants sont souvent étroitement associés à l'administration des établissements. La scolarité dans l'enseignement public est entièrement gratuite. Les transports scolaires sont également gratuits. Les familles aux revenus modestes reçoivent de l'Etat une allocation spéciale de rentrée scolaire pour les aider à payer les livres, les cahiers, etc. L'enseignement public scolarise 80% des élèves des collèges et lycées.

Contrairement à ce qui se passe aux Etats-Unis, la plupart des écoles, collèges et lycées privés (catholiques en général) sont en France soutenus financièrement par l'Etat, qui paie les salaires du personnel administratif et enseignant (enseignement privé "sous contrat" avec l'Etat). Les enseignants, qui sont choisi par l'école privée elle-même, ne sont pas fonctionnaires, mais ils doivent passer un concours spécial s'ils veulent obtenir la même rémunération que leurs collègues du secteur public. Depuis 1993, les collectivités locales peuvent aussi soutenir financièrement les dépenses d'infrastructure des écoles privées. Grâce au soutien de l'Etat, les frais de scolarité dans les écoles privées en France (quelques centaines de dollars par an) sont beaucoup moins élevés qu'aux Etats-Unis. L'Etat aide les écoles privées pour deux raisons: 1) elles accomplissent une tâche d'intérêt national en éduquant de jeunes Français; 2) si l'on veut donner aux familles une authentique liberté de choix entre public et privé, l'argent ne doit pas être une barrière réservant l'entrée dans le privé aux enfants des riches. Les écoles privées suivent toujours les programmes scolaires nationaux des écoles publiques. En effet, l'examen donnant le droit d'aller à l'université (le baccalauréat) est toujours passé dans les écoles publiques et corrigé par des professeurs de lycée public. La différence entre école privée et école publique tient donc surtout au fait que l'école privée peut choisir ses élèves, ce qui fait que le niveau moyen des élèves et leur origine sociale tendent à être plus élevés dans le privé que dans le public; l'école privée peut aussi exclure les élèves, ce qui lui permet de maintenir une certaine discipline à l'école. Par contre, le niveau de formation académique des enseignants du public est plus élevé que dans le privé, où il n'y a pas de concours à réussir pour obtenir un poste. Le niveau de soutien de l'Etat à l'enseignement privé reste un sujet de conflit entre la droite et la gauche aujourd'hui (la droite cherche à étendre ce soutien, la gauche à le restreindre). L'enseignement privé scolarise 20% des élèves des collèges et lycées.

La France est un des pays du monde où la scolarisation commence le plus tôt. Un enfant français peut entrer normalement à l'école maternelle (publique et gratuite, mais non obligatoire) à l'âge de deux ans. Là, l'enfant pratique des activités qui éveillent et stimulent son esprit (jeux éducatifs, dessin, etc.), et il commence à apprendre quelques éléments de mathématiques, de lecture et d'écriture. Créées en 1887, les écoles maternelles accueillent aujourd'hui 52% des enfants âgés de 2 ans et 100% des enfants âgés de trois à six ans.

Puis, de six à onze ans, c'est l'école primaire (CP, CE1, CE2, CM1, CM2).[7] Vient ensuite l'enseignement secondaire, divisé en deux cycles: quatre ans de collège (sixième, puis cinquième, quatrième, troisième) et trois ans de lycée (seconde, première, classe terminale). L'enseignement au collège et dans la première année du lycée est unifié: tous les élèves suivent les mêmes classes. Par contre, le lycée est divisé en filières spécialisées (*tracks*) à partir de la première: S (sciences physiques et mathématiques), ES (sciences économiques et sociales), L (littérature-philosophie) et quatre filières technologiques (tertiaire, industrielle, laboratoire, médico-sociale). Chaque élève est dans une filière et chaque filière donne la priorité à certaines matières sur d'autres. Dans la filière L, par exemple, on fait beaucoup de français, de philosophie, de langues étrangères, d'histoire, de géographie, mais peu de sciences économiques, de maths et de physique. La filière S est la plus prestigieuse. Certains lycées sont spécialisés dans les filières technologiques et professionnelles formant des ouvriers ou des employés qualifiés (les lycées d'enseignement professionnel ou LEP). A la fin de la première, l'élève passe l'épreuve de français du baccalauréat (le "bac"). L'année suivante, à la fin de la classe terminale, a lieu le passage des autres épreuves. Réussir le baccalauréat est obligatoire—et suffisant—pour entrer à l'université. En principe, on reste dans la même filière en première et terminale, car chacune aboutit à un baccalauréat différent: bac S, bac ES, bac L, etc. L'apprentissage d'une langue étrangère est possible dès l'école primaire et obligatoire au collège. Dans les filières

---

[7] CP: cycle préparatoire; CE: cycle élémentaire; CM: cycle moyen.

L, ES et S du lycée, il faut en apprendre deux. Certains élèves en apprennent trois!

Les principales différences entre les systèmes d'enseignement français et américain se rencontrent au niveau du collège et surtout du lycée. La sélection scolaire est plus dure et brutale en France qu'en Amérique. La peur de l'échec y est beaucoup plus forte, le système ayant la réputation d'être sans pitié pour les faibles. Le système scolaire (et universitaire) français considère toute note inférieure à 10 sur 20 (C+ dans le système américain) comme un échec. Un élève qui termine une année ou qui passe un examen avec une note moyenne inférieure à ce niveau de 10 (C+) n'est pas, en principe, autorisé à aller plus loin et doit recommencer l'année ou l'examen autant de fois qu'il le faudra jusqu'à ce qu'il passe l'obstacle.[8] C'est pourquoi on trouve dans presque toutes les classes françaises un nombre plus ou moins élevé de "redoublants"—10 ou 20% des élèves souvent—qui refont la même classe une seconde fois.

En troisième, dernière année du collège, l'anxiété des parents et des élèves s'accroît. La fin de la troisième est en effet un moment-clé: le conseil de classe (proviseur, professeurs, délégués des parents d'élèves et délégués des élèves) décide, d'après les notes de l'élève, s'il pourra passer au lycée (pour aller plus tard à l'université), s'il devra redoubler la troisième, ou bien s'il sera mis dans l'enseignement professionnel (ne menant pas à l'université). Les parents peuvent faire appel de la décision devant une commission. A la fin de la classe de seconde, le conseil de classe décide dans quelle filière les élèves pourront s'inscrire dans la classe de première. Ce passage de la seconde à la première est crucial, car il peut fermer déjà des portes pour l'avenir professionnel: ne pas être admis en section S en première, par exemple, c'est se voir fermer pour toujours l'accès aux études de médecine ou aux écoles d'ingénieurs les plus prestigieuses. Comme le système est unifié, une décision prise dans un collège ou un lycée vaut pour tous les collèges et tous les lycées publics de France. On ne peut y échapper qu'en passant dans l'enseignement privé.

Plus on approche du baccalauréat, plus la tension et l'angoisse montent. Le stress culmine en classe terminale. Antoine, du lycée Condorcet: "Soixante-dix heures de travail par semaine. Vous connaissez un adulte qui accepterait de travailler autant?"; Amélie, 16 ans: "Il n'y a plus de conversation à la maison. Mon carnet scolaire est devenu le centre du monde". Pour faire face à l'intense pression qui pèse sur eux—leur avenir se joue sur un examen—beaucoup d'élèves de terminale font une consommation excessive de café, de cigarettes, ou touchent aux drogues douces; les cas d'anorexie, les tentatives de suicide ne sont pas rares. Chaque année, en effet, environ 20% des candidats au baccalauréat ratent l'examen. Ils doivent redoubler leur terminale car le baccalauréat, gigantesque examen organisé avec une précision d'horloge—il y a 600 000 candidats—n'a lieu qu'une fois par an. Les candidats doivent passer des épreuves dans toutes les matières enseignées à l'école secondaire, mais le

---

[8] Cette règle générale est loin d'être toujours respectée. Très souvent, on "repêche" (laisse passer) des élèves qui ont des notes de 8 ou 9 sur 20 (C).

Haute tension: plus de 600 000 candidats commencent les épreuves du bac le même jour à la même heure

poids donné à chaque matière varie suivant la filière où ils sont. Ceux qui obtiennent des résultats globaux légèrement inférieurs à la moyenne (C dans le système américain) sont autorisés à passer un examen oral "de rattrapage" pour vérifier si leur niveau véritable est supérieur: s'ils réussissent, ils obtiendront le baccalauréat. Les filles réussissent mieux à cet examen que les garçons. Réussir l'examen n'est pas le seul souci des candidats, car les notes obtenues ont aussi une fonction cruciale. Il est difficile, en effet, d'être candidat aux institutions universitaires prestigieuses appelées "grandes écoles" si l'on n'obtient pas la mention "bien" (l'équivalent de *cum laude*) ou "très bien" (l'équivalent de *summa cum laude*) au baccalauréat ainsi que d'excellentes notes en classe terminale. Sans l'une de ces mentions (attribuées à environ 8% des admis), l'espoir de faire un jour partie de l'élite dirigeante de la France se trouve très réduit.[9]

Parmi les différences notables entre l'école française et l'école américaine, on peut noter l'importance des examens oraux auxquels les élèves français sont longuement entraînés au cours de leurs études. Les élèves français font aussi souvent des exposés ou sont appelés au tableau pour expliquer quelque chose devant le professeur et le reste de la classe. L'enseignement français a toujours donné beaucoup d'importance à la rhétorique, à la capacité d'exprimer des idées oralement. Il entraîne constamment

[9] Chaque année depuis 1747 se déroule le Concours Général, une compétition qui détermine quel est le meilleur élève de France dans chaque matière enseignée en première et terminale. Les candidats sont nommés par leurs professeurs. Les lauréats du concours sont reçus à déjeuner par le président de la République et certains grands journaux publient leurs copies.

les élèves à organiser leurs essais et exposés selon un plan méthodique et équilibré. Parmi les différences, on remarque aussi que les enfants français apprennent à écrire en cursif plus tôt que les Américains. Ils n'ont pas de casier personnel dans l'école, ils doivent apporter toutes leurs affaires avec eux chaque jour (dans des cartables ou des petits sacs à dos). Dans les villes, il n'y a pas de transports scolaires: les élèves vont à l'école à pied, prennent l'autobus ou le métro, ou sont transportés par leurs parents. Il n'y a pas de cérémonie de *graduation*, ni de *proms*, ni de *cheerleaders*, car le sport a peu d'importance. On remarque aussi que lorsqu'ils viennent d'un milieu social très favorisé, les lycéens français portent un habillement plus formel, moins "sport" que les élèves américains d'un milieu équivalent.

Les problèmes

L'enseignement primaire et secondaire français a beaucoup changé au cours des trente dernières années. L'enseignement secondaire, qui était socialement et intellectuellement élitiste, est devenu un enseignement de masse démocratisé (6% d'une classe d'âge passait le baccalauréat en 1950, 12% en 1960, 36% en 1988, 61% en 1996). Cette transformation a suscité d'énormes problèmes: il a fallu construire très rapidement

Manifestation de lycéens à Paris

de nouveaux collèges et lycées pour absorber les centaines de milliers de nouveaux élèves; l'enseignement donné était bien adapté aux valeurs et aux intérêts des élèves d'origine bourgeoise (appréciation des idées abstraites, de la littérature, des arts), mais pas du tout à ceux des nombreux élèves venant des classes populaires. Des reproches sévères furent lancés (en France) contre l'enseignement français, accusé de noter en réalité les élèves sur leur capacité à assimiler la culture élitiste des bourgeois (c'est-à-dire de les noter sur leur classe sociale.) La sélection scolaire est donc un sujet politiquement sensible en France et toute réforme qui semble renforcer cette sélection est perçue comme une attaque contre les classes défavorisées de la société.

De plus, la politique de "regroupement familial" qui permit aux travailleurs immigrés de faire venir leurs femmes et leurs enfants en France entraîna l'arrivée massive d'enfants nord-africains dans les écoles et collèges des banlieues urbaines au cours des années 1970 et 1980. La première génération d'enfants d'origine nord-africaine nés en France (les "Beurs") est aussi entrée dans le système scolaire. Ceci a rendu la clientèle des écoles beaucoup plus diverse qu'auparavant sur les plans ethniques et culturels. Pour la première fois, les écoles françaises ont accueilli des centaines de milliers d'élèves d'origine non européenne. Dans certaines classes de certains collèges, le tiers ou la moitié des élèves viennent de familles originaires d'Afrique noire ou d'Afrique du Nord. Or le système scolaire français est très mal préparé à une telle diversité: sa fonction historique était de faire disparaître la diversité, non de la reconnaître; par souci d'égalité, il applique le même enseignement et les mêmes critères d'évaluation à tous les élèves d'une manière rigide, sans se préoccuper des handicaps de tel ou tel groupe. Les enseignants sont formés à enseigner une matière et non pas à aider leurs élèves à faire face aux multiples problèmes psychologiques et sociaux qui les affectent.

Malgré de multiples efforts—tous les ministres de l'Education depuis les années 1950 ont cherché à réformer le système—l'enseignement français reste écartelé entre deux objectifs contradictoires: la formation d'une élite (objectif traditionnel) et l'éducation de masse (objectif nouveau). Faire les deux à la fois est difficile à cause du caractère unifié et monolithique du système scolaire. La manière dont on a d'abord combiné les deux objectifs fut très simple: on modifia massivement le système sur le plan quantitatif (davantage d'écoles, davantage de professeurs, davantage de locaux, etc.), mais pas sur le plan qualitatif (même contenu et fonctionnement élitistes). Il en résulta d'énormes tensions avec des taux d'échec considérables chez les enfants des classes défavorisées qui se trouvaient rejetés très tôt vers des métiers techniques mal payés et sans avenir. Les partis politiques de gauche et les syndicats d'enseignants dénonçaient cette situation injuste. Le gouvernement tenta par une série de réformes (réforme Haby de 1977 notamment) de remédier à ces problèmes (suppression des filières au collège, allégement des programmes, enseignement moins abstrait, suppression du classement des élèves par ordre de mérite, etc.).

Traditionnellement, l'enseignement français cherche à donner à l'élève une solide "culture générale" en lui inculquant des connaissances dans un grand nombre de domaines différents (idéal ancien de l'"honnête homme" qui doit posséder des connaissances sur tout). On retrouve cette tendance à l'examen du baccalauréat, qui teste les capacités des élèves dans les domaines suivants: littérature française, mathématiques, physique-chimie, histoire, géographie, sciences économiques, philosophie, langues étrangères. On s'attend à ce qu'un candidat âgé de 18 ans puisse écrire pendant quatre heures sur des sujets comme "La politique intérieure de l'Union Soviétique de 1953 à aujourd'hui" (histoire), "La dette des pays en voie de développement" (géographie), "Que gagne-t-on en perdant ses illusions?" (philosophie). Les concours d'entrée aux institutions universitaires d'élite appelées "grandes écoles" comportent une épreuve orale de culture générale sans programme, où les examinateurs interrogent les candidats sur n'importe quoi: l'histoire de la Chine au Moyen-Age, l'économie de l'Argentine, la poésie de Verlaine, le rôle du dollar dans les finances internationales, l'art gothique, la politique de la France en Afrique, etc.[10] Ce que les Américains appellent *general education* est assimilé par les élèves français au lycée et non pas à l'université. Après avoir passé le baccalauréat, l'élève français est prêt à se spécialiser de la même manière qu'un *graduate student* américain.

Les partisans de la "culture générale" pensent qu'elle doit rester l'objectif principal de la formation scolaire. Face à eux, d'autres sont partisans d'un enseignement plus directement rattaché à la vie des élèves et qui les prépare (comme aux Etats-Unis) surtout à fonctionner dans la vie pratique et professionnelle. Dans une enquête effectuée il y a quelques années, 81% des lycéens français pensaient que le lycée permet d'acquérir une "culture générale", mais 69% estimaient qu'il prépare mal au monde du travail.[11]

Le problème de la violence à l'école est apparu dans les années 1980 avec la multiplication des incidents opposant les élèves et les enseignants ou bien les élèves entre eux. Même s'il n'a pas en France la même gravité qu'aux Etats-Unis, ce problème préoccupe beaucoup les parents et les éducateurs français. L'école a toujours été, dans le passé, un lieu où existait un certain niveau de violence; mais cette violence était généralement ritualisée ou contenue dans des limites précises (bizutage, châtiments corporels, etc.)[12] Ce type de violence a disparu et a été remplacé par une violence individuelle qui n'obéit plus à aucune règle. Un élève en blesse un autre qui lui a volé de la marijuana. Un élève se venge d'une mauvaise note en crevant les pneus de la voiture du professeur. Ces problèmes touchent surtout certains établissements scolaires situés dans les banlieues dites "difficiles" où habitent les classes défavorisées.

Pour en savoir plus: *www.quid.fr/*

[10] Même les punitions peuvent refléter cette approche qui place un obstacle bien haut au dessus de l'élève pour voir comment son sens de l'initiative et ses connaissances générales vont lui permettre de s'en sortir. Je me souviens de deux sujets de punition infligés à des élèves dans un collège: "Décrivez un oeuf. 30 pages" et "Vous connaissez le clair de lune. Décrivez le clair de l'autre".

[11] Sondage du magazine *Phosphore* (1993).

[12] Bizutage: *hazing*

Chapitre 13

Universités et grandes écoles

A la différence des autres pays du monde, la France possède deux systèmes parallèles d'enseignement supérieur (post-secondaire): le système des universités et le système des grandes écoles. L'élève français qui vient de passer son baccalauréat doit choisir entre ces deux systèmes: il fera ses études soit dans l'un, soit dans l'autre.

Deux systèmes d'enseignement supérieur

Le système des universités correspond à l'enseignement de masse ouvert à tous et non élitiste: il suffit d'avoir obtenu le "bac" pour avoir le droit de s'inscrire dans toutes les universités françaises (dans un programme d'études correspondant au type de baccalauréat passé). Le système des grandes écoles, réservé à une petite minorité d'étudiants, est au contraire extraordinairement sélectif et élitiste. Le sélection et l'élitisme n'ont bien sûr rien de spécifiquement français. Aux Etats-Unis ou en Angleterre, par exemple, certaines universités, certaines écoles ou programmes très réputés sont beaucoup plus sélectifs que d'autres et les étudiants qui en sortent forment l'élite du pays. Mais tout ceci ne représente que le sommet de la hiérarchie universitaire. En France, ce sommet est complètement détaché de la base *avant* le début des études supérieures: l'élite est sélectionnée d'une manière définitive dès la fin de l'école secondaire et rassemblée dans des institutions spéciales séparées du système universitaire. Cette sélection se fonde uniquement sur les résultats scolaires. On comprend donc pourquoi les élèves français et leurs parents ne vivent pas l'enseignement secondaire avec la même tranquillité d'esprit que les Américains: leur vie toute entière se décide au lycée et lors du passage du baccalauréat. Le prestige des grandes écoles est donc très supérieur à celui des universités, car y être admis signifie aux yeux de tous que l'on fait déjà partie de l'élite de la France. Inversement, aller à l'université signifie (sauf pour la médecine et le droit) que l'on n'a pas pu entrer dans une grande école. La coupure entre les deux systèmes est complète. La cause de cette séparation remonte à l'époque (Révolution française et 19e siècle) où l'université française était considérée comme trop tournée vers le passé par les gouvernants qui ont créé des institutions spéciales pour former une élite moderne prête à servir l'Etat.

Les grandes écoles

Comment entre-t-on dans une grande école? Il faut d'abord avoir d'excellentes notes en classe terminale et une mention "bien" (l'équivalent de *cum laude*) ou "très bien" (l'équivalent de *summa cum laude*) au baccalauréat. Cela permet d'être admis dans une "classe préparatoire" où l'on prépare pendant deux ans les concours d'entrée des grandes écoles. Ces classes sont dans les lycées publics ou privés (le candidat aux grandes écoles reste donc au lycée après le baccalauréat). Celles qui sont réputées les meilleures de France se trouvent à Paris (lycée Louis-le-Grand et lycée Henri IV). Elles sont divisées en deux filières principales: filière scientifique avec mathématiques supérieures (appelé familièrement "hypotaupe") puis mathématiques spéciales ("taupe"); filière littéraire avec lettres supérieures ("hypokhâgne") puis première supérieure ("khâgne"). Après deux années de travail très intensif, on se présente simultanément aux concours d'entrée de plusieurs grandes écoles. Ces concours d'entrée sont extrêmement sélectifs (de l'ordre de un admis pour dix candidats). Chaque école admet entre 20 et 250 candidats par an. Si l'on échoue à tous les concours, on peut redoubler la classe préparatoire pour tenter sa chance à nouveau l'année suivante, ou bien abandonner et aller à l'université. Si l'on est admis, on passe généralement trois années d'étude dans la grande école. Suivant l'habitude française, l'enseignement y est généraliste, couvrant un champ très large dans des matières différentes. Les élèves (on ne dit pas "étudiant" pour les grandes écoles) passent parfois aussi un concours de sortie destiné à les classer selon leurs performances. C'est le cas, par exemple, à l'Ecole nationale d'administration: les élèves choisissent les postes dans la haute administration dans l'ordre de leur classement au concours de sortie. Chaque groupe d'élèves admis lors du concours d'entrée dans une grande école s'appelle une promotion. Le meilleur élève à la sortie est appelé le major de sa promotion. Toutes les grandes écoles sont aujourd'hui ouvertes aux femmes, ce qui n'était pas le cas jusque dans les années 1970.[1]

Il existe 177 grandes écoles en France. Les trois quarts d'entre elles sont publiques et gratuites, les autres privées et payantes. Une stricte hiérarchie existe entre elles, certaines étant plus difficiles et prestigieuses que d'autres. Au sommet de la pyramide du prestige, on trouve l'Ecole polytechnique (sorte de MIT français, surnommée l'X) qui forme des ingénieurs de très haut niveau, l'Ecole nationale d'administration (l'ENA) qui forme les hauts-fonctionnaires de l'Etat, et l'Ecole des hautes études commerciales (HEC) qui forme des dirigeants d'entreprises. L'Ecole polytechnique, créée en 1794, est militarisée: elle est dirigée par un général; ses élèves, hommes et femmes, portent des uniformes militaires noirs; ils ont le privilège de toujours marcher en tête de la grande parade militaire qui a lieu à Paris chaque année lors de la fête nationale le 14 juillet. Juste au-dessous, l'Ecole centrale de Paris (ingénieurs), l'Ecole des mines (ingénieurs), l'Ecole normale supérieure de la rue d'Ulm (Normale sup, professeurs

[1] L'Ecole Polytechnique, par exemple, admit des femmes pour la première fois en 1972. Le major de la première promotion mixte fut une femme.

d'université)[2], l'Ecole des ponts et chaussées (ingénieurs des travaux publics), l'Ecole des chartes (archivistes), l'Ecole de la magistrature (magistrats), les grandes écoles militaires (officiers), L'Institut d'études politiques de Paris ("Sciences-Po"), l'Institut national agronomique ("Agro", ingénieurs agronomes). Sous ce niveau se trouvent des dizaines de grandes écoles moins prestigieuses mais très sélectives. Les élèves des grandes écoles qui forment des fonctionnaires (l'X et l'ENA notamment) reçoivent un salaire pendant leurs études s'ils s'engagent à servir l'Etat pendant dix ans. Certains élèves particulièrement brillants font plusieurs grandes écoles successivement (Polytechnique puis l'ENA, ou Normale sup puis l'ENA, par exemple).[3] Quelques grandes écoles sont privées (et chères). C'est le cas notamment de HEC et de quelques autres écoles formant des dirigeants d'entreprises commerciales. Ceci vient du fait que l'Etat français s'est longtemps désintéressé de l'enseignement des affaires.

Les anciens élèves des grandes écoles monopolisent les plus hautes places dans l'administration nationale (ce qu'on appelle les "grands corps" de l'Etat) et la direction des grandes entreprises publiques et privées. Dans tout gouvernement, la majorité des ministres et des membres de leurs cabinets (leurs collaborateurs immédiats) sont passés par une grande école. Les anciens élèves des grandes écoles gardent pendant toute leur carrière un esprit de corps et sont souvent organisés en cliques rivales dans la haute administration. Le ministère de l'Intérieur, par exemple, "appartient" aux anciens élèves de l'ENA; le ministère de l'Industrie "appartient" aux anciens élèves de Polytechnique, etc.: il sera difficile de "monter" dans la haute-administration de ces ministères si l'on vient d'une autre grande école, car on sera considéré comme un intrus qui n'est pas vraiment à sa place. Etre passé par une grande école est, dans la société française, comme un titre de noblesse qui résonne de prestige et ouvre des portes qui autrement resteraient fermées.[4] Face aux diplômés de l'université, les anciens élèves des grandes écoles partent favoris: tout le monde sait que le choix pour un poste de haut niveau penchera généralement en leur faveur. On conserve le titre d'ancien élève d'une grande école—surtout les plus réputées—pendant toute sa vie. Depuis la première carte de visite jusqu'au faire-part de décès, on inscrit toujours après le nom: "ancien élève de l'Ecole Polytechnique" (par exemple).

Le système des grandes écoles a des qualités reconnues: il donne à la France des élites techniquement très compétentes et surtout très aptes à voir les choses de haut, à

---

[2] Fondée en 1808, "Normale" jouit d'un prestige tel que les élèves ont—s'ils réussissent le concours d'agrégation—une carrière quasiment assurée dans l'enseignement universitaire. Des séries de conférences y sont faites, mais aucun cours régulier n'y est donné; les élèves s'inscrivent selon leurs désirs dans les universités parisiennes. Il y existe un esprit, une attitude spéciale; c'est un peu un collège dans le sens anglais du mot, un collège pour l'élite intellectuelle très sélectionnée, et qui produit non seulement des professeurs mais éventuellement des hommes d'Etat, des hommes de lettres, de grands industriels.

[3] L'ancien président de la République (1974–1981) Valéry Giscard d'Estaing, par exemple, a fait l'Ecole Polytechnique, puis l'ENA.

[4] Le sociologue Pierre Bourdieu a publié un livre sur les grandes écoles qui a pour titre: *La Noblesse d'Etat. Grandes écoles et esprit de corps* (Paris: Editions de Minuit, 1989).

L'université

comprendre les problèmes dans leur ensemble. Mais il a aussi été vivement critiqué: c'est un système extrêmement malthusien où le nombre d'admis est très limité, sans souci des besoins du marché, dans le but de maintenir la difficulté d'accès et la valeur des "produits". Ce système recrute ses élèves surtout dans la bourgeoisie, les autres catégories sociales étant fortement sous-représentées. Il donne un pouvoir considérable à des individus organisés en "corps" professionnels puissants et très soucieux de défendre leur territoire et leurs privilèges. Il produit des technocrates trop conscients de faire partie d'une élite et trop sûrs d'avoir toujours raison. Quelques efforts ont été faits pour "démocratiser", c'est-à-dire diversifier socialement le recrutement des grandes écoles (à l'ENA notamment).[5] Certaines grandes écoles ont été déplacées hors de Paris (Polytechnique, l'ENA). Mais les associations d'anciens élèves sont très puissantes et il n'a jamais été question de remettre en cause le système.

Les universités

Face aux grandes écoles, les universités—ouvertes à tous les bacheliers—sont évidemment en position nettement inférieure sur le plan du prestige et de la valeur

---

[5] La plupart des grandes écoles acceptent (sans concours d'entrée) quelques élèves étrangers chaque année dans le cadre d'accords passés avec des institutions étrangères de haut niveau (du genre M.I.T., West Point Military Academy, Juilliard School of Music, etc.).

marchande du diplôme. ~~Cela ne vient pas des professeurs—aussi compétents dans les universités que dans les grandes écoles—mais des étudiants, qui n'ont pas subi la sé-lection féroce imposée à leurs camarades des grandes écoles.~~ De plus, les universités ont souffert de l'effet pervers (dépréciation des diplômes) provoqué par l'énorme accroissement du nombre des étudiants depuis 1960. On comptait 186 000 étudiants dans l'enseignement supérieur en France en 1959; il y en a plus de 2 millions aujourd'hui! La valeur sociale et économique d'un diplôme de licence (équivalent à la première année d'études *graduate* aux Etats-Unis) est actuellement à peu près équivalente à celle du baccalauréat il y a quarante ans. Il existe quelques exceptions à cette règle: la médecine notamment, qui fait partie des universités mais dont l'entrée est très sélective (les étudiants passent un concours difficile à la fin de leur première année d'études après le baccalauréat).

~~On compte 84 universités~~ et 90 instituts universitaires de technologie en France. ~~Ces institutions sont toutes publiques, toutes financées et contrôlées par le Ministère de l'Education Nationale.~~[6] Elles sont très souvent spécialisées dans un secteur donné: sciences humaines, droit et économie, sciences. Il existe aussi plusieurs universités catholiques (privées) dont la fonction principale est d'enseigner les disciplines religieuses (théologie, droit canon, histoire ecclésiastique, etc.).

Comme ailleurs en Europe, les universités françaises sont toujours situées dans des villes importantes ou à leur proximité immédiate: ~~la vie universitaire, en effet, est depuis le Moyen-Age liée au monde urbain.~~ L'université n'offre aucune vie sociale spécifique, seulement un enseignement. Les étudiants habitent en ville, vont au théâtre ou au cinéma en ville, achètent leurs livres dans les librairies de la ville, se réunissent avec leurs amis dans les cafés de la ville. Leur seul contact avec l'université consiste à assister aux cours et à aller à la bibliothèque quelques heures par semaine. Le *college* américain, replié sur lui-même dans la verdure d'un campus campagnard, n'a pas d'équivalent en France. Dans les années 1960, on créa des campus modernes avec résidences universitaires dans les banlieues des grandes villes, mais sans y mettre ce qui donne aux campus américains une vie culturelle et sociale autonome (théâtre, librairie, maison des étudiants, stade, etc.). On raisonnait toujours comme si le campus était intégré à la ville. ~~Ceci explique pourquoi les campus universitaires français restent, comme les universités traditionnelles, avant tout des lieux de passage: on y entre pour assister au cours, puis on rentre chez soi.~~ Comme toutes les universités donnent des diplômes ayant la même valeur, rien (sur le plan académique) n'incite les étudiants à partir étudier loin de chez leurs parents: ils s'inscrivent, en règle générale, à l'université la plus proche de chez eux. Beaucoup d'étudiants continuent donc à résider chez leurs parents et vont à l'université de leur ville comme ils allaient auparavant au lycée. Les autres logent en résidence universitaire ou louent des chambres en ville.

---

[6] L'université d'Etat française fut créée en 1806 par Napoléon 1er. Trois universités (sur les 84) sont aujourd'hui localisées outre-mer: l'université des Antilles-Guyane, l'université de la Réunion, et l'université française du Pacifique.

Les plus grandes villes françaises ont deux ou trois universités, Paris en compte 13 (Paris I, Paris II, Paris III, etc.).

Comme le baccalauréat suffit pour entrer à l'université, celle-ci est, en principe, obligée d'accepter tous les bacheliers qui s'y inscrivent, la seule restriction étant la limite physique du nombre de places dans les salles de cours. Il faut donc s'inscrire le plus vite possible (électroniquement par Minitel) à l'université de son choix. Sinon, celle-ci risque de renvoyer l'étudiant dans une autre université.

Les universités françaises sont dirigées par un président élu et sont toutes administrées suivant des règles identiques, sous le contrôle des recteurs d'académie. Contrairement à ce qui se passe aux Etats-Unis, où les universités recrutent librement leurs enseignants sur un "marché" de l'emploi universitaire, le système français de recrutement des enseignants est fermé: il faut réussir un concours spécial ou être fonctionnaire de l'Education nationale placé sur une "liste d'aptitude" pour obtenir un poste universitaire. Les salaires des professeurs sont fixés au niveau national et ne se négocient pas. La plupart des enseignants des universités sont ainsi organisés en un "corps" de fonctionnaires, avec emploi garanti à vie. Beaucoup ont commencé leur carrière comme professeur de lycée. La proportion de femmes n'a cessé de s'accroître parmi les étudiants de l'université (56% en 1998) ainsi que dans le corps enseignant, mais les élèves des grandes écoles restent en majorité des hommes.

Les étudiants américains qui arrivent en France sont souvent étonnés par le manque de rapports entre professeurs et étudiants. Une grande distance semble les séparer, et certaines marques de déférence hiérarchique subsistent. Depuis 1968, les étudiants ne se mettent plus debout lorsqu'un professeur entre dans une salle de cours, mais il est toujours considéré comme irrespectueux d'interrompre un cours magistral en posant une question au professeur ("encore un étudiant américain" penserait un professeur ainsi questionné). Faire "évaluer" les professeurs par leurs étudiants est difficilement accepté. Pour les Français, l'"évaluation" des professeurs à l'américaine implique un rapport de type commercial (l'étudiant est comme un client; il faut lui donner ce qu'il demande); cela s'oppose absolument à leur conception de l'université qui est hiérarchique: les professeurs détiennent le savoir et offrent aux étudiants la chance d'y avoir accès (l'étudiant est un élève, un disciple qui recueille la parole du maître). De plus, le professeur n'estime pas qu'il soit dans son rôle de se préoccuper de la présence ou de l'absence d'un étudiant, ni des mauvaises notes qu'il lui attribue, ni des difficultés que celui-ci peut rencontrer pour obtenir tel ou tel livre. Il peut fort bien, dans un cours universitaire, ne recommander aucune lecture, ou ne pas donner de bibliographie. C'est à l'étudiant de faire le nécessaire pour être prêt le jour de l'examen. L'inscription à l'université donne le droit d'assister aux cours offerts par les professeurs et leurs assistants, ainsi que de passer les examens universitaires, et rien de plus. L'étudiant français ne s'attend donc pas à être conduit et conseillé dans chaque aspect de son travail par un professeur, comme l'étudiant américain. Il est beaucoup plus laissé à lui-même, devant se débrouiller seul ou presque face à ses notes de cours, à ses révisions d'examen ou à ses recherches. L'étudiant qui n'y parvient pas aura beaucoup de mal à achever avec succès ses études.

L'idée américaine que tout le monde, à n'importe quel âge, peut entreprendre des études universitaires, obtenir un diplôme, et que cela est surtout une question de temps et d'argent, n'existe pas en France. L'université française n'est pas, comme le *college* américain, une sorte d'Amérique dans l'Amérique offrant souvent le salut d'une seconde chance, d'une seconde carrière. L'enseignement français porte sur les individus un jugement précoce et définitif, valable pour le restant de la vie: impossible ou difficile de changer de voie, de revenir en arrière, de rattraper le temps perdu. La formation continue, les cours du soir existent, mais ne sont pas aussi développés qu'aux Etats-Unis; ce sont généralement les entreprises elles-mêmes qui s'en chargent et en font bénéficier leurs propres employés. De plus, entrer à l'université en France ne garantit nullement que l'on en sortira avec un diplôme. Les taux d'échec aux examens universitaires sont, en effet, nettement plus élevés qu'aux Etats-Unis. Il n'est pas rare de voir 20 ou 30% des étudiants rater un cours (on se souvient que toute note inférieure au C+ américain signifie l'échec en France). On rencontre ainsi beaucoup d'étudiants qui passent les mêmes examens pour la deuxième ou la troisième fois.

Le financement des universités étant public à près de 100% (Etat et régions), les frais d'inscription dans une université française sont très bas: environ 250 dollars par an (y compris en droit et en médecine).[7] Pour les étudiants français et leurs familles, le fait que les études universitaires soient très peu chères va de soi; tout le monde trouve cela normal. Les Français sont très étonnés par le coût des études en Amérique; ils ne comprennent pas pourquoi les Américains payent si cher pour avoir accès à l'université, qui à leurs yeux doit être un "service public" comme l'école primaire ou secondaire; cela ne leur semble pas très démocratique. Dans chaque université française, des "restaurants universitaires" réservés aux étudiants offrent des repas subventionnés par l'Etat. On peut y manger (entrée, viande ou poisson avec légumes, fromage, dessert) pour 15 francs (3 dollars). La nourriture est copieuse mais peu variée. L'Etat verse aux étudiants qui louent une chambre en ville l'allocation de logement social (ALS) d'un maximum de 200 dollars par mois, pour les aider à se loger. L'Etat offre aussi des bourses et des prêts sans intérêt aux étudiants venant de familles aux revenus modestes. Beaucoup d'étudiants ont un emploi à temps partiel; toutefois, cela est moins courant qu'aux Etats-Unis. Les employeurs et les syndicats français, en effet, ont toujours été assez réticents vis-à-vis de l'emploi des étudiants qui sont jugés instables et intéressés surtout par leurs études.

L'université française (comme les universités européennes en général) conserve un caractère féodal: les professeurs les plus éminents sont un peu comme de grands seigneurs entourés d'une cour de vassaux (jeunes enseignants, étudiants de doctorat) qui travaillent fidèlement à l'ombre de la réputation du maître et sont protégés par

---

[7] Les étudiants étrangers paient les mêmes frais d'inscription que les Français.

lui. Sans ce "patronage", il sera difficile au jeune chercheur ou au jeune enseignant universitaire de trouver un poste.

Les universités françaises sont divisées en unités de formation et de recherche (U.F.R.), équivalant aux départements des universités américaines. Le premier diplôme est le Diplôme d'études universitaires générales (D.E.U.G.) obtenu après deux années d'études. Il n'est qu'une étape vers la licence (équivalent de la première année d'études *graduate* dans le système américain) qui s'obtient un ou deux ans après le D.E.U.G. La licence française est plus spécialisée qu'un B.A. américain. Faire une licence d'histoire, par exemple, veut dire suivre des cours uniquement dans l'U.F.R. d'histoire. L'étudiant français a donc moins de liberté que l'étudiant américain dans le choix de ses cours. L'idée que l'étudiant doit se chercher, doit apprendre à trouver sa voie à travers une sorte de *trial and error* académique n'existe pas. Le système présume que l'on sait ce que l'on veut dès le départ et il ne fait pas de place à l'erreur. Les standards à atteindre à chaque niveau sont définis avec précision (ce que doit savoir un diplômé d'anglais, d'histoire, de chimie, etc.). Une fois qu'il a choisi son orientation ou sa filière (par exemple études d'anglais avec spécialisation nord-américaine), le candidat doit suivre un cursus assez rigide qu'il ne peut guère modifier lui-même. Après la licence vient la maîtrise (un ou deux ans d'études), le diplôme d'études approfondies (DEA, un an d'études), puis le doctorat (trois ou quatre années supplémentaires).

Une autre particularité du système français d'enseignement supérieur tient au fait que la recherche de haut niveau ne se fait pas, pour l'essentiel, dans les universités (comme aux Etats-Unis), mais dans des institutions spéciales distinctes des universités. Les plus connues sont le Centre national de la recherche scientifique (CNRS), L'Ecole des hautes études en sciences sociales et le Collège de France (créé par le roi François 1er au 16e siècle) qui regroupe les cinquante professeurs d'université les plus éminents du pays (ces professeurs peuvent se consacrer en toute liberté à la recherche, leur seule obligation étant de faire plusieurs conférences publiques par an).

Depuis les années 1960, les problèmes des universités françaises sont nombreux et endémiques: manque de place pour les étudiants, manque d'enseignants, moyens matériels dégradés ou insuffisants, salaires des enseignants peu attrayants. Les gouvernements de la France n'ont jamais accordé à ces problèmes une attention prioritaire. La plupart des hommes politiques et des hauts fonctionnaires, en effet, viennent des grandes écoles et considèrent les universités avec une certaine condescendance. Les universités françaises, très dépendantes de l'Etat, apparaissent relativement "pauvres" par rapport aux universités d'autres pays d'Europe (l'Allemagne notamment) ou des Etats-Unis. Des expériences limitées de financement privé des universités (contrats de recherche ou d'enseignement) ont été mises en place. Certains réformateurs (à droite surtout) souhaiteraient donner une liberté académique et financière beaucoup plus grande à chaque université, en s'inspirant du modèle américain. Face à l'opposition de la gauche, des enseignants et de la majorité des étudiants, qui voient le système universitaire américain comme très critiquable ("un pays où il faut être riche pour aller à l'université"), ces réformateurs n'ont jamais réussi à mettre en oeuvre leurs projets. Le ministre des universités Alain Devaquet a été obligé de démissionner en 1986, après avoir proposé une réforme dans ce sens qui fut violemment combattue. La majorité des étudiants restent très attachés à un système universitaire gratuit et parfaitement uniforme sur le plan national. Ils se mettent en grève et "descendent dans la rue" massivement dès qu'ils voient apparaître une menace sur leur capacité de faire des études (hausse des droits d'inscription, sélection à l'entrée des universités, manque de professeurs, etc.).

En réalité, des études gratuites ne signifient pas du tout que la compétition pour obtenir des diplômes est égalitaire. Cette compétition serait égalitaire si les élèves des écoles et les étudiants avaient tous la même famille. Parce qu'en France l'argent compte moins qu'en Amérique, le capital culturel transmis aux enfants par les parents joue un rôle plus décisif dans l'obtention d'un diplôme prestigieux.

La comparaison des systèmes d'enseignement français et américain met en évidence le contraste fondamental qui oppose la société française, plus dure et sans merci dans la compétition intellectuelle et la société américaine, plus dure et brutale dans la compétition économique.

Pour en savoir plus: *www.quid.fr/*

Chapitre 14

L'economie

Pour comprendre la structure et le fonctionnement de l'économie française, il faut—comme pour le système politique ou l'éducation—remonter aux valeurs fondamentales de la culture française. L'influence de la morale catholique et du rationalisme centralisateur sur les Français permettent d'expliquer certaines différences essentielles entre l'économie française et l'économie américaine.

La conception française traditionnelle de l'économie

Nous avons noté dans un chapitre précédent la grande répulsion de la culture française à l'égard de la nature incontrôlée, de tout ce qui est "sauvage" (le même mot est utilisé pour dire *wild* et *savage* en français). Nous savons que la morale catholique a longtemps exalté l'esprit de sacrifice et qu'elle a été hostile au profit commercial et financier car le profit était le signe de l'esprit de lucre (*greed*), donc du mal. L'Etat français a continué à exalter cet idéal désintéressé: "L'égoïsme est un vice incompatible avec la République" proclamaient autrefois les manuels scolaires français.

Nous savons l'importance, en France, de la notion d'intérêt supérieur national par opposition aux intérêts individuels. Nous avons vu combien était grande (chez les bourgeois surtout) la peur de l'instabilité sociale. Bien entendu, comme partout ailleurs, il y a toujours eu des Français qui aimaient le profit et qui se sont enrichis, parfois beaucoup et très vite. Mais (c'est cela qui est important) l'attitude de ces Français allait contre la morale dominante dans la société, la morale enseignée à l'école, à l'église, dans les familles. Il fallait cacher son goût pour le profit ou bien risquer d'être publiquement critiqué et méprisé. Ceci aide à mieux comprendre pourquoi les bourgeois français ont été tentés par le "rêve aristocratique": ressembler à des nobles permet de faire croire que l'on n'a pas cherché à posséder ce que l'on a, qu'on l'a hérité. Dans les codes traditionnels de la bourgeoisie française, la richesse ne doit donc jamais s'étaler d'une manière trop visible, elle doit rester discrète et se laisser deviner plutôt que se laisser voir. Il faut éviter tout ce qui fait "nouveau riche".

Cet héritage culturel n'a évidemment pas été très favorable au développement d'un système économique capitaliste (*free-market economy*) comme aux Etats-Unis. On trouve donc encore aujourd'hui en France un vieux fond d'hostilité et de crainte vis-à-vis du

Le prestige de l'artisan

capitalisme. Ceci explique pourquoi l'attitude des Français à l'égard du libre-jeu du marché économique est plus ambivalente et contradictoire que celle des Américains.

Le capitalisme, en effet, se concilie difficilement avec la conception française de la liberté comme droit d'exister (plutôt que de faire): permettre aux plus forts (économiquement), aux plus efficaces d'éliminer les plus faibles, n'est-ce pas légitimer la loi de la jungle, c'est-à-dire le contraire d'un monde humain, ordonné et civilisé où chacun a le droit d'exister? Au début du 19e siècle, le théologien Lacordaire affirmait ainsi: "Entre le riche et le pauvre, c'est la liberté qui opprime et la règle qui libère". L'expression "capitalisme sauvage", qui désigne dans la bouche des Français une économie de marché peu réglementée, traduit bien une répulsion morale.

Dans le passé, cette méfiance culturelle vis-à-vis du capitalisme a beaucoup favorisé les succès électoraux des partis socialiste et communiste en France et elle a aussi été utilisée par l'extrême-droite. Jusqu'au milieu du 20e siècle, les capitalistes français

Clio
Elle en met plein la vie.

RENAULT Clio

RENAULT LES VOITURES À VIVRE

Une publicité qui cherche à en mettre plein la vue

eux-mêmes (propriétaires d'entreprises, d'usines, de maisons de commerce, banquiers, etc.) n'aimaient guère la concurrence, la compétition; leur idéal était que tout reste stable, que chaque producteur ou vendeur ait sa part de marché, s'en contente et n'agresse pas les autres. Mettre en faillite un concurrent, renvoyer un employé inutile après de longues années de loyaux services étaient vus comme des actes inhumains et méprisables. Il ne fallait pas, en effet, que la machine économique dérange l'édifice social: les révolutions et les guerres l'avaient fait bien trop souvent.

Les nouvelles attitudes vis-à-vis de l'économie

Cette vision traditionnelle a commencé à changer après 1945, lorsque les Français ont pris brusquement conscience de leur retard économique, accusé d'avoir causé leur défaite face à l'Allemagne en 1940. L'exode rural vers les villes, par exemple, a enfin été accepté comme une conséquence inévitable de la modernisation du pays et a même été encouragé par les gouvernements, ce qui aurait été impensable auparavant. Les Français sont dans l'ensemble devenus beaucoup plus pro-industriels, productivistes et modernisateurs qu'auparavant: c'est la période des "Trente glorieuses" années 1945–1975 pendant lesquelles la France a connu une croissance économique accélérée (la plus forte et la plus rapide de son histoire).[1] C'est durant cette période que la "société de consommation" que nous connaissons aujourd'hui (surabondance d'objets à bas prix, crédit facile, chacun dépense le plus possible) a remplacé la "société de pénurie" qui avait toujours existé dans le passé et qui a disparu dans les années 1950 (abondance matérielle réservée à une minorité, la majorité des gens dépensent le moins possible). La croissance économique s'est poursuivie après 1975, mais à un rythme moins rapide.

D'autre part, les Français ont, dans leur majorité, toujours été hostiles à l'instauration dans leur pays d'une économie entièrement contrôlée par l'Etat et qui nierait toute liberté individuelle. Les mêmes valeurs qui les poussent à s'opposer au capitalisme—le grand respect pour tout ce qui est individuel, distinct et unique—les conduisent aussi à refuser un système économique collectiviste complètement étatisé.

Cette double peur—à l'égard du capitalisme et à l'égard de l'économie étatisée—fait que les Français ont très souvent hésité pour savoir exactement quel régime économique était le meilleur pour leur pays. Cette question a été très débattue en France—surtout au 20e siècle—et a engendré des affrontements politiques parfois violents entre la droite (plus favorable au capitalisme) et la gauche (plus favorable à l'économie étatisée). Depuis les années 1960, le développement de l'individualisme, de la société de consommation et le déclin des systèmes communistes ont clairement favorisé la cause de l'économie libérale en France, sans pour autant mettre fin aux hésitations et contradictions des Français: en 1981, par exemple, le gouvernement (de gauche) nationalisa une série de banques et d'entreprises; cinq ans plus tard, en 1986, le gouvernement suivant (de droite) décida de privatiser des entreprises nationalisées; en 1988, le gouvernement suivant (de gauche) arrêta ces privatisations; en 1993, le gouvernement suivant (de droite) recommença à privatiser.

L'enrichissement accéléré de la France a aussi contribué à changer sensiblement les attitudes des Français. Une vaste majorité d'entre eux reconnaissent aujourd'hui l'efficacité du système capitaliste et ils acceptent mieux qu'avant la concurrence, la compétition en matière économique et la légitimité du profit. Un véritable révolution des esprits est en train de se produire sur ce plan, depuis une quinzaine d'années surtout. Mais certains préjugés anciens subsistent, celui contre l'enrichissement individuel trop rapide, par exemple, qui reste souvent suspect. Les Français conservent aussi certaines traditions politiques qui font que leur capitalisme est (comme celui des Allemands ou des Japonais) assez différent du capitalisme à l'américaine.

Le rôle de l'Etat dans l'économie

Aux Etats-Unis, le gouvernement est vu généralement comme une sorte d'arbitre chargé de faire respecter les règles du jeu économique. Sa principale fonction est,

---

[1] L'expression "Trente glorieuses" est une allusion aux "trois glorieuses" journées de la révolution de 1830.

comme en politique, de s'assurer que le combat est juste (*fair*), que les lois de la compétition sont bien respectées par tous. Il intervient, mais son action pèse surtout sur l'environnement (juridique, financier, sanitaire, etc.) dans lequel opère l'économie de marché et il laisse les agents économiques (entreprises) libres d'agir à leur guise. Son soutien n'est direct et massif (subventions, crédits, etc.) que dans certains domaines bien définis à valeur stratégique (armements et exportations). Il ne possède pratiquement pas d'entreprises en dehors de quelques services publics comme la poste. Tout comme les principes de la démocratie, la loi du libre-marché tend à être vue par les Américains comme un donné "naturel", quelque chose qui va de soi: démocratie et libre-entreprise leur semblent inséparables. Démocrates et républicains sont d'accord là-dessus, même s'ils se divisent sur le point de savoir où placer les limites de l'intervention étatique. Ici encore, *Big Brother* est facilement perçu comme une menace pour la liberté plutôt que comme son promoteur. Le gouvernement surveille en arbitre comment les entreprises "jouent", mais qui gagne et qui perd ne le concerne pas. D'une manière générale, en effet, on présume en Amérique que ce qui est bon pour l'efficacité économique est bon aussi pour la société, et la recherche de l'efficacité économique est vue comme l'affaire des entreprises, non du gouvernement.

En France, les choses sont très différentes, car l'Etat ne considère pas son rôle de la même manière. Il se voit comme étant à la fois l'entraîneur (*coach*) et l'arbitre. L'idée fondamentale est la suivante: les agents économiques privés ne suivent que leurs intérêts particuliers, sans aucun souci du bien commun de la société et de la nation. Laissés à eux-mêmes, ils risquent de s'entretuer dans une concurrence stérile ou bien de s'endormir tranquillement sur leurs positions acquises. Il faut donc une force à la fois directrice et dynamisante pour orienter leurs activités dans un sens favorable à

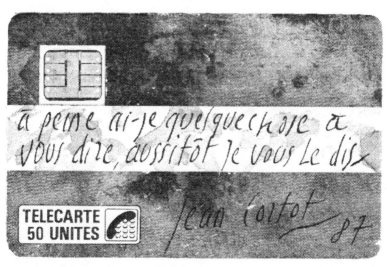

Carte à puce électronique de France Télécom

l'intérêt collectif national. L'Etat est cette force directrice qui stimule l'énergie des "joueurs" et les incite à aller dans la bonne direction pour que l'"équipe France" soit gagnante. Roger Fauroux, ministre de l'Industrie à la fin des années 1980, décrivait sa fonction comme "directeur de l'entreprise France". Ici encore, on retrouve l'idée française de l'Etat comme force de progrès, guide "éclairé" qui montre la direction à suivre et lance des initiatives audacieuses, le protecteur plutôt que l'ennemi. Ceci peut paraître paradoxal lorsque l'on voit les nombreuses et parfois violentes manifestations de certaines catégories professionnelles contre les gouvernements en France. En fait, ces manifestations n'expriment pas un anti-paternalisme à l'américaine, une hostilité fondamentale contre l'Etat, mais plutôt une déception à son égard: c'est parce que les agriculteurs, les routiers, les pêcheurs, les chauffeurs de taxi ou les petits commerçants ont l'impression que l'Etat-protecteur les "lâche" et trahit sa mission (en ne protégeant pas leurs intérêts) qu'ils laissent exploser leur colère contre le gouvernement.

Le dirigisme

Le gouvernement français intervient donc plus directement dans l'économie que le gouvernement américain. Cette forme de capitalisme où le gouvernement essaie de "diriger" des agents économiques libres et de jouer un rôle de leader économique s'appelle le dirigisme. La France est le pays occidental où, depuis 1945, ce système a été le plus poussé. Le dirigisme français n'est pas du tout particulier à la gauche; les gouvernements de droite l'ont aussi pratiqué, mais avec une approche plus pragmatique (promouvoir l'intérêt économique national) et moins idéologique (méfiance à l'égard du capitalisme) que ceux de gauche. Il n'existe pas en France de parti aussi hostile à l'intervention de l'Etat dans l'économie que les Républicains américains.

Au delà des facteurs proprement culturels et moraux, deux éléments historiques importants permettent de comprendre pourquoi le dirigisme a occupé une telle place en France. Il y a tout d'abord l'ancienne tradition mercantiliste (il faut développer le commerce pour accroître la puissance de l'Etat) de la monarchie des 17e et 18e siècles. Le roi de France considérait comme son devoir d'encourager les innovations et de protéger l'industrie nationale par toutes sortes de moyens (concession de monopoles, de privilèges fiscaux, etc.). Il était lui-même créateur et propriétaire d'entreprises modèles, les "manufactures royales". On se tournait automatiquement vers lui pour obtenir un soutien, une protection, une interdiction. La disparition de la monarchie n'a pas aboli cette façon de voir les choses; l'Etat républicain moderne a simplement pris la place du roi.

Plus récemment, les guerres mondiales et la grande crise des années 1930 ont également beaucoup favorisé le dirigisme. Par deux fois, ces guerres ont rendu nécessaire l'intervention directe des gouvernements dans l'économie afin d'orienter et de coordonner l'effort de guerre, puis l'effort de reconstruction nationale. Les systèmes de contrôle et de planification étatique mis en place pour affronter ces circonstances

Un TGV entrant dans la gare de Marseille

difficiles ont été conservés par la suite et mis au service de la croissance économique. En 1945, un changement majeur est également arrivé, les Français ayant pris conscience du retard de l'économie française; il fallait pousser vigoureusement celle-ci à se moderniser et abandonner la vision nostalgique d'une France rurale et traditionnelle protégée des laideurs du monde industriel.

Un Américain qui observe la France est donc toujours frappé par l'importance du rôle de l'Etat dans la vie économique française. Il est surpris, notamment, par le nombre et l'ampleur des grèves qui sont directement dirigées contre le gouvernement et que peuvent lancer les postiers, les employés du gaz, de l'électricité ou du téléphone, les conducteurs de train, les chauffeurs de taxi, le personnel des banques et des compagnies d'assurance, les médecins, les infirmières, les enseignants, les ouvriers fabriquant des cigarettes ou des voitures Renault, les gardiens de musée, les employés du métro de Paris, des journalistes de la radio et de la télévision, les mineurs, les marins de commerce, les pilotes d'avion. Toutes ces personnes, en effet (et beaucoup d'autres), travaillent pour des entreprises publiques ou ont des revenus fixés par l'Etat. Cet Américain est encore plus étonné d'apprendre que l'Etat français possède (en tout ou en partie) plus de 2 000 entreprises employant 1 300 000 personnes! Combien d'entreprises le gouvernement américain possède-t-il?

Ce secteur public énorme est l'héritage de 50 années de nationalisations entre 1936 et 1981.[2] L'objectif de ces nationalisations—généralement réalisées par des gouvernements de gauche—était de donner à l'Etat le contrôle de secteurs-clés de l'économie pour pouvoir mieux orienter celle-ci dans la bonne direction. Près du quart de l'économie française dépend ainsi directement ou indirectement de l'Etat. Dans certains cas, les entreprises publiques sont en compétition directe avec des entreprises privées françaises. Celles-ci accusent souvent l'Etat de favoriser ses propres entreprises à leur détriment (en permettant par exemple aux banques nationalisées d'offrir des prêts à des taux d'intérêts plus bas que les banques privées ne peuvent le faire). La Poste elle-même entre en compétition avec les banques, offrant des comptes bancaires (les comptes de chèques postaux) et toute une variété de placements financiers et d'assurances-vie.

On s'est finalement rendu compte que les entreprises publiques n'étaient pas mieux gérées que les entreprises privées. Les pressions exercées par le gouvernement ou la certitude de ne pas faire faillite pouvait même les conduire à une gestion laxiste qui était très coûteuse pour l'Etat.[3] Depuis 1981, le mouvement s'est donc inversé et les gouvernements de droite qui sont arrivés au pouvoir (1986, 1993) ont commencé à privatiser un certain nombre d'entreprises publiques importantes (chaînes de télévision, banques, compagnies d'assurance, sociétés pétrolières, etc.). L'objectif actuel est de vendre au privé la moitié des entreprises possédées par l'Etat.

La place de l'Etat dans l'économie se manifeste également par une règlementation plus lourde et plus intrusive qu'aux Etats-Unis. Un grand nombre de prix sont fixés plus ou moins directement par l'Etat: pain, lait, cigarettes, allumettes, essence, gaz, charbon, électricité, chemins de fer, avion, métro de Paris, taxis, tarifs médicaux, médicaments, téléphone, places dans les théâtres et opéras nationaux, etc. L'Etat, par exemple, interdit aux très grandes librairies de baisser le prix de leurs livres ou d'ouvrir le dimanche, afin de protéger les petits libraires. Le Code du travail réglemente les rapports entre employeurs et salariés. Contrairement aux employeurs américains, qui peuvent renvoyer leurs employés sans donner d'explication à personne, les employeurs français doivent justifier tout renvoi de personnel devant l'Inspection du travail, qui peut faire annuler le licenciement (par un tribunal) si les justifications lui paraissent insuffisantes.[4] On considère en effet que les employeurs ont—comme les

---

[2] Avec les tapisseries des Gobelins et de Beauvais, les glaces de Saint-Gobain et les porcelaines de Sèvres, l'Etat monarchique était déjà producteur au 17e siècle. En 1811, l'industrie des tabacs est devenue un monopole de l'Etat, auquel on a ajouté, en 1872, celui des allumettes.

[3] Afin d'empêcher que le chômage n'augmente à la veille d'une élection, le gouvernement peut par exemple faire pression sur les dirigeants des banques nationalisées pour qu'ils prêtent de l'argent à des entreprises proches de la faillite, même au risque de pertes importantes.

[4] Si le salarié licencié est un syndicaliste, l'employeur doit obtenir une autorisation préalable de licenciement. La règlementation du Code du travail est loin d'être rigoureusement respectée. Les inspecteurs du Travail constatent des centaines de milliers d'infractions. Les entreprises responsables de ces infractions sont frappées d'amendes et leurs dirigeants parfois mis en prison (par exemple s'ils mettent gravement en danger la vie de leurs employés).

parents en matière d'éducation—assumé une responsabilité sociale en employant du personnel; ils doivent donc rendre des comptes à la société sur cette responsabilité. Tout salarié peut demander quelles sont les causes de son licenciement; l'employeur doit répondre dans les 10 jours qui suivent. L'Etat dit également aux employeurs combien de jours de vacances ils doivent attribuer à leurs employés (ce n'est pas le cas aux Etats-Unis). Il leur interdit de remplacer des grévistes par de nouveaux employés (c'est permis aux Etats-Unis). Il interdit aux propriétaires de logements de faire expulser des locataires entre le 1er décembre et le 15 mars, parce qu'il fait froid (c'est autorisé aux Etats-Unis). Il doit approuver la création de chaque pharmacie (il ne doit pas y en avoir plus d'une pour 2 000 habitants), etc. Une liste exhaustive de tout ce que l'Etat règlemente couvrirait des centaines de pages.... L'Etat en France règlemente souvent à l'échelle nationale des éléments de la vie économique qui, aux Etats-Unis, sont déterminés par le marché ou par des contrats (entre syndicats et employeurs par exemple.) Ceci est particulièrement vrai pour la législation du travail, beaucoup plus développée en France qu'aux Etats-Unis.

Planification, aménagement du territoire et politique industrielle

La planification, l'aménagement du territoire et la politique industrielle sont trois aspects importants du dirigisme de l'Etat français. Depuis la fin de la Seconde Guerre mondiale, le Parlement français vote, tous les quatre ou cinq ans, un plan économique élaboré par le Commissariat général du Plan (qui dépend du Premier ministre). Le 11e plan s'est terminé en 1998. Ces plans sont indicatifs et non impératifs: ils cherchent à encourager certains agents économiques à suivre la direction donnée par l'Etat, sans rien imposer d'une manière autoritaire. Le plan établit une sorte de stratégie économique nationale pour les cinq années à venir et coordonne l'action économique de l'Etat dans tous les domaines. Le plan peut par exemple donner comme objectif le développement industriel des petites villes. L'Etat attribuera alors des subventions spéciales ou des exonérations d'impôts aux entreprises qui s'y installeront et haussera les taxes des entreprises qui veulent investir dans les grandes métropoles urbaines. Le plan peut décider d'aider les salariés licenciés dans des secteurs en mutation très rapide (sidérurgie) ou en déclin inéluctable (charbonnages): l'Etat offrira alors des primes spéciales aux entreprises qui accepteront d'embaucher ces salariés. Le plan peut décider de pousser à fond l'équipement de la France en centrales nucléaires pour accroître son indépendance énergétique: c'est ce qui a été fait dans les années 1970–1980. Des centaines d'actions semblables sont prévues dans chaque plan. Aux Etats-Unis, les plans de ce genre n'existent pas.

L'aménagement du territoire, sous la responsabilité de la DATAR (Délégation à l'aménagement du territoire et à l'action régionale) est l'équivalent spatial et géographique de la planification. L'Etat cherche à s'assurer que le l'expansion économique est, autant que possible, équilibrée sur l'ensemble du territoire de la France, qu'il n'y a pas de régions sur-développées et d'autres sous-développées, et que chacune voit son potentiel exploité au maximum. Ici encore, l'Etat agit à coup d'incitations financières et fiscales. On retrouve dans cette volonté d'harmonie et de contrôle de l'espace un trait classique de la culture française: le pays tout entier doit devenir une sorte de jardin économique à la française. Rien ne doit être laissé au hasard, rien ne doit rester incontrôlé.

La politique industrielle est un aspect de la planification. Elle consiste pour le gouvernement à choisir certains secteurs industriels qui seront soutenus et encouragés par l'Etat, soit pour leur permettre de supporter en douceur un déclin inéluctable (charbonnages), ou bien pour leur permettre de mieux se défendre face à la concurrence étrangère ou de conquérir des marchés extérieurs (les chantiers navals). La politique industrielle des gouvernements successifs a eu des résultats très inégaux. Certains secteurs ont été soutenus avec succès (constructions automobiles, télécommunications, aéronautique, par exemple), d'autres sans résultat satisfaisant (informatique).

Le succès de la planification est mitigé. Certains objectifs sont atteints, d'autres pas. Les crises économiques et l'environnement international, les changements de majorité et de gouvernement ont souvent obligé à réviser les plans en cours de route. L'aménagement du territoire a profité à certaines régions traditionnellement pauvres et sous-industrialisées (la Bretagne et le Sud-ouest, par exemple), mais n'a pas mis fin aux inégalités de richesse et de développement considérables qui existent entre les diverses régions françaises.

L'approche suivie en matière de planification et d'aménagement du territoire a beaucoup changé au cours des vingt dernières années. La décentralisation administrative a conduit, depuis 1981, à développer la planification au niveau régional. Les élus locaux tiennent en effet à participer à l'élaboration et à l'application des plans et ne veulent plus laisser à des fonctionnaires parisiens le privilège de décider quel sera l'avenir de leur région. Aujourd'hui, l'accent n'est plus mis sur le développement industriel urbain (comme dans les années 1960–1970), mais plutôt sur la nécessité de contrer le déclin économique et démographique des zones rurales éloignées des villes. D'autre part, la planification, qui était surtout économique à ses débuts, s'est élargie pour englober de plus en plus l'action sociale du gouvernement en matière d'éducation, de santé, d'emploi, de sécurité publique, de protection de la famille, etc. Enfin, la planification et l'aménagement du territoire ont acquis une dimension nouvelle grâce au soutien de l'Union européenne qui finance des projets profitant aux régions défavorisées de l'Europe entière, y compris en France.

Ni la planification, ni l'aménagement du territoire n'existent aux Etats-Unis au niveau fédéral; mais les gouvernements des états américains pratiquent parfois des politiques qui s'apparentent à celle de l'Etat français. La politique économique de l'Etat français se caractérise donc par un volontarisme (le progrès économique est guidé par une volonté centrale) qui fait contraste avec le laissez-faire des gouvernements de différents niveaux aux Etats-Unis. L'économie française est une économie de marché, mais l'Etat français tend à se montrer interventionniste et manipulateur dans ses rapports avec les agents économiques. En 1993 par exemple, pour remonter l'industrie automobile française, le gouvernement décida d'offrir une prime de 5 000 francs (presque 1 000 dollars) à chaque personne qui remplacerait une voiture âgée de 10 ans par une voiture neuve française. Les commandes (et les taxes payées par les acheteurs) montèrent en flèche....

Les structures économiques

La France a longtemps été un pays où dominait massivement la petite entreprise familiale dans le commerce et l'industrie. Quelques grosses entreprises seulement avaient une dimension nationale, appartenant presque toujours à des familles (Renault, Citroën, Michelin, De Wendel, etc.). Il n'y avait pratiquement pas d'entreprises géantes à l'échelle mondiale comme on en trouvait en Allemagne, en Angleterre ou aux Etats-Unis. Depuis les années 1960, un grand nombre de petites entreprises ont disparu et l'on a assisté à l'essor de puissantes sociétés étendant leurs ramifications au monde entier. Citons par exemple Michelin (pneus), Alcatel (télécommunications), Elf-Aquitaine (pétrole), Bouygues (travaux publics), Indo-Suez, Paribas ou le Crédit Lyonnais (banques), Danone (alimentation), Peugeot-Citroën (automobile), Saint-Gobain, etc. L'Etat a encouragé les fusions et les concentrations

Publicité pour Fujifilm

(dans le secteur public notamment) afin de créer de grosses unités capables de tenir tête aux grandes entreprises américaines. Cela a parfois donné de bons résultats (dans les secteurs pétrolier ou sidérurgique par exemple) mais a aussi conduit à des échecs cuisants (dans le domaine de l'informatique notamment, où la France n'a pas réussi à établir une industrie nationale). En France comme aux Etats-Unis, toutefois, ce sont toujours les petites et moyennes entreprises (les PME) qui dominent par leur nombre.

L'économie française s'est complètement transformée au cours des quarante dernières années. Sous la pression de la concurrence ouverte par l'unification du marché des quinze pays de l'Union européenne, la France a rapidement rattrapé son retard initial et a créé une des économies les plus performantes du monde. L'agriculture, en particulier—la plus puissante d'Europe—a effectué une révolution technique complète. La France est aujourd'hui le deuxième exportateur mondial de produits agricoles et alimentaires après les Etats-Unis. Sa balance commerciale (le rapport entre exportations et importations) est positive: les Français exportent plus qu'ils n'importent (les Américains, au contraire, importent plus qu'ils n'exportent). Dans certains secteurs, l'industrie française est parvenue aux premières places mondiales, égalant ou dépassant les Etats-Unis sur le plan technologique: énergie nucléaire, télécommunications, transports ferroviaires, aviation, ingénierie en travaux publics, armements, par exemple. Ainsi, dans certains domaines de la vie quotidienne, les Français sont technologiquement plus avancés que les Américains: depuis des années, par exemple, on ne met plus de pièces de monnaie dans les téléphones publics en France; on utilise des cartes à puces électroniques que l'on glisse dans l'appareil. Les cartes de crédit françaises (Visa, appelée "carte bleue", etc.) ont aussi des puces électroniques contenant des informations sur le compte du propriétaire de la carte; les cartes de crédit américaines n'ont pas de puces électroniques. Toutes les grandes villes françaises ont des systèmes de toilettes publiques automatisées; cela n'existe pas aux Etats-Unis. Les trains de voyageurs américains semblent tirés d'un musée quand on les compare au TGV français. Dans les années 1980, grâce au Minitel, la France était le pays du monde qui avait le plus fort pourcentage de sa population relié à un réseau informatique.[5] L'idée que les Etats-Unis sont, dans tous les domaines, plus avancés technologiquement que la France est fausse; c'est quelquefois le contraire qui est vrai.

Dans certains secteurs économiques, la France n'a pas voulu ou n'a pas pu faire face à la concurrence étrangère et le déclin a été accéléré: l'industrie française des caméras et appareils-photos et celle des motocyclettes, par exemple, ont pratiquement disparu. Le textile est en fort recul; l'électronique aussi, face à la concurrence des produits asiatiques. L'industrie française est prise entre deux feux: d'une part, son

---

[5] Le Minitel est un réseau vidéotexte mis en place par l'administration des télécommunications (France Télécom) en 1982. Il comprend environ 25 000 services différents et plus de 7 millions de terminaux. Le Minitel a été le premier réseau informatique du monde avant le développement de l'Internet dans les années 1990. Les Français l'utilisent encore beaucoup mais il est de plus en plus souvent remplacé par l'Internet.

champ de hautes performances n'est pas aussi large que celui des industries américaine, japonaise ou allemande; elle n'excelle que dans certains secteurs bien définis. D'autre part, elle est mal équipée pour affronter la compétition des pays à bas salaires, qui ne sont pas seulement des pays du tiers-monde ou d'Europe de l'Est, mais aussi certains pays de l'Union européenne (Grèce, Portugal, bientôt l'Europe de l'Est). Ceci crée parfois de brusques accès de protectionnisme dans certaines professions (chez les agriculteurs ou les pêcheurs par exemple). Le tourisme reste un des secteurs les plus brillants de l'économie (premier rang mondial pour le nombre de touristes étrangers).

Un reproche fréquent fait aux industriels et aux gouvernants français est leur passion pour les projets audacieux et grandioses qui mettent en valeur la prouesse technologique, mais dont les gains économiques sont discutables. Leur héritage culturel conduit souvent les Français à concevoir les réalisations industrielles comme si elles étaient des oeuvres d'art uniques, des chefs-d'oeuvres. On s'enthousiasme pour un projet et l'on attache peu d'importance à son coût ou à sa rentabilité, préoccupations jugées médiocres et terre-à-terre. On compte ainsi un certain nombre de réalisations françaises techniquement brillantes, mais qui sont restées à l'état de prototypes difficiles à vendre ou trop coûteux à reproduire: l'avion supersonique Concorde, l'usine marémotrice de la Rance, la centrale atomique super-Phénix, le procédé de télévision SECAM par exemple.[6] La culture économique anglo-américaine, moins ancrée dans une éthique de l'honneur, valorise plus la rentabilité et moins la prouesse et le prestige.

Le système de taxation est aussi un domaine de l'économie où la France apparaît très différente des Etats-Unis. En France (comme ailleurs dans l'Union européenne), la taxe levée par l'Etat sur la consommation (taxe à la valeur ajoutée ou TVA) est beaucoup plus élevée qu'aux Etats-Unis. Le gouvernement fédéral américain, en effet, ne lève pas de taxe générale sur la consommation (seuls les états, comtés et villes le font); l'essentiel de ses revenus vient des impôts directs sur le revenu et les plus-values du capital. Une des causes historiques de cette différence tient à ce que la fraude fiscale (très élevée en France) est plus difficile à pratiquer sur les taxes indirectes que sur l'impôt sur le revenu: l'Etat français préfère donc la méthode de perception la plus rentable pour lui. Aux Etats-Unis, les souvenirs de la Boston Tea Party et l'idéal démocratique d'une "contribution volontaire" des citoyens aux dépenses publiques ont fait pencher au contraire la balance vers les impôts directs (sur la propriété et le revenu). Sur tout ce que l'on achète en France (biens et services), la taxe est normalement de 20,6%. Il y a un taux réduit de 5,5% pour certains produits et services (hôtels, livres, alimentation, médicaments, places de théâtres et de concert, etc.). Les prix affichés comprennent toujours les taxes. Particulièrement élevées sont les taxes sur l'essence et les cigarettes qui visent à freiner la consommation

---

[6] L'usine marémotrice est un barrage situé sur l'estuaire de la Rance (près de Saint-Malo en Bretagne) qui produit de l'électricité en utilisant la puissance des marées.

households

(100 à 200% de la valeur du produit.) Les "charges sociales" sur les salaires que paient obligatoirement les employeurs et les employés (assurances médicales et de chômage, retraites, allocations familiales, etc.) sont également plus élevées qu'aux Etats-Unis. Par contre, l'impôt sur le revenu est plus bas en France qu'aux Etats-Unis, surtout pour les gens à faible et moyen revenus: la moitié des ménages français ne paient aucun impôt sur le revenu. Cet impôt ne représente que 14% des taxes en France (contre 33,5 % aux Etats-Unis). Les Américains s'étonnent souvent du poids de la fiscalité en France et se demandent comment les Français peuvent la supporter. En réalité, les taxes sur les biens et les services ont un caractère plus volontaire et moins expropriateur que l'impôt sur la propriété ou le revenu (on peut toujours refuser d'acheter un produit trop taxé); elles sont donc psychologiquement mieux supportées (bien qu'elles soient plus inégalitaires). Les Français savent aussi qu'une bonne partie de cet argent leur revient sous forme de gratuité de services (frais médicaux, école maternelles, universités, etc.) et d'allocations multiples (familiales, de maternité, etc.).

Tableau 1.

POURCENTAGE DU PRODUIT INTÉRIEUR BRUT PRÉLEVÉ
SOUS FORME DE TAXES PAR LE GOUVERNEMENT

(1996)
Etats-Unis: 27,9%
Japon: 28,5%
Irlande: 33,8%
Portugal: 33,8%
Espagne: 34%
Royaume-Uni: 35,3%
Allemagne: 39,2%
Italie: 41, 3%
Grèce: 41,4%
Luxembourg: 44%
Pays-Bas: 44%
FRANCE: 44,5%
Belgique: 46,5%
Danemark: 51,3%[7]

TVA
?
à
Tax Sur revenue

Le monde du travail

Unions

Les syndicats sont restés interdits en France jusqu'en 1864. Ils ont ensuite été tolérés puis officiellement autorisés en 1884. Le syndicalisme s'est alors développé régulièrement, avec les mêmes luttes que dans les autres pays industrialisés pour se faire

---

[7] *Francoscopie 1999*, p. 307.

Deux femmes faisant leur métier: pharmacienne et agricultrice

reconnaître, soumis comme ailleurs à l'hostilité systématique des patrons d'entreprise. Une des périodes où il a le mieux prospéré est celle du Front populaire en 1936–1937. Le gouvernement socialiste de l'époque a fait accorder aux salariés des avantages nouveaux, en particulier le droit à des congés payés annuels. En 1946, le droit de se syndiquer et celui de faire la grève furent inscrits dans la constitution elle-même (ce qui n'est pas le cas aux Etats-Unis). Aujourd'hui, toutefois, les syndicats français sont plus faibles et moins bien organisés que ceux des pays de l'Europe du Nord (Allemagne, Angleterre, Scandinavie) et des Etats-Unis. Leur faiblesse principale vient du fait qu'ils ont toujours été très divisés et politisés. Les querelles idéologiques ont souvent joué contre l'unité d'action pour la défense des travailleurs. En 1995, le taux de personnes actives membres d'un syndicat était seulement de 9% en France contre 14% aux Etats-Unis (40 à 90% dans les pays de l'Europe du Nord). Une autre cause de la faiblesse des syndicats vient de ce que la loi française oblige toutes les entreprises de plus de 10 salariés à avoir des délégués élus du personnel et celles de plus de 50 salariés à avoir un comité d'entreprise, organe élu représentant les salariés. Délégués du personnel et comités d'entreprises remplissent des fonctions (défendre les intérêts des salariés, surveiller les conditions de travail, etc.) qui doublent dans une certaine mesure celles des syndicats.

Comme aux Etats-Unis, les syndicats jouent un rôle essentiel dans les négociations sur les salaires et les conditions de travail. Mais en France, ces négociations se font assez souvent en bloc pour toute une profession ou branche d'activité (métallurgie, industrie textile, etc.), ce qui n'est pas le cas aux Etats-Unis (les lois anti-trust l'interdisent). Ces accords généraux s'appellent des "conventions collectives" et s'appliquent à tous les salariés de la branche.

des fonçeurs, toujours des fonçeurs

LES UNS
démarrent leur carrière

en travaillant sur le produit qui a fait la réussite de notre entreprise : le collant. En quelques années, WELL s'est positionné en tête sur le secteur difficile de la grande distribution. Un premier point d'acquis, et nous attaquons plus fort.
Nos jeunes commerciaux sont enthousiastes. Un niveau BAC + 2, une formation ou une première xpérience commerciale, de la disponibilité et comme nous le goût d'entreprendre.
Les postes : Nord, Normandie, Poitou, Est, Rhône-Alpes, Midi-Pyrénées, Provence-Côte d'Azur.

... ET LES AUTRES
connaissent leur métier

et vont lancer avec nous une **nouvelle gamme de produits.** Implanter, démarrer le réseau, pleinement autonome sur sa région, puis au fur et à mesure des résultats, se constituer son équipe et s'étoffer progressivement...
Un challenge passionnant pour des jeunes commerciaux qui ont déjà une bonne expérience et l'envie de prendre du poids dans une entreprise qui démontre chaque jour son dynamisme.
Les régions : Nord, Est, Paris, Centre, Bourgogne, Ouest, Sud-Ouest.

Merci de nous adresser votre dossier (C.V., lettre manusrite et photo) en précisant bien la référence 1144/EX pour LES UNS et 1145/EX pour LES AUTRES sur l'enveloppe, ainsi que le poste ou la région qui vous intéressent à WELL-COGETEX, 12, Faubourg Saint-Honoré, 75008 Paris.

VOCATION MÉDIA

Riviera & bar

COMMERCIAL DE HAUT NIVEAU
REJOIGNEZ UN FABRICANT D'ELECTRO-MENAGER
JEUNE ET DYNAMIQUE

Notre forte croissance
nous conduit à créer 2 postes de

REPRESENTANTS

A 25-30 ans environ et muni d'un B.T.S., vous avez acquis **une expérience dans le vente** si possible en tant que représentant dans la grande distribution.
Votre autonomie et votre grande disponibilité seront vos atouts indispensables pour prospecter et visiter nos clients, assurer la présentation de nos produits (machines expresso, micro-ondes, etc.) et animer des démonstrations.
Basé à PARIS, vous serez responsable des régions NORD, NORMANDIE, BRETAGNE et PARIS.
Basé à LYON, vous serez responsable des régions CENTRE et EST.
Votre carrière pourra être évolutive. Ce poste vous intéresse ?
Merci d'adresser lettre manuscrite, C.V., photo et prétentions à :
MAPEM - B.P. 33 - 13361 MARSEILLE CEDEX 10

Importante société de distribution **Peintures, Papiers peints, Moquettes,** disposant d'une dizaine d'agences France entière, recherche un

Jeune Attaché Commercial
(création de poste)

basé à **Paris/Région Parisienne.**

Après formation au Siège, il visitera les Comités d'Entreprises, Municipalités, Associations diverses..., et préconisera les produits de la Société, dans le rayon d'action des agences concernées.
Ce poste requiert une bonne motivation pour le domaine d'activité, une grande disponibilité géographique et un sens relationnel développé.
Salaire motivant + intéressement + frais + voiture fournie.
Merci d'adresser CV et photo sous référence AC à notre Conseil.

Charles Raynaud consultants
17 Quai de Grenelle, 75015 PARIS.

Nous sommes un groupe leader dans la sécurité. Nos gammes de produits sont complètes et de haute technologie. Nous connaissons une très forte croissance.
Nous recherchons :

DEUX COMMERCIAUX
environ 28 ans, de premier ordre

Rompus à la négociation de produits de sécurité de haute technologie
- pour notre département contrôle d'accès et ses applications et/ou
- pour notre département protection contre le vol des équipements informatiques et bureautiques.
Avec une formation commerciale supérieure et/ou une expérience professionnelle réussie dans le domaine de la sécurité.
Une expérience dans la micro-informatique serait souhaitée.
Nous offrons une rémunération de 270 000 F + , un véhicule de fonction + frais de déplacement.

Envoyez CV avec photo et prétentions sous réf. 19/617.3

L'EXPRESS
61, AVENUE HOCHE
75411 PARIS CEDEX 08

Pour vendre matériel et méthode de travail
à forte rentabilité (clientèle commerçants)

SOCIETE LEADER
DANS SON DOMAINE
dans un créneau en pleine expansion

recherche

VENDEURS(SES)
Spécialistes de la vente à la première visite
Statut V.R.P. exclusif
Salaire très important dès le premier mois
Formation assurée

Ecrire avec références, photo et téléphone
pour premier contact à :
COURRIER BOX Nº 100 - 4, Faubourg St-Lazare
84000 AVIGNON

Les principaux syndicats français sont la CGT (Confédération générale du travail) d'obédience communiste, la CFDT (Confédération française démocratique du travail) proche du Parti socialiste, FO (Force ouvrière) puissante chez les fonctionnaires et la CFTC (Confédération française des travailleurs chrétiens) d'obédience chrétienne de gauche. Il existe un syndicat spécifique pour les cadres, la CFE-CGC (Confédération française de l'encadrement). D'autres syndicats regroupent les membres d'un seul secteur professionnel (médecins, enseignants, métiers du bâtiment, fonctionnaires, policiers, métiers de l'automobile, etc.). La FEN (Fédération de l'Education nationale) est sans doute le plus "visible" de ces syndicats professionnels en raison du poids qu'il exerce sur le succès ou l'échec de toute réforme scolaire. La France a également des syndicats patronaux regroupant des dirigeants d'entreprises; le MEDEF (Mouvement des entreprises de France) est le principal de ces syndicats qui défendent les intérêts des entreprises (et non des salariés).

Le droit de grève ne s'applique pas de la même manière aux Etats-Unis et en France. Aux Etats-Unis, la grève est généralement vue comme un dernier recours si les diverses négociations ou médiations ont échoué; c'est une action souvent dure et longue. En France, on commence plus facilement une grève dès le début d'un désaccord afin de faire pression sur l'employeur et on négocie sérieusement ensuite. On fait souvent des "grèves d'avertissement" d'une heure ou deux avant de lancer le mouvement. Il y a donc beaucoup plus de grèves en France qu'aux Etats-Unis, mais elles durent moins longtemps. A l'exception de l'armée, de la police, des gardiens de prisons, des douaniers et des pompiers, les fonctionnaires français ont le droit de se mettre en grève (et ils l'utilisent souvent), tandis que la grève est interdite à tous les fonctionnaires américains.

Le chômage, qui n'a cessé d'augmenter depuis 1970, est aujourd'hui le plus grave problème socio-économique en France (10% de la population active est sans emploi en 2000). La situation est particulièrement dramatique pour les jeunes qui ont souvent beaucoup de mal à trouver du travail. Les mesures prises par les gouvernements pour enrayer la hausse inexorable du chômage (stages de formation, salaire minimum réduit, primes données aux employeurs, etc.) n'ont guère eu d'effet. Certains pensent qu'une vigoureuse reprise économique permettrait de renverser le mouvement; il s'est renversé effectivement en 1998–1999 grâce à une plus forte croissance. D'autres sont convaincus que la concurrence des pays à bas salaires et l'importance croissante des ordinateurs dans la production et les services vont entraîner une contraction irréversible de l'emploi. Le poids élevé des "charges sociales" sur les employeurs et les salariés, ainsi que la rigidité de la législation sociale sont souvent vus comme le handicap majeur de l'économie française dans un monde de plus en plus ouvert à la concurrence.

Le gouvernement (socialiste) a fait voter en 1998 une loi qui réduit la durée légale du temps de travail à 35 heures par semaine, au lieu de 39 heures auparavant (40 heures aux Etats-Unis). L'objectif est d'inciter les entreprises à embaucher plus de personnel, réduisant ainsi le chômage: comme toute heure au-dessus de 35 heures doit maintenant être payée au tarif élevé des heures supplémentaires, les employeurs auront intérêt à faire ces heures à des tarifs normaux par de nouveaux employés. L'idée derrière ce projet est que le travail rémunéré est un bien qui doit être plus équitablement distribué dans la société. La mise en place de cette réduction du temps de travail au cours des années 1999–2000 a été assez chaotique pour les entreprises et leur personnel. En effet, si le principe des 35 heures est simple, son application à chaque cas particulier l'est beaucoup moins. Les employeurs peuvent-ils demander à leurs salariés de faire en 35 heures le même travail qu'ils faisaient en 39 heures? La loi s'applique-t-elle aux cadres, qui ne comptent souvent pas leurs heures de travail? Ces mesures ont eu des effets positifs sur l'emploi, mais il ne semble pas, pour l'instant, qu'elles produisent une réduction importante du chômage.

Pour en savoir plus: *www.quid.fr/*

Chapitre 15

La France et l'Union européenne

L'unification de l'Europe

L'unification de l'Europe est un rêve ancien. Certains penseurs avaient déjà fait des projets dans ce sens aux 17e et 18e siècles. Il fallut attendre le milieu du 20e siècle et le carnage de deux guerres mondiales pour que ce rêve commence à devenir réalité. Ce sont les Français qui lancèrent l'unification de l'Europe en un seul bloc économique et politique après la Seconde Guerre mondiale. Leur idée de départ était d'intégrer l'économie de l'Allemagne avec celle de la France pour empêcher toute nouvelle agression allemande contre le reste de l'Europe. On avait compris qu'il ne fallait pas mettre l'Allemagne à l'écart, comme on l'avait fait en 1919 (Traité de Versailles), mais qu'il fallait au contraire l'intégrer le plus possible avec les autres pays si l'on voulait éviter un retour du nationalisme allemand et faire face à la menace communiste venant de l'URSS. Depuis cette époque, tout le processus d'unification du continent s'est fait autour de l'axe France-Allemagne. Jamais l'Union européenne n'aurait pu exister sans une entente étroite entre la France et l'Allemagne. Cette entente a été un renversement complet des rapports hostiles traditionnels entre les deux pays.

Dès le départ, les partisans de l'unification de l'Europe eurent du mal à s'accorder entre eux. Les uns voulaient que l'unification se fasse par une coopération croissante entre les pays, chaque nation restant souveraine et libre de ses décisions (la France et la Grande-Bretagne ont longtemps penché vers cette solution). Les autres voulaient que l'unification se fasse par une fusion ou intégration des pays d'Europe en un seul bloc politique et économique qui transférerait la souveraineté des nations à l'Europe unifiée fédérale (l'Allemagne, en raison des dommages causés par son propre nationalisme, a été plutôt favorable à cette voie). En raison de ce conflit fondamental, la construction de l'Europe depuis 40 ans s'est faite à mi-chemin entre ces deux positions, mêlant la coopération et l'intégration.

La première étape de la construction de l'Europe unie a été la Communauté européenne du charbon et de l'acier (CECA), créée en 1951 à l'initiative de deux Français, Jean Monnet et Robert Schuman, qui était ministre des Affaires

au-delà des patries,   l'Europe

La France et les pays voisins font partie
de la même région du monde : l'**Europe**.
Chacun de ces pays est la patrie de ceux
qui y vivent.

Pendant son histoire, la France
s'est plusieurs fois trouvée en guerre avec un
ou plusieurs de ces pays. Chacun alors
défendait sa patrie contre l'ennemi.
Aujourd'hui les pays d'Europe vivent en paix.
D'un pays à l'autre, on a appris à mieux
se connaître. Chacun a son territoire, mais
on passe les frontières plus facilement.
Les échanges et les projets communs
se multiplient dans plusieurs domaines :
culture, sciences, commerce, vie politique...

➤ Dans un dictionnaire, cherche quels sont les
drapeaux représentés sur la plaque de la ville de Puteaux.

➤ Renseigne-toi :
*en quelles langues sont les
inscriptions figurant sur la
plaque de jumelage de la ville
d'Annecy ?*
* *Ta ville est-elle jumelée avec
une autre ville d'Europe ?
Laquelle ?*
* *Dans un atlas, cherche le
nom de plusieurs pays d'Europe.*

je retiens

La France et les pays voisins
forment l'Europe. Les échanges
entre ces pays sont de plus en
plus nombreux.

Manuel d'éducation civique pour enfants de 7–8 ans (Histoire Géographie Education civique CE, Belin 1986).

Etrangères. Les six pays groupés dans la CECA (France, Allemagne, Italie, Belgique, Luxembourg, Pays-Bas) ont créé en 1957 la Communauté économique européenne (CEE ou Marché commun) qui mettait en marche l'unification économique de ces pays (traité de Rome). On a supprimé les frontières commerciales, unifié le système des taxes sur les marchandises, les normes de fabrication des produits, la législation économique, etc. Cette entreprise a été renforcée par la réconciliation officielle entre la France et l'Allemagne au début des années 1960, lorsque le général de Gaulle était président.

La construction de l'Europe unie n'a pas été facile. Au cours des années 1960 et 1970, il y eut de grosses difficultés. La Grande-Bretagne voulait faire partie de la CEE, mais la France refusa à deux reprises son entrée parce qu'elle demandait des conditions spéciales et voulait conserver des liens privilégiés avec les pays du Commonwealth et les Etats-Unis. De plus, certains états-membres ont refusé d'appliquer des règles prévues par le traité de Rome. On n'arrivait pas à décider si les décisions votées par la CEE devaient être prises à la majorité des états-membres (ce qui enlevait à chaque état tout droit de veto) ou à l'unanimité (ce qui donnait à chaque état un droit de veto). On avait commencé par ce qui était facile (l'unification douanière) et plus on avançait, plus l'unification était difficile à accomplir car elle touchait des domaines sensibles sur le plan de la souveraineté politique et sur le plan social (les normes de sécurité très élevées d'un pays pouvaient par exemple bloquer les produits venant d'un autre pays-membre). Chaque pays cherchait à gagner le plus possible et à perdre le moins possible dans le processus d'unification. La crise économique, la montée du chômage et de l'inflation dans les années 1970 poussèrent en effet chaque pays à se protéger en se repliant sur ses propres intérêts (par exemple en baissant la valeur officielle de la monnaie nationale par rapport aux autres monnaies, ce qui augmentait les exportations vers les autres pays-membres).

Finalement, à force d'efforts considérables et de compromis douloureux, les choses avancèrent. En 1973, La Grande-Bretagne, le Danemark et l'Irlande entrèrent

Europe-Etats-Unis : la guerre des OGM

Les Américains ont commencé à inonder le Vieux Continent de plantes génétiquement modifiées. Les consommateurs européens n'en veulent pas. Il semble bien qu'ils aient raison

Europe-Etats-Unis: la guerre des OGM...

dans la CEE; en 1981, ce fut la Grèce, puis en 1986, l'Espagne et le Portugal. L'Autriche, la Suède et la Finlande ont été admis quelques années plus tard. A partir de 1985, l'intégration politique et économique du continent européen s'accéléra et des progrès considérables vers l'unification furent réalisés. Il y eut trois étapes majeures:

- *L'Acte unique européen de 1986 (appliqué en 1992)*
  Cet accord élimine tous les obstacles (fiscaux, techniques, légaux, commerciaux) à la libre-concurrence à l'intérieur de la CEE. Les Français ont dû, par exemple, cesser d'exiger des phares jaunes sur les voitures et utiliser, comme les autres Européens, des phares blancs. L'Etat français a dû cesser de donner des subventions à certaines compagnies aériennes françaises parce que cela aurait faussé la concurrence européenne. Les compagnies aériennes anglaises ou allemandes avaient maintenant le droit de transporter des passagers entre deux villes à l'intérieur de la France (c'était interdit par la France auparavant). Les compagnies françaises pouvaient faire la même chose en Allemagne ou en Angleterre. L'Acte unique a également introduit le vote à la majorité (au lieu de l'unanimité) pour les décisions importantes dans la CEE. Toutefois, le vote de chaque pays a un poids différent en fonction de sa population. On a attribué à la France 10 unités de vote sur un total de 87 unités de vote pour l'ensemble des 15 pays. Le vote à l'unanimité est devenu exceptionnel.

- *La convention de Schengen (1990)*
  Cet accord, signé par 9 états-membres seulement (dont la France), élimine les contrôles d'immigration et de police aux frontières entre les pays qui l'ont signé: on ne s'arrête plus pour passer d'un pays à l'autre; les contrôles se font uniquement sur les personnes venant de l'extérieur des 9 pays. Ainsi, un touriste venant de France entre au Portugal sans aucun contrôle, comme s'il se déplaçait à l'intérieur de la France. Cette fin des contrôles est difficile à réaliser et assez risquée, car cela veut dire que la police d'un pays doit avoir parfaitement confiance dans la police de l'autre pays (pour contrôler l'entrée des immigrants illégaux, des criminels, des trafiquants de drogue, etc.).

- *Le traité de Maastricht (1992)*
  Cet accord transforme la CEE en Union européenne (UE) et prépare l'union politique et monétaire de l'Europe. Les Français ont vu cet accord comme un moyen de réduire la puissance croissante de l'Allemagne qui venait de se réunifier (avec l'Allemagne de l'Est ex-communiste). La monnaie allemande (une des plus fortes du monde) et toutes les autres monnaies européennes (y compris le franc) disparaissaient pour être remplacées, le 1er janvier 1999, par l'euro, la monnaie unique européenne. Depuis cette date, les monnaies des différents pays de l'UE n'ont plus de valeur individuelle. Elles correspondent seulement à un certain nombre d'euros. Elles disparaitront complètement en 2002 lorsqu'un seul type de billets et de pièces circuleront partout dans l'UE. Le traité de Maastricht a aussi renforcé les pouvoirs du Parlement européen et rendu ainsi l'UE plus démocratique et plus proche des citoyens qu'auparavant. Le traité de Maastricht crée aussi une citoyenneté européenne (distincte de la nationalité). Les citoyens de l'UE peuvent voter et se faire élire dans les élections locales: un citoyen allemand, par exemple, peut devenir maire d'une ville française (s'il réside en France). Si un Français se trouve en difficulté dans un pays où il n'existe pas de Consulat de France, les représentants diplomatiques des autres pays de l'UE

viendront à son aide. Les Français, qui voulaient unifier la législation sociale dans toute l'Europe, se sont opposés aux Anglais qui avaient des lois sociales moins favorables aux salariés et plus favorables aux employeurs (comme aux Etats-Unis). L'intégration de l'UE en matière de politique étrangère était une question très discutée, car chaque état reste indépendant dans ce domaine. La France, premier pays européen pour la puissance militaire, poussa à la création d'une armée européenne unifiée. L'embryon de cette armée (l'Eurocorps) existe déjà.

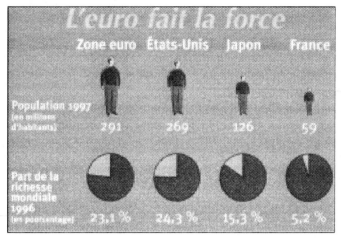

L'euro fait la force

Les institutions européennes

Ces institutions ne sont pas semblables à celles d'un véritable état. Les gouvernements nationaux conservent l'essentiel de leurs pouvoirs. Ils ont seulement cédé une partie limitée de ces pouvoirs à l'UE. L'UE est gouvernée par cinq institutions:

- Le Conseil des ministres (un ministre par état) est l'organe souverain des décisions (il joue donc le rôle du parlement dans un gouvernement national). Il est présidé à tour de rôle par un des 15 ministres.
- La Commission de l'UE (20 membres nommés par les états) fait appliquer les décisions du Conseil des ministres et le droit européen (elle joue le rôle de l'éxécutif dans un gouvernement national). Elle siège à Bruxelles. Elle a 13 000 fonctionnaires sous ses ordres.
- Le Parlement européen représente les peuples des états-membres de UE. Ses 626 députés sont élus pour 5 ans au suffrage universel dans toute l'UE. Il doit approuver les lois européennes passées par le Conseil des ministres. Il vote le budget de l'UE et peut forcer la Commission à démissionner. Il siège à Strasbourg. En 2000, il était présidé par une Française (Nicole Fontaine).
- La Cour de justice européenne (15 juges nommés) vérifie que les états de l'UE appliquent les lois européennes (une loi nationale ne peut pas leur faire obstacle). Son siège est à Luxembourg.
- La Cour des comptes européenne contrôle le budget et les finances de l'UE (qui proviennent de contributions versées par chaque état).

Prix indicatifs pour vous familiariser avec l'euro

D'une manière générale, les Français approuvent la construction de l'Europe unie, mais avec une certaine inquiétude. Beaucoup d'entre eux ont peur que la France perde son indépendance nationale et sa spécificité. En France, le traité de Maastricht fut approuvé par un référendum, mais avec seulement 51% des voix en faveur du traité. En effet, une forte minorité de Français (le Front National, la droite néo-gaulliste et l'extrême-gauche communiste) sont opposés à l'unification politique de l'Europe parce qu'ils pensent que cela signifie la fin de la France. Les communistes accusent aussi l'unification de l'Europe de faire progresser le libre-marché capitaliste à l'américaine sur le continent européen. Diverses enquêtes ont montré que l'opinion des Français à l'égard de l'unification européenne ne correspondait pas aux partis politiques. C'est le niveau d'études et l'âge qui fait la différence: plus le niveau d'études est élevé, plus on est favorable à l'Europe; plus on est jeune, plus on est favorable à l'Europe. Les personnes qui ont peu de diplômes ou qui sont âgées sont les plus hostiles.

La France a beaucoup bénéficié de l'unification économique de l'Europe. Elle s'est trouvée intégrée à un marché sans frontières de 300 millions de consommateurs. Les subventions massives reçues par l'agriculture française l'ont aidé à devenir une des plus productives du monde. L'industrie agro-alimentaire, secteur très puissant de l'économie française, a pu étendre ses exportations à tous les pays de l'UE. L'industrie française a été obligée de se moderniser rapidement pour faire face à la concurrence des autres pays d'Europe sur le marché français. L'unification de l'Europe a

L'UN était très bon pour la France

aussi provoqué des changements dans la vie des Français et dans la gestion du pays. La France a du modifier ou abolir certaines lois françaises pour les mettre en accord avec les normes juridiques européennes. Par exemple, il a fallu abolir la loi qui interdisait de faire travailler les femmes la nuit dans les usines. Il a fallu aussi abolir une loi qui donnait des avantages spéciaux pour la retraite aux femmes ayant eu des enfants (mais pas aux hommes). Ces lois étaient jugées discriminatoires par la Cour de justice de l'UE. La France a du également réduire les taux de la TVA (taxe sur les biens et les services) sur certains produits pour les mettre au même niveau que dans les autres pays de l'UE. Elle a du adopter un système d'étiquetage des produits unifié pour toute l'UE. Quant aux citoyens des pays de l'UE, ils peuvent immigrer et travailler librement en France. La couverture sociale française (assurance-santé, etc.) est valide dans tous les pays de l'UE. Tous les citoyens de l'UE ont le même passeport rouge foncé, avec la mention de leur nationalité.

L'unification économique et politique de l'Europe sera sans doute complètement réalisée au cours du 21e siècle. Les pays de l'Europe de l'Est qui étaient autrefois sous la dépendance de l'URSS (Estonie, Lettonie, Lithuanie, Pologne, République Tchèque, Slovaquie, Hongrie, Slovénie, Roumanie, Bulgarie) sont candidats à l'entrée dans l'UE. Plus tard, il est possible que la Turquie, la Serbie, la Croatie, la Bosnie soient un jour aussi admises. Les Français qui sont favorables à cette unification voient là un moyen de contrebalancer le pouvoir des Etats-Unis et de faire de l'Europe l'une des plus grandes puissances mondiales du nouveau siècle. Cette Europe unie ne ressemblera pas aux Etats-Unis, mais plutôt à la Suisse avec ses cantons autonomes; il y aura un gouvernement européen et une armée européenne, mais chaque état-membre gardera sa langue, ses lois et sa culture particulières.

Pour en savoir plus: *www.quid.fr/*

Chapitre 16

La société française aujourd'hui

La société française d'aujourd'hui est très différente de ce qu'elle était il y a un demi-siècle. La révolution économique et culturelle des années 1950-1980 a profondément et rapidement transformé cette société, dans ses structures mêmes. Certaines de ces transformations (l'affaiblissement relatif de la bourgeoisie ou l'unification culturelle du monde rural) étaient déjà commencées auparavant et se sont fortement accélérées dans la seconde moitié du 20e siècle. Si le changement de la société s'est fait d'une manière assez continue et régulière sur le plan économique et matériel, il n'en a pas été de même sur le plan socio-culturel. En effet, l'arrivée à l'âge adulte vers 1965-1970 de la génération très nombreuse du *baby-boom* (née juste après la Seconde Guerre mondiale) a créé un choc dans la société. Les graves émeutes des étudiants en 1968 ont été la manifestation la plus spectaculaire de ce choc.

de Gaulle

La génération du *baby-boom*

Jusque vers 1965, la société française était encore contrôlée par des adultes nés avant 1930 qui avaient connu la société de pénurie et la guerre. Ils avaient fait entrer la France dans le monde industriel moderne, mais leur morale restait traditionnelle, exaltant le travail, l'effort, la discipline, l'esprit de sacrifice pour des lendemains meilleurs. A partir de 1965, la génération du *baby-boom* s'opposa violemment à ces adultes qui étaient leurs parents, ridiculisant la "France de papa" et son système de valeurs rigide et autoritaire. La démission en 1969 du général de Gaulle, président âgé de 79 ans, marquait un tournant décisif. Les graffitis rageurs inscrits par les étudiants sur les murs de Paris ("Merde au bonheur", "L'économie est blessée, qu'elle crève", "Et si on brûlait la Sorbonne?", "Cours, camarade, le vieux monde est derrière toi", "Bientôt de charmantes ruines", "On ne tombe pas amoureux d'un taux de croissance", "Sous les pavés, la plage") clamaient leur désir d'une autre société; une société qui ne serait pas autoritaire, hiérarchique, répressive, obsédée par la hausse de la production et les progrès futurs. Ils rêvaient d'une France plus décontractée, plus conviviale, plus égalitaire, plus préoccupée de la qualité de la vie, plus centrée sur le présent que sur l'avenir. Ne pouvant changer la société d'un seul coup, ils changèrent la langue, en utilisant plus fréquemment "tu" au lieu de "vous".

ex de Graffitis

la révolte des baby-booms

235

Mai 1968

Les aspirations manifestées bruyamment par cette génération n'étaient en réalité pas du tout nouvelles; elles ne faisaient que prolonger l'esprit du modernisme qui s'était manifesté dans l'art et la littérature à la fin du 19e et au début du 20e siècles: primauté absolue de l'individu qui se replie sur lui-même (narcissisme), refus de la hiérarchie et des contraintes sociales, coupure radicale avec le passé et les traditions, hédonisme (recherche de la jouissance libre et immédiate des plaisirs). Ce qui était nouveau, c'est que ces aspirations n'étaient plus revendiquées seulement par une minorité d'artistes et d'intellectuels, mais s'étendaient d'une manière diffuse à de larges segments de la société. La génération du *baby-boom* a beaucoup contribué à transformer culturellement la société française au cours des années 1970 et 1980: la révolution sexuelle, l'écologie, le souci de la forme physique, l'alimentation "naturelle", le renouveau du régionalisme et de la démocratie locale, le développement des associations de citoyens en tout genre, l'éducation "douce", la nudité sur les plages, l'avortement libre, l'usage du prénom dans la vie professionnelle, c'est eux.

La fin de la société de classes

Le changement majeur qui donne un visage nouveau à la société française d'aujourd'hui vient de ce qu'elle n'est plus divisée en classes sociales rigidement séparées formant chacune un univers distinct avec ses rites, ses règles, sa langue, etc. Certes, il existe toujours de grandes différences entre diverses catégories sociales, mais ces différences tendent de plus en plus à être des différences d'argent (ce que l'on possède, ce que l'on gagne) plutôt que de culture (manière de penser, de parler, style de vie). Vue globalement, la société française est devenue culturellement et matériellement plus homogène qu'auparavant. Cette unification relative de la société a été le résultat de l'extension massive de l'enseignement secondaire et universitaire, de la généralisation de longs congés payés et de la hausse très forte du niveau de vie des Français (plus forte que celle du niveau de vie des Américains depuis 40 ans). Presque tout le monde, aujourd'hui, peut obtenir les objets et les services qui donnent accès au même style de vie: l'automobile, la salle de bains, le réfrigérateur, le lave-vaisselle, la machine à laver le linge, la télévision, le lecteur de disques-compacts, les blue-jeans, les dîners surgelés, les vacances au Club Med, les études universitaires, etc. Seule une minorité de pauvres n'ont pas accès à ce style de vie (c'est pourquoi on les appelle les "exclus" et que l'on parle d'"exclusion" pour désigner la pauvreté contemporaine). Cette relative égalité des conditions de vie dans la société peut sembler aller de soi à quiconque est né après 1960, mais elle est en réalité très récente. Bien souvent, les anciennes différences culturelles de classe sont encore visibles, mais elles se sont atténuées. De même, la conscience de classe n'a pas disparu; elle reste plus forte en France qu'aux Etats-Unis, mais elle est moins intense qu'autrefois. Les différences qui se manifestent aujourd'hui sont plus subtiles qu'auparavant: on reconnaît la catégorie sociale de quelqu'un à la marque de sa voiture et de ses vêtements, pas au fait qu'il a une voiture ou qu'il porte des habits usés et rapiécés.

La "moyennisation" de la société et l'apparition de nouvelles inégalités

La France est aujourd'hui en transition vers un nouveau modèle social dans lequel, comme aux Etats-Unis, un très nombreux "groupe moyen" domine la société par ses goûts et son style de vie. Cette "moyennisation" (expression du sociologue Henri Mendras) de la société française est une véritable révolution dans un pays où—nous l'avons vu—la classe moyenne (la petite bourgeoisie) était relativement peu nombreuse et sans identité bien marquée. Les membres de ces catégories intermédiaires sont généralement des gens qui ont passé le baccalauréat et ont ensuite obtenu un diplôme professionnel, technique ou universitaire. Beaucoup d'entre eux sont originaires des classes populaires, ayant des parents ou grands-parents ouvriers ou paysans. D'autres sont originaires de la petite et moyenne bourgeoisie. Ils ne sont plus en majorité des travailleurs indépendants (artisans, commerçants), mais des salariés: "cols blancs" de toutes sortes, techniciens, enseignants, ingénieurs, cadres de l'administration, du commerce et de l'industrie.[1] La culture et les moeurs de cet immense "milieu" de la nouvelle hiérarchie sociale sont d'inspiration bourgeoise, mais ne forment pas un ensemble parfaitement cohérent de codes et de comportements comme la culture bourgeoise d'autrefois. Cette nouvelle culture dominante est plus diverse, plus floue, sans normes précises à respecter. Elle est branchée sur les médias plus que sur l'école, sur le visuel plus que sur l'écrit. Chacun est libre de faire plus ou moins ce qui lui plaît; il n'y a plus de modèle unique à suivre pour la façon de manger, de s'habiller, de prendre ses vacances, de recevoir ses amis, de meubler sa maison, d'élever ses enfants, de faire l'amour, etc. Tout, ou presque, devient choix individuel. Ceci peut sembler contredire le fait que la société française est de plus en plus homogène. En réalité, les distinctions sociales sont de moins en moins collectives et de plus en plus individuelles: vus de loin, tous les Français se ressemblent de plus en plus; vus de près, de moins en moins. La culture de cette énorme "constellation centrale" (comme l'appelle Henri Mendras) tend à devenir celle de la société tout entière. [2]

C'est surtout à partir de ces catégories moyennes que s'est vulgarisé l'hédonisme dans la société. La France d'autrefois concentrait la recherche du plaisir seulement sur certains moments de la vie (les repas, en particulier). La société de consommation d'aujourd'hui tourne le dos à l'exaltion de l'effort et étend la recherche du confort et du plaisir à un champ beaucoup plus large qu'auparavant: maximiser la jouissance, s'"éclater" comme on dit familièrement, devient la norme de vie implicite. Ni la sexualité conjugale (lieu de plaisir plutôt que de reproduction), ni la famille (lieu de consommation plutôt que de production) n'échappent à cette évolution.

Le "sommet" de la société

Dans cette nouvelle structure sociale, les catégories peu nombreuses qui sont "au-dessus" de la masse centrale dominent la société française par leur pouvoir intellectuel, financier et politique (haute administration, propriétaires ou dirigeants de grandes entreprises, banquiers, chirurgiens, avocats et notaires très réputés, etc.). Héritiers de la haute-bourgeoisie d'autrefois, les membres de cette élite dirigeante restent fortement influencés par les traditions culturelles et sociales bourgeoises, bien qu'ils se "moyennisent" eux aussi dans une certaine mesure. Ils se distinguent de la nouvelle classe moyenne par leur éducation élitiste (collèges de Jésuites, lycées les plus réputés, grandes écoles) et surtout par les positions de pouvoir qu'ils occupent dans la société. Ils vivent dans le 16e ou le 8e arrondissement de Paris, dans la banlieue cossue de la capitale (Neuilly, Saint-Germain-en Laye, Versailles) ou dans les beaux quartiers des grandes villes. Ce "sommet" de la société s'est ouvert à des nouveaux-venus en ascension sociale depuis 1960 (membres de la petite et moyenne bourgeoisie passés par les grandes écoles), mais il reste malgré tout plus fermé et plus héréditaire que l'élite

---

[1] Le concept de "cadre" pour désigner une catégorie de gens dans la société est particulier à la France. Un cadre est quelqu'un qui détient une parcelle d'autorité sur quelqu'un d'autre dans sa profession. Quelqu'un dont le travail consiste à suivre des ordres donnés par d'autres (ouvriers, secrétaires, caissiers, etc.) n'est pas un cadre. L'origine du concept est militaire (distinction entre ceux qui commandent et ceux qui obéissent).

[2] Henri Mendras, *La Seconde Révolution française*, 1965–1985 (Paris: Gallimard, 1988).

sociale américaine. Ses membres conservent des moeurs et des rites qui les séparent du reste de la société: on se dit "vous" (et non "tu") entre mari et femme ou entre parents et enfants, les hommes donnent le baise-main aux femmes, on participe aux rallyes, on nomme ses fils "Aymeric", "Thibaut" ou "Charles-Henri" et ses filles "Diane", "Ségolène" ou "Marie-Bénédicte"; on s'habille BCBG.[3] On surnomme les enfants de cette classe les "héritiers".

Le prestige des positions de pouvoir n'est pas exactement le même en France et aux Etats-Unis. Les hautes fonctions politico-administratives—être chef de cabinet d'un ministre, par exemple—ont un prestige plus grand en France; par contre, la réussite financière privée est plus prestigieuse en Amérique: Bill Gates est plus admiré et respecté aux Etats-Unis qu'il ne le serait en France. On peut voir là l'héritage de l'ancienne société monarchique et militaire française par opposition à la société anglo-américaine de tradition marchande et industrielle. Le concept français de "cadre" montre aussi la valeur attribuée en France au fait d'avoir de l'autorité sur les autres. L'intégration entre le monde de la haute administration, de la politique et de la haute finance est plus forte en France qu'aux Etats-Unis: il serait normal de voir, par exemple, un même individu être successivement haut-fonctionnaire, puis député à l'Assemblée nationale, puis dirigeant d'une banque, puis ministre, puis redevenir haut-fonctionnaire. Passer de la haute-administration à la direction d'entreprises privées (où l'on gagne plus d'argent) s'appelle familièrement "pantoufler" (littéralement *to put slippers*).[4]

Une autre différence fondamentale à noter, sur le plan des mentalités cette fois, est l'attitude affichée à l'égard du pouvoir et de l'argent par ceux qui détiennent l'un ou l'autre—une question étudiée par la sociologue Michèle Lamont.[5] Un haut-fonctionnaire, un responsable politique ou un dirigeant d'entreprise français—surtout si c'est un homme—admettra ouvertement, sans aucune gêne, que l'amour du pouvoir l'a conduit à choisir sa carrière. Un consultant en ressources humaines déclare: "Ce qui intéresse la

---

[3] Les "rallyes" sont des cycles d'invitations à des soirées dansantes élégantes. Chaque mois d'une année, une famille différente invite les membres du rallye à la soirée qu'elle organise. BCBG signifie "bon chic bon genre" et correspond grosso modo à ce que les Américains appellent *preppy*.

[4] Voici, par exemple, quelle était en 1994 la formation des dirigeants de trois des plus grandes banques françaises:
Banque Nationale de Paris
Président: Polytechnique + ENA. Vice-Président: ENA. Directeur général: ENA. 4 directeurs généraux adjoints:—Ecole centrale—ENA—Polytechnique—ENA + HEC.
Société Générale
Président: ENA. Vice-président: ENA. Directeur général: ENA. 2 directeurs généraux adjoints:—ENA—ENA. Secrétaire général: ENA.
Crédit Lyonnais
Président: Polytechnique. Directeur général: Ecole Centrale. 2 membres du comité exécutif:—ENA—ENA. Secrétaire général: ENA.
(*L'Express* no 2241, 23 juin 1994, p. 27).

[5] Michèle Lamont. *Money, Morals and Manners. The Culture of the French and the American Upper-Middle Class*. Chicago: The University of Chicago Press, 1992, pp. 71–72. Citations traduites de l'anglais par les auteurs.

le goût par le pouvoir

plupart des hommes d'affaires français, c'est le pouvoir. Je crois que c'est caractéristique des Français, ce goût du pouvoir.... L'homme d'affaires français adore le pouvoir et le préfère à l'argent.... Le pouvoir est tellement plus excitant.... Cela se rapporte aux émotions, à la passion, c'est romantique. Cela vous donne du plaisir, des sensations. Quelles sensations peut vous donner un index de croissance?" Un directeur d'hôpital: "Je ne crois pas qu'il soit possible de dire que nous n'aimons pas le pouvoir. Si nous n'aimions pas le pouvoir, nous ne serions pas ici. Il y a deux types de personnes, celles qui sont là pour donner des ordres et celles qui sont là pour obéir. Je fais partie de ceux qui aiment le pouvoir. Le pouvoir, c'est aussi l'indépendance, c'est quand on peut décider, diriger... on se sent mieux." Un haut-fonctionnaire parle de sa "volonté de puissance" et du fait qu'il exerce "un vrai pouvoir sur les événements, sur les gens, sur les situations" ce qui lui donne "le sentiment d'exister vraiment, de trouver ma propre justification, mon but dans la vie." Ces hommes appartiennent à une culture dans laquelle le pouvoir de commander et de "régner" sur les autres est plus valorisé que l'argent, dont l'accumulation paraît vulgaire et ennuyeuse.

Les décideurs américains, au contraire, évitent généralement de donner l'impression qu'ils aiment le pouvoir (même s'ils l'aiment) parce qu'un tel amour est considéré comme suspect et immoral aux Etats-Unis. Ainsi, le candidat aux élections fait souvent croire qu'on le pousse à se présenter malgré lui; le dirigeant d'entreprise, par son salaire démesurément élevé, montre à tous qu'il s'intéresse à l'argent plus qu'à l'autorité qu'il exerce sur les autres (le contraire serait inquiétant).

Michèle Lamont remarque aussi que les distinctions que les Français de ce groupe établissent entre eux-mêmes et les autres sont plus fortement culturelles qu'aux Etats-Unis: l'éducation reçue, la façon de parler, les connaissances en littérature, art, histoire, géographie semblent fondamentales aux Français quand ils jugent quelqu'un par rapport à eux. L'argent, la réussite financière sont moins importants. Leurs homologues américains donnent au contraire plus d'importance à la réussite professionnelle et financière et moins à la culture quand ils jugent une personne par rapport à eux.[6]

Les catégories "populaires"

Au-dessous de l'énorme catégorie moyenne se trouvent les catégories dites "populaires" (working class). Celles-ci restent nombreuses, mais ne constituent plus la grande masse de la société comme autrefois. On y trouve les ouvriers agricoles, les ouvriers de l'industrie et tous les employés situés aux échelons les plus bas de la hiérarchie professionnelle (petits fonctionnaires, caissiers de supermarché, dactylos, vendeuses,

---

[6] Dans une nation d'immigrants venus de partout, la mesure le plus commode pour évaluer la valeur sociale des individus est quelque chose que l'on peut acquérir à partir de rien (donc qui est indépendant du passé) et dont la valeur est indiscutable aux yeux de gens de cultures différentes (donc une quantité): l'argent est cette mesure.

employés chargés du nettoyage, etc.). La plupart des immigrés nord-africains se trouvent dans cette catégorie. C'est le monde des petits salaires et, souvent, des fins de mois difficiles. Ce groupe a perdu toute culture distincte et imite, autant qu'il le peut, la culture "moyenne" dominante.[7] On loue un appartement dans une HLM de banlieue (logements subventionnés). On économise sous après sous pour s'acheter un petit pavillon ou un petit appartement.[8] On achète une voiture à crédit, le modèle le moins cher. On part en vacances chez les parents ou en camping pendant que les enfants sont placés en colonie de vacances organisée par les collectivités locales.[9]

Les membres de cette catégorie ne sont pas pauvres et bénéficient largement—surtout s'ils ont des enfants—du soutien financier de l'Etat qui peut aller parfois jusqu'à doubler leur salaire mensuel (allocations familiales, de logement, de rentrée scolaire, etc.). L'Etat-providence français (comme celui des autres pays d'Europe continentale) est plus généreux que l'Etat-providence américain. Il cherche plus à empêcher les gens de tomber dans la pauvreté et attend moins qu'ils y soient tombés pour les aider. Ici encore, la volonté de maintenir la sécurité et la stabilité dans la société apparaît plus forte du côté français. Le salaire minimum (SMIC), par exemple, suit automatiquement la hausse des prix (ce qui n'est pas le cas en Amérique).[10] Il est plus élevé en France (6 880 F par mois en 1999, soit 15 000 dollars par an) qu'aux Etats-Unis (10 700 dollars par an en 1999).[11] De plus, le "smicard" français (11% des salariés) est, comme tout salarié, automatiquement couvert par l'assurance médicale nationale, bénéficie de cinq semaines de vacances payées par an, de congés de maternité payés, etc. (ce qui n'est pas le cas en Amérique). De même, les chômeurs qui reçoivent des allocations de chômage et ceux qui reçoivent le revenu minimum d'insertion (RMI) parce qu'ils n'ont plus droit à ces allocations, sont tous couverts par l'assurance médicale nationale.

Les Français donnent beaucoup d'importance à l'unité et à la cohésion dans la société: cela est vu comme fondamental pour le bien-être général. Beaucoup d'efforts sont faits dans le pays pour maintenir ou renforcer cette cohésion et la "solidarité" entre Français est très souvent évoquée dans les discours ou les lois. On redoute la "fracture sociale" qui sépare les "exclus" du reste de la société. Les Américains don-

---

[7] Ce qui subsiste des cultures populaires urbaines et rurales appartient aujourd'hui au domaine du folklore artificiellement maintenu ou reconstitué (fêtes populaires avec musique traditionnelle et danses, musées des arts populaires, etc.) ou se retrouve dans des secteurs de la vie très spécifiques (la cuisine, par exemple).

[8] HLM: habitation à loyer modéré.

[9] Les colonies de vacances sont l'équivalent des *summer camps* américains. Les colonies de vacances sont souvent subventionnées et offrent des séjours à prix très réduit pour les enfants de familles à revenus modestes.

[10] SMIC: salaire minimum interprofessionel de croissance. Pendant de nombreuses années, le SMIC a même été indexé sur le salaire moyen des Français (qui augmentait plus vite que les prix) afin de s'assurer que les travailleurs les moins payés profitent de la hausse générale du niveau de vie comme les autres et ne restent pas "à la traîne".

[11] L'équivalent en dollars du SMIC a été calculé au taux de change moyen de 5,50 F pour un dollar.

Une HLM: l'univers des employés et des ouvriers

Vrai et intéressant ↓

...nent moins d'importance à l'unité et à la cohésion dans la société. Ils voient plus la société comme un *patchwork* d'individus et de groupes séparés qu'il faut simplement maintenir en paix.

Les "exclus"

Au-dessous des catégories "populaires" se trouve celle des "exclus", c'est-à-dire des gens qui ne peuvent pas, faute de ressources, participer à la société de consommation et vivre d'une manière normale. On les appelle quelquefois les "nouveaux pauvres" parce que les "anciens pauvres" (gens âgés, ouvriers sans qualification) ne sont plus pauvres aujourd'hui. Au premier rang de ces exclus se trouve une partie des chômeurs, ceux qui ont épuisé leurs allocations et n'ont pas de famille sur laquelle s'appuyer. Beaucoup touchent le RMI (revenu minimum d'insertion) attribué par l'Etat aux personnes sans ressources (450 dollars par mois pour une personne seule en 1998). Cette nouvelle pauvreté est en train de croître en France comme aux Etats-Unis (et ailleurs en Europe). Elle est le résultat combiné du chômage et de l'augmentation massive du pourcentage de salariés dans la société: un petit commerçant, un petit agriculteur en difficulté pouvaient vivoter; un salarié qui perd son emploi n'a plus rien. L'Etat doit venir à son aide. Contrairement à la pauvreté traditionnelle, qui était un état chronique et définitif, la nouvelle pauvreté frappe souvent des gens qui n'ont pas l'habitude d'être pauvres: ouvriers ou cadres ayant perdu leur emploi, jeunes mères célibataires, jeunes sans diplôme et sans travail, drogués, etc. Ils reçoivent des secours publics d'urgence et sont également aidés par les organisations charitables (restaurants "du coeur", dons alimentaires, aides ponctuelles en argent). Bien que ces "exclus" ne représentent qu'une faible minorité de la population, leur nombre a augmenté dans les années 1980–1990. Alors même que la société se trouve "moyennisée", de nouveaux écarts se creusent aujourd'hui entre ceux qui profitent de la croissance économique et ceux qui se trouvent rejetés ou marginalisés par le monde du travail. Alors que la situation des jeunes s'est détériorée, les gens âgés, qui formaient une part importante des pauvres dans le passé, ont vu leur sort s'améliorer énormément avec la généralisation des systèmes de retraites indexées sur les prix.

Déclin des grandes institutions et essor des associations

Parmi les changement fondamentaux de la société française depuis trente ans, il faut également souligner le déclin des grandes institutions (Etat, Eglise, syndicats, etc.) et le développement des associations. Voyageant à travers les Etats-Unis en 1831, l'écrivain politique français Tocqueville se disait frappé par la tendance des Américains à se grouper en toutes sortes d'organisations en vue du bien commun.[12] Cela l'étonnait, car en France, les groupements d'individus étaient alors fort mal vus. On estimait en effet qu'un des grands maux de l'Ancien Régime (avant 1789) était l'existence de groupes qui défendaient leurs intérêts égoïstes contre le bien commun: grandes familles nobles, guildes et corporations de métiers, associations religieuses. Selon les chefs de la Révolution (1789), les Français ne devaient connaître qu'une seule association, celle des citoyens choisissant par voie d'élection leurs représentants qui agiraient pour le bien général du pays. Par conséquent, en 1791, la nouvelle assemblée de députés a interdit toute espèce d'association. Une dizaine d'années plus tard, le Code pénal classait parmi les crimes le fait de constituer une association.[13] Ce n'est qu'en 1901 que les associations de citoyens eurent le droit de se former librement en France (les syndicats étaient autorisés depuis 1884). La vie associative n'a donc jamais eu dans ce pays l'extension qu'elle avait aux Etats-Unis. Les individus, les familles sont restés longtemps isolés face aux grandes institutions nationales qui dominaient la société de tout leur poids: Etat, école, Eglise catholique, armée, partis politiques, syndicats.

---

[12] Alexis de Tocqueville, *De la démocratie en Amérique*. Paris: Genin, 1951, pp. 299–300.

[13] Ceci ne signifie pas que tout groupement était impossible, mais qu'il fallait une autorisation expresse du gouvernement pour avoir le droit de former un groupement d'individus.

Depuis les années 1960, on constate un net déclin des grandes institutions (administration de l'Etat, Eglise catholique, école publique, armée, syndicats) qui n'ont plus l'influence qu'elles avaient auparavant et ne jouissent plus du même respect dans l'esprit des gens. Une des raisons principales de cette désaffection vient du fait que ces institutions, si puissantes dans la France d'autrefois, ont eu beaucoup de mal à s'adapter aux changements très rapides de la société. Elles ont gardé des structures hiérarchiques, autoritaires et centralisées et semblent souvent incapables de répondre aux problèmes pressants qui se posent. Cela vient aussi de la hausse générale du niveau d'éducation qui a réduit l'écart entre les compétences des dirigeants de ces institutions et celles des citoyens. Les ministres, les évêques, les chefs des grands partis, les dirigeants des syndicats ont du mal à se faire écouter, respecter et obéir. L'indifférence ou le cynisme accueillent souvent leurs discours.

Parallèlement à cette évolution, on a vu se développer la vie associative, au niveau local et régional surtout. De tous côtés, des associations politiques, sportives, culturelles, artistiques ont été fondées. Aujourd'hui, la moitié des Français sont membres d'au moins une association, ce qui constitue une sorte de révolution. Le recul des grandes causes générales (justice sociale, liberté, etc.) et l'affaiblissement des institutions ont provoqué un repli des individus sur leurs intérêts particuliers, que les clubs et associations de toutes sortes peuvent beaucoup mieux satisfaire.

La situation des immigrés

Les deux problèmes les plus aigus de la société française actuelle sont le sort des immigrés non-européens et le chômage.[14]

La France, nous l'avons vu, a été depuis un siècle un pays d'immigration, comme les Etats-Unis.[15] Elle a, comme l'Amérique, une conception volontariste de la nationalité: l'appartenance à la nation vient d'une volonté individuelle d'adhésion, pas de l'hérédité (comme en Allemagne). Les conditions politiques et idéologiques dans lesquelles l'immigration s'est faite sont toutefois très différentes en France et aux Etats-Unis.

La société américaine s'est toujours vue comme une communauté constituée d'immigrés ou de descendants d'immigrés venus de partout. Aucun pays dans le monde ne contient une population d'une diversité aussi extrême que les Etats-Unis. L'Amérique est une mosaïque de "nationalités" différentes qui gardent souvent leurs traditions culturelles d'origine et en sont fières: on est Italien-américain, Grec-américain, Irlandais-américain, etc. La seule chose que l'Amérique exige de la part de l'immigrant et de ses

----

[14] Les immigrés sont les personnes résidant en France qui sont nées à l'étranger. Ils peuvent avoir acquis la nationalité française ou avoir conservé leur nationalité d'origine. Leur nombre s'élève à environ 4,5 millions de personnes.

[15] Voir chapitre 7.

AU TEMPS DES GAULOIS

nos ancêtres les Gaulois

Les Gaulois sont un peuple de **paysans**. Ils vivent en tribus indépendantes, souvent en guerre les unes contre les autres. Les **tribus** sont commandées par des **nobles guerriers**. En cas de guerre, ces chefs arment et dirigent les paysans.

Les Gaulois sont aussi des **artisans** habiles et inventifs : pour conserver et transporter le vin, ils imaginent le tonneau ; pour se protéger du froid, ils inventent l'ancêtre de notre pantalon : les braies.

Ils savent très bien travailler le fer : ce sont d'excellents forgerons.

▶ *Pourquoi le tonneau est-il une invention utile ? Sais-tu comment on faisait auparavant pour conserver le vin ?*

* *Dans cette page, quels sont les objets qui ont pu être faits par un forgeron ?*

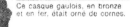

Ce casque gaulois, en bronze et en fer, était orné de cornes.

◀ Un guerrier gaulois. Il est revêtu d'une cotte de mailles et porte un bouclier long.

je retiens

Dans la société gauloise, les paysans et les artisans sont les plus nombreux. Ils sont commandés par des nobles guerriers.

Le transport du vin en Gaule. Le tonneau de bois cerclé est placé sur un chariot à quatre roues.

Manuel d'éducation civique pour enfants de 7–8 ans (Histoire Géographie Education civique CE, Belin 1986).

Communautarisme[1]
aux États-Unis

descendants, c'est le respect de la constitution et des institutions américaines. Chaque groupe peut affirmer en public (dans des défilés, par exemple) son identité ethnique et sa culture nationale d'origine; cela ne menace pas les Etats-Unis, car ce qui unit les Américains est politique et non pas racial, culturel ou religieux.

En France, la situation est différente. En effet, la société française a toujours refusé de se voir comme constituée de groupes d'immigrants ou de descendants d'immigrants. Or, aujourd'hui, un tiers de la population de la France est d'origine étrangère ou a des ancêtres étrangers récents. Comment cette contradiction peut-elle donc être résolue? Par le silence et l'amnésie collective. Tout le monde doit oublier que la France est un pays d'immigration. Les immigrés peuvent conserver les traditions de leur nation d'origine (langue, religion, cuisine, etc.) chez eux, dans leur vie privée uniquement. Ils ne peuvent pas manifester publiquement une identité distincte; leur origine étrangère doit rester invisible. La France, en effet, est un pays "assimilationniste" qui accepte difficilement l'existence de communautés ethniques et culturelles étrangères sur son territoire. Elle dit en substance aux immigrés: si vous voulez rester étrangers en France, nous ne voulons pas de vous, repartez chez vous; si au contraire vous acceptez de vous assimiler à la culture française, de parler français, de voir l'histoire de France comme votre propre histoire, alors nous vous considérerons comme des compatriotes quelle que soit votre race ou votre origine.[16] Cette façon de voir provient d'un élément fondamental de la culture politique française qui est l'universalisme. L'universalisme présume que l'être humain est le même partout dans le monde, quelle que soit la couleur de sa peau. C'est donc, en principe, une vision tout à fait égalitariste de l'humanité: peu importe la race d'un individu, nous sommes tous des êtres humains. Cet universalisme qui imprègne la culture française a contribué à faire de la France un pays ouvert aux étrangers aux 19e et 20e siècles. On le retrouve dans la littérature, dans les idéaux politiques humanitaires (défense des droits de l'Homme) et dans un certain esprit missionnaire fréquemment rencontré chez les Français (Médecins sans Frontières, Médecins du Monde, etc.). Les étrangers ont souvent admiré la France pour cet aspect de sa culture. L'universalisme, hélas, a son côté négatif. Il peut produire un type particulier de racisme qui est lui aussi très caractéristique de la France: si l'être humain est le même partout dans le monde, il n'y a pas de raison pour qu'un noir d'Afrique ou un musulman d'Algérie ne s'assimile pas facilement à la culture française. L'universaliste ne comprend pas pourquoi les étrangers ne peuvent pas (ou ne veulent pas) rapidement lui ressembler, puisque pour lui les seules différences entre les êtres humains sont des différences de peau sans importance. Il sera donc très hostile à tout ce qui contredit ce qu'il présume, par exemple aux immigrés qui conservent leurs moeurs particulières et refusent d'adopter les moeurs françaises. Le racisme français

---

[16] La Légion étrangère, corps de l'armée française ouvert aux citoyens étrangers—elle comprend des soldats de 107 nationalités—applique ces principes dans un cadre militaire. Le service dans la Légion permet, après un certain nombre d'années et sous certaines conditions (avoir appris le français, etc.) d'obtenir la nationalité française.

s'attaque aux individus qui ne s'assimilent pas ou ne le font pas assez vite. Il est donc différent du racisme anglais ou américain qui vient d'une attitude anti-universaliste ou différentialiste (l'être humain est différent suivant le groupe auquel il appartient) et qui ne croit pas l'assimilation possible et souhaitable.[17]

La diversité d'origine des habitants du pays n'est donc pas reconnue par le système politique, social et culturel français. Le concept de "minorités", par exemple, n'est pas employé en France. Une politique comme celle de l'*affirmative action* américaine y est difficile à concevoir: l'Etat républicain français ne connaît que des citoyens rigoureusement égaux entre eux et il paraîtrait scandaleux qu'il encourage ou protège des individus parce qu'ils appartiennent à un groupe ethnique ou racial particulier. On ne parle jamais d'"Italiens-français" ou de "Polonais-français": ce serait absurde puisqu'on ne peut pas être à la fois Italien et Français, Polonais et Français. Il peut y avoir addition d'identités régionale et nationale (Breton et Français, par exemple), mais il ne peut pas y avoir addition d'identités nationales. Cette répression de la mémoire sur l'immigration a un but très précis: maintenir l'unité et la cohésion dans la société. L'approche américaine permettant aux groupes ethniques de garder une identité culturelle publique distincte est rejetée par les Français. Cette approche aboutit, disent-ils, à fragmenter la société en groupes raciaux ou nationaux antagonistes: l'Amérique, avec ses ghettos et ses émeutes raciales, montre justement ce qu'il ne faut pas faire; le modèle américain de traitement des minorités ethniques apparait comme un échec. Aux yeux des Français, la bonne voie consiste à créer une société qui oblitère l'origine étrangère des gens. Quand la seule différence entre deux individus est la couleur de la peau, le raciste se trouve démasqué et désarmé. D'où l'importance capitale de l'assimilation à la culture française, qui fait disparaître toute trace étrangère chez l'immigré et le solidarise (en principe) avec les Français.

Tant que la plupart des immigrés étaient des Européens catholiques, le système d'intégration décrit ci-dessus (symbolisé par la célèbre expression des manuels scolaires "Nos ancêtres les Gaulois…") a pu être maintenu. Seuls les Français juifs étaient vus systématiquement comme des "étrangers" par les antisémites. Depuis que la majorité des immigrés sont originaires d'Afrique et de religion musulmane, il apparaît de plus en plus difficile de maintenir le mythe de la France pays d'origine de tous les Français. En effet, les immigrés nord-africains ne passent pas inaperçus dans une population européenne, et ils sont culturellement bien plus différents des Français que les Italiens ou les Portugais. Ils viennent de pays où l'on n'utilise pas l'écriture latine, où il n'y a pas de séparation entre religion et vie publique, où l'on ne consomme ni alcool ni porc, où les sexes sont strictement séparés, où les parents choisissent les maris

---

[17] Voir sur ce sujet le livre d'Emmanuel Todd *Le Destin des immigrés* (Paris: Seuil, 1994). L'universalisme français est d'origine catholique et les attitudes qui en découlent rappellent les positions de l'Eglise dans le passé (égalité de tous les êtres humains mais intolérance et incompréhension à l'égard de ceux qui refusent de se convertir, esprit missionnaire, etc.).

34

TOUS DIFFÉRENTS MAIS ÉGAUX

▲ Dans Astérix

▲ Faire ensemble

« Je suis bientôt de mariage ! annonce Caroline à ses amies. Tatie Françoise se marie avec Léonard. Ils font tous les deux le même métier. Elle l'a connu en stage. Il est noir, car sa famille est d'origine africaine. Son père et sa mère sont venus en France, il y a quinze ans : ils travaillent au métro de Paris.

Mais surtout Léonard a une sœur ; elle s'appelle Lydia. Elle a deux ans de plus que moi et elle est au CM1. Papa et maman veulent bien que j'invite Lydia pendant les vacances de Pâques : elle apportera des jouets fabriqués par un artisan du village d'Afrique d'où viennent ses parents... J'espère y aller un jour ! »

✳ des femmes, des hommes, des enfants

✳ les mêmes droits
l'égalité
des différences

Les mêmes droits pour tous

EXERCICES

1 Ces étrangers qui arrivent dans le village d'Astérix sont-ils bien accueillis ?

2 Sur la photo, que font ces enfants ensemble ? Aimes-tu travailler en groupe ? Pourquoi ?

Enquête. Dans quel pays sont nés les parents des enfants de la classe ? Cherchons ces pays sur une carte du monde.

3 Quelles sont les fêtes les plus importantes de l'année dans ces pays ? Que fait-on pendant ces fêtes ?

Manuel d'éducation civique pour enfants de 7–8 ans (Mon premier livre d'Histoire et de Géographie, Education civique, *Hachette 1986*).

de leurs filles, où le jour de prière n'est pas le dimanche mais le vendredi, etc. Ils ont donc plus de difficulté à s'assimiler rapidement (ce qui ne veut pas dire qu'ils ne peuvent pas le faire). Leurs enfants nés en France (les Beurs) sont mieux intégrés, mais concilier ce que leur apprend l'école française avec les moeurs de leur famille est souvent difficile: ils sont écartelés entre des systèmes de valeurs très différents. Ils ne se sentent pas Nord-Africains, puisqu'ils ont toujours vécu en France, mais pas non plus Français à 100%. Leur "visibilité" d'étrangers, par exemple, fait que la police contrôle leurs papiers plus fréquemment que ceux des autres Français; de là un malaise profond accru par le chômage très élevé qui les touche.

Il y a quelques années, plusieurs jeunes filles d'origine algérienne arrivèrent au collège de Montfermeil avec un voile autour de la tête, signe de leur appartenance à la religion musulmane. La direction du collège leur ordonna d'enlever ces voiles et, face à leur refus, les expulsa: il est interdit, en effet, de manifester publiquement son appartenance à une religion dans une école publique. Cet incident assez mineur au départ prit bientôt la dimension d'un débat national. Car c'est non seulement la laïcité, mais aussi toute la conception française de l'intégration des immigrés que ces jeunes filles (et leur parents) mettaient en cause en voulant rester publiquement visibles comme étrangères. Leur refus de s'assimiler apparaissait à certains Français comme un affront à l'hospitalité de la France: elles n'ont qu'à rentrer en Algérie, disaient-ils, si elles veulent porter le voile musulman. Ils avaient peur de voir se développer en France une société fragmentée "à l'américaine". D'autres, au contraire, cherchèrent à dédramatiser la situation et prêchèrent la tolérance. Finalement, le port du voile musulman a été interdit dans tous les établissements scolaires publics français à partir de septembre 1994.

La situation des immigrés varie énormément selon les cas individuels. Elle va de l'intégration parfaite dans le milieu français à la marginalisation la plus absolue. En 1994, le sous-officier de l'armée française ayant reçu le plus grand nombre de médailles était un musulman d'origine nord-africaine. Mais on pouvait voir au même moment dans les rues de Marseille des femmes au visage voilé qui ne savaient ni lire ni écrire et ne comprenaient pas un mot de français.

Le racisme en France se manifeste généralement sous forme de xénophobie. Les immigrés nord-africains sont la cible favorite de cette hostilité à l'"étranger", nourrie par la difficulté à s'assimiler, par le chômage (ils "prennent la place des Français"), les souvenirs des manuels d'histoire (le musulman ennemi de la chrétienté) et leur statut d'anciens colonisés. Des causes plus inconscientes jouent aussi, les immigrés maghrébins étant vus comme "coupables", en quelque sorte, de détruire un des mythes fondamentaux de la nation française, celui de l'unité des origines. Un parti politique d'extrême droite, le Front National, a joué sur cette hostilité pour se développer dans les années 1980 (affiche électorale: "Produisons français avec des Français"). L'hostilité aux Nord-Africains—tous appelés "arabes"—est surtout verbale et se manifeste souvent hors de leur présence (c'est-à-dire entre Européens). Mais elle peut mener à

Affiches du Front National

des actes de discrimination illégaux: par exemple un refus de location d'appartement ou un refus d'emploi ("Vous n'avez pas de chance, quelqu'un vient juste de le prendre"). Dans les cas extrêmes, on voit des attaques sur la personne des immigrés, sur leurs biens ou sur les lieux de culte musulmans (destruction de mosquée par exemple). Aux Etats-Unis, l'hostilité contre les immigrés existe depuis longtemps et réapparaît par vagues périodiques; être un pays d'immigrés n'empêche nullement l'apparition d'une telle hostilité.

Des mouvements anti-racistes sont apparus dans les années 1980 en réponse à l'influence croissante du Front National, parti d'extrême-droite très hostile à l'immigration nord-africaine. Un des plus notables est SOS-Racisme, créé en 1984 par Harlem Désir. Rassemblant 15 000 membres organisés en 300 comités nationaux, cette association organise des manifestations publiques et fait pression sur le Parlement et le Gouvernement pour renforcer la législation anti-raciste en France. Ce sont eux qui ont créé le célèbre macaron portant l'inscription "Touche pas à mon pote" (*Don't harm my buddy*).

L'agitation anti-immigration du Front National a conduit les partis de la droite modérée à changer les lois sur l'acquisition de la nationalité en France. Toute personne ayant un parent français est automatiquement française. Mais jusqu'à une époque récente, un des principes fondamentaux du droit français était que toute personne née en France de deux parents étrangers était aussi automatiquement française, par "droit du sol" (le lieu de naissance donne la nationalité). Les États-Unis appliquent aussi ce principe. La gauche française soutient fortement le "droit du sol", tandis que la droite y est moins favorable, préférant donner plus d'importance au "droit du sang" (nationalité transmise par les parents). Il y eut des débats passionnés en France à ce sujet au cours des années 1980–1990. Finalement, sous la pression des partis de droite, le code de la nationalité fut modifié: le simple fait de naître en France ne donne plus immédiatement la nationalité française à l'enfant ayant deux parents étrangers. La nationalité française n'est acquise automatiquement par cet enfant que lorsqu'il atteint l'âge de 18 ans et à condition qu'il ait résidé pendant 5 ans en France entre l'âge de 11 ans et 18 ans. Il peut alors refuser la nationalité française s'il le désire. On a aussi créé un délai d'un an avant que le conjoint d'un citoyen français puisse devenir français par mariage.

La présence de plusieurs millions de personnes d'origine non-européenne en France oblige les Français à changer la vision qu'ils se sont toujours faite de leur pays. La France est-elle devenue un pays multi-racial et multi-culturel? Marseille deviendra-t-elle une ville avec des mosquées à la place des églises? Aujourd'hui, la question se pose de savoir si la France parviendra à intégrer harmonieusement en son sein une population dont la présence remet en cause son caractère exclusivement européen. En fait, les enquêtes les plus récentes montrent que l'intégration des immigrés d'origine nord-africaine dans la société française est plus rapide et réelle qu'on ne le croit généralement. Les enfants et petits-enfants de ces immigrés se marient ou cohabitent très souvent avec des Français de souche, ils parlent de moins en moins l'arabe et pratiquent de moins en moins la religion islamique. En France, le rouleau compresseur de l'assimilation est très puissant. On peut fort bien imaginer que dans quelques décennies la seule trace de l'immigration non-européenne en France sera la couleur de la peau de certains Français. Il est aujourd'hui trop tôt pour savoir comment la situation évoluera.

Le chômage

Le chômage, l'autre grand problème auquel est confrontée la société française, affecte toutes les catégories de la société, mais certaines plus que d'autres. 10% de la population active de la France était en chômage en 2000 (4% aux États-Unis). Les plus touchés sont les plus jeunes: 25% des moins de 25 ans sont en chômage. Le nombre de chômeurs n'a cessé de s'accroître depuis le début des années 1970. Le coût élevé de la main d'oeuvre et la rigidité des lois protégeant les salariés sont dénoncés par les critiques (de droite) comme aggravant le chômage (s'il est difficile de licencier des salariés, on hésitera à en embaucher de nouveaux). Les cadres, longtemps épargnés, sont eux aussi touchés par les coupures de personnel. En général, les chômeurs français sont mieux protégés que les chômeurs américains. Ils doivent être avertis de leur licenciement un mois à l'avance (3 mois s'ils sont cadres). Pendant cette période, leur employeur doit leur concéder deux heures par jour d'absence (payées) pour trouver un nouvel emploi. Ils peuvent recevoir des allocations pendant 30 mois (6 mois aux Etats-Unis) et sont couverts par l'assurance-maladie nationale. Une série de mesures à effet limité et temporaire ont été prises pour créer des emplois (stages rémunérés au-dessous du SMIC pour les jeunes, emplois créés sur fonds publics, pré-retraites, etc.). Le système éducatif français, lourd, rigide, inadapté à un monde où le recyclage des compétences est une nécessité, est très mal équipé pour faire face. Finalement, personne ne sait vraiment comment résoudre le problème dramatique du chômage. La société valorise de plus en plus le travail parce qu'il donne l'indépendance individuelle; or elle semble avoir de moins en moins besoin de travailleurs pour produire tout ce dont elle a besoin....

La société française ressent aujourd'hui un malaise profond et une angoisse de l'avenir plus forte qu'à n'importe quel moment depuis la Seconde Guerre mondiale. Le problème pressant du chômage y est pour beaucoup. Va-t-il falloir baisser les salaires et de remettre en cause les "acquis sociaux"? La main d'oeuvre française est-elle condamnée à se "tiers-mondiser" pour faire face à la concurrence des pays à bas salaires? La génération du *baby-boom* aura-t-elle des retraites suffisantes? Verra-t-on des catastrophes écologiques de grande envergure? Quel avenir est réservé aux enfants d'aujourd'hui? L'inquiétude a aussi d'autres racines plus profondes. Les changements de la société au cours des trente dernières années ont semblé trop rapides à beaucoup de gens, qui ont du mal à s'y adapter. Ils se sentent comme des étrangers dans la nouvelle société française, ils ne la reconnaissent plus. Ceci est particulièrement vrai pour les personnes âgées. D'autre part, l'identité française paraît doublement menacée: de l'intérieur par des immigrés qui semblent mal s'assimiler et par l'Islam, devenu la deuxième religion pratiquée en France; de l'extérieur par l'intégration de la France dans une Europe unifiée. Presque tous les Français ont applaudi à l'unification économique, qui a contribué à enrichir le pays. Mais beaucoup d'entre eux ont peur de pousser l'intégration plus loin, craignant de voir la France perdre son indépendance et se diluer dans un vaste ensemble européen pour lequel ils n'ont pas d'attachement émotionnel.

Pour en savoir plus: *www.quid.fr/*

Quatrième Partie

Symboles

Introduction: Les symboles français

Avec le monde des symboles, nous abordons l'étude des Français non plus sous l'angle de l'organisation sociale, mais sous celui des croyances et des présupposés sur lesquels s'appuient la religion, la politique, les loisirs, l'art, la littérature. Nous ne nous intéressons plus ici aux rapports des Français avec le milieu physique, social ou économique, mais à leurs rapports avec les idées, c'est-à-dire des réalités abstraites, invisibles. Au niveau le plus élémentaire, les symboles seront peut-être des conventions rudimentaires — les lettres qui forment les mots de ce livre ou la règle française de la priorité à droite sur la route. Au niveau le plus complexe, les symboles peuvent être un lieu historique avec tout ce qu'il évoque, un vers célèbre d'un poème que l'on cite dans certaines circonstances ou bien la conception des vacances du Club Med.

Les mots, les actes, les objets n'ont souvent pas la même signification pour les Français et pour les Américains. Le drapeau français, par exemple, n'évoque pas pour un Français exactement la même chose que le drapeau américain pour un Américain. Dans l'esprit des Français, le drapeau bleu-blanc-rouge signifie évidemment l'appartenance à la nation française, mais il évoque aussi autre chose. Le drapeau tricolore s'est en effet longtemps opposé à d'autres drapeaux portés aussi par des Français: le drapeau blanc des royalistes au 19e siècle et surtout le drapeau rouge des socialistes et des communistes au 20e siècle. Le drapeau tricolore ne veut donc pas dire seulement "France", mais aussi "république libérale"; il a un contenu politique. Lorsque les étudiants parisiens se révoltèrent en mai 1968, ils brandirent des drapeaux rouges. Quand, au même moment, les partis de droite organisèrent une grande manifestation pour soutenir le gouvernement, on voyait au dessus de la foule une forêt de drapeaux tricolores qui voulaient dire "je suis attaché à la république libérale contre la gauche socialiste et communiste." Placé sur les édifices publics, le drapeau français veut donc simplement dire "France", car l'édifice public est par définition politiquement neutre. Mais placé sur un

36

POUR MIEUX CONNAÎTRE NOTRE RÉPUBLIQUE

▲ Pour représenter la République

▲ On écoute « La Marseillaise », puis on défendra les couleurs de la France

Manuel d'éducation civique pour enfants de 7–8 ans (Histoire Géographie Education civique CE, *Belin 1986*).

mât dans mon jardin, il risque d'être vu comme le signe de mon hostilité au drapeau rouge de la gauche et donc comme une affirmation (pas très discrète) de mes opinions politiques. Il faut savoir tout cela pour comprendre pourquoi, en France, les gens ne placent pas de drapeaux chez eux comme le font les Américains. Nous sommes ici dans le monde des symboles.

L'univers des symboles est plus flou, fluctuant et difficile à saisir que celui des comportements observables et des institutions. Il est tout particulièrement difficile à comprendre pour les étrangers. Les symboles, en effet, n'ont de sens que vus de l'intérieur du contexte culturel où ils opèrent. Il faut voir les symboles français avec des yeux de Français pour les comprendre. Cela exige d'avoir acquis une grande familiarité avec La France et sa culture. C'est d'autant plus compliqué que certains symboles peuvent varier selon les catégories sociales, les classes d'âge et même les sexes. Le nom de Jeanne d'Arc, par exemple, ne produit pas le même écho dans l'esprit d'un ancien résistant anti-nazi de la Seconde Guerre mondiale et dans celui d'une jeune fille beur en chômage. Les symboles sont aussi souvent responsables de l'incompréhension et des malentendus entre peuples de cultures différentes. Les Français, par exemple, ont du mal à comprendre pourquoi le président des Etats-Unis doit prêter serment sur la Bible le jour de son investiture. Ce mélange entre politique et religion les laisse perplexes. Dans leurs discours, les personnalités politiques américaines s'expriment souvent avec des mots, une intonation et des gestes qui ressemblent à ceux des prêcheurs dans les églises. Cela semble surprenant aux yeux des Français qui seraient très étonnés d'entendre leur Premier ministre ou leur Président terminer un discours par "Que Dieu vous garde" (l'équivalent français de *God bless you*). De même, pour les Français, le béret et l'accordéon ne signifient pas du tout "Français" ou "France", mais seulement "vêtement et culture des gens des catégories populaires". Pour les Américains, la valeur symbolique de ces deux objets est nationale; pour les Français, elle est simplement sociale et n'a rien à voir avec leur nation.

La culture des Français est fortement orientée vers le stylisé et le symbolique—plus que celle des Américains. Cela veut dire que pour les Français, les mots, les objets et les actes évoquent très souvent beaucoup plus que ce qui est dit ou montré: un mot, un geste suffisent pour signifier beaucoup de choses; la forme elle-même exprime le fond. En 1940, les Français opposés au régime du Maréchal Pétain collaient sur leurs lettres les timbres représentant le Maréchal avec la tête en bas. Tourner légèrement un timbre suffisait pour exprimer le refus d'un système et d'une philosophie politiques.[1] En 1974, le Président Giscard d'Estaing (de droite) fit un discours habillé d'un chandail de laine à la télévision: acte peu habituel qui symbolisait son désir d'être plus proche du Français moyen. Ses adversaires de la gauche condamnèrent le discours d'une phrase: "les travailleurs ne sont pas dupes; ils savent très bien que ce chandail est en mohair" (laine de luxe qui coûte très cher).

L'importance des symboles en France s'explique sans doute par l'histoire particulière du pays. Dans une nation extrêmement diverse où ni la géographie, ni la langue, ni l'économie n'unifiaient la population au départ, l'unité n'a pu se faire que par la construction d'un puissant système symbolique centré sur la seule chose que tous les

---

[1] Cette forme d'opposition ne dura pas longtemps. Comme on pouvait s'y attendre, la Poste déclara que le courrier affranchi avec le Maréchal tête en bas ne serait pas livré à son destinataire.

habitants avaient en commun et qu'ils ne partageaient pas avec d'autres Européens: le roi, la Cour, l'Etat. Né dans la culture de la Cour aux 16e et 17e siècles, le système symbolique national français se construisit en s'appuyant sur une langue (le français), sur une religion (le catholicisme), sur l'héritage gréco-romain ainsi que sur des apports étrangers (italiens notamment) et populaires (musique populaire "recyclée" par les musiciens de Cour par exemple). Ce système symbolique envahit progressivement tous les domaines de la pensée—littérature, philosophie, histoire, politique, art, religion—et repoussa tous ses concurrents (culture latine-chrétienne commune à l'Europe du Moyen-Age, cultures locales et populaires). Avant le 20e siècle, toutefois, il n'imprégnait pleinement que les élites de la société et partiellement seulement les autres classes. Les paysans bretons, par exemple, restaient largement en dehors; ils savaient qu'une offrande à Saint Guénolé guérit les blessures aux pieds et pouvaient reconnaître d'un coup d'oeil où habitait une femme à la forme de sa coiffe; mais ils ne comprenaient pas le français, ignoraient qui était Voltaire et ce que voulait dire "légion d'honneur".

Le système symbolique national français—et à travers lui, la culture française—a donc été pendant très longtemps (quatre siècles au moins) en expansion constante, à l'intérieur de la France et dans le reste du monde.[2] A partir de la Révolution française (1789), ce système a été vu comme potentiellement universel. De même que la Révolution française était vue par les Français comme ouvrant une ère nouvelle pour l'humanité entière, la culture française était vue par eux comme ouverte à l'humanité entière: tout être humain peut devenir français.[3]

L'apogée de l'influence du système symbolique français dans le monde fut sans doute atteint entre les deux guerres mondiales. En 1930, les écoliers indochinois, comme ceux de l'Algérie, de Madagascar et de Guyane apprenaient à réciter par coeur les fables de La Fontaine et à chanter "En passant par la Lorraine avec mes sabots..." Même les chefs des mouvements anti-colonialistes en guerre contre la France se disaient grands admirateurs de la culture française (Habib Bourguiba en Tunisie, Hô Chi Minh en Indochine, par exemple). Dans beaucoup de pays d'Europe et d'Amérique, la culture française jouissait d'une faveur spéciale chez les gens des classes dominantes. Paris apparaissait aux Français et aux francophiles comme la principale capitale intellectuelle et artistique en Occident.

Dans sa volonté de s'affirmer, le système symbolique national français a parfois poussé très loin l'originalité. Pendant une dizaine d'années (1792–1802), par exemple, la France remplaça le calendrier chrétien occidental par un nouveau calendrier:

---

[2] Il ne faut pas confondre "culture française" et "culture des Français". La "culture française" est la culture nationale, construction unifiée et cohérente (d'origine essentiellement aristocratique et bourgeoise). La "culture des Français" ("les cultures" serait plus approprié) englobe tous les éléments symboliques opérant chez les Français (cela comprend par exemple la littérature bretonne ou le franglais).

[3] Les Anglais, qui ont eux aussi répandu dans leur empire colonial leur système culturel, n'ont jamais partagé les conceptions universalistes des Français à propos de la culture britannique.

Manifestations du souvenir

- En souvenir du massacre des

GARDES SUISSES
aux Tuileries, le 10 août 1792,

le Comité national pour la commémoration solennelle de la mort de Louis XVI (10 août 1992, 21 janvier 1993, 16 octobre 1993) déposera une gerbe en présence des autorités religieuses catholiques et protestantes, le 10 août 1992, à Paris,

– à 11 heures, à l'ossuaire des Gardes suisses, aux Catacombes, 2, place Denfert-Rochereau ;

– à 15 heures, à la chapelle expiatoire, 29, rue Pasquier (boulevard Haussman).

Anniversaires

- Il y a deux siècles, disparaissait

ROBESPIERRE.

Les républicains se souviennent de son message.

« La société est obligée de pourvoir à la subsistance de tous ses membres, soit en leur procurant du travail, soit en assurant les moyens d'exister à ceux qui sont hors d'état de travailler. »

La Société des études robespierristes.

– Il y a deux cents ans, le 9 thermidor an II (28 juillet 1794), à 19 heures, mouraient

**Georges COUTHON,
Joseph LE BAS,
Augustin ROBESPIERRE,
Maximilien ROBESPIERRE,
Louis-Antoine SAINT-JUST.**

« Les secours indispensables à celui qui manque du nécessaire sont une dette de celui qui possède le superflu. Il appartient à la loi de déterminer la manière dont cette dette doit être acquittée. »

Robespierre.

Petites annonces en 1992 et 1994

les années commençaient en 1792 (l'an I); les mois portaient des noms comme floréal, brumaire, fructidor, germinal, pluviôse; les semaines étaient remplacées par des décades de 10 jours, le lundi devenant primidi, le mardi duodi, le mercredi tridi, le jeudi quartidi.... Aujourd'hui encore, des textes législatifs français se réfèrent, par exemple, à la "loi du 21 nivôse an VI". Certaines créations tout aussi originales du système symbolique français ont survécu, et elles ont même été adoptées dans le monde entier: c'est le cas du système métrique.[4]

A cause de son ancienneté, le système symbolique français est aussi très profondément enraciné dans l'histoire. Les symboles venant d'un passé lointain sont toujours vivants et ils retiennent une grande puissance d'évocation ou d'émotion. Ils se mêlent aux symboles d'aujourd'hui d'une manière qui déconcerte souvent les Américains, plus habitués à établir une coupure entre passé et présent. En France, toute nouveauté

---

[4] Trois pays seulement dans le monde n'ont pas encore adopté le système métrique: le Libéria, la Birmanie et les Etats-Unis.

est vite rattachée à un symbole ancien. Dans les années 1960, les partisans du général de Gaulle étaient appelés "bonapartistes" par leurs adversaires, comme si l'empereur Napoléon 1er était toujours vivant.[5] Il n'est pas impossible de voir aujourd'hui des gens essuyer une larme pendant une messe à la mémoire du roi Louis XVI, éxécuté en 1793. Aujourd'hui—deux cents ans après l'événement—un homme politique important ne pourrait en aucun cas assister à un tel office religieux: Louis XVI, en effet, représente l'opposition à la République; la force du symbole lui interdirait d'entrer dans l'église. En 1989, les autorités écclésiastiques de Paris refusèrent d'assister aux cérémonies de transfert des cendres de l'abbé Grégoire (1750–1831) au Panthéon.[6] Grégoire, évêque catholique, avait soutenu la Révolution française contre l'avis du Pape....

Depuis les années 1960, pour la première fois, le système symbolique national français apparaît sur la défensive. A l'intérieur du pays, le développement d'une culture mondiale scientifique, technologique et médiatique affaiblit les références symboliques traditionnelles: les jeunes Français d'aujourd'hui connaissent par coeur les chansons de Madonna, apprennent comment utiliser *Windows 98*, mais—contrairement aux collégiens d'avant 1960—ils ne peuvent plus citer de mémoire les chef-lieux des départements français ni les fables de La Fontaine et ignorent ce que signifie le bonnet phrygien.[7] L'école met de plus en plus l'accent sur des matières sans contenu symbolique national (mathématiques, sciences, économie, informatique) et de moins en moins sur des matières à contenu national (français, littérature, histoire, géographie). Les symboles religieux ont disparu de la vie sociale (croix aux carrefours, cloches qui sonnent). Un grand nombre de jeunes ont des parents immigrés qui ne peuvent pas leur transmettre l'héritage symbolique français (les chansons traditionnelles, par exemple). Et l'anglais pénètre dans la langue française sous la forme du "franglais", répandu dans les médias, mais aussi chez les jeunes: "super-cool pour surfer sur le Web" dira un lycéen en parlant d'un logiciel informatique.

A l'extérieur de la France aussi, le système symbolique national français est sur la défensive: les jeunes qui ont été scolarisés après 1960 dans les pays de l'ex-empire colonial sont moins imprégnés par ce système que leurs aînés. Les Français ne peuvent plus imposer leur langue et leur culture dans ces pays qui ont parfois tourné le dos à la culture française après l'indépendance (le Vietnam, l'Algérie). La guerre froide a fait reculer l'influence ancienne de la langue et de la culture françaises dans les pays de l'Europe de l'Est (Pologne et Roumanie en particulier). Enfin et surtout, certains éléments du système symbolique américain, par l'intermédiaire de la langue

---

[4] Trois pays seulement dans le monde n'ont pas encore adopté le système métrique: le Libéria, la Birmanie et les Etats-Unis.

[5] L'empereur Napoléon 1er (Napoléon Bonaparte) gouverna la France de 1799 à 1815.

[6] Le Panthéon est un mausolée où sont placés les restes de personnages prestigieux de l'histoire nationale (Voltaire, etc.).

[7] Le bonnet phrygien (porté par la femme représentée sur les timbres français) est, depuis la Révolution française, le symbole de la république démocratique.

anglaise, du cinéma, de la télévision, de la musique, des loisirs, se répandent dans le monde entier, formant l'embryon d'une sorte de culture mondiale à dominante technologique, médiatique et commerciale. Des Français en visite au Japon, en Israel ou au Vénézuela communiqueront sans doute avec leurs hôtes en anglais plutôt qu'en français. Et ni à Tokyo, ni à Jérusalem, ni à Caracas on n'aura besoin de leur expliquer ce qu'on mange chez McDonald's, quel goût a le Coca-Cola, ce qu'est un T-shirt ou dans quel type de films joue Arnold Schwarzenegger....

Les Français sont conscients de ces changements. Certains les acceptent sans difficulté, estimant qu'il est normal et inévitable que le statut et la nature de la culture française évolue; elle ne peut rester, disent-ils, dressée comme un monument que l'on admire sans y toucher, dans une sorte de splendeur intemporelle. Toute culture vivante bouge, assimile des emprunts extérieurs; elle ne doit pas rester figée. D'autres, au contraire, voient dans ces changements une menace intolérable sur la culture française et l'identité de la France: il faut s'opposer à la décadence, disent-ils, en défendant la langue et la culture françaises contre l'offensive pernicieuse du "monde anglo-saxon" qui conduit l'univers à penser, parler et vivre comme les Américains.

Chapitre 17

La religion

La religion est un domaine dans lequel les Français diffèrent beaucoup des Américains. La France est—comme l'Espagne ou l'Italie—un pays traditionnellement catholique où une majorité écrasante de la population a, dans le passé, proclamé son allégeance à l'Eglise de Rome. Les attitudes des Français, leur culture sont encore aujourd'hui profondément marquées par le catholicisme, même si la place de l'Eglise dans la société s'est beaucoup réduite.

Catholicisme et anti-cléricalisme

Le fait qu'il y avait tant de catholiques en France a donné dans le passé au clergé (cardinaux, évêques, curés, clergé enseignant) un pouvoir d'influence considérable sur les Français. Parce que l'Eglise est organisée suivant le modèle d'une monarchie absolue qui exige l'obéissance du clergé et des fidèles, elle a été vue comme une puissance redoutable par ceux qui détenaient le pouvoir civil en France (rois, gouvernements républicains). Le Pape apparaissait comme une autorité supranationale en concurrence directe avec le gouvernement national pour diriger le comportement des citoyens.[1] C'est pourquoi les gouvernements français se sont souvent méfiés de l'Eglise et ont été à certaines époques anticléricaux (c'est-à-dire ouvertement hostiles au pouvoir du clergé et de l'Eglise). Les rois ont parfois attaqué le clergé (Louis XV, par exemple, avait expulsé les Jésuites de France au 18e siècle), mais en général la monarchie française a maintenu une étroite alliance avec l'Eglise: L'Eglise soutenait la monarchie et la monarchie soutenait l'Eglise, avec un partage entre les deux du pouvoir et de l'influence sur la société.[2]

A partir du milieu du 18e siècle, par suite de la vulgarisation de la philosophie des Lumières (qui prêchait le rationalisme), l'influence de l'Eglise sur la société française commença à décliner; on vit l'incroyance, l'athéisme se développer dans

---

[1] L'ordre des Jésuites—dont les membres obéissaient directement au Pape comme des soldats à un général—était généralement vu par les gouvernements comme la partie de l'Eglise la plus menaçante pour leur autorité.

[2] Les rois de France portaient le titre officiel de "roi très chrétien" (que l'on retrouve sur les pièces de monnaie d'avant la Révolution—"Rex Christianissimus"). Le Pape considérait officiellement la France comme "fille aînée de l'Eglise".

certains milieux et certaines régions, créant un terrain favorable pour l'anticléricalisme. Les partisans de la Révolution française de 1789 (qui voulaient abolir la monarchie absolue et établir une démocratie) voyaient l'Eglise catholique comme une alliée de la monarchie. Pour eux, lutter contre la monarchie et lutter contre l'Eglise allaient ensemble. Ils pensaient donc que la République devait être anticléricale. De 1792 à 1945, les gouvernements républicains furent généralement anticléricaux, parfois violemment: de nombreux prêtres furent emprisonnés et éxecutés pendant la Révolution; une partie du clergé fut expulsée de France en 1905 lors de la séparation de l'Eglise et de l'Etat. Les gouvernements monarchiques, autoritaires et non républicains (Napoléon Ier, Napoléon III, les rois Louis XVIII, Charles X, Louis-Philippe au 19e siècle et le Maréchal Pétain au 20e siècle) furent au contraire favorables à l'Eglise et soutenus par elle.[3]

Jusqu'en 1945, l'Eglise catholique a donc été, en France, assimilée avec la droite politique. Etre prêtre, être catholique pratiquant voulaient dire voter à droite.[4] Tout catholique gardait à l'esprit le souvenir des massacres de prêtres commis en 1792–1794 par les "ancêtres" des partisans actuels de la gauche. Les gens de gauche convaincus, eux, ne mettaient pas les pieds à l'église et "bouffaient du curé" (se moquaient du clergé). En régime républicain, un fonctionnaire qui aurait mis ses enfants dans une école catholique aurait vu son avancement de carrière compromis. Le professeur d'école publique (l'instituteur), gardien des valeurs républicaines (démocratie, rationalisme, langue française) était, dans chaque village de France, en concurrence avec le curé, gardien des valeurs catholiques (obéissance absolue au Pape et aux évêques, foi chrétienne, latin): les partisans de l'instituteur étaient appelés les "rouges", ceux du curé les "blancs".[5] L'Eglise catholique a été étroitement impliquée dans cette sorte de guerre civile larvée qui divisa les Français en deux camps violemment opposés (droite-gauche) de la Révolution à 1945.

Jamais les Etats-Unis n'ont connu de situation semblable à celle de la France sur le plan religieux. La variété des confessions pratiquées, leur organisation souvent démocratique et le fait qu'aucune ne domine l'ensemble de la société font que le gouvernement américain ne s'est jamais senti lui-même menacé par un pouvoir religieux. Aucun clergé d'Amérique n'a été vu par les citoyens comme l'allié puissant d'un régime oppresseur à abattre. La religion dominante, le protestantisme, s'opposant par principe à la puissance du clergé, l'anticléricalisme a eu peu de raisons de

---

[3] 1ère république (1792–1799); Napoléon Ier (1799–1815); Louis XVIII (1815–1824); Charles X (1824–1830); Louis-Philippe (1830–1848); 2e république (1848–1852); Napoléon III (1852–1870); 3e république (1870–1940); Maréchal Pétain (1940–1944).

[4] Il y avait des catholiques pratiquants de gauche, mais ils étaient très peu nombreux.

[5] Le rouge symbolisait la révolution; le blanc la monarchie.

se manifester aux Etats-Unis et n'est donc pas une tradition américaine.[6] D'autre part, les Etats-Unis (et les autres pays d'Europe) ont été moins profondément influencés que la France par l'idéologie rationaliste et sceptique des Lumières qui faisait voir la religion comme une sorte de superstition destinée à asservir l'intelligence des individus. La foi en Dieu, la religion en général sont restées mieux acceptées en Amérique, n'ayant pas eu à subir les attaques répétées de l'athéisme et de gouvernements hostiles.

La laïcité

Les relations particulières entre l'Eglise et l'Etat en France ont donné naissance à un concept très important et toujours valide aujourd'hui: la laïcité (*secularism*). L'Etat républicain en France—et notamment l'enseignement public—est toujours laïque, c'est-à-dire officiellement neutre sur le plan religieux: les religions sont extérieures à l'Etat et elles sont toutes égales à ses yeux. Dans le passé (à partir de la Révolution), cette vision a eu un effet émancipateur pour les religions minoritaires et historiquement opprimées en France: le protestantisme et le judaïsme étaient enfin traités comme égaux au catholicisme par l'Etat. Jusqu'à la séparation de l'Eglise et de l'Etat (1905), l'administration subventionna ainsi d'une manière égale tous les cultes (catholique, protestant, juif) considérés comme des services publics.

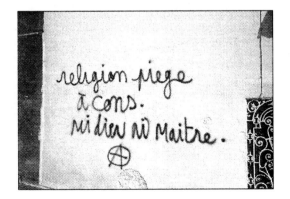

---

[6] L'hostilité (importée d'Europe) manifestée traditionnellement par les protestants américains contre les "papistes" traduisait un certain anticléricalisme, mais ne se réduisait pas seulement à cela. Les catholiques commencèrent à immigrer en masse aux Etats-Unis à partir du milieu du 19e siècle (Irlandais, Italiens, Québécois).

COMMENT VIVONS-NOUS AUJOURD'HUI?

des lieux où l'on prie

Dans tous les villages de France, il y a une église où chacun peut entrer.

Pour certains, c'est un monument qu'on visite et où l'on admire des œuvres d'art : statues, vitraux, peintures.

Pour d'autres personnes, c'est un lieu de **culte** : l'endroit où elles pratiquent leur **religion**, la religion **catholique**. On peut venir à l'église pour prier, dans le silence. On peut aussi y assister à des messes et à des cérémonies avec les autres fidèles.

Il y a aussi en France des lieux de **pèlerinage**, qui réunissent des foules nombreuses.

L'église peut être un lieu de prière solitaire. ▶

▲ Une cérémonie catholique : la profession de foi.

▬▬▬▬▶ *Cherche des documents représentant plusieurs églises, petites ou grandes, anciennes ou modernes. En quoi sont-elles différentes ? Quels sont leurs points communs ?*

❋ *Cherche quelles sont les grandes fêtes pour chaque religion.*

▲ Lourdes, dans les Hautes-Pyrénées, est depuis plus de cent ans un lieu de pèlerinage où se rassemblent des milliers de catholiques.

Beaucoup de Français sont catholiques.
Certains appartiennent à une autre religion :
le protestantisme, le judaïsme ou l'islam.
Chacune de ces religions a son lieu de culte.
Les **protestants** se réunissent au temple,
les **juifs** à la synagogue, les **musulmans** à la
mosquée.
On peut aussi ne pas avoir de religion.

A la synagogue, un jeune garçon fait la lecture de la Bible ou Torah.

Deux autres lieux de culte :
à gauche, l'extérieur de la mosquée de Paris;
à droite, l'intérieur d'un temple protestant.

je retiens

En France, il y a plusieurs religions. Il y a aussi des gens sans religion.
Chaque religion a son lieu de culte : église, temple, mosquée ou synagogue.

Manuel d'éducation civique pour enfants de 7–8 ans (Histoire Géographie Education civique CE, *Belin 1986*)

Depuis 1905, l'Etat a cessé toute aide financière aux différents cultes. Tous les édifices religieux existant avant cette date sont devenus—et sont encore aujourd'hui—propriété publique (et non propriété de l'Eglise).[7]

A cause de la laïcité rigoureuse de l'Etat qui règne en France, la religion est considérée comme appartenant au domaine de la vie privée des individus. Elle doit être refoulée autant que possible dans ce qui ne se voit pas parce qu'elle est (comme l'origine ethnique étrangère) un facteur de division sociale. Porter un signe extérieur d'appartenance religieuse (une calotte juive pour les hommes, un voile musulman pour les femmes, par exemple) dans un établissement scolaire public est interdit.

Aux Etats-Unis, la religion est également considérée comme relevant de la vie privée des individus et l'Etat est lui aussi laïque. Mais sa laïcité n'a jamais eu de connotation antireligieuse comme celle de l'Etat français. Elle provient seulement du fait que le gouvernement des Etats-Unis accepte toutes les religions sur un pied d'égalité et n'en appuie aucune particulièrement. L'Etat américain croit officiellement en Dieu (*In God We Trust*), ce qui n'est pas le cas de l'Etat français.

L'Eglise catholique aujourd'hui

Depuis 1945, les rapports entre l'Eglise et l'Etat en France se sont améliorés. D'abord parce que l'Eglise catholique a beaucoup changé. Elle s'est réformée et modernisée au Concile de Vatican II (1962–1965). L'accent fut mis dorénavant sur la foi individuelle intériorisée. On abandonna le latin et les rites grandioses hérités des siècles passés. On entama un dialogue avec les protestants et les orthodoxes. La religion catholique devenait, dans sa forme, plus personnelle et moins collective, rituelle et extériorisée. Sa pratique devait être le résultat d'un choix, d'une conviction, pas d'une habitude héritée du milieu social. Dans les années 1950–1960, le clergé catholique avait cherché à se rapprocher de la classe ouvrière pour la "reconquérir" à la foi: des prêtres-ouvriers allèrent travailler en usine, devenant parfois chefs syndicalistes, ce qui ne plaisait pas du tout à la hiérarchie ecclésiastique; d'autres animaient des cellules de la JOC (Jeunesse ouvrière chrétienne). Une partie du clergé catholique sympathisa de plus en plus avec certaines idées de la gauche: l'esprit de partage, d'égalité, de soutien aux pauvres propre à la doctrine catholique les conduisait à se ranger du côté de ceux qui étaient vus comme opprimés dans la société. Une petite minorité de catholiques intégristes (ultra-conservateurs) refusèrent toutes les réformes du Concile et accusèrent le Pape d'avoir trahi le catholicisme. Parallèlement, on assista à

---

[7] Cette loi de séparation de l'Eglise et de l'Etat n'a jamais été appliquée aux trois départements d'Alsace-Lorraine (Haut-Rhin, Bas-Rhin, Moselle) qui faisaient partie de l'Allemagne en 1905. Lorsque ces départements sont redevenus français en 1918, leurs habitants ont obtenu qu'on maintienne chez eux le régime du Concordat de 1801. L'Etat subventionne donc toujours les cultes et rémunère le clergé en Alsace et en Lorraine. Les évêques de Strasbourg et Metz sont nommés par le Président de la République et non pas par le Pape (mais ils sont investis canoniquement dans leurs fonctions religieuses par le Pape).

*La peur du fondamentalisme (ou intégrisme) musulman vu comme
une menace pour la laïcité républicaine*

un phénomène nouveau dans la société: l'anticléricalisme était remplacé de plus en
plus par l'indifférence. Autrefois, on était pour ou contre l'Eglise; aujourd'hui, on est
ni pour ni contre, on s'en fiche. Telle est l'attitude d'une partie croissante de la population se disant catholique qui se désintéresse complètement de ce que fait ou dit le
clergé. L'influence de l'Eglise sur la société a donc énormément diminué par rapport
à ce qu'elle était encore au milieu du 20e siècle.

A cause de tous ces changements, les vieilles divisions idéologiques et religieuses
héritées de la Révolution sont apparues de plus en plus archaïques et dépassées. Sous
la pression des partis de droite au pouvoir, l'Etat a entrepris de soutenir financièrement l'enseignement privé (lois Barangé de 1951, Debré de 1959, Guermeur de
1977, toutes combattues par la gauche). En dépit de cette meilleure entente entre
l'Eglise et l'Etat, il y eut tout de même quelques accrochages dans les années 1970 et
1980. L'Eglise catholique s'opposa au vote des lois autorisant la contraception
(1967) puis l'avortement (1975). Elle réussit à faire retarder l'application de ces lois

l'église contre la contraception et l'avortement

et à introduire des restrictions à la liberté totale de l'avortement. En 1982, la gauche nouvellement arrivée au pouvoir accepta pour la première fois le principe de l'aide publique à l'enseignement privé, mais proposa en échange une réforme qui conduisait à absorber le privé dans le public. La réaction de l'Eglise et des écoles privées fut immédiate: de gigantesques manifestations (soutenues par la droite) contre les projets du gouvernement obligèrent celui-ci à reculer.

Croyance et pratique religieuses

La France et les Etats-Unis diffèrent non seulement par l'histoire des rapports entre l'Eglise et l'Etat, mais aussi par les niveaux de croyance et de pratique religieuses de leurs habitants, qui sont élevés aux Etats-Unis et faibles en France.

Tableau 1.

POURCENTAGE DE LA POPULATION FRANÇAISE QUI DÉCLARE (1994):[8]		
que l'existence de Dieu est certaine	29%	> 61% (croyants)
que l'existence de Dieu est probable	32%	
que l'existence de Dieu est improbable	17%	> 35% (athées)
que l'existence de Dieu est exclue	18%	
ne se prononcent pas	4%	

La pratique religieuse est également beaucoup plus faible en France qu'aux Etats-Unis (et que dans d'autres pays catholiques d'Europe comme l'Irlande ou la Pologne). En 1998, 75% des Français se disaient catholiques, 6% d'une autre religion (musulmans, protestants ou juifs) et 19% sans religion; mais 10% seulement d'entre eux allaient à la messe chaque semaine et 20% seulement y allaient occasionnellement lors des grandes fêtes religieuses.[9] Le pratique a fortement baissé dans les années 1970 et 1980 (surtout chez les jeunes), puis a légèrement remonté dans les années 1990. On note que la pratique religieuse et l'athéisme suivent très souvent ce que faisaient ou pensaient les parents: l'héritage familial pèse assez lourd. La moitié seulement des Français sont baptisés (84% en 1970). La France est donc un pays catholique peuplé d'agnostiques. Le recrutement des prêtres et des religieuses est de plus en plus difficile: beaucoup de paroisses n'ont plus de curé, des églises doivent être fermées, les collèges et lycées privés n'ont plus d'enseignants membres du clergé.[10] On constate aussi que

---

[8] *Quid 2000*, p. 520.

[9] *Francoscopie 1999*, pp. 242–244.

[10] La quasi-disparition des prêtres et des religieuses dans l'enseignement privé et dans les hôpitaux privés a augmenté les coûts dans ces deux secteurs, puisqu'ils ont dû être remplacés par des laïques qui, contrairement aux membres du clergé, ne travaillent pas bénévolement (d'où l'appel à une aide de l'Etat).

l'ancien contraste entre régions à très forte pratique religieuse (Bretagne, Alsace, par exemple) et régions à très faible pratique (Bassin parisien) est en train de disparaître.

En quelques décennies, les symboles religieux ont perdu la fonction qu'ils occupaient depuis plus de mille ans dans la société française. Les églises, à l'origine lieux de culte, sont souvent aujourd'hui transformées en salles de concert. On les visite caméra en main, comme on visiterait les ruines d'un temple grec qui n'a plus de fonction dans la société contemporaine; et il faut mettre des pancartes pour rappeler aux touristes qu'il y a encore des gens qui les considèrent comme des lieux de culte. Les calvaires, les croix le long des routes ont disparu: il fallait élargir la chaussée pour améliorer la circulation. Jusque dans les années 1950, on pouvait voir des gens faire le signe de croix lorsqu'ils passaient devant une église ou un calvaire: ces gestes ont disparu depuis longtemps. Les prêtres catholiques ne portent plus la soutane et s'habillent comme les autres hommes. Les processions religieuses dans les rues n'existent plus. Tout signe religieux est éliminé de l'espace public ou bien vidé de sa signification religieuse. La laïcisation de la société—phénomène ancien mais progressant lentement—s'est brusquement accélérée après 1960 et elle est beaucoup plus marquée aujourd'hui qu'à n'importe quelle époque dans le passé.

La pratique de la religion a baissé aussi en Amérique, mais elle reste plus forte qu'en France, pour des raisons qui ne sont pas uniquement religieuses. Dans une nation d'immigrants et d'individus mobiles comme les Etats-Unis, où les gens se retrouvent facilement isolés, la communautés des fidèles d'une église a souvent représenté un substitut à la famille étendue offrant soutien et sécurité. "*The church we belong to now, we really are a family*" déclare l'américaine Peggy Bondy.[11] En France, le même phénomène se retrouve, dans une certaine mesure, chez les immigrés nord-africains: la communauté islamique réunie à la mosquée offre un soutien moral et parfois matériel au nouvel arrivant. Par contre, personne n'imaginerait qu'une paroisse catholique puisse représenter une sorte de "famille".

Les musulmans

La deuxième religion pratiquée en France est l'islam, avec environ 4 millions de fidèles, soit 7% de la population du pays. 63% d'entre eux sont pratiquants. La hausse très forte du nombre de musulmans en France au cours des dernières décennies est un des grands changements ayant affecté la société française. Il y avait 4 mosquées et salles de prières pour musulmans en France en 1965; il y en a 1200 aujourd'hui. Cette expansion est la conséquence de l'immigration en provenance d'Afrique du Nord, d'Afrique noire et de Turquie. Le tiers de ces musulmans sont citoyens français, les autres sont des étrangers. Le développement de l'islam a suscité des réactions

[11] *Times Union* (Albany), 18 septembre 1993, p. B12.

hostiles chez beaucoup de Français, qui estiment que cette religion est difficilement compatible avec le libéralisme et la laïcité de la société française. La grande majorité (87%) des musulmans vivant en France ne sont pas d'accord avec ce jugement et pensent que l'islam et les lois de la République française sont compatibles. La peur du fondamentalisme musulman est très forte en France et elle se trouve renforcée par la situation de guerre civile qui existe en Algérie (les musulmans fondamentalistes cherchent à renverser le régime en place qu'ils accusent d'être occidentalisé et moralement pourri).

Les protestants

La troisième religion pratiquée en France est le protestantisme avec 1,1 million de fidèles, soit 1,8% de la population. Les protestants français ont souffert de violentes persécutions aux 16e et 17e siècles: le massacre de la Saint-Barthélémy (1572), la prise de La Rochelle, place forte protestante (1628), les "dragonnades" (1681) et la Révocation de l'Edit de Nantes qui rendit le protestantisme illégal en France (1685) restent gravés dans toutes les mémoires protestantes.[12] Depuis le 18e siècle, les protestants ne sont plus persécutés en France et leurs rapports avec les catholiques sont généralement bons. Ils ont des positions plus libérales que l'Eglise catholique sur le plan moral et social (divorce, contraception, avortement, rôle des femmes dans le culte notamment). La majorité des protestants français sont calvinistes (dits "réformés" en France). Un quart d'entre eux (en Alsace surtout) sont luthériens. La principale confession est l'Eglise réformée de France (400 000 membres).

Les Juifs

La quatrième religion pratiquée en France est le judaïsme, avec 750 000 fidèles, soit 1,2% de la population. La France est aujourd'hui le pays d'Europe occidentale qui compte la plus importante minorité juive. On distingue deux groupes principaux: les juifs ashkénazes, originaires d'Europe centrale, qui étaient autrefois implantés dans l'est de la France; et les juifs séfarades, originaires de l'Espagne et de l'Afrique du Nord, plus nombreux dans le sud-ouest du pays. Les Juifs, présents en France depuis le Moyen-Age, ont énormément souffert de persécutions au cours des siècles. Leur situation s'est sensiblement améliorée à partir de la Révolution française (1789) qui leur a accordé l'égalité civile avec les chrétiens (égalité qu'ils n'avaient pas ailleurs en Europe à cette époque). Mais l'antisémitisme se développa beaucoup par la suite, avec

---

[12] Les "dragonnades" consistaient à loger des soldats (les dragons) chez les habitants d'une ville ou d'un village pour forcer ceux-ci à se convertir au catholicisme. Les soldats se livraient à toutes sortes d'exactions (vols, viols, etc.) tolérées par leurs supérieurs. La Révocation de l'Edit de Nantes entraina l'émigration d'environ 250 000 protestants français (les huguenots) vers la Hollande, l'Allemagne et les colonies anglaises d'Amérique du Nord. Leurs noms se sont transmis jusqu'à nos jours dans de nombreuses familles allemandes, sud-africaines (boers) et américaines d'origine huguenote.

Musulmans en prière, Marseille 1991

l'appui tacite de l'Eglise catholique. Il fut particulièrement virulent entre 1880 et 1945, comme ailleurs en Europe. L'Affaire Dreyfus (1894–1906) fut un des épisodes les plus dramatiques de cette vague antisémite en France.[13] Les antisémites (qui appartenaient généralement à la droite) accusaient les Juifs de chercher à détruire les valeurs traditionnelles de la société chrétienne par le marxisme, le freudisme ou le capitalisme, et d'avoir trop de pouvoir dans le monde des finances. Pendant la Seconde Guerre mondiale (1940–1944), le gouvernement français établi à Vichy était officiellement antisémite, comme celui de l'Allemagne nazie: il exclut les juifs de la fonction publique, les obligea à porter une étoile jaune sur leurs vêtements et livra aux Allemands des milliers d'entre eux qui furent ensuite déportés dans les camps d'extermination. La communauté juive de France a été renforcée par l'arrivée dans les

---

[13] Un capitaine français juif, Alfred Dreyfus, accusé d'avoir espionné pour l'Allemagne, fut condamné à être incarcéré au bagne de Guyane. Après la découverte de documents qui montraient que Dreyfus était accusé sur la base de faux documents, une campagne fut lancée pour la révision du procès avec le soutien de l'écrivain Emile Zola. Les Français se divisèrent entre Dreyfusards et anti-Dreyfusards (généralement antisémites). Finalement, il fut gracié (1899) et son innocence fut reconnue (1906).

années 1960 (après l'indépendance des pays du Maghreb) de 300 000 Juifs d'Afrique du Nord. L'antisémitisme, qui avait beaucoup reflué après 1945, réapparut dans les années 1980, avec plusieurs attentats contre des synagogues et des cimetières. Depuis des siècles, les Juifs ont toujours vécu dans les villes. C'est encore vrai aujourd'hui: la moitié des Juifs français vivent à Paris.

Les franc-maçons

La franc-maçonnerie n'est pas une religion, mais elle s'y apparente par certains côtés (rites, croyances). Depuis le 18e siècle, les franc-maçons sont nombreux et puissants en France. Ils se veulent les héritiers directs de la philosophie des Lumières: le rationalisme, le libéralisme politique (la république démocratique), la liberté de conscience, la laïcité, la recherche du progrès social représentent les bases traditionnelles de leur idéologie. Ils ont dans le passé été violemment hostiles à l'Eglise catholique. Les hommes politiques les plus anti-cléricaux étaient franc-maçons. Aujourd'hui encore, l'Eglise interdit aux catholiques de devenir franc-maçons. On compte environ 90 000 franc-maçons en France. Ils ont généralement un niveau d'éducation élevé et votent en majorité à gauche.

L'Eglise catholique marginalisée et la montée des valeurs protestantes

Les trente dernières années ont été marquées par une crise profonde des rapports entre les Français et l'Eglise catholique. Alors que la société de consommation promettait le paradis immédiat par la satisfaction des désirs matériels de chacun, l'Eglise continuait de promettre un paradis lointain que l'on ne pouvait atteindre qu'à force d'altruisme, d'effort et de pénitence (interdiction du divorce, de la contraception, des relations sexuelles avant le mariage, etc.). Elle s'est donc trouvée totalement déphasée par rapport à l'évolution générale des moeurs et des mentalités. Parlant un langage qui semble d'un autre âge—celui de la morale ascétique—elle n'est plus écoutée ni comprise par la majorité des Français. De plus, la fonction sociale d'enseignement et d'assitance de l'Eglise a été presque totalement transférée à l'Etat. L'Eglise se trouve donc marginalisée. La religion est devenue une affaire individuelle. Même les nouveaux courants spirituels qui sont apparus dans le catholicisme, comme le mouvement charismatique, prônent une relation plus directe avec Dieu, court-circuitant en quelque sorte le clergé, à la manière protestante.

En effet, alors que l'influence culturelle du catholicisme sur les Français faiblit, on remarque que certaines valeurs appartenant davantage à la culture protestante les séduisent. Bien que les protestants soient très minoritaires en France, les valeurs culturelles protestantes comme l'individualisme, l'hostilité à la centralisation, l'acceptation de l'économie de marché et du profit, l'égalitarisme dans les rapports sociaux ou l'éthique dans la vie publique imprègnent plus qu'auparavant la société française.

Notons enfin qu'en France, contrairement à ce qui se passe souvent aux Etats-Unis, l'apprentissage de la morale n'est pas étroitement associé à la religion. On ne présuppose pas qu'apprendre la différence entre le bien et le mal passe par la religion. Les ministres de l'éducation athées et anticléricaux étaient hostiles à la religion, mais certainement pas à la morale. Ils tenaient beaucoup à ce que l'école publique française enseigne la morale civique "républicaine" fondée sur les mêmes principes que la morale chrétienne, mais laïcisés, sans référence à Dieu: on cherchait à transmettre aux enfants le respect d'autrui, la générosité, l'honnêteté, le sens de la justice et de l'équité, le mépris de l'égoïsme. On leur transmettait—et on leur transmet toujours-l'idée que l'on peut être moral sans être religieux, que l'un et l'autre sont tout à fait séparés. Aujourd'hui, 89% des Français estiment qu'il n'est pas nécessaire d'avoir une religion pour bien se conduire.[14]

Pour en savoir plus: *www.quid.fr/*

---

[14] *Francoscopie 1999*, p. 244.

Chapitre 18

Culture et vie intellectuelle

La France "patrie des arts et de la culture" est une image bien enracinée chez les étrangers, mais aussi chez les Français eux-mêmes. Comme toujours, une telle image contient à la fois une part de faux et une part de vrai. Il est faux, bien entendu, de s'imaginer que la plupart des Français sont des gens hautement cultivés ayant du goût pour tout ce qui est intellectuel ou artistique; ceux qui le croient seront cruellement déçus. Mais il est vrai que la culture de l'esprit, les arts, la littérature, occupent depuis longtemps dans la société française une place plus large et jouissent d'un prestige plus grand que dans la société américaine.

Le prestige social de la culture intellectuelle

Ces différences entre les deux pays s'expliquent assez bien. Nous avons vu que les conditions dans lesquelles la France s'est unifiée ont conduit au développement d'un système symbolique particulièrement puissant. La France a aussi eu pendant très longtemps une classe dominante oisive (noblesse, haute-bourgeoisie) qui lutta contre l'ennui en se consacrant à la vie intellectuelle et aux arts. Appartenir à l'élite de la société est ainsi devenu synonyme de s'intéresser à la littérature, à la philosophie, à l'histoire, à la géographie, à la musique, à la peinture, à l'architecture, etc. Par extension, l'inverse est devenu également vrai: s'intéresser à la vie intellectuelle et artistique, c'était d'une certaine manière rejoindre l'élite, cela faisait "monter" dans l'échelle sociale, donnait du prestige; ne pas s'y intéresser, c'était se condamner à ne jamais être reconnu comme un des siens par l'élite. De là vient l'immense prestige social de la culture intellectuelle. Mais il est important de ne pas confondre ce prestige avec la réalité culturelle du pays: 27% des Français de plus de 15 ans n'ont fait que l'école primaire (60% en 1982) et 20% sont passés par une université ou une grande école (8% en 1980.)

Le clergé catholique savant, qui dirige les consciences, a fourni aussi le modèle d'une classe d'intellectuels professionnels respectueusement écoutés parce qu'ils détenaient un savoir inaccessible à la masse des habitants. Calquant leur rôle sur ce modèle, les intellectuels laïques—l'"intelligentsia"—se voient eux-mêmes et sont souvent vus par les autres comme une sorte d'élite dont la profession est de penser, de réfléchir

COMMENT VIVONS-NOUS AUJOURD'HUI ?

à la rencontre de la culture

Chacun selon son goût

Chaque jour, la télévision nous apporte à tous les mêmes images. Elle nous informe sur ce qui se passe dans le monde, nous distrait et nous fait découvrir beaucoup de choses passionnantes.
Le lendemain, nous aimons bien parler ensemble des émissions que nous avons tous vues.

Mais il existe bien d'autres moyens de se distraire et de faire des découvertes, tous ensemble ou chacun selon son goût. On peut lire, à la maison ou à la **bibliothèque** ; on peut aller au **musée** ou au **théâtre**, faire de la **musique** ou chanter dans une chorale.

Ce que nous découvrons et conservons en nous grâce à ces activités s'appelle la **culture**.

Es-tu déjà allé dans un musée ? à un spectacle ? Raconte.
Organisons une sortie au musée ou au spectacle pour toute la classe.

je retiens
Chacun peut se distraire et faire des découvertes selon son goût : en lisant, en écoutant de la musique, en allant au spectacle ou au musée. Cela s'appelle la culture.

Manuel d'éducation civique pour enfants de 7–8 ans (Histoire Géographie Education civique CE, Belin 1986).

Il faut connaître l'histoire de la peinture pour comprendre une publicité pour les biscuits.

à tous les problèmes de la vie en société.[1] On attend d'eux qu'ils parlent, qu'ils donnent leur avis et "éclairent" ceux qui sont moins savants, moins informés. Les médias en France leur accordent souvent une très grande place (longues interviews, articles, etc.). Etre considéré comme un "grand intellectuel" (tel que Jean-Paul Sartre, François Mauriac, André Malraux ou Raymond Aron) a longtemps représenté un des sommets de la réussite dans un pays qui valorise beaucoup plus la compétition intellectuelle que la compétition économique.

Les conditions historiques dans lesquelles les Etats-Unis se sont développés n'ont pas conduit les Américains à survaloriser autant la culture intellectuelle. Le protestantisme, qui prône le contact direct avec la parole divine sans l'intermédiaire d'un clergé savant, n'a pas produit le modèle d'une classe savante—même si les pasteurs sont souvent des leaders écoutés et respectés dans la société. Le fait que l'Amérique soit (historiquement) un pays d'immigrants arrivés sans fortune établie—donc sans possibilité de mener une vie oisive—a conduit les Américains à valoriser les réalisations socialement utiles plutôt que le jeu gratuit des idées. Il y a toujours eu, bien sûr, des intellectuels, des écrivains et des artistes aux Etats-Unis, mais ils ont généralement

---

[1] Le nom "intellectuel" est apparu à la fin du 19e siècle au moment de l'affaire Dreyfus. Mais la réalité existait bien avant cela et pas seulement en France, évidemment. Montaigne au 16e siècle, Pascal au 17e, Voltaire au 18e étaient des intellectuels.

été—et sont encore aujourd'hui—plus isolés du reste de la société qu'en France. Leur prestige social, leur influence sont moins étendus. Il n'y a d'ailleurs pas de mot en américain pour désigner collectivement les intellectuels des Etats-Unis. Ils sont plus concentrés dans les universités qu'en France et moins présents ailleurs. Qu'un grand écrivain, un mathématicien renommé ou un célèbre professeur de littérature obtienne un poste politique important aux Etats-Unis semblerait assez surprenant. En France, non. Personne ne s'étonne, par exemple, que le poète de renommée mondiale Aimé Césaire soit maire de Fort-de-France et député à l'Assemblée nationale.

Le rôle de l'Etat dans la vie culturelle

Une des choses qui surprennent le plus les Américains qui viennent en France est le rôle joué par l'Etat français dans la culture et les arts. L'Etat intervient partout, dirigeant ou subventionnant les compagnies théâtrales, les orchestres, les musées, les compagnies de danse, les festivals, les expositions, les films, les grands projets architecturaux. Il possède de magnifiques salles de théâtres (les théâtres nationaux: Opéra, Comédie française, etc.) auxquels sont attachés des acteurs, musiciens, chanteurs et danseurs qui sont tous fonctionnaires. Le ministre de la Culture dirige la politique de l'Etat en matière culturelle et artistique, avec un budget d'environ 16 milliards de francs (3 milliards de dollars, 1999). L'Etat républicain a en effet conservé le rôle de protecteur de la culture—de mécène—hérité des rois: encourager la culture et les arts fait partie de ses devoirs. Manquer à ce devoir provoquerait beaucoup de critiques; cela donnerait l'impression que l'Etat lui-même méprise l'héritage culturel français. Contrairement à ce qui se passe aux Etats-Unis, le soutien du secteur privé (entreprises, fondations, individus) à la culture et aux arts est très réduit en France. Les dons des entreprises dans ce domaine équivalaient à 0,5% du budget du ministère de la Culture en 1994. Aux Etats-Unis, ces dons d'entreprises sont supérieurs à ce que donne le gouvernement fédéral pour la culture et les arts.

La place de Paris dans la vie culturelle

Une autre particularité de la France est la domination de la capitale—Paris—dans le domaine des arts et de la culture. On ne retrouve une pareille suprématie d'une seule ville ni aux Etats-Unis, ni ailleurs en Europe. Jusque dans les années 1960, Paris a écrasé le reste de la France du poids de son prestige. Il était pratiquement impossible à un écrivain, un artiste, un intellectuel de "réussir" ailleurs qu'à Paris. Une renommée nationale ne pouvait se faire qu'à Paris. Paris attirait tout ce que la France produisait de meilleur en matière intellectuelle et artistique. Les grandes compagnies de théâtre, d'opéra et de danse, les grands orchestres, les grands musées, les grands écrivains, les grands philosophes, les grands professeurs d'université, les grandes maisons d'édition, les grandes écoles, tout ce qui était "grand" se trouvait concentré à Paris.

Ce qui se faisait en dehors de Paris était considéré comme de second rang. Cette situation était évidemment défavorable à la vie culturelle et artistique provinciale, mais elle faisait de Paris une ville fascinante pour tous ceux, Français et étrangers, qui s'intéressaient à la culture intellectuelle et aux arts.

Les choses ont beaucoup changé aujourd'hui. Depuis les années 1960, en effet, on a pris conscience du dommage provoqué par une concentration excessive des activités culturelles et artistiques de la France sur Paris. Sous l'impulsion du premier ministre de la Culture, l'écrivain André Malraux, le gouvernement a commencé à déconcentrer la culture et les arts en créant dans chaque grande ville de province une Maison de la Culture, sorte de centre culturel financé par l'Etat. Ces Maisons de la Culture offraient des concerts, des pièces de théâtre, des expositions, des bibliothèques et d'autres activités, utilisant des ressources venues de Paris ou des ressources locales. Les Maisons de la Culture ont souffert d'avoir souvent été mêlées à de violents conflits politiques entre la gauche et la droite, qui se disputaient le contrôle de ces établissements. Mais cette expérience a donné l'impulsion à un mouvement qui s'est développé dans les années 1970 et surtout 1980 pour développer la vie culturelle et artistique dans les provinces françaises. Le budget du ministère de la Culture a été considérablement accru par les gouvernements socialistes après 1981 (on l'augmenta de 100% en 1982!) La décentralisation administrative, en donnant plus de pouvoirs—et d'argent—aux élus locaux, a beaucoup contribué aussi à ce mouvement, qui a été activement soutenu par les ministres de la Culture. Aujourd'hui, les grandes villes françaises (Lille, Strasbourg, Lyon, Marseille, Bordeaux en particulier) ont des orchestres symphoniques, des compagnies de théâtre, de danse, d'opéra, des musées qui peuvent souvent rivaliser avec ce qui existe à Paris. Certains festivals de province (Aix-en-Provence, Avignon, parmi d'autres) ont acquis une réputation mondiale. Même dans les villes petites et moyennes, les concerts, les expositions, les festivals de toutes sortes se sont multipliés. Le soutien de l'Etat ne s'est pas du tout limité à la "haute culture" (pièces de théâtre, concerts classiques ou de jazz, etc.); en ont bénéficié aussi des formes d'expression populaires, comme le cinéma, le cirque, la bande dessinée, la musique folklorique, le rock. Des universités nouvelles ont été créées dans de nombreuses villes moyennes qui n'en avaient pas (Le Mans, Brest, Amiens, etc.). Des maisons d'édition de province sont devenues importantes (Privat à Toulouse, par exemple). Aujourd'hui, il n'est plus vrai qu'un artiste très doué ou un brillant intellectuel cherchent toujours à s'établir à Paris. Beaucoup choisissent la province.

La télévision semble avoir joué un rôle important dans ce mouvement de dissémination culturelle de Paris vers la province. Plus "culturel" dans les années 1960 qu'aujourd'hui, le petit écran a apporté chez tous les Français—qu'ils habitent Paris ou un village isolé de montagne—les mêmes images et les mêmes sons. Beaucoup d'entre eux se sont dit: "pourquoi ne pourrions-nous pas nous aussi avoir les mêmes concerts, les mêmes films, les mêmes expositions, les mêmes pièces de théâtre ici, chez nous?"

Malgré tous ces changements, Paris reste le principal foyer intellectuel et culturel en France et l'un des premiers dans le monde. Le centre Beaubourg, sorte d'énorme Maison

EDITIONS DU SEUIL

27 RUE JACOB / N° 301 / SEPTEMBRE 1994

RENTRÉE *Littéraire*

FRÉDERIC
VITOUX

LA COMÉDIE
DE TERRACINA

roman
Seuil

JEAN-PAUL DUBOIS

La vie
me fait peur

ROMAN

Jean-Paul
Dubois

DAN FRANCK

Une jeune fille

ROMAN

Dan
Franck

Fiction & Cie

Olivier Rolin
Port-Soudan

Fiction

Olivier
Rolin

de la Culture parisienne, a été construit dans les années 1970. De nouveaux musées ont aussi ouvert leurs portes dans les années 1980 (Musée Picasso, Musée d'Orsay) ainsi qu'un nouvel opéra (l'opéra Bastille). Aucune ville française ne menace d'égaler Paris et peu de grandes métropoles mondiales peuvent rivaliser avec la capitale française pour l'abondance et la diversité des activités artistiques et culturelles. Chaque jour, par exemple, les parisiens ont le choix entre une centaine de pièces de théâtre et plus de trois cents films.

La rôle de la littérature

Un autre aspect important de la vie intellectuelle en France est le rôle particulier joué—depuis des siècles—par la littérature. Celle-ci occupe en effet dans la société—surtout parmi les catégories bourgeoises et moyennes—une place plus large qu'aux Etats-Unis. Les grands écrivains du passé sont considérés comme des sortes de héros nationaux, d'un rang comparable à Washington, Jefferson ou Lincoln aux Etats-Unis. Plusieurs d'entre eux (Voltaire, Rousseau, Victor Hugo, Emile Zola) sont enterrés dans le mausolée du Panthéon, sur le fronton duquel sont inscrits les mots: "Aux grands hommes, la patrie reconnaissante".[2] Certains écrivains reçurent des funé-railles nationales. Quand on demanda au président Giscard d'Estaing (1974–1981) ce qu'il aurait aimé être s'il n'avait pas été président, il répondit "un grand écrivain".

Le mot "écrivain" n'a pas, en France, de féminin.[3] On dit une "femme écrivain".... Le monde littéraire français est un monde où les hommes ont toujours occupé, jusqu'à une époque récente, le devant de la scène. Les femmes y sont présentes depuis longtemps—elles tenaient les salons littéraires aux 17e et 18e siècles—mais, comme dans les arts, leur créativité a souvent été injustement éclipsée par celle des hommes: elles étaient vues comme s'aventurant sur un terrain qui ne leur appartenait pas. Les femmes écrivains célèbres comme Madame de la Fayette (17e siècle), George Sand (19e siècle), Colette, Simone de Beauvoir ou Marguerite Yourcenar (première moitié du 20e siècle) sont des cas isolés. La situation a beaucoup changé depuis les années 1960. La littérature et l'édition sont des terrains aujourd'hui largement occupés par les femmes. Mais il a fallu attendre 1981 pourqu'une femme (Marguerite Yourcenar) devienne membre de l'Académie française, la plus prestigieuse institution littéraire en France. Aujourd'hui, c'est une femme (Hélène Carrère d'Encausse) qui en est la secré-taire perpétuelle....

Le respect, le prestige dont sont entourés les écrivains vient du rapport spécial des Français avec leur langue. La langue française a été le symbole élémentaire, la matière

---

[2] Il n'y a que deux femmes au Panthéon: l'épouse du chimiste Berthelot, placée dans le mausolée avec son mari parce qu'elle était morte le même jour que lui, et Marie Curie (1867–1934), prix Nobel de physique, dont les restes furent transférés en 1995.

[3] Les Québécois ont adopté le terme "écrivaine".

première—littéralement—de la culture nationale.[4] Les Français identifient donc étroitement leur langue avec la construction de leur nation—ce qui n'est pas le cas des Américains. A cause de cela, ils entretiennent un rapport plus émotionnel avec leur langue et leur littérature. Pour eux, l'identité française est inséparable de la langue française: l'une ne se conçoit pas sans l'autre.[5] Ceci est vrai aussi de la langue et de la littérature. Il existe donc, par l'intermédiaire de la langue française, une relation étroite entre l'identité nationale et la littérature. Depuis des siècles, la littérature a été un moyen privilégié pour exprimer les valeurs de la société française. Et les Français voient souvent le cinéma comme un prolongement de la littérature. Le film est une oeuvre d'art dont l'auteur-réalisateur est mis sur le même plan qu'un romancier ou un dramaturge. Un grand nombre de films français, d'ailleurs, mettent à l'écran une oeuvre littéraire ou s'en inspirent.

Aucun pays du monde n'offre autant de prix littéraires que la France (environ 1 500). Les plus prestigieux sont le prix Goncourt, le prix Femina, le prix Interallié, le prix Renaudot et le prix Médicis. Ils sont généralement décernés pour des romans. Le prix Goncourt est attribué chaque année depuis 1903 par un jury au cours d'un déjeuner dans un restaurant (chez Drouant à Paris). Il a fallu attendre 1944 pour qu'une femme (Elsa Triolet) le reçoive pour la première fois. Il a été récemment attribué plusieurs fois à des femmes (en 1996 à Pascale Roze et 1998 à Paule Constant). Un auteur qui gagne le prix Goncourt reçoit seulement 50 francs (l'équivalent de 10 dollars), mais son livre est assuré d'un tirage de plus de 100 000 exemplaires dans l'année qui suit…. Les médias saluent les attributions de grands prix littéraires comme des événements culturels majeurs.

L'intérêt porté à la littérature vient aussi de ce qu'elle révèle la nature profonde des individus, si souvent masquée par les apparences. Les oeuvres littéraires et les films français explorent fréquemment les rapports entre le monde "intérieur" des individus et le monde des apparences dont nous avons parlé au début de ce livre. Ils présentent un être humain en désaccord avec les règles de la société, soit qu'il soit incapable d'accepter la condition humaine, soit qu'il la rejette. Cela peut être dû à une "socialisation" déficiente ou à un excès d'innocence. Dans beaucoup de films et de pièces, se tiennent d'un côté les "monstres", représentés par ceux qui savent se tirer d'affaire et de l'autre les "saints", qui rejettent la nécessité sociale qu'est l'hypocrisie et acceptent en pleine connaissance de cause les conséquences de décisions qui rendent leur situation inévitablement tragique: ce sont souvent des héros. Ils représentent le désir symbolique d'une bonne partie de l'humanité: s'affranchir de la société, planer au-dessus du monde matériel. C'est un thème favori de la littérature française, surtout depuis le 19e siècle: s'élever, prendre son essor dans le ciel pur, se libérer des règles du

---

[4] Dès 1539, l'usage de la langue française devint obligatoire dans tout le système judiciaire (édit de Villers-Cotteret). Dix ans plus tard, le poète Joachim du Bellay publiait une *Défense et illustration de la langue française*.

[5] Jusque dans les années 1970, l'administration française pouvait refuser le prénom choisi par les parents pour leur nouveau-né si ce prénom n'était pas français.

jeu social—qui ne sont qu'une fiction inventée par les humains dans notre monde quotidien et stupide.

La littérature peut aussi devenir une arme politique—ce qu'elle est rarement aux Etats-Unis. Certains chefs-d'oeuvre littéraires français ont été des "machines de guerre" dans les conflits politiques ou sociaux de leur temps: les *Provinciales* de Pascal, *Le Tartuffe* de Molière, les contes de Voltaire, les romans de Zola, *Thérèse Desqueyroux* de Mauriac, par exemple.[6]

Maîtriser l'orthographe, savoir manier la langue, connaître les écrivains, pouvoir lancer des citations littéraires, tout cela atteste que l'on est bien intégré à l'identité nationale française. Ce n'est pas toujours facile. Imaginez qu'on vous dicte le texte qui suit; combien de fautes d'orthographe feriez-vous?

> Il m'eût été cent fois—voire deux cents fois—préférable d'être continûment dans le collimateur des coupe-jarrets de tout poil, de tomber dans force coupe-gorge ou guets-apens ou d'être en butte à quelque escarpe malintentionné, plutôt que d'être condamné à l'infamante ankylose, à la quasi-paralysie. Pourquoi ne nous a-t-on pas laissés concurremment nous entrebattre, pourquoi n'a-t-on pas laissé s'entre-déchirer à l'envi les fervents idolâtres qui se sont tant plu à votre jeu?

L'immense majorité des Français seraient incapables d'écrire ces quelques lignes sans faire aucune faute…. La rhétorique, la virtuosité dans le maniement de la langue ont traditionnellement une grande importance en France. Les Français ont, plus que les Américains, tendance à jouer avec leur langue, à la considérer comme un but en soi et pas seulement comme un moyen. Cela se voit par exemple dans les graffitis sur les murs ("Je vous salis ma rue", allusion à "Je vous salue Marie"—*Hail Mary*); dans la publicité, qui regorge de métaphores, d'allitérations, d'ellipses, de calembours, etc. ("Les hommes aiment les femmes au Lee"; "Chez Hippo, les garçons c'est des filles"; "Un mal, des mots"). Cela est particulièrement visible chez les journalistes ou les critiques français. Dans leurs articles, ceux-ci cultivent souvent l'effet littéraire et cherchent à mettre en relief leurs qualités d'écrivain qu'ils voient comme inséparables de leurs qualités de journaliste ou de critique. Il est également courant en France—mais beaucoup moins aux Etats-Unis—que des écrivains renommés deviennent aussi des journalistes ou écrivent régulièrement des articles dans la presse. L'écrivain François Mauriac, par exemple, fut un polémiste redoutable à *L'Express* dans les années 1950.

---

[6] Dans ses *Lettres à un provincial* (1656–1657), Pascal défend les jansénistes (catholiques à la morale rigoriste et aux tendances opposées à la monarchie absolue) contre les jésuites. Dans sa comédie *Tartuffe* (1664–1667), Molière attaque les "dévôts" (catholiques qui multiplient les gestes d'attachement à la religion). Dans les contes de Voltaire (1694–1778), nous trouvons toutes les idées philosophiques du 18e siècle français—justice sociale, haine de la guerre, tolérance religieuse, etc. Dans ses romans de la série des Rougon-Macquart (*L'Assommoir, Germinal*, etc.), Emile Zola (1840–1902) dépeint avec un réalisme extrême les misères sociales de son époque. Dans *Thérèse Desqueyroux* (1926), François Mauriac attaque la bourgeoisie, qu'il peint comme insensible et uniquement préoccupée des bienséances sociales.

La publicité française aime jouer avec la langue.

Langue "pure" et nation

Ayant l'habitude de confondre la nation française avec ceux qui parlent la langue française, les Français sont souvent tentés d'assimiler les autres peuples francophones à eux-
mêmes. Ils ont du mal à imaginer qu'on puisse parler français sans être français. Parlant de
la francophonie, Maurice Druon, secrétaire perpétuel de l'Académie française s'adresse
ainsi (juin 1994) à ses compatriotes: "Responsables, nous le sommes, collectivement, vis-
à-vis des quarante-sept pays, bientôt cinquante, qui sont institutionnellement unis parce
qu'ils ont le "français en partage". Ils représentent plus du quart des Nations Unies: leur
avenir est lié au nôtre".[7] Jacques Toubon, ministre de la Culture, célébrant à Paris la journée de la francophonie, déclare (mars 1994): "C'est une fête de famille qui s'élargit au
monde entier à la gloire d'un patrimoine linguistique dont la richesse démontre le caractère indispensable à l'équilibre de notre monde". Cette attitude agace souvent les Suisses, les
Belges et les Québécois qui n'ont pas du tout le sentiment que les Français sont un peu
suisses, belges ou québécois parce qu'ils parlent la même langue qu'eux….

Un autre aspect important de cette conception nationale de la langue est la peur de
voir le français perdre sa "pureté", être "contaminé" par l'anglais à l'intérieur de la
France et supplanté par lui à l'étranger. La France a des lois sur la langue qui interdisent
d'utiliser des mots étrangers dans les textes officiels, la publicité ou les annonces
d'emploi. La langue et la culture sont vus comme des enjeux géopolitiques majeurs.
L'académicien Maurice Druon écrit ainsi dans un article du *Figaro Magazine* (juin 1994):

> (La France) ne restera à la hauteur de l'histoire que si elle continue de disposer
> d'une dissuasion nucléaire planétaire suffisante, c'est-à-dire sans cesse remise au
> point; et que si sa langue demeure une langue universelle. Ce sont les deux condi-
> tions absolues à défaut desquelles elle ne pourrait garder son rang.
>
> Il ne faut jamais oublier que le langage commande tout, les définitions du
> droit, la formulation des lois, la description des découvertes scientifiques, médi-
> cales et techniques, les communications de tous genres, l'établissement des
> conventions du commerce et des échanges, de même qu'il commande le rayonne-
> ment culturel, élément premier du prestige (…)
>
> L'un des grands combats de la France, d'ici à la fin du siècle, est le combat pour
> sa langue (…) Cette bataille va se dérouler sur deux fronts: extérieur et intérieur. Car
> rien ne servirait de faire les plans nécessaires à la diffusion du français dans le monde
> et à la reconquête des places perdues (…) si, en France même, la langue continuait
> de se dégrader, se détériorer, se déliter (…) Refusons d'acheter des produits dont la
> publicité torture la langue française. Refusons d'écouter les émissions qui la désho-
> norent. Protestons contre les circulaires incompréhensibles. Débusquons le charabia
> partout où il s'installe. Jetons l'opprobre sur ceux qui souillent, offensent, mutilent
> notre plus précieux patrimoine.[8]

---

[7] *Le Figaro-Magazine*, samedi 25 juin 1994, p. 14.
[8] *Le Figaro-Magazine*, samedi 25 juin 1994, p. 14.

45 CEUX QUI PARLENT FRANÇAIS

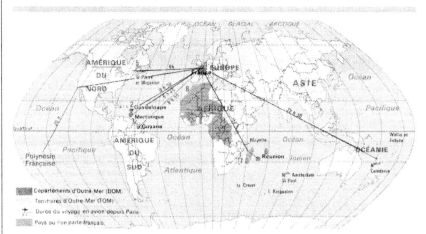

Départements d'Outre-Mer (DOM)
Territoires d'Outre-Mer (TOM)
Durée du voyage en avion depuis Paris
Pays où l'on parle français

① Plus de 250 millions d'hommes parlent français :

—Les Français de la **métropole***

—Les Français d'Outre-Mer

Très loin, de l'autre côté des océans, vivent des Français. Ils habitent dans les **DOM-TOM***, séparés de la métropole par des milliers de kilomètres, et dispersés à travers le monde. Le climat y est très différent du nôtre. Le travail ne suffit pas toujours à nourrir les familles : les jeunes viennent alors chercher un emploi en métropole.

—Les pays **francophones***

En Belgique et en Suisse, pays voisins, certains habitants parlent français. Dans le monde, des pays ont été très liés à notre histoire : ainsi le Canada, où vivent des descendants de Français qui parlent encore notre langue, et beaucoup d'anciennes **colonies***.

A travers tous ces pays, la langue française a un grand rayonnement dans le monde.

② La mairie des Abymes en Guadeloupe

③ Des barques de pêcheurs à la Martinique

Manuel de géographie français pour enfants de 7–8 ans (Histoire Géographie CE1, Casteilla 1986)

Cet activisme militant—et presque militaire—en faveur de la langue est spécifiquement français, mais il n'est pas suivi par tous les Français, loin de là. Beaucoup ne partagent pas les ardeurs des "puristes" et se moquent d'eux; le sort de la langue française dans le monde les laisse assez indifférents.

La lecture

Curieusement—pour un pays où l'intellectualisme est si bien considéré—les Français lisent relativement peu par rapport aux habitants de certains pays d'Europe. En 1997, 24% des femmes et 30% des hommes n'ont lu aucun livre; mais 15% en ont lu entre 20 et 50. Les statistiques les plus récentes montrent que cette opposition marquée entre ceux qui ne lisent rien et ceux qui lisent beaucoup est en train de se réduire, mais elle est caractéristique de la France. Peut-être y a-t-il là l'héritage d'une société où une majorité analphabète a longtemps coexisté avec une minorité très cultivée. Historiquement, le protestantisme a favorisé l'apprentissage de la lecture par la masse du peuple—pour lire la Bible—alors que le catholicisme a été culturellement élitiste (clergé savant, écoles et collèges pour les aristocrates et les bourgeois). On produit toutefois plus de livres (par rapport au nombre d'habitants) en France qu'aux Etats-Unis.

Le déclin des idéologies

De la Seconde Guerre mondiale aux années 1970, l'influence du marxisme a été dominante dans la vie intellectuelle en France. Les gouvernements étaient le plus souvent au centre ou à droite, mais la majorité des intellectuels étaient à gauche. L'extrême-droite avait disparu de la vie politique parce que certains de ses membres avaient collaboré avec les Nazis pendant la guerre. Depuis les années 1980, le vent a tourné. On a assisté à un déclin rapide de l'influence du marxisme et à un retour sur la scène intellectuelle des idéologies de droite qui n'ont plus peur de se montrer. L'antisémitisme traditionnel de la droite française a refait surface et provoqué quelques incidents (profanation de tombes juives, attaques de synagogues), mais il s'est "recyclé", si l'on peut dire, dans l'hostilité envers les immigrés musulmans nord-africains.

D'une manière générale, les idéologies traditionnelles—le marxisme en particulier—suscitent aujourd'hui une indifférence croissante. Le combat des idées entre la droite et la gauche n'a pas disparu, mais il s'est affaibli. Il n'est plus aussi virulent et passionné qu'autrefois. Il resurgit périodiquement—comme des braises qui ne finissent pas de s'éteindre—à propos de problèmes particuliers comme l'école privée ou l'immigration. Aujourd'hui, le pragmatisme et l'individualisme triomphent. On juge les professionnels de la politique sur l'efficacité de leur action beaucoup plus que sur leurs idées. Chacun se préoccupe de sa santé, de son rapport à l'environnement sans plus s'intéresser aux promesses de salut social collectif. Personne ne croit plus à la "révolution", qu'elle soit de droite ou de gauche, ni au "changement de société" que certains promettaient encore en 1980. La société française est aujourd'hui immergée dans la consommation et le maintien du bien-être économique. Elle n'accorde plus la même attention aux intellectuels qu'en 1930 ou en 1950. Ceci peut sembler paradoxal alors que les médias d'aujourd'hui (la télévision, les livres de poche, etc.) facilitent l'accès d'un large public au monde des intellectuels. Les théories proposées par les intellectuels français exercent encore une certaine influence dans les milieux universitaires étrangers, américains notamment (Pierre Bourdieu en sociologie, Gilles Deleuze ou Jacques Derrida en philosophie, par exemple). Mais le modèle du "maître à penser", de l'inspirateur vénéré suivi de disciples—comme Jean-Paul Sartre—apparaît tout à fait dépassé. Chacun cherche sa propre voie, prend ici et là ce qui lui convient, et les systèmes de pensée tout prêt emballés n'intéressent plus. Il y a donc un certain éclatement de la vie intellectuelle qui n'est plus aussi centrée qu'autrefois sur des thèmes mobilisateurs (l'engagement révolutionnaire, l'antifascisme) et des camps clairement définis (marxistes, antimarxistes, etc.).

Pour en savoir plus: *www.quid.fr/*

Chapitre 19

Les loisirs

Dans l'esprit de beaucoup d'Américains, la France et le style de vie des Français évoquent plutôt le loisir que le travail. Un grand nombre d'images-clichés généralement associés au mot "France" sont dans ce cas—les terrasses de café, le vin, la bonne cuisine, l'amour, les châteaux, la littérature, la mode, les parfums, le Club Med, etc. Ce qui attire de nombreux Américains vers la France appartient à ce qu'on appelle aux Etats-Unis *good life*: pouvoir "jouir de la vie". La France apparaît ainsi souvent comme une sorte d'antidote à la morale puritaine de l'immigrant américain qui doit s'acharner au travail pour réussir. Cette image des Français comme peuple tourné vers le loisir et la joie de vivre est-elle un cliché sans fondement ou correspond-elle à la réalité? L'attitude des Français vis-à-vis du loisir est en réalité plus ambivalente que celle des Américains parce que les Français ont hérité de deux traditions contradictoires dans ce domaine.

La conception des loisirs

La première tradition vient du modèle aristocratique et du christianisme médiéval. Elle valorise l'oisiveté et dévalorise le travail: vivre sans travailler est beaucoup plus enviable et prestigieux que de travailler. L'oisiveté élève l'individu; le travail l'abaisse, le dégrade—surtout si ce travail est manuel. Mendier n'est pas honteux ni déshonorant. L'élite de la société, les privilégiés, sont les gens qui n'ont pas besoin de travailler. Le reste de la société est fasciné par ce modèle, mais ne peut y accéder. Libérée du souci de se nourrir et de s'abriter, vivant plus ou moins confortablement du revenu de ses propriétés, l'élite tue l'ennui en cultivant des activités qui la séparent du reste de la société: art de la conversation, vie intellectuelle, beaux-arts, mode vestimentaire, etc. Ceux qui doivent travailler pour vivre—l'immense masse—voient le travail comme une sorte de malédiction (divine) à laquelle il est impossible d'échapper.

Cette vision de l'oisiveté et du travail a dominé la société française pendant des siècles, et a au contraire peu touché la société américaine. Elle exerce encore une influence sur les attitudes des Français aujourd'hui: on est fier du temps libre et des vacances dont on dispose—cela rend votre position enviable, privilégiée—et on s'en vante devant les autres; il n'est pas courant en France de voir—contrairement à ce qui se passe aux Etats-Unis—des gens annoncer avec fierté qu'ils travaillent énormément et prennent peu de vacances. Les Français ont plus tendance que les Américains à penser que la vraie vie est dans les loisirs et que le travail est seulement un moyen permettant d'y accéder.

La seconde tradition qui a façonné l'attitude des Français vis-à-vis des loisirs et du travail est celle du modèle bourgeois et protestant, qui s'est développé à l'époque moderne (18e–19e siècles). Le travail est vu comme quelque chose de positif, qui donne accès au salut spirituel, social et économique. Par le travail, l'être humain s'accomplit, se rend utile à lui-même et aux autres; il améliore sa condition et celle de la société toute entière. Travailler est grand, beau et honorable. L'oisiveté est mauvaise, elle est le signe de la paresse et elle entraîne l'individu vers la recherche du plaisir et l'immoralité. Il faut être sans cesse actif; le rêve, la contemplation sont néfastes.

La société américaine a été influencée surtout par la seconde tradition, celle qui valorise le travail et voit l'oisiveté comme mauvaise. Les Français, eux, ont été influencés par les deux traditions. Ces deux traditions s'opposent, mais dans la pratique elles peuvent se compléter: c'est en travaillant dur qu'on accède au loisir. De là certaines tensions ou contradictions dans le comportement des Français vis-à-vis du travail et des loisirs, puisqu'ils sont en quelque sorte en équilibre instable entre des tendances opposées. Au 19e siècle, les bourgeois français valorisaient le travail et l'épargne parce que cela leur apportait la sécurité et la possibilité de "monter" dans la société, mais leur idéal était l'oisiveté aristocratique, la vie de rentier. Aujourd'hui, la même opposition se retrouve dans la conception française des vacances conçues comme une "évasion", une rupture abrupte avec la vie "normale" consacrée au travail. "Nous rêvons tous d'évasion", proclame un immense panneau publicitaire sur les murs d'un immeuble parisien. On travaille dur, on fait des heures supplémentaires, on mange des spaghetti toute l'année pour pouvoir aller camper trois semaines dans les îles grecques. On passe brutalement des 40, 45 ou 50 heures de travail par semaine au mois entier de "farniente" sur une plage de Corse.[1] En vacances, on devient comme un autre individu, on se donne une nouvelle identité—ce qui est plus facile à faire pendant les longues vacances d'été que pendant les week-ends. Le Club Méditerranée (Club Med) représente bien cette approche française des loisirs comme temps de rupture pendant lequel la morale de l'oisiveté et du plaisir remplace celle du travail et des contraintes sociales. Le Club, nous dit la publicité, c'est l'"antidote à la civilisation". En été, 40% des entreprises françaises ferment leurs portes ou marchent au ralenti: tous leurs employés partent en vacances, provoquant une rupture brutale du fonctionnement de la machine économique. Pendant les mois qui précèdent l'été, tout le monde parle des projets de vacances de chacun. Et chaque année, le 1er juillet marque le début de ce qu'on appelle les "grands départs"—comme si le pays tout

---

[1] Beaucoup de Français travaillent au delà du nombre d'heures légal de la semaine de travail (35 heures aujourd'hui).

Affiche dans le métro de Paris

entier fuyait brusquement le monde du travail—tandis que le 1er septembre annonce la "rentrée".

On retrouve cette même opposition dans d'autres domaines: peu de Français, par exemple, seraient prêts à manger un sandwich à leur poste de travail à midi, comme le font souvent les Américains; ils quittent leur travail et vont s'asseoir dans un restaurant, un café, une cafétéria—ou rentrent chez eux—pour déjeuner avec assiette, verre, couteau et fourchette: le temps et l'espace du déjeuner appartiennent à une autre vie que celle du travail et la coupure est très nette.[2] De même, les collégiens et lycéens français ont des programmes d'études qui sont parmi les plus lourds du monde, mais ils ont aussi les congés les plus longs du monde (115 à 120 jours par an): rupture abrupte là aussi.

Les Américains n'établissent généralement pas une coupure aussi claire que les Français entre le travail et le loisir. Ils apparaissent moins tiraillés entre l'un et l'autre et semblent moins obsédés par le désir d'"évasion" vers une vie différente. Ils voient souvent les vacances comme un simple moyen de reprendre des forces, de "recharger ses batteries" pour mieux travailler ensuite. Les Américains ont plus tendance à s'identifier

---

[2] Seules exceptions à cette habitude: les déjeuners d'affaires, qui ne concernent qu'une très petite minorité d'individus; le "casse-croûte" des ouvriers travaillant sur des chantiers isolés, obligés de manger "sur le pouce" (sans se mettre à table).

à leur travail, à ce qu'ils "font" que les Français, et le loisir, le temps libre est généralement plus intégré dans leur travail: *coffee breaks* et *brown bag lunches* dans la journée, weekends dans la semaine, courtes vacances dans l'année ne sont pas de véritables ruptures.

Les vacances

En France, l'habitude du départ en vacances suit un exemple très ancien et qui vient de très haut dans l'échelle sociale. Au début du 16e siècle, la cour de France prit l'habitude d'aller passer l'été sur les bords de la Loire où la chaleur était moins lourde qu'à Paris (Paris est au fond d'une cuvette où l'air circule mal). Par la suite, les rois gardèrent l'habitude de quitter la capitale pour leurs résidences d'été hors de Paris (Marly, Fontainebleau). Jusqu'au début du 20e siècle, seules les familles d'aristocrates et de bourgeois aisés partaient en vacances à la campagne ou au bord de la mer. En 1936, pour la première fois, une nouvelle loi obligea tous les employeurs à donner chaque année deux semaines de congés payés à leurs salariés: les ouvriers, les employés, les petits bourgeois pouvaient enfin imiter le style de vie des riches et vivre en rentiers oisifs pendant une courte période; les vacances étaient démocratisées. Les congés payés furent par la suite allongés à trois semaines (1956), quatre semaines (1969), puis cinq semaines (1982). Aujourd'hui, il suffit d'avoir travaillé un an dans l'entreprise pour avoir droit au minimum légal de cinq semaines de vacances par an. Grâce à leur ancienneté ou à des conventions particulières, 30% des salariés français disposent de plus de cinq semaines de congés payés par an. Aux Etats-Unis, aucune loi n'oblige

L'obsession des vacances

les employeurs à donner des congés payés à leurs salariés; les congés annuels varient selon les entreprises et sont beaucoup plus courts qu'en France: deux ou trois semaines en général. L'allongement de la durée des vacances n'a jamais été une revendication majeure des syndicats américains.

Depuis les années 1960, les départs en vacances des Français sont devenus des migrations beaucoup plus massives qu'auparavant. Ceci était dû à la hausse du niveau de vie des Français et surtout au fait que tout le monde avait dorénavant une automobile et pouvait se déplacer facilement. La même chose s'est produite aux Etats-Unis et ailleurs en Europe. Ce qui est particulier à la France, c'est que tout le monde part en vacances en même temps—en juillet ou en août—provoquant une immense migration intérieure. Cela vient du fait que les vacances, en France, se passent généralement en famille, parents et enfants de tous âges ensemble. Juillet et août sont aussi les deux mois qui offrent le temps le plus beau et le plus chaud de l'année (la France n'a pas l'équivalent de la Floride pour l'hiver!) La "fuite" estivale est particulièrement forte dans la capitale: 80% des Parisiens quittent leur ville pendant l'été. Des milliers de trains supplémentaires sont ajoutés au départ des gares pour permettre d'absorber cette grande migration. La capitale se vide. La majorité des bureaux et des magasins ferment, les rues sont étrangement désertes. Seuls les quartiers fréquentés par les touristes sont animés. Tout le monde ou presque cherche alors à échapper à la ville.

Cette concentration des vacances sur deux mois crée d'énormes problèmes logistiques dans le pays: gigantesques embouteillages sur les routes au moment des "grands départs" et des "grands retours" ou quand les "juillettistes" croisent les "aoûtiens" le 31 juillet (10 millions de personnes sur les routes); surcharge énorme pour les services publics des régions touristiques (service des eaux, postes, téléphone, transports publics, campings); hausse artificielle des prix dans ces régions—une petite ville de bord de mer de 5 000 habitants peut en avoir 20 ou 30 000 en été! La Côte d'Azur (entre Marseille et la frontière italienne) est la zone la plus engorgée de touristes l'été: y trouver une chambre d'hôtel, un lieu disponible où placer sa tente ou bien une place pour sa serviette de bain représentent souvent des exploits! Toutes les tentatives faites pour inciter les Français à "étaler" leurs vacances d'été sur juin ou septembre ont échoué.

Cette explosion des départs en vacances vers la mer, la montagne ou la campagne a beaucoup profité économiquement aux zones les plus attirantes sur le plan touristique et qui étaient souvent sous-développées auparavant: les côtes de la Bretagne, du littoral atlantique et de la Méditerranée, les régions de montagne (Massif Central, Pyrénées, Alpes) et les lieux riches en monuments historiques (Mont Saint-Michel, etc.) ou en beautés naturelles (gorges du Tarn, etc.).

La France est le pays du monde qui reçoit le plus grand nombre de touristes étrangers: 67 millions de visiteurs—plus que la population totale du pays—en 1997.[3] Le

---

[3] Viennent ensuite l'Espagne (48 millions) et les Etats-Unis (46 millions).

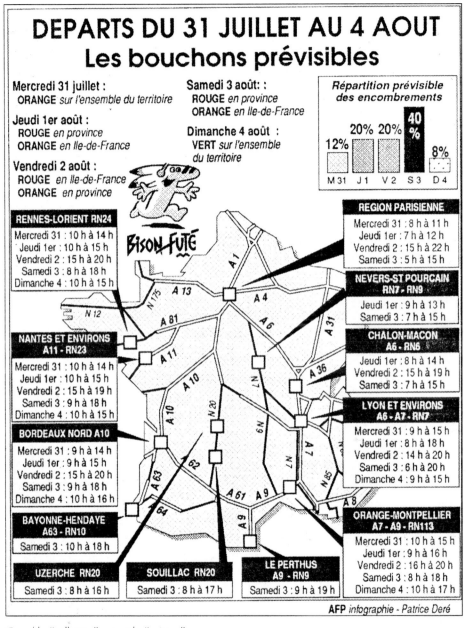

Quand les "juillettistes" croisent les "aoûtiens"

tourisme est donc un des plus importants secteurs de l'économie française, rapportant chaque année l'équivalent de 13 milliards de dollars à la France (71 milliards de francs). Chaque été, des millions d'Européens du Nord attirés par le soleil "descendent" vers la France pour y séjourner ou pour rejoindre l'Italie ou l'Espagne. Les touristes étrangers les plus nombreux sont les Allemands et les Britanniques. Deux millions et demi d'Américains viennent en France chaque année. Les Français, par contre, voyagent peu à l'étranger—beaucoup moins que les Européens du Nord: 10% seulement des séjours de vacances des Français se font hors de la France (contre plus de 50% pour les Allemands, les Belges, les Hollandais, les Suisses, les Autrichiens, plus de 30% pour les Anglais, mais seulement 4% pour les Américains). Ce qui attire les étrangers en France—le climat, la très grande variété des paysages, le patrimoine culturel, la cuisine—retient les Français dans leur pays. Les Français qui vont passer leurs vacances à l'étranger se dirigent surtout vers l'Espagne, l'Italie et la Grande-Bretagne. L'Europe de l'Est les intéresse de plus en plus.

Le bord de la mer est toujours la destination favorite des Français (la moitié des séjours en vacances), mais la campagne et la montagne—lieux moins chers et moins encombrés par la foule et les voitures—sont de plus en plus recherchés en été. Le lieu touristique le plus visité de France n'est pas la Tour Eiffel, ni le Louvre, ni Notre-Dame de Paris, ni le château de Versailles. C'est le parc d'attractions Eurodisney....

Le style des vacances varie beaucoup selon les catégories sociales. La France est le pays du monde ayant la plus forte proportion de propriétaires d'une résidence secondaire: 12% des ménages français possèdent au moins deux résidences. Beaucoup quittent la première pour la seconde lors des week-ends. Les gens aisés partent en vacances dans leur villa au bord de la mer, leur fermette restaurée à la campagne, louent des maisons en bord de plage ou font des séjours à l'hôtel. Les gens aux revenus modestes—ouvriers, employés—placent leur caravane ou leur tente dans un camping ou bien vont séjourner chez des parents ou des amis.

Aujourd'hui encore, presque la moitié de la population ayant plus de 18 ans en France—environ 40%—ne partent pas en vacances et restent chez eux. Certains auraient les moyens de partir et ne le font pas pour diverses raisons; d'autres ne partent pas parce qu'il leur est physiquement ou financièrement difficile de partir: retraités, chômeurs, travailleurs gagnant le SMIC, parents qui n'ont pas les moyens d'emmener leurs enfants en vacances, agriculteurs qui ne peuvent pas quitter leur exploitation. De nombreux centres de vacances pour enfants subventionnés—appelés familièrement "colonies de vacances"—accueillent des enfants dont les parents ne peuvent partir. Plus on est placé haut dans l'échelle sociale, plus on part souvent en week-end ou en vacances loin de chez soi, surtout si l'on est parisien. Les vacances d'hiver à la montagne restent le privilège des catégories aisées, car elles coûtent cher (impossible de camper, prix de l'équipement et des leçons de ski, etc.). Les salariés aux revenus modestes peuvent recevoir de leur employeur des "chèques-vacances" destinés à les aider à partir en vacances. Le "chèque-vacances", non imposable, est financé par une contribution du salarié, de l'employeur et du comité d'entreprise.

Lorsque qu'un jour férié (11 novembre, 14 juillet, etc.) tombe un jeudi ou un mardi, il est fréquent de voir le congé étendu aussi au vendredi ou au lundi afin de constituer un bloc de quatre jours de congé avec le week-end. Cela s'appelle "faire le pont". Les employeurs ne sont pas obligés d'accorder des "ponts" et les jours de "pont" doivent être récupérés par la suite.

On constate aujourd'hui chez les Français une tendance à rechercher des vacances plus actives que par le passé. La formule "3 S" (*Sea, Sex & Sun*) des années 1970 recule devant celle des "3 A" (Activité, Apprentissage, Aventure). Plutôt que de "bronzer idiot" pendant un mois, beaucoup de Français cherchent aujourd'hui à utiliser leurs vacances pour faire ou apprendre quelque chose de nouveau: s'initier à la pratique d'un sport; enrichir ses connaissances et découvrir des activités auxquelles on ne s'était jamais intéressé auparavant (stages d'informatique, de navigation à voile, d'ULM—petit avion ultra-léger—de peinture, de poterie, d'archéologie, etc.); faire un voyage (organisé) donnant l'impression de l'aventure (circuit dans le Sahara ou dans la forêt amazonienne, escalade en montagne, etc.). L'idée d'une rupture avec la vie normale ne disparaît pas, mais elle s'adapte au désir des individus d'avoir des vacances actives et utiles, permettant de progresser et de s'épanouir sur le plan personnel. L'opposition entre des périodes d'activité fébrile et des périodes d'inactivité

totale apparaît aujourd'hui de moins en moins satisfaisante à beaucoup de Français. Ceux-ci cherchent de plus en plus l'équilibre de la vie dans une meilleure intégration des congés et du travail au niveau quotidien. Certaines tendances nouvelles, comme celles qui consistent à diviser les vacances en segments plus courts et plus nombreux tout au long de l'année, ou bien à adopter la semaine de quatre jours de travail vont dans ce sens.

Les loisirs quotidiens

Depuis les années 1960, les Français consacrent de plus en plus de temps et d'argent à leurs loisirs quotidiens. Le temps libre, en effet, n'a cessé d'augmenter, grâce à la chute de la durée moyenne du travail et à la mécanisation des activités domestiques (fours à micro-ondes, machines à laver, etc.). Les hommes ont toujours plus de temps libre que les femmes, dans toutes les catégories sociales.

La télévision est le principal loisir des Français, enfants comme adultes. Ils y consacrent en moyenne trois heures par jour (les Américains cinq heures). Les retraités et les gens possédant le moins de diplômes scolaires ou universitaires sont ceux qui regardent le plus la télévision. Plus on a de diplômes élevés et moins on la regarde—surtout si l'on habite Paris. Lire un livre, écouter des disques, aller au cinéma sont les loisirs les plus fréquents après la télévision.

Aujourd'hui, les Français vont quatre fois moins souvent au cinéma qu'il y a cinquante ans (à cause de la télévision). Ils y vont plus fréquemment, toutefois, que les autres Européens, mais moins souvent que les Américains. Comme pour la lecture, il existe un contraste très fort entre une majorité de la population qui va peu au cinéma et une minorité—jeune, urbaine et fortement diplômée—qui y va très souvent. La proportion des films projetés en France qui sont d'origine américaine a beaucoup augmenté ces dernières années. En 1997, 54% des entrées au cinéma en France étaient pour des films américains et 35% pour des films français. Les films qui "font" le plus d'entrées sont toujours français ou américains. Le cinéma français, le premier en Europe, est celui qui résiste le mieux à la concurrence du cinéma américain, en partie grâce à des subventions de l'Etat qui impose une taxe spéciale sur tous les billets de cinéma. Les recettes des films américains subventionnent donc le cinéma français—ce qui ne plaît du tout, on le devine, aux producteurs d'Hollywood…. Les chaînes de télévision françaises sont également obligées par l'Etat d'investir dans la création cinématographique française.

Les rencontres au café et les repas à la maison ou au restaurant jouent un rôle traditionnellement très important dans les loisirs des Français. Il y a environ 200 000 cafés et 120 000 restaurants avec service à table en France. Le plus ancien restaurant (La Couronne à Rouen) fut ouvert en 1345; le plus ancien café (Le Procope à Paris) en 1686. Tous les deux fonctionnent toujours (le Procope comme restaurant). Le décor et la clientèle des cafés—et leurs prix—varient énormément selon le lieu où ils se trouvent.

Les petits cafés de village où, traditionnellement, se réunissaient les hommes sont moins nombreux qu'autrefois, à cause de la concurrence de la télévision, de la chute de la population rurale et de la baisse de consommation des cigarettes (les cigarettes sont toujours vendues dans des cafés ou des bureaux de tabac). La même chose est vraie des cafés ouvriers traditionnels, où les hommes viennent prendre un "ballon" de rouge ou une bière avant et après le travail. A l'autre extrémité de la hiérarchie sociale des cafés, on trouve les grands cafés chics—et très chers—du boulevard Saint-Germain à Paris (Le Flore, Les Deux Magots, etc.). Ceux-ci risquent beaucoup moins de disparaître: ce sont de véritables institutions fréquentées par l'élite parisienne et des touristes aisés. La clientèle est mixte. On s'y asseoit surtout pour voir et être vu.

Dans le domaine des loisirs comme dans beaucoup d'autres, subsistent encore des différences importantes entre les catégories sociales. Les ouvriers et les employés, par exemple, considèrent que loisir signifie repos et non activité. Ils jouent aux loteries, vont à la pêche, assistent à des matchs de football et passent beaucoup de temps au café; il y a une forte séparation des sexes dans leurs loisirs (les femmes vont peu au café et dans les stades). Ils "voisinent", c'est-à-dire entretiennent des relations amicales, spontanées et informelles avec leurs voisins. Ils ont des rapports très étroits et fréquents avec leurs frères et soeurs. Les gens appartenant aux catégories sociales moyennes et élevées voient le loisir plutôt comme un temps d'activité (sport, etc.). Ils ne "voisinent" pas beaucoup. En revanche, recevoir des amis et être reçu chez des amis, aller au restaurant, participer à des réunions, être membre d'une association sont plus fréquents chez eux. Leurs relations sociales sont beaucoup moins locales et sont plus programmées dans le temps—on invite chez soi, à l'avance, à des repas ou à une visite, etc. En France, c'est celui ou celle qui est honoré (anniversaire, promotion professionnelle, etc.) qui invite ses amis à célébrer avec lui ou elle l'heureux événement. L'initiative ne viendra pas des autres, contrairement à ce qui se passe souvent aux Etats-Unis. Si par exemple vous avez réussi le baccalauréat brillamment, si vous avez 20 ans la semaine prochaine ou si vous êtes promu à un nouveau poste à l'étranger, vos amis

> **A 42-year-old Frenchman set out last week to become the first person to swim alone across the Atlantic Ocean.** Guy Delage began the journey from the Cape Verde Islands and hopes to swim the 2,100 miles to the Caribbean island of Martinique in 60 to 90 days.

Prouesse à la française, 1995

LE HEROS DU PACIFIQUE

A l'heure où s'imprimait ce numéro, le
solitaire de l'océan n'avait pas encore
gagné totalement son pari surhumain.
Le plus grave danger le guettait.
Mais Gérard d'Aboville a touché plus que la
gloire: il a étreint le rêve.
Plus qu'un exploit, un honneur...

PAR JEAN-FRANÇOIS DENIAU ET
JEAN-MICHEL BARRAULT

Novembre 1991: Gérard d'Aboville vient de traverser l'Océan Pacifique en ramant.

attendent à ce que vous les invitiez chez vous pour partager votre joie avec eux: quelqu'un qui est touché par un heureux événement ne garde pas égoïstement son bonheur pour lui-même; il en fait bénéficier ses proches.

Une particularité des loisirs à l'américaine que l'on ne retrouve pas chez les Français est la tendance au gigantisme. Les Américains aiment les divertissements en plein air avec des centaines ou des milliers de participants: immenses terrains avec écran géant pour le cinéma en plein air (*drive-in theaters*), concerts géants dans la nature ou dans des stades (Woodstock), cérémonies de remise des diplômes universitaires (*Commencement*) à mille étudiants, sermons dans les stades (Billy Graham), marathons avec des milliers de coureurs, gigantesques *parties* sur d'immenses pelouses, films avec des milliers de figurants, etc. Ce gigantisme donne un sentiment d'écrasement aux Français, qui préfèrent généralement un cadre délimité et clos aux "dimensions humaines", avec un nombre de participants réduits: chapelle ou cour d'un château pour un concert, place du village pour un bal, salle de théâtre pour un chanteur, etc.

Le culte de l'exploit solitaire

Les Français se distinguent aussi des Américains par leur admiration particulière pour les exploits solitaires—sportifs ou autres: gagner contre soi-même, faire reculer les limites de l'audace et de l'endurance humaines. Arriver premier au Tour de France, traverser l'Océan Pacifique à la rame seul dans un canot, sauter d'un avion sans parachute et prendre celui que tend un collègue dans les airs (Alain Prieur), rejoindre le Pôle Nord seul à pied, faire tout seul l'ascension du sommet de l'Everest, faire le tour du monde à la voile en navigation solitaire sans escale (Moitessier), traverser l'Atlantique à la nage en 55 jours avec un petit radeau pour se reposer de temps en temps (Guy Delage en 1995): aux Etats-Unis, de telles prouesses sont saluées avec une sorte d'indifférence amusée; il faut être un peu fou, un peu bizarre, pense-t-on, pour tenter des actes aussi inutiles ou dangereux. En France, les auteurs de ces prouesses sont acclamés comme des héros nationaux, décorés de la légion d'Honneur et reçus au Palais de l'Elysée par le Président de la République. Leur courage, leur audace "folle" séduit, fascine, enthousiasme. On admire le geste qui consiste à accomplir une performance extraordinairement dangereuse avec une apparente facilité. Cette grande valeur donnée à la prouesse solitaire était un trait de mentalité de l'ancienne aristocratie militaire qui considérait le sang-froid et l'audace comme la première vertu d'un noble.[4] Le sport est sans doute un des derniers domaines où la prouesse solitaire peut s'accomplir dans nos sociétés mécanisées et massifiées.

Rien d'étonnant, donc, à ce que les Français préfèrent la pratique des sports individuels où un individu peut se hausser au-dessus des autres et susciter l'admiration. Les Américains, au contraire, aiment mieux les sports collectifs qui développent à la fois le sens du jeu (la compétition dans le respect des règles) et l'esprit d'équipe (la solidarité entre égaux); ils aiment les héros collectifs (équipes de base-ball, astronautes, etc.). Un célèbre monument américain représente un groupe de *Marines* plantant un drapeau américain sur l'île d'Iwo Jima. Les monuments aux morts militaires français, eux, présentent toujours un soldat seul: l'héroïsme implique une certaine solitude, il détache l'individu du groupe et souligne son caractère unique; il y a là pour les Français quelque chose d'émouvant qui suscite l'amour et l'admiration.

Pour en savoir plus: *www.quid.fr/*

---

[4] En 1914, on voyait des officiers français enfiler leurs gants blancs de cérémonie au moment de se lancer à l'attaque contre les lignes ennemies. L'éthique aristocratique, encore très vivace dans les armées de cette époque, leur commandait de faire face au danger avec un sang-froid total (voir le personnage de Boeldieu dans le film *La Grande illusion* de Jean Renoir).

Chapitre 20

Les médias

Bien qu'il règne, en France comme aux Etats-Unis, une grande liberté de l'information, des différences très importantes existent entre les deux pays en ce qui concerne la radio, la télévision et la presse.

Avant 1945 en France, les chaînes de radio privées étaient autorisées à côté des chaînes publiques appartenant à l'Etat.[1] A partir de 1945 et jusqu'en 1982 les radios privées furent interdites. On appliqua strictement le principe du monopole de l'Etat sur la radio. Les chaînes étaient contrôlées directement par le Ministre de l'Information. Elles n'étaient pas des instruments de propagande gouvernementale, mais elles restaient souvent très discrètes sur ce qui pouvait embarasser le gouvernement. Plusieurs chaînes de radio privées françaises pouvaient couvrir le territoire français, à condition de placer leurs émetteurs à l'étranger: Radio Monte-Carlo (RMC), Radio-Luxembourg (RTL), Radio-Andorre, Europe 1. Toute chaîne de radio privée émettant à partir de la France était brouillée par l'Etat. Pour la télévision, le monopole de l'Etat était parfaitement respecté: toute tentative de créer une chaîne-pirate privée entraînait automatiquement un raid de police sur le poste d'émission. L'idée avancée pour justifier ces monopoles était que la radio et la télévision sont des services d'intérêt public comme les Postes ou le téléphone.

Dans les années 1970, cette conception étatique de l'audio-visuel fut attaquée, à droite comme à gauche: la création de chaînes privées indépendantes du gouvernement paraissait nécessaire pour refléter la diversité des points de vue dans une société démocratique et pluraliste; de puissants intérêts économiques, alléchés par l'énorme potentiel publicitaire de la télévision, poussèrent aussi dans le même sens. Le monopole de l'Etat fut donc aboli en 1982. Les chaînes de radio privées, généralement locales, poussèrent comme des champignons. Plusieurs chaînes de télévision privées furent également créées. Mais les chaînes de radio et de télévision d'Etat furent maintenues et elles existent toujours aujourd'hui: on les reconnaît par leur nom qui commence généralement par "France".[2] Une chaîne de télévision d'Etat fut privatisée il y a quelques années (TF1).

Les quatre grandes chaînes de radio d'Etat sont France-Inter, France-Culture,

---

[1] Ces chaînes furent toutes contrôlées par les Allemands et le gouvernement français (collaborateur) de Vichy de 1940 à 1945.

[2] Les chaînes de radio et de télévision dites "publiques" aux Etats-Unis (PBS, etc.) sont en réalité privées. Elles sont appelées ainsi uniquement parce qu'elles ne sont pas commerciales. Elles peuvent recevoir des subventions publiques, mais n'appartiennent pas au gouvernement.

France-Musique et France-Info.[3] On peut les capter sur tout le territoire français. Les chaînes privées sont divisées entre chaînes commerciales qui peuvent faire de la publicité et chaînes non commerciales qui sont financées par des collectivités locales ou des organismes à but non lucratif. Les plus populaires sont NRJ, Nostalgie, Europe 2, Fun, Skyrock et Kiss FM. Les chaînes de radio périphériques émettent toujours de l'étranger mais ont dorénavant leurs studios à Paris (RTL, Europe 1, RMC). Elles ont souffert de la nouvelle concurrence des radios locales. Certaines chaînes de radio locales s'adressent aux immigrés et émettent en arabe.

Il y a aujourd'hui 6 chaînes nationales de télévision en France.[4] Les trois chaînes d'Etat sont France 2, France 3 et Arte.[5] Tout possesseur de télévision doit payer une taxe spéciale pour financer la télévision d'Etat (environ 600 francs par an, soit un peu plus de 100 dollars). Les trois chaînes privées sont TF1 (Télévision Française 1), M6 (Métropole 6), et Canal +. France 2, France 3 et TF1 sont "généralistes", c'est-à-dire qu'elles ne sont pas spécialisées dans un type de programmes particulier et cherchent à toucher tous les publics. M6, par contre, vise un public jeune, avec beaucoup de vidéoclips. Canal +, chaîne payante, est spécialisée dans la diffusion de films. Arte est une chaîne culturelle franco-allemande qui diffuse le même programme en France (en français) et en Allemagne (en allemand). Il existe également quelques chaînes régionales publiques spécialisées dans les informations locales et une chaîne qui diffuse des programmes en français dans certains pays étrangers (TV5).[6] Les chaînes de télévision par câble, longtemps sous-développées en France, commencent à prendre de l'essor.

Toutes les chaînes de radio et de télévision, publiques ou privées, sont soumises à la règlementation exercée par le Conseil supérieur de l'audio-visuel (CSA), une autorité de contrôle qui veille au respect de la règlementation en matière de création de chaînes et de programmes. Le CSA, par exemple, vérifie que les chaînes de télévision programment au moins 60% d'émissions européennes et 40% de françaises (inclues dans le quota européen). Les chaînes sont frappées de lourdes amendes chaque fois qu'elles ne respectent pas ces quotas—ce qui arrive de temps en temps. La plupart des chaînes de télévision ont de la publicité, mais beaucoup moins que sur les chaînes commerciales américaines. La publicité est interdite dans les émissions destinées aux enfants.

Les chaînes de télévision françaises diffusent moins de sport et de feuilletons que les chaînes américaines. Par contre, elles offrent plus de magazines-débats consacrés à l'actualité politique et de reportages sur les problèmes internationaux. Elles aiment les

---

[3] Radio France International (RFI) est une chaîne spécialisée dans la diffusion sur ondes courtes d'émissions françaises à l'étranger.

[4] Le système de télévision français SECAM, utilisé dans de nombreux pays, donne une meilleure image que le système américain NTSC (il a 625 lignes au lieu de 525).

[5] Les départements et territoires d'outre-mer ont des chaînes de radio et de télévision d'Etat particulières (chaînes RFO—Radio-télévision française d'outre-mer). La plupart des programmes diffusés viennent de métropole.

[6] TV5-USA diffuse des émissions françaises, belges, suisses et québécoises 24 heures sur 24 sur tout le territoire des Etats-Unis.

soirées thématiques, autour d'un film par exemple, avec une discussion entre spécialistes immédiatement après. Elles n'hésitent pas à présenter une émission consacrée à des livres en *prime time*. Elles sont moins tolérantes que les chaînes américaines à l'égard de la violence et au contraire plus tolérantes à l'égard du sexe—strip-tease et films pornos sont programmés avec un petit carré rouge dans le coin de l'écran. Elles produisent aussi des émissions qui n'ont pas d'équivalent aux Etats-Unis, comme les "Guignols de l'info" ou le "Bébête-show": pendant dix minutes juste avant les nouvelles du soir, de grosses marionnettes ridicules en caoutchouc ayant la figure du Président, des membres du gouvernement et des principaux personnages politiques discutent, s'interpellent, se battent, évoquant les thèmes d'actualité du moment. TF1 est la chaîne la plus regardée.

Une part considérable des programmes—feuilletons et films—sont américains. Beaucoup de Français se plaignent de cette "invasion", mais d'autres s'en accomodent fort bien. *Dallas* et bien d'autres séries télévisées américaines eurent un succès considérable en France. La raison pour laquelle les émissions américaines inondent la télévision française—et toutes les télévisions du monde—est surtout financière: en raison de l'immensité du marché américain (un milliard de billets d'entrée au cinéma par an), les producteurs de feuilletons et de films américains font souvent des bénéfices considérables avant même d'exporter leurs productions. Ils peuvent donc se permettre d'écouler ces productions à l'étranger à des prix très bas, puisque ces prix sont du pur profit pour eux—de l'argent dont ils n'ont plus vraiment besoin. Partout dans le monde, la tentation d'acheter des émissions américaines est donc irrésistible. C'est pourquoi la France et les autres pays européens ont établi des quotas interdisant à leurs chaînes de télévision de dépasser un certain pourcentage d'émissions américaines. Dans le cadre des négociations du GATT qui ont libéralisé les échanges mondiaux, les Américains ont exigé que les pays européens suppriment ces quotas.[7] Les Français ont farouchement résisté à cette demande, au nom de l'"exception culturelle": la culture, ont-ils dit, n'est pas un produit commercial comme les autres. Elle touche à ce que pensent les gens, à leur vision du monde, à leur identité. Les médias par lesquels s'exprime la culture d'un peuple—les films, les livres, les émissions de télévision, les articles de presse—sont le moyen par lequel ce peuple manifeste sa conscience de lui-même. On ne peut donc pas prendre le risque de les voir disparaître sous le simple prétexte qu'ils ne sont pas commercialement compétitifs avec ceux des pays étrangers. En 1993, les Etats-Unis ont finalement cédé devant la pression française et accepté le principe de l'"exception culturelle".

Contrairement à la radio et à la télévision, la presse a été depuis très longtemps indépendante en France.[8] La liberté de la presse a été, depuis le 18e siècle, vue comme une condition essentielle de la démocratie politique. Cette liberté a été durablement établie au début de la IIIe république, dans les années 1880 et elle

[7] GATT: *General Agreement on Trade and Tariffs*
[8] Le premier journal français date de 1631 (*La Gazette* de Théophraste Renaudot).

s'applique toujours aujourd'hui.[9] La censure n'a été rétablie que pendant les deux guerres mondiales.

A l'opposé de ce qu'on trouve aux Etats-Unis et ailleurs en Europe, la presse française est très concentrée dans une seule ville: Paris. Tous les grands quotidiens et magazines d'information français ayant une audience nationale sont publiés dans la capitale. Il existe également une presse quotidienne locale publiée dans certaines grandes villes de Province. Le nombre des quotidiens publiés en France a beaucoup diminué depuis un siècle. En 1945, il y avait encore 26 quotidiens nationaux en France; il n'y en a plus qu'une dizaine aujourd'hui. La concurrence de la radio et de la télévision est la cause principale de cette chute: on n'a plus besoin de lire un journal pour connaître les nouvelles et l'argent de la publicité se dirige vers l'audio-visuel plutôt que vers les journaux. Les quotidiens régionaux ont moins souffert de cette concurrence que les grands quotidiens nationaux parce que les informations locales qu'ils contiennent ne peuvent être obtenues nulle part ailleurs.

Les principaux quotidiens nationaux français sont *Le Monde* (gauche modérée), *Le Figaro* (droite, crée en 1826), *L'Humanité* (gauche communiste), *France-Soir* (droite), *Libération* (gauche socialiste), *La Croix* (droite catholique) et *L'Equipe* (sports). Un quotidien en anglais, l'*International Herald Tribune* est également publié à Paris et vendu à travers toute l'Europe.[10] Les principaux quotidiens régionaux sont *Ouest-France* (plus fort tirage d'un quotidien français), *Les Dernières nouvelles d'Alsace* (Strasbourg), *Le Dauphiné libéré* (Grenoble), *La Dépêche du Midi* (Toulouse), *Le Midi libre* (Montpellier), *Nice-Matin* (Nice), *La Nouvelle République du Centre-Ouest* (Tours), *Le Progrès* (Lyon), *Le Provençal* (Marseille), *Le Sud-Ouest* (Bordeaux), *La Voix du Nord* (Lille).[11]

Contrairement à la presse quotidienne, les magazines d'information hebdomadaires ou mensuels—et la presse périodique en général—se sont énormément développés. Ils ont beaucoup mieux résisté à la concurrence de la télévision parce qu'ils donnent beaucoup plus de place à l'analyse que les quotidiens. Les principaux magazines sont *L'Express* (centre), *L'Evénement du jeudi* (gauche), *Le Point* (droite), *Le Figaro-Magazine* (droite). Parmi les hebdomadaires spécialisés, citons *Le Nouvel Economiste* (économie), *Elle* (féminin), *Marie-Claire* (féminin), *Femme actuelle* (féminin), *Madame Figaro* (féminin), *Le Pélerin-Magazine* (catholique), *VSD* (loisirs, vie quotidienne), *La Vie* (catholique), *Télérama* (télévision). *Le Canard enchaîné* est un célèbre hebdomadaire satirique créé pendant la Première Guerre mondiale ("canard" signifie journal en français familier et "enchaîné" se réfère à la censure de guerre). Il expose les dessous de l'actualité politique sur un ton comique, avec beaucoup de jeux de mots et de caricatures.

---

[9] La liberté de la presse obéit—même dans les pays démocratiques—à certaines restrictions. En France, la diffamation, l'atteinte à la vie privée, l'incitation à la haine raciale, au crime ou à la violence et l'offense au Président de la République sont des délits de presse pouvant justifier la saisie du journal ou l'imposition d'amendes à son éditeur.

[10] L'*International Herald Tribune* appartient au *New York Times* et au *Washington Post*.

[11] Les adjectifs "libre" ou "libéré" des titres de journaux remontent à la fin de la Seconde Guerre mondiale lorsque ces journaux—dont certains avaient été clandestins—purent paraître librement.

TF1 — FÉVRIER

5.50 La Croisière foll'amour.
6.15 Les Années fac. Visites surprises. **6.40** TF 1 info. **6.48** et 8.28, 9.03, 0.53 Météo. **6.50** TF ! jeunesse. Salut les toons : Petits animaux sauvages ; Anatole ; Dino Juniors ; Sonic le rebelle ; Pim ; Les petites crapules.
8.30 Téléshopping.
9.05 TF ! jeunesse. Geleuil et Lebon ; Hé Arnold ; Castors allumés ; Power Rangers de la galaxie ; etc.
11.15 Dallas. Série. Problèmes.
12.05 Tac O Tac TV. Jeu.
12.10 et 14.40, 19.00 Etre heureux comme.

12.15 Le Juste Prix. Jeu.
12.50 A vrai dire.
13.00 Journal, Météo.
13.40 et 20.40 Du côté de chez vous.
13.50 Les Feux de l'amour. Feuilleton.
14.45 Arabesque. Série. Trahison sous verre.
15.40 Magnum. Série. Le chenal maudit. 6515972
16.40 Sunset Beach. Série.
17.35 Melrose Place. Série. La rumeur.
18.25 Exclusif. Magazine.
19.05 Le Bigdil. Jeu.
20.00 Journal, Météo.

France 2

5.50 La Chance aux chansons.
6.30 Télématin. **8.35** Amoureusement vôtre. **9.00** Amour, gloire et beauté.
9.30 C'est au programme.
11.00 Motus. Jeu.
11.40 Les Z'amours. Jeu.
12.15 et 17.20, 22.45 Un livre, des livres. *Le Siècle de Sartre,* de Bernard-Henry Levy.
12.20 Pyramide. Jeu.
13.00 Journal, Météo.
13.50 Expression directe. Magazine. CGPME.
13.55 Derrick. Série. Anna Lakowski.

14.55 Le Renard. Deux vies.
16.00 Tiercé.
16.10 La Chance aux chansons. Vos chanteurs d'amour.
16.50 Des chiffres et des lettres. Jeu.
17.25 Cap des Pins. Feuilleton.
17.55 Nash Bridges. Série. Amateurs d'armes.
18.45 Friends. Série. Celui qui est mort dans l'appartement du dessous.
19.15 Qui est qui ? Jeu.
19.50 Un gars, une fille. Série. Au resto avec Isabelle.
20.00 Journal, Météo.

Programmes de télévision de TF1 et France 2 du 8 février 2000

20.50

THE MASK ■

Film. Charles Russell.
Avec Jim Carrey, Peter Green.
Comédie (Etats-Unis, 1994). 775917
*Un masque magique transforme celui
qui le porte en créature polymorphe
et invincible.*

20.50

MANON
DES SOURCES

Film. Claude Berri.
Avec Yves Montand, Daniel Auteuil.
Drame (France, 1986). 575999
*Deuxième partie du remake
du film de Pagnol.*

22.45

CÉLÉBRITÉS

Présenté par Carole Rousseau,
Stéphane Bern et Benjamin Castaldi.
Invités : Amanda Lear,
Jean-Michel Jarre. 674311
  0.10 Scénarios sur la drogue.
     Tube du jour. 6686996
  0.15 Minuit sport. 9228335
  0.50 Les Rendez-vous
     de l'entreprise.
     Invité: Nicolas Beytout. 4584977
1.15 TF 1 nuit. **1.27** Du côté de chez vous. **1.30**
Reportages. Les héritiers de Bolivar. 1048606 **1.55**
Haendel et Vivaldi. Concert. 35380712 **3.20** Enquêtes à l'italienne. Série. 1553408 **4.10** Histoires
naturelles. Ils sont fous ces pêcheurs. Les plus
gros poissons du monde. 5225422 **4.40** Musique
(20 min). 1673267

22.55

ALORS, HEUREUX ?

Présenté par Frédéric Lopez.
Faire son deuil ; Les métiers détestés ;
J'ai plus de quarante ans
et je vis chez mes parents ;
L'amour à distance. 602040
  0.30 Journal, Météo.
  0.55 Culte fiction. Magazine. 8312354
1.45 Mezzo l'info. 1838118 **2.00** Les documents
du dimanche. Dans le monde pied-noir. Documentaire. 7752002 **3.10** Zone sauvage. Sous l'empire des sens. 9753426 **4.00** 24 heures d'info. **4.20**
Météo. **4.25** Tonnerre de Zeus. Documentaire.
9814083 **4.45** Délirenlair. Documentaire. 7434064
4.55 Toulon a horreur du vide. Documentaire
(60 min). 1857977

Publicité pour le magazine communiste l'Humanité-Dimanche

Les journaux français contiennent moins de publicité que les journaux américains. Ils sont donc plus chers (deux fois plus en moyenne). L'Etat français aide la presse par des subventions directes et des exonérations postales ou fiscales équivalant à plus d'un milliard de dollars par an.

La presse française est traditionnellement plus préoccupée par les opinions que par l'information—ce qui ne veut pas dire qu'elle néglige celle-ci. Elle a une coloration partisane plus directe que la presse américaine. Elle cherche à défendre un point de vue, à en attaquer un autre, plutôt qu'à simplement informer. Ses rédacteurs veulent influencer l'opinion. La presse française, en effet, s'intéresse à interpréter les faits selon un point de vue donné plus qu'à en rapporter le détail (*Le Monde* offre un parfait exemple de cette approche). Elle donne donc une plus grande place au subjectif. Les éditoriaux, généralement placés aux dernières pages des quotidiens américains, sont toujours en première page des quotidiens français: l'opinion du journal ne se cache pas! La presse américaine est plus orientée vers les faits, rapportés aussi objectivement que possible: c'est la vérité des faits—*the story*—qui compte; on interroge les témoins, les acteurs et on cite leurs réponses; et c'est au lecteur—plutôt qu'au journaliste—de juger. Les Français estiment que cette approche est un peu trompeuse, car, disent-ils, il n'y a pas de rapport objectif des faits; on les perçoit toujours d'un certain point de

vue, et il ne faut pas s'en cacher. Le journalisme à la française penche donc vers l'intellectuel et le littéraire (bien raisonner, bien écrire pour séduire et convaincre) tandis que le journalisme à l'américaine s'apparente plutôt à un travail de détective vigilant (rendre publique la vérité des faits au nom du "droit du public de savoir").

Une autre différence intéressante à noter entre la presse française et la presse américaine est le caractère plus "exclusif" du discours écrit français. Alors que les journalistes américains cherchent à être le plus possible "inclusifs"—c'est-à-dire à écrire de manière à être compris par le plus grand nombre de lecteurs possible—les journalistes français écrivent souvent de manière à être compris seulement d'un public limité; ceux qui ne font pas partie de ce public parce qu'ils n'ont pas les connaissances présumées acquises sont "exclus": ils ne comprennent pas. Un ouvrier d'usine américain peut lire le *New York Times* ou *Newsweek* sans difficulté majeure. Un ouvrier d'usine français risque d'avoir des difficultés à lire *Le Monde* ou *Le Nouvel Observateur*. Voici l'extrait d'un article du *Nouvel Observateur* présentant un livre écrit par le comte de Paris (l'individu qui serait roi si la France était une monarchie):

(...) Qu'on se le dise jusqu'en Vendée: pour avoir failli être roi, ce monseigneur n'en est pas moins citoyen. Et un citoyen qui, de bon gré, fait durer sa nuit du 4 août jusqu'à l'aube de la "nouvelle citoyenneté" dont Pierre Mauroy avait, lors de sa première investiture, célébré l'avènement: résistant, soixante-huitard—"Henri" avoue ici qu'il fut initié aux mystères de la rue Gay-Lussac par son complice Maurice Clavel (...) Alors, à quoi joue le comte de Paris? Et son oecuménisme—qui, de fait, semble extensible à la plupart des majorités que s'improvisera le suffrage universel—lui coûtera, au final, combien de messes? Pour l'heure, à l'approche d'un bicentenaire qui le verra peut-être chanter "La Carmagnole", l'héritier de la Maison de France appelle les siens à un aggiornamento radical—et, en un sens, émouvant. Les monarchistes qui portent encore un crêpe à leur veston chaque 21 janvier, et ceux du Cabinet des Antiques qui attendent une nouvelle restauration pour soigner leurs écrouelles devront mettre cette royale missive à l'index: la lire, pour eux, serait comme une deuxième fin du monde.[12]

Un journaliste américain de *Time* ou *Newsweek* qui voudrait écrire d'une manière aussi elliptique se verrait sûrement obligé de tout recommencer par le directeur de la rédaction.

On retrouve les mêmes tendances "exclusivistes" dans le cinéma français. Les réalisateurs de films s'adressent souvent à un public délimité et ne cherchent pas à être compris et appréciés par le plus grand nombre possible de spectateurs. On peut sans doute voir là une des raisons pour lesquelles le succès commercial des films français est souvent plus limité que celui des films américains, en France comme à l'étranger.

Pour en savoir plus: *www.quid.fr/*

---

[12] *Le Nouvel Observateur* 16–22 septembre 1983. Pour comprendre ce texte, il faut pouvoir reconnaître immédiatement les allusions suivantes: "Qu'on se le dise jusqu'en Vendée": allusion à la résistance des Vendéens contre le gouvernement révolutionnaire dans les années 1793–1794. "Avoir failli être roi": allusion à la restauration de la monarchie qui a failli avoir lieu à la fin du 19e siècle. "Monseigneur": appellation donnée aux princes de sang royal. "Nuit du 4 août": allusion à l'abolition des privilèges de la noblesse votée le 4 août 1789 par l'Assemblée nationale, y compris par ses membres nobles. "Soixante-huitard": personne qui a soutenu les manifestations de mai 1968. "Mystères de la rue Gay-Lussac": allusion à la rue où se déroulèrent les plus violentes manifestations en mai 1968. Maurice Clavel: philosophe. "Lui coûtera combien de messes?": allusion au roi Henri IV qui s'était converti au catholicisme pour devenir roi de France en 1593 et qui aurait déclaré à cette occasion "Paris vaut bien une messe". "Bicentenaire": de la Révolution française, en 1989. "Carmagnole": chanson de la Révolution française. "Portent un crêpe à leur veston": sont en deuil. "chaque 21 janvier": allusion à l'exécution de Louis XVI le 21 janvier 1793. "Cabinet des Antiques": allusion au titre d'un roman de Balzac qui reprend le surnom donné par dérision à un salon d'aristocrates. "Soigner leurs écrouelles": allusion à une croyance médiévale qui donnait aux rois de France le pouvoir de guérir certaines maladies, en particulier les écrouelles. "A leur index": allusion à la censure du Pape qui inscrivait les livres condamnables sur un document appelé Index. "Une deuxième fin du monde": allusion à une "première fin du monde" qui est la Révolution française.

Chapitre 21

Français et Americains

Les stéréotypes français sur l'Amérique

Il y a quelques années, une enquête fut menée auprès d'une classe de collégiens âgés de 14–15 ans dans la ville d'Orléans. On voulait savoir quelle était leur vision de l'Amérique et des Américains. Aucun de ces adolescents français n'avait jamais mis les pieds aux Etats-Unis. Voici leurs réponses:

A votre avis, quelles sont les qualités des Américains?

- Les garçons sont blonds aux yeux bleus, c'est-à-dire en deux mots très mignons.
- Ils vivent dans un pays où il y a de nombreuses personnes amicales et sympathiques.
- Ils ont de très bonnes musiques.
- Ils sont plus évolués, plus modernes, plus sportifs.
- On les imagine sportifs, beaux, prêts à tout, cascadeurs, héros de la justice.
- Ils sont grands, virils, sportifs.
- Ils sont peut-être plus organisés que les Français.
- Ils sont accueillants, gentils, ont un très grand humour, sont beaux, grands, forts.
- Ils sont sportifs, grands, blonds, les yeux bleus. Ils sont aventureux, accueillants, serviables.
- Ce qui est bien en Amérique, c'est qu'il y a de l'école le matin et que tout l'après-midi est entièrement réservé pour le sport.
- Les Américaines sont jolies. Ils ont de bons films et une très bonne musique. Ils vont peu à l'école. Ils font beaucoup de sport et ont un niveau mondial dans tous les genres.
- Ils n'ont pas peur du ridicule.
- Ils sont modernes, plus évolués, plus relax.
- Avoir inventé le chewing-gum. A part ça?
- Cela dépend de chacun des Américains qu'il faudrait connaître.
- Ils sont très ingénieux. Ils ont des idées grandioses. Tout est démesuré: gratte-ciel, grosses voitures, enseignes lumineuses immenses. Ils réalisent des records, des exploits: toujours aller plus loin.
- Pour moi, ils n'en ont pas.
- Ils n'ont pas honte de leur personne. Gros ou maigres, ils se promènent en short.
- Ils sont patriotiques. Ce sont de grands sportifs. Il y a toujours de très grands savants en tout

Mœurs grains de

*Défense exarcerbée des minorités,
déballage médiatisé
des aberrations
sexuelles, codes de langage
« politiquement correct »,
programmes scolaires impossibles
à rédiger... le culte de la victime,
aux États-Unis, fait rage.*

PAR **SOPHIE COIGNARD**

C'était au milieu des années 30. Mais celles du siècle dernier. Un jeune aristocrate, trentenaire, atypique et curieux, revenait des États-Unis. Il écrivit, sur ce qu'il avait observé, une somme dont il n'imaginait pas qu'il lui devrait la postérité.

Dans « De la démocratie en Amérique », Tocqueville écrivait : « *Lorsque l'inégalité des conditions est la loi commune de la société, les inégalités les plus marquées ne frappent pas le regard.*

16 JUILLET 1994 **LE POINT** NUMÉRO 1139

Tous victimes : les obèses des minces, les femmes des hommes, le Noir du Blanc, les minorités de la culture dominante...

caricaturale. Mais il est vrai que les Etats-Unis – qui en ont vu d'autres ! – sont démangés par une lubie : le culte de la victime. Victimes : la femme de l'homme. Le Noir du Blanc. Le « gay » de l'hétérosexuel. Les enfants des abus (potentiels) de leurs parents. Les minorités – toutes les minorités – de la culture dominante.

Ce culte, pétri de bonnes intentions égalitaires, a ses excès, comme tout culte. Histoires saugrenues, ridicules ou inquiétantes qui valent, si l'on ose dire, le voyage. Des histoires comme seuls peuvent en fabriquer les Etats-Unis, qui ont l'habitude, dans leurs croisades du moment, de frapper fort, avant, Dieu merci, de domestiquer leurs foucades...

Mais, pour l'heure, les lubies sont légion. Exemples, pêle-mêle. La « nov-langue », en vogue depuis plusieurs années déjà sur certains campus américains, exige des exercices inédits de contorsion langagière. La traque aux termes sexistes impose ainsi de ne plus dire « *chairman* » (président), car « *man* » suggère que c'est un homme qui doit occuper la fonction. Adieu donc, à « *chairman* », et bonjour à « *chairperson* », qui laisse planer le doute. De même, prière de dire « il ou elle » si l'on parle d'une personne inconnue, ou dont on ignore le sexe. La plupart des membres de l'élite intellectuelle pratiquent aujourd'hui cette gymnastique pluraliste sans plus même s'en apercevoir. Dans la veine très riche de l'euphémisme, qui est l'un des musts du « politiquement correct », pas question de parler de « sidéen ». « *Car cela confond la personne avec sa maladie* », explique-t-on sans sourire au départe-

folie américains

mais quand tout est presque au même niveau, les plus légères sont assez marquées pour le blesser. Il en ressort que le désir d'égalité devient plus insatiable à mesure que l'égalité est plus complète. » Tocqueville, alors, parlait d'une société encore esclavagiste. Il ignorait sûrement que ses propos prendraient un tour plus pertinent encore, un siècle et demi plus tard, dans une Amérique saisie par la débauche du bien-pensant et de la sensiblerie.

Que n'invente-t-elle pas, en effet ? Un langage qu'il est convenu d'appeler

« politiquement correct », des normes codifiées régissant les relations hommes-femmes, des codes de bonne conduite, des livres scolaires dûment revisités, des actions en justice à tour de bras, pour tout et le reste... Autant de pratiques – d'autant plus voyantes qu'elles sont préconisées par des radicaux et vertement dénoncées par des conservateurs ultras – qui nous laissent pantois.

Les Américains auraient-ils perdu le sens commun ? La question est trop simple, et trop globale, pour n'être pas

ment santé publique de l'université Harvard. « Malade du sida », alors ? Non plus ! « Personne vivant avec le sida » paraît être l'appellation conseillée.

Euphémismes toujours avec les « *speech codes* », ces codes de langage qui ont commencé à fleurir dans les universités. Objectif: bannir les termes racistes, discriminatoires, insultants. « *Ne croyez pas qu'il s'agit là d'un véritable phénomène de société* », corrige Nicholas Wahl, directeur de l'Institut d'études françaises de l'université de New York. *Ce mouvement se limite* ▶

genre. Ils ne reculent pas devant le danger, pour eux rien n'est impossible. Ils sont très accueillants dans les "grandes" familles, mais les pauvres ont la rage de vivre. Ils sont beaux physiquement.

- Ils sont blonds aux yeux bleus, les films sont bons, les glaces sont très grosses par rapport aux glaces de France.
- Grande liberté, tolérance, largesse d'esprit.
- Ils font des films qui sont très intéressants.
- Ils sont très riches (si on peut appeler ça une qualité) pour la plupart. Je les vois intelligents, modernes.

A votre avis, quels sont les défauts des Américains?

- Le gros défaut, c'est qu'on mange pas terriblement bien.
- Ils sont assez prétentieux dans les reportages à la télévision.
- Ils inventent trop de choses, dépensent beaucoup d'argent et leur nourriture n'a pas très bonne réputation.
- Drogue, violence, racistes envers les Noirs.
- Certains sont racistes. Ils ne mangent pas de bonnes choses.
- Je pense que les Américains vivent trop dans le luxe.
- C'est de se vanter de leur héroisme, du dollar qui augmente, d'être un peu fou.
- Ils ne mangent pas très bien. Certains Américains sont racistes.
- Ils en ont sûrement, mais je ne vois pas lesquels.
- A mon avis, ils sont trop frimeurs, ils veulent se montrer supérieurs à leur âge.
- Ils sont farfelus, ont de drôles d'idées. Beaucoup se droguent.
- Ils mélangent leurs nourritures.
- Ils mangent très mal. La population des jeunes est la plupart du temps droguée ou les jeunes deviennent très vite des voleurs. Pas le droit d'entrer dans les bars avant la majorité. Un grand nombre sont racistes.
- Certains Américains sont racistes. Ils mangent des cochonneries.
- La nourriture bourrée de colorants et infecte, mais c'est leur mode de vie.
- Avoir les premiers lancé la bombe atomique.
- Ils mangent trop vite, ils sont trop pressés, les grandes villes sont polluées. Certains Américains sont racistes contre les Noirs et les Peaux-Rouges.
- Ils sont représentés comme de gros mangeurs qui boivent beaucoup d'alcool et de Coca-Cola et qui fument tout le temps. Mais on les voit aussi avec des jeans et des chapeaux de cow-boy; ils ressemblent à des clowns ou à des acteurs déguisés.
- C'est les premiers à avoir commencé la construction de la bombe à neutron et à avoir utilisé la bombe atomique. C'est les premiers à avoir pollué l'espace avec leur navette spatiale. Ils gaspillent plein de choses. C'est pas normal que ce soit eux qui aient la statue de la Liberté.
- La nourriture n'est pas très bonne. Elle devient à la mode en France.
- Ils ont des idées très farfelues, ils veulent toujours être les meilleurs. Ils sont complètement imprudents en voiture et roulent très vite. La police a fort à faire. Il y a beaucoup de bandits et de drogués. Ils ne savent pas faire la cuisine. Ils aiment trop l'argent.
- Se payer à manger à tous les coins de rue; respirer la pollution des grandes villes qui détruit

leurs poumons; faire des trafics d'armes et de drogue grâce à leur inoubliable Al Capone.

- Les Américaines n'ont pas de personnalité, par exemple elles se maquillent très bien, arrangent leur coiffure, mais une fois fait elles se mettent en short, ce qui ne va pas du tout avec leur visage.
- Ils boivent beaucoup, puis ils chantent et se bagarrent.
- Corruption, décadence, racisme, moeurs peu scrupuleuses.
- Ils nous imposent des mots. Exemple: *parking*, *tee-shirt*, un *stop* ou des magazines portant comme nom *Girl*.[1]

Ces réponses sont intéressantes parce que ces adolescents de 14–15 ans sont suffisamment âgés pour avoir acquis des idées sur les Américains, mais ne sont pas suffisamment âgés pour avoir les moyens de corriger ces idées. Ils portent en eux une vision entièrement fabriquée à partir des images de l'Amérique que leur transmet la société française (parents, enseignants, manuels scolaires, médias). On retrouve donc dans leurs réponses une série de stéréotypes et de clichés traditionnels français sur l'Amérique et les Américains. Certains de ces stéréotypes sont positifs, d'autres négatifs.

Les stéréotypes positifs des Français sur les Américains sont généralement centrés sur la jeunesse, le dynamisme, l'ouverture amicale aux autres: les Américains sont un peuple entièrement tourné vers l'avenir, débarrassé du poids du passé et des traditions; ils vont toujours de l'avant, ils se lancent sans crainte vers le nouveau, le moderne, rien ne les fait reculer; ils sont sportifs, grands, beaux, décontractés, souriants, sympathiques.

Les stéréotypes négatifs sont généralement centrés sur le racisme, le matérialisme, l'inculture, la violence: les Américains blancs sont racistes; les ghettos où vivent les noirs et les émeutes raciales en sont la preuve indiscutable; les Américains sont comme de grands enfants un peu naïfs; ils évaluent tout par l'argent; hors de leur métier et des dollars, ils ne s'intéressent pas à grand chose car ils n'ont pas de culture; ils sont peu raffinés et ont mauvais goût; leurs enfants sont mal élevés; leur système scolaire est un très long jardin d'enfants; ils sont prudes; la violence les fascine; ils sont toujours excessifs dans tout ce qu'ils font; ils n'ont pas le sens des limites, de l'équilibre et de la modération.

Naturellement, beaucoup de Français ont une vision de l'Amérique et des Américains plus sophistiquée que ces stéréotypes fort répandus. Ils ont lu, appris, voyagé. Ce qu'ils aiment ou n'aiment pas chez les Américains est plus fondé sur une connaissance de la réalité et sur l'expérience vécue de cette réalité. Il y a aussi chez les Français de grandes différences d'attitude à l'égard de l'Amérique selon le niveau d'éducation, les groupes sociaux, les idées politiques. La vision de l'Amérique à travers la société française n'est pas parallèle à celle de la France à travers la société américaine. Nous avons vu que traditionnellement, les gens situés au sommet de l'échelle

---

[1] Enquête par questionnaires de Jean-François Brière.

Le cinéma français vu par l'Américain Rob Rogers. Copyright, Graphic Reprint by Rob Rogers / Pittsburgh Post-Gazette, 2000 all rights reserved.

sociale américaine sont plutôt francophiles. Leurs homologues français ont envers l'Amérique une attitude beaucoup plus ambivalente et contradictoire oscillant entre l'admiration et le mépris. Lorsque cette admiration colore fortement la vision d'ensemble que l'on a des Etats-Unis, on peut parler de proaméricanisme. Quand c'est au contraire le mépris ou la déception qui l'emporte clairement sur tous les plans, on a affaire à l'antiaméricanisme.

Le proaméricanisme

Le proaméricanisme est très ancien en France, puisqu'il remonte à la Guerre d'indépendance américaine.[2] Les Français les plus américanophiles étaient aux 18e et 19e siècles à gauche politiquement (républicains ou monarchistes libéraux, comme Lafayette). Au 20e siècle et aujourd'hui encore, on les trouve surtout au centre et dans la droite modérée. Voici par exemple ce que déclarait Françoise Giroud, alors secrétaire d'Etat à la Condition féminine, dans un discours à des étudiants américains:

---

[2] On ne dit pas en général "Révolution américaine" en France.

Quand j'avais votre âge, la France et la Grande-Bretagne, l'empire français et l'empire britannique régnaient encore sur le monde. Et de ce monde, Paris était la capitale (...) Nous étions pleins d'orgueil et de superbe. Arc-boutés sur leur littérature, qui était la plus riche du monde, sur leur passé, qui était le plus glorieux du monde, sur leurs vins, qui étaient les meilleurs du monde, sur leurs femmes, qui étaient les plus élégantes du monde, et sur deux mille ans d'Histoire, la plupart des Français considéraient alors les Etats-Unis comme un pays de braves garçons naïfs et un peu frustes, qui mâchaient du chewing-gum, qui buvaient du lait, qui avaient peur de leurs terribles épouses, et qui n'avaient qu'un dieu: l'Argent. N'importe quel garçon un peu énergique pouvait y devenir John Rockefeller en commençant par vendre des journaux (...)

Moi, il se trouve que mon père avait été envoyé en mission par le gouvernement français auprès du gouvernement américain. Il en était revenu impressionné. Là disait-il, était l'espoir d'un monde meilleur, et les hommes assez vigoureux pour le réaliser. Là étaient la démocratie et la liberté. Là étaient la puissance, le dynamisme, l'endurance, la santé. Ceux qui avaient fondé l'Amérique avaient drainé toutes les énergies révolutionnaires de l'Europe, et avaient donné une issue à ces énergies. Le nouveau monde dont l'Europe rêvait depuis si longtemps s'édifiait sous les cieux américains. Parce que j'ai entendu répéter cela, comme petite fille, j'ai eu peut-être, avant de connaître moi-même votre pays, une vue un peu moins sommaire des Etats-Unis que les autres Français de mon âge (...) (Les années 30) ont été, pour beaucoup de Français, les années de la découverte d'une Amérique qu'ils ne soupçonnaient pas. Celle de Scott Fitzgerald, de John Steinbeck, de Hemingway, Caldwell, Dos Passos, William Faulkner. Vous aviez donc des écrivains aux Etats-Unis, et quels écrivains! Vous aviez donc une littérature, et quelle littérature! Toute une génération d'Européens allait en être enivrée. Toute la France ne lisait pas, bien sûr, mais pour celle qui lisait, ce fut une véritable révélation. Et, pour tous, il y eut un phénomène encore plus important: ce fut le cinéma. C'est un Français, Louis Lumière, qui l'avait inventé. Mais il semblait que vous ayez inventé le bon cinéma, comme nous avions inventé la bonne cuisine. Brusquement, à travers des centaines de films américains qui passaient sur nos écrans, nous entrions dans la vie américaine, et elle pénétra chez nous. Nous dansions avec Fred Astaire, nous chantions avec Cole Porter. Les jeunes filles étaient amoureuses de Clark Gable et de Gary Cooper (...)

L'ivresse de la Libération (1944), l'affolement heureux devant ces produits dont nous avions oublié jusqu'au goût, et dont vos poches étaient pleines: le chocolat, les cigarettes, le lait concentré... Les enfants vous acclamaient, les femmes vous aimaient, les hommes vous enviaient. Vous étiez des héros, vous étiez des libérateurs. Les Français de ma génération en ont été marqués pour toujours et vous en gardent une réelle reconnaissance (...)

L'Amérique vue par Cabu (Cabu en Amérique, *Seuil 1990*)

Cette rage avec laquelle vous vous remettez en question, c'est, à mes yeux, le signe même de la formidable vitalité américaine, de cette capacité d'innovation, d'invention, d'initiative qui est votre plus grande force. C'est de cette force-là que l'Occident a besoin, autant que du pétrole, et c'est cette force-là qui fait défaut au monde communiste, autant que le blé. L'Est est pétrifié, et vous incarnez le mouvement. Sa pensée est sclérosée, et vous avez le génie du renouvellement (...) Même ceux qui souhaitent publiquement l'abaissement de votre pays le redoutent secrètement parce qu'ils savent que, si vous laissiez tomber de vos mains le flambeau de la liberté, il s'éteindrait peut-être pour des siècles.[3]

[3] *L'Express* no 1297 (mai 1976) pp. 74–76, discours de Françoise Giroud, Université du Michigan, 1976.

Caricature française sur les Américains

L'antiaméricanisme

L'antiaméricanisme est apparu en France au milieu du 19e siècle, à une époque où la vision que les Français se faisaient de l'Amérique a changé. Le philosophe Renan écrivait déjà à cette époque: "Le monde marche sur une sorte d'américanisme, qui blesse nos idées raffinées". L'antiaméricanisme resurgit pendant la guerre de Sécession (*Civil War*), quand le gouvernement français espérait une victoire des Sudistes. Il se manifesta à nouveau en 1898 pendant la guerre entre l'Espagne et les Etats-Unis qui permit aux Américains de prendre le contrôle de Cuba et des Philippines: l'impérialisme "anglo-saxon" (anglais et américain) était vu comme une menace pour la colonisation française. Entre 1900 et 1940, de nombreux penseurs et écrivains de droite ou d'extrême-droite furent inspirés par la haine de l'Amérique et de ce qu'elle représentait à leurs yeux (la puissance matérialiste, l'absence de culture, le triomphe de l'égoïsme individuel, le mélange des races). Après la Seconde Guerre mondiale, le McCarthysme puis la guerre froide (1947–1989) alimentèrent un fort courant antiaméricain en France.

Les Français les plus antiaméricains se trouvent politiquement situés à l'extrême-gauche et à l'extrême-droite (ce qui ne veut pas dire que tous les Français situés à l'extrême-gauche ou à l'extrême-droite sont antiaméricains). Les raisons de leur antiaméricanisme diffèrent. Voici ce qu'écrit dans *Le Rêve et l'histoire* un antiaméricain de gauche, le journaliste Claude Julien:

> La révolution américaine a frayé la voie à des injustices et à des inégalités inscrites dans la prépondérance du projet capitaliste sur le projet démocratique. Cet aboutissement serait banal si, renié par les détenteurs du pouvoir économique et politique, le rêve n'inspirait encore des individus et des groupes qui refusent de désespérer (…) Longtemps ils ont pu croire que les entraves qu'ils subissaient leur étaient imposées par ce monstre froid: la civilisation industrielle. S'il en était ainsi—et une obsédante propagande s'efforce de les en convaincre—il ne leur resterait plus qu'à laisser tomber les bras devant la fatalité: inégalités et injustices seraient l'intolérable mais inévitable rançon du progrès industriel; dépersonnalisation du travail comme de la vie urbaine, bas salaires côtoyant les grandes fortunes, chômage coexistant avec un luxe ostentatoire, taudis de Harlem à quelque distance des immeubles somptueux protégés par des gardes armés, écoles médiocres des quartiers populaires incapables de rivaliser avec les institutions privées réservées aux enfants des bonnes familles, justice inégale et corruption au coeur du pouvoir,—tout cela serait dans l'ordre des choses. Mais les individus et les groupes qui n'ont pas renoncé finissent par découvrir que la civilisation américaine n'est pas la civilisation industrielle: elle en constitue simplement l'une des formes possibles et peut-être, précisément, l'une des moins civilisées (…)

> Les Américains les plus conscients des graves déficiences de leur société commencent à en percevoir les causes profondes. Ils se rendent compte que leur

propre histoire a inversé la hiérarchie des valeurs explicitement formulée dans la Déclaration d'Indépendance. Peuvent-ils rétablir la priorité de la démocratie sur le capitalisme, de la liberté sur le goût de l'ordre, de l'égalité sur les préjugés racistes? Ils s'interrogent parce que les promesses de 1776 n'ont été que très partiellement réalisées, alors que seul a été atteint dans toute sa plénitude un objectif auquel Jefferson n'avait pas songé: la puissance. Cette puissance a été conquise au prix d'une violence—physique et économique—dont les autres pays capitalistes n'offrent pas d'équivalent, à la même époque, sur leur propre territoire national. La brutalité déployée contre les Indiens, contre les Noirs et contre les organisations ouvrières tiendrait-elle la place de la répression exercée par les puissances européennes dans leurs colonies?[4]

Aux yeux de l'antiaméricain de gauche, la démocratie américaine telle qu'elle fonctionne n'est qu'un théâtre de marionnettes qui cache où se trouve le vrai pouvoir: chez ceux qui possèdent l'argent et qui manipulent la classe politique par l'intermédiaire des *lobbyists* ou en finançant les campagnes électorales. Ils voient le capitalisme américain comme brutal et inhumain, uniquement préoccupé de profits et dénué de toute conscience sociale. L'Amérique est donc un repoussoir qu'il ne faut pas imiter. Elle ne méritera de devenir un modèle que lorsque le capitalisme et le pouvoir de l'argent cesseront d'y bloquer la démocratie.

Voici maintenant ce qu'écrit le journaliste Jean Cau, un antiaméricain de droite dans *Pourquoi la France*:

> Et rien n'est plus triste, rien n'est plus mélancolique que de voir cette influence américaine dévorer notre âme. Au plan du spectacle de tous les jours, rien n'est plus triste, par exemple, que de voir des millions de jeunes gens écouter, l'oeil gluant, des musiques braillées américaines (...) Etre américain! Ah! quel rêve! Et, si possible, un voyou américain. Observez encore, sur les routes du monde, tel groupe de jeunes gens composé d'Anglais, de Français, de Scandinaves, de Hollandais, etc. Ils auront tous quelque chose en commun: savoir ce qui en eux est américain. Ils auront même dénominateur: leur degré d'américanisation. Cela ne serait pas grave et ne prêterait pas à morosité si l'Amérique était matrice de haute civilisation et rendait meilleurs les peuples qu'elle hante. Il se trouve qu'il n'en est rien et qu'elle contamine; et qu'elle pervertit; et qu'elle abaisse; et qu'elle infecte et avilit. Les valeurs qu'elle exporte sont immondes. Im-mondes. Frénésie haletante de consommation qui au cours de la dernière décade a enfiévré ses satellites; goût hystérique du "nouveau"; compétitivité dont les seules récompenses sont pesées leur seul poids de dollars ou, en contre-conduites devant des excès, hippisme délabré, indolence provoquée par les drogues, détachement fainéant des choses de ce monde; violence, féminisme grinçant à la haine totalitaire,

---

[4] Claude Julien, *Le Rêve et l'Histoire* (Paris: 1976), pp. 345–346.

freudisme scolastique—et le sourire blanc vernissé de ses hommes d'Etat, de ses banquiers et de ses psychiatres! (…) La Grèce, Rome, l'Angleterre ou la France ont déversé autre chose, sur leurs empires, que leurs déchets. L'Amérique, elle, partout où elle pond, passe ou s'installe, dépose en tous domaines les oeufs de sa laideur (…)

Nous devenons fous parce qu'on nous vole notre âme, parce que nous devenons autres, parce que l'Américain que nous ne sommes pas se glisse en nous et dépose ses larves entre cuir et chair. Ce n'est pas un coup qu'on nous assène mais une gangrène qui nous délabre. Dans certains domaines, comme celui des moeurs, cette gangrène est là, ouverte, visible et qui sent mauvais. Ainsi, par exemple, dans l'éducation des enfants devenue—à l'américaine—"permissive", non contraignante, non directive (allons-y du jargon du jour!) et, paraît-il, épanouissante. On sait ce que sont les enfants américains: des terreurs haïssables nasillant leur dictature à des pères hébétés et à des mères ravies.[5]

L'antiaméricain de droite méprise l'Amérique parce qu'elle fond les races et les nationalités en une masse humaine sans identité, sans racines, où les individus ont perdu leur culture d'origine. L'Amérique lui apparaît trop individualiste, trop commerciale, trop préoccupée de progrès matériel. Elle est "l'égoïsme organisé socialement" affirmait déjà Buchez en 1835.[6] L'antiaméricain de droite est convaincu de la supériorité de la culture européenne sur celle des Etats-Unis. Un jour, un vieux monsieur m'a dit: "Après tout, qui a colonisé l'Amérique du Nord? Des aventuriers, des mécontents, des hors-la-loi, des anormaux, des criminels, des mystiques; des gens, somme toute, qui n'étaient pas à leur place chez eux. Les premiers Américains n'ont pas été, ainsi que vous le dites, des gens braves et courageux; les premiers Américains étaient les Européens les moins bien socialisés qui ont traversé les mers pour se refaire une vie à partir de zéro. Quelle civilisation peut-on attendre d'individus qui n'étaient pas civilisés au départ?" L'anti-américain de droite est nationaliste et l'idée que la France puisse dépendre des Etats-Unis ou suivre un quelconque *leadership* américain lui est insupportable.

Les racines du proaméricanisme et de l'antiaméricanisme

Avant 1830, les Etats-Unis étaient vus par les Français comme une nation en état d'enfance, qui suivait avec un certain retard le modèle européen. A partir des années 1830—avec la publication du livre de Tocqueville *De la démocratie en Amérique*—l'image s'est renversée et les Français ont commencé à voir dans l'Amérique une

---

[5] Jean Cau, *Pourquoi la France* (Paris: 1975), pp. 30–33.
[6] Cité par Guy Sorman dans *L'Amérique dans les têtes. Un siècle de fascinations et d'aversions* (Paris: Hachette, 1986).

sorte de laboratoire où s'élaborait leur propre futur: les Etats-Unis, se disaient-ils, sont un pays neuf qui nous devance sur la voie de la modernité; ils nous montrent aujourd'hui ce que nous serons demain. A partir de cette époque, les Français ont donc commencé à s'intéresser beaucoup à ce qui se passait de l'autre côté de l'Atlantique. Il devenait impossible de rester indifférent à l'Amérique: on était pour ou contre elle selon qu'elle représentait un futur que l'on souhaitait ou un futur que l'on redoutait.

L'antiaméricanisme n'est donc pas indifférent à l'Amérique; au contraire, il s'y intéresse. Les antiaméricains écrivent des livres sur l'Amérique. Mais ils penchent du côté de l'inquiétude, de la peur. Ils refusent de voir dans les Etats-Unis un futur valable pour la France. Comme pour les antiaméricains de gauche, l'Amérique est pour eux un repoussoir à ne pas imiter; mais alors que les antiaméricains de gauche seraient prêts à admirer l'Amérique si elle devenait à leurs yeux une véritable démocratie, les antiaméricains de droite portent une condamnation sans appel: l'Amérique est un repoussoir parce qu'elle est l'Amérique. C'est irrémédiable.

L'autre élément qui a nourri l'antiaméricanisme en France est une rivalité spécifiquement franco-américaine. La France et les Etats-Unis sont les seuls grands pays à avoir des cultures nationales qui se sont voulues ouvertes aux individus de toutes les cultures et qui proposent cette ouverture comme une promotion (on ne pourrait pas en dire autant de l'Allemagne, du Japon ou de la Grande-Bretagne). Pour les Américains, la culture nationale est centrée sur la libre-entreprise et la démocratie; pour les Français, sur les droits de l'individu, sur la langue, la littérature, l'architecture, l'histoire, la philosophie, la peinture, la gastronomie, etc. Or depuis 1945—et jusqu'en 1989 au moins—l'influence de l'Amérique sur le reste du monde a été beaucoup plus culturelle que politique. Peu de pays sont devenus des démocraties à l'américaine, mais un très grand nombre d'entre eux ont adopté ou copié la culture de masse américaine (musique, habillement, restaurants fast-food, films, programmes de télévision, logiciels informatiques, méthodes commerciales, etc.). L'anglais a aussi progressé dans son rôle de langue internationale. Autrement dit, l'Amérique est entrée sur le "terrain" des Français, celui de la présence linguistique et culturelle dans le monde, mettant ceux-ci sur la défensive. Certains pays, comme la France ou la Grande-Bretagne ont, depuis longtemps, une influence mondiale beaucoup plus importante que leur taille. Cette influence démesurée s'appelle le "rayonnement". Or, aux yeux de certains Français, l'influence des Etats-Unis paraît n'être qu'un simple reflet mécanique de sa dimension humaine et économique. L'Amérique domine simplement parce qu'elle est massive, géante. Sa culture de masse ne mérite pas le rôle mondial qu'elle occupe. La société américaine, avec ses inégalités très marquées entre riches et pauvres et son système de protection sociale insuffisant, n'est pas un modèle à imiter. Ils pensent aussi que les Etats-Unis sont dangereux parce qu'ils cherchent à étendre dans le monde entier ce qu'ils ont fait chez eux: effacer, pour accroître les profits, tout ce qui est unique, original, différent et qui fait la richesse d'un héritage culturel. McDonald's est à leurs yeux le symbole d'une nouvelle "barbarie" qui s'avance, menaçante pour tout ce qui est réellement civilisé. Ils voient là une volonté américaine d'"américaniser" le monde.

Ainsi, un des points les plus sensibles des rapports entre Français et Américains n'est pas dans ce qui les distingue, mais plutôt dans ce qui les rend identiques: la croyance de l'un et l'autre pays qu'il a un message, une sorte de "lumière" à apporter au monde. Un tableau allégorique du peintre Janet-Lange (1815–1872) représente une femme portant une couronne de lauriers et tenant très haut d'une main un flambeau allumé. La ressemblance de cette femme avec la statue de la Liberté est très frappante et on pourrait presque croire à une esquisse de cette statue.[7] Le titre du tableau est: "La France éclairant le monde"....

Si l'antiaméricanisme existe bien en France, l'idée, courante aux Etats-Unis, que la plupart des Français sont antiaméricains est un mythe. En fait, la grande majorité des Français ont une vision plutôt positive de l'Amérique, même s'ils ne se privent pas de critiquer certains aspects spécifiques de la société américaine. Ce qui ne facilite pas les choses, c'est que les Américains exagèrent facilement l'antiaméricanisme des étrangers. Ils sont en effet extrêmement sensibles à l'absence d'approbation étrangère, comme l'avait déjà remarqué Tocqueville dans les années 1830 ("On dirait que, doutant de leur propre mérite, ils veulent à chaque instant en avoir le tableau sous les yeux").[8] Souvent, il suffit qu'un commentaire étranger sur leur pays ne soit pas tout à fait élogieux pour que les Américains l'interprètent comme hostile à l'Amérique.[9]

Il faut se rappeler aussi que l'antiaméricanisme est une attitude intellectuelle, pas un principe de comportement en société. Les antiaméricains attaquent un système politique, social et économique, ils ne sont pas hostiles aux individus américains. Certains Américains qui visitent la France ont tendance à l'oublier et s'imaginent être eux-mêmes la cible de l'antiaméricanisme dans le métro, dans les boulangeries ou dans les bureaux de Poste. Une Américaine séjournant à Paris était persuadée qu'un serveur de restaurant ne lui avait pas apporté l'addition à la fin du repas parce qu'il n'aimait pas les Américains. Il fallut lui expliquer qu'en France on ne présente jamais l'addition à un client sans que celui-ci la demande, car ce serait considéré comme impoli.

---

[7] La statue de la Liberté, construite par Frédéric-Auguste Bartholdi, fut donnée par la France aux Etats-Unis en 1884 pour commémorer l'indépendance américaine. La mère du sculpteur servit de modèle.

[8] Alexis de Tocqueville, *De la démocratie en Amérique* (Paris: Gallimard, 1961), t. II, p. 233. Il n'est pas inutile de noter au passage que l'antiaméricanisme se manifeste aussi—et de manière singulièrement virulente—chez certains Américains qui rejettent en bloc la culture de leur propre pays.

[9] Marie-France Toinet souligne à ce propos: "C'est la critique qui est, en soi, considérée comme antiaméricaine parce que les Américains eux-mêmes, oubliant les louanges et les admirations, récusent non seulement le blâme mais toute possibilité de les observer objectivement. L'analyse est vécue comme une mise en cause." dans "L'antiaméricanisme existe-t-il?", *L'Amérique dans les têtes. Un siècle de fascinations et d'aversions* (Paris: Hachette, 1986), p. 270.

Les rapports entre Français et Américains

Les rapports personnels entre les Français et les Américains ont toujours été assez étranges à cause de leur caractère lourdement sentimental. Ils font penser parfois à quelque liaison amoureuse bizarre où les deux partis éprouvent simultanément une attraction très forte et un dégoût violent et désapprobateur. Parmi la génération d'Américains qui sont allés se battre en France au cours de la Seconde Guerre mondiale, beaucoup d'anciens combattants sont encore remplis de nostalgie au souvenir des moments qu'ils ont vécus là-bas, et cependant ils sont les premiers à faire de cruelles remarques sur de nombreux aspects du comportement des Français. Si les Français désapprouvent ce que font les Américains, ceux-ci s'empressent de répliquer que les Français sont des ingrats qui oublient ce que les Etats-Unis ont fait deux fois dans l'histoire pour les tirer de leur "pétrin". Lorsque le général de Gaulle exigea en 1966 que tous les soldats américains stationnés en France quittent le territoire français, le Secrétaire d'Etat américain lui demanda: "Ceux qui sont enterrés dans des cimetières militaires aussi?"

Les Américains aiment qu'on les aime—la première question qu'ils posent à un visiteur étranger est *Do you like it here?* Ils sont souvent très déconcertés par les critiques dont ils peuvent être l'objet de la part des Français. Le fameux "matérialisme américain",

Magasin à Quiberon en Bretagne

par exemple, leur semble une idée tout à fait fausse. "Comment? Nous matérialistes? Mais, c'est absolument faux! Dans ma ville, nous venons de construire un musée magnifique, et nous y avons consacré dix millions de dollars!" C'est justement cela que veulent dire les Français: le culte des statistiques et des chiffres est pour eux un signe de matérialisme. Les Américains ont du mal à parler de quoi que ce soit sans introduire des précisions chiffrées. Après que le guide a longuement expliqué les beautés de l'art gothique et des vitraux de Notre-Dame de Paris, un touriste américain demande: "Et combien de tonnes de pierres a-t-il fallu pour construire cette cathédrale?"

Les Américains en France se plaignent souvent de la manière des Français de concevoir les rapports humains qui résulte souvent en une ambiance froide, inamicale. Dans les magasins et dans la rue les gens ne sourient pas aux étrangers. S'ils ne se connaissent pas entre eux, ils ne se parlent pas aussi facilement que cela se fait aux Etats-Unis. Les familles françaises invitent assez rarement des étudiants étrangers. La vivacité du langage des Français, l'hostilité verbale qu'ils manifestent sans retenue blessent les Américains qui ont plutôt l'habitude de dissimuler leur inimitié derrière un sourire et quelques paroles vaguement aimables.

Les Français, au contraire, sont souvent stupéfiés par les rapports humains qui prévalent aux Etats-Unis. La cordialité et la gentillesse des gens à leur égard dépassent ce qu'ils avaient imaginé, mais plus leur séjour se prolonge plus ils se sentent souvent déçus. Ils s'aperçoivent en effet que la cordialité du début ne mène pas, comme cela se passerait probablement en France, à une amitié profonde; cette "amitié" demeure presque toujours superficielle. Ils accusent les Américains d'hypocrisie puisque ceux-ci "font comme si" ils étaient de vrais amis, mais ne veulent pas le devenir.

L'"américanisation" de la France

L'influence de la culture américaine sur la France contemporaine a été considérable de 1920 à aujourd'hui. On parle souvent à ce propos d'"américanisation" de la France. "Devenons-nous américains?" titrait le magazine *L'Express* en juillet 1967. Ce que signifie le terme "américanisation" est en fait assez flou et a fait l'objet de beaucoup de discussions. La première question est de se demander si ce qu'on appelle "américanisation" n'est pas en réalité simplement la modernisation. Dire par exemple que les Français se sont "américanisés" quand ils ont tous acheté des réfrigérateurs et des télévisions dans les années 1950–1960 est discutable, parce que même si l'Amérique n'existait pas, ce phénomène se serait sans doute produit; les Etats-Unis étaient simplement "en avance" sur la France pour l'équipement dans ce genre de produits. Par contre, si les Français se mettaient à célébrer *Thanksgiving* ou à jouer au baseball, on pourrait alors parler de véritable "américanisation" puisque cette fête et ce jeu font indiscutablement partie de la culture symbolique américaine. Dans beaucoup de cas, toutefois, la frontière entre "modernisation" et authentique "américanisation" est beaucoup moins claire. L'ouverture des premiers restaurants "fast-food" dans les années 1960 était-elle un aspect de la "modernisation" de la France ou de son "américanisation"? La réponse n'est pas évidente. Il est donc extrêmement difficile d'évaluer avec justesse et précision l'influence exercée par l'Amérique sur la culture des Français aujourd'hui. Cette influence est complexe et multiforme: elle se manifeste souvent d'une manière visible dans les objets de la vie courante; mais elle peut être aussi abstraite, à travers l'emprunt de méthodes de gestion, par exemple (comme ce fut le cas après la Seconde Guerre mondiale).

L'influence de l'Amérique sur les modes de vie des Français ne s'applique pas du tout de la même manière à tous les Français. On remarque d'abord qu'elle est présente surtout dans la culture quotidienne de masse, celle des classes moyennes, plutôt que dans la "haute-culture" des élites. Les hamburgers, les hot-dogs, les jeux et les feuilletons télévisés copiés sur ceux des Etats-Unis, les dessins animés, les tee-shirts et autres vêtements décontractés, Eurodisney, les films de Spielberg, les céréales du petit déjeuner, la sauce Ketchup, le franglais, etc. Le "terrain" qu'occupe de préférence la culture de masse américaine en France correspond à cette nouvelle et immense "classe moyenne" du milieu de l'échelle sociale. Et si nous repensons à ce que nous avions noté dans le chapitre sur la société française, on peut se demander si l'attrait de la culture de masse américaine en France ne provient pas du fait qu'elle comble un certain vide laissé par la disparition des cultures populaires traditionnelles. La culture natio-

Publicité dans le métro de Paris (McDonald's)

nale française, en effet, a toujours eu du mal à se dégager de ses origines aristocratiques et élitistes. L'Amérique, au contraire, a su créer au 20e siècle une culture nationale de masse socialement englobante et non élitiste. Il n'est donc pas tellement étonnant que les modèles américains aient souvent paru mieux adaptés aux nouvelles attentes de la société que les modèles culturels français classiques.

L'autre aspect intéressant de l'influence de l'Amérique en France tient au fait que cette influence touche tout spécialement les jeunes (15–25 ans). L'Amérique, ses modes, sa musique, ses films, ont depuis un demi-siècle exercé une attraction très spéciale sur les jeunes Français. Ceux-ci sont sans aucun doute les plus "américanisés" des Français dans leur comportement quotidien. Aujourd'hui, ils s'habillent exactement comme les jeunes Américains de leur âge, aiment se donner une démarche "décontractée" (à l'américaine), forment la majorité de la clientèle des restaurants "fast-food", connaissent les derniers disques de rap sortis aux Etats-Unis, vont plus au cinéma que les autres Français—surtout pour voir des films américains—parlent franglais, collent des posters américains ou la bannière étoilée sur les murs de leur chambre, souhaitent visiter en premier les Etats-Unis. Il existe une affinité subtile entre les jeunes Français et l'Amérique—une Amérique mythique—même chez ceux d'entre eux dont le discours est plutôt antiaméricain. C'est que le mythe américain offre une sorte d'écho à la situation particulière des jeunes dans la société. Ceux-ci associent plus ou moins consciemment l'Amérique à des images qui répondent à des besoins très forts de la jeunesse: grande liberté individuelle, confiance faite à ceux qui n'ont pas d'expérience, regard tourné avec optimisme vers l'avenir, goût du risque, culte de tout ce qui est nouveau, jeune, dynamique, plein d'énergie.

Pour en savoir plus: *www.quid.fr/*

Décapage de meubles au Mans (Dip'n strip...)

Entrée du restaurant Love Burger   *Pizzeria à Orléans*

Conclusion

Lorsqu'ils considèrent la situation de leur pays aujourd'hui, beaucoup de Français ont le sentiment qu'il se trouve à un tournant de son histoire.

L'identité française moderne s'est constitué à partir d'éléments très disparates et souvent opposés. La France s'est en effet trouvée placée, par la géographie et par l'histoire, au centre d'un réseau d'influences contradictoires: influence de l'Europe du Nord protestante contre celle de l'Europe du Sud catholique; influence de la modernité révolutionnaire contre celle de l'Ancien Régime. Elle a longtemps été une mosaïque de langues et de cultures. Construire un pays unifié dans de telles conditions a représenté un incroyable défi. Deux autres pays, eux aussi situés à cheval sur l'Europe du Nord et l'Europe du Sud et constitués d'une mosaïque de peuples divers, ont connu une situation semblable à celle de la France: l'empire d'Autriche et la Suisse. L'empire d'Autriche n'a jamais réussi à unifier les nombreux groupes ethniques et linguistiques qu'il contenait et à créer une culture commune à tous ces peuples; il éclaté au début du 20e siècle. La Suisse, elle aussi, n'a pas créé de culture commune à toute la Suisse, mais elle a réussi à garder sa cohésion en évitant toute domination d'une partie du pays sur les autres: l'unité politique est combinée avec une grande décentralisation et chaque région reste très autonome avec sa culture et sa langue (c'est la formule que suit l'Union européenne). La France, elle, a suivi une voie très différente: ses classes dominantes ont créé une sorte de super-culture nationale qui avait sa propre langue (le français parlé par les élites) et qui se trouvait placée "au-dessus" des cultures régionales enracinées dans la vie locale. L'unité s'est faite par la diffusion de cette culture à tous les habitants du pays.

La difficulté de se définir quand on se trouve détaché d'un enracinement local et tiraillé entre des influences très diverses et contradictoires expliquerait, selon certains auteurs, pourquoi la réflexion intellectuelle et l'abstraction occupent une place si importante dans la culture française.[1] Cette culture, à dominante littéraire et humaniste, avait réussi à accomplir une fusion originale de toutes ces influences. Quiconque en

[1] *Entrer dans le XXIe siècle. Essai sur l'avenir de l'identité française* (Paris: La Découverte, 1990), 3e partie, pp. 149–156 ("Les désarrois de l'identité française").

était imprégné se sentait clairement et distinctement français, c'est-à-dire se voyait comme faisant partie d'une synthèse unique de l'histoire et de la géographie européennes. Même dans les pires malheurs, l'identité française restait extrêmement forte, sûre de son originalité et de son intégrité. Au niveau culturel, la France ne semblait avoir rien à craindre. Au niveau politique, les incertitudes, les risques étaient élevés mais clairement définis: c'était la révolution politique violente à l'intérieur et l'invasion militaire par rapport à l'extérieur. Chacun savait exactement à quoi s'en tenir. Telle fut la situation jusqu'au milieu du 20e siècle.

Aujourd'hui, certains éléments sur lesquels s'appuyait cette identité française semblent menacés. La défaite de 1940 avait apporté un premier ébranlement des certitudes; les Français avaient commencé alors à se poser des questions sur eux-mêmes. Mais c'est surtout l'évolution du monde au cours des trente dernières années qui a changé les données de la situation. Sur le plan culturel, la langue française est concurrencée par d'autres langues (anglais, espagnol, arabe) dans diverses régions du monde. La culture traditionnelle à dominante littéraire et humaniste, source du prestige culturel français, recule devant la culture scientifique. La société constituée d'aristocrates, de bourgeois, de paysans et d'ouvriers, qui fut le cadre de référence de toute la culture française du 17e siècle à 1960, a disparu. Le modèle français de l'Etat républicain puissant, centralisé et modernisateur, hérité de la Révolution française, répond mal aux aspirations au pluralisme et à l'autonomie que l'on constate un peu partout. L'intégration de la France dans des ensembles multinationaux—Union européenne ou Organisation mondiale du commerce—remet en cause la fonction traditionnelle de l'Etat dirigiste, qui perd de plus en plus le contrôle de l'économie nationale. La conception française de l'intégration des immigrés est également contestée.

Les risques perçus par les Français sur l'avenir de leur pays ne sont plus la révolution et l'invasion militaire, mais proviennent de changements plus profonds qui génèrent une inquiétude diffuse: peur de l'"invasion" d'immigrés musulmans qui ne s'intègrent pas; peur de l'émergence d'une société multiraciale brisant l'image de la France, société européenne de tradition chrétienne; peur de l'"invasion" des médias par la culture de masse américaine; peur de la pression économique des pays à bas salaires; peur de la compétition accrue sur le marché français; peur de la perte de pouvoir de la France sur son propre destin si l'unification politique de l'Europe se fait; peur des organismes génétiquement modifiés dans la nourriture; peur des dégâts subis par l'environnement naturel; peur du terrorisme international, etc. La société a également été profondément ébranlée par les changements exceptionnellement rapides intervenus dans le domaine des moeurs (révolution sexuelle, place nouvelle des femmes), de l'emploi (fin des paysans, déclin du monde ouvrier, explosion du salariat et des services) et de l'éducation (hausse rapide du niveau d'instruction).

Face à ces changements, à ces incertitudes et à ces risques (réels ou imaginaires), beaucoup de Français ressentent une certaine angoisse. Cette angoisse n'est pas un produit du malheur ou de la misère, mais au contraire de la bonne fortune. Elle existe parce que les Français sont très conscients qu'en dépit des problèmes auxquels leur pays est confronté, la France est, dans le monde, un pays hautement privilégié. Ils se plaignent souvent, mais ils reconnaissent aussi que peu de nations offrent une qualité de vie aussi élevée à leurs habitants. Ils auraient beaucoup à perdre en cas de crise majeure, et ils le savent. Or le monde change, et il change vite. La mondialisation de l'économie, l'unification de l'Europe sont des phénomènes sans précédent dans l'histoire. Le vieillissement massif de la population française après 2010 aussi. Que vont signifier ces "premières" pour la France dans les cinquante prochaines années? Nul ne le sait. Les Français sentent donc qu'une certaine définition traditionnelle de l'identité française—celle qui leur a été inculquée par l'école et par la famille—est remise en question et qu'il va falloir changer la manière de penser l'héritage culturel national. Mais ils ne voient pas encore très bien quelle direction prendra le changement.

N'attendant pas que l'avenir apporte une réponse à cette question, les manuels scolaires d'histoire-géographie et d'éducation civique continuent à transmettre aujourd'hui—sous un emballage modernisé—un système de valeurs, une conception du monde et de l'être humain assez proches de ceux qui étaient transmis aux générations précédentes. La continuité est remarquable. Elle signifie que, quel que soit l'avenir de la France, les Français, eux, ne sont pas près de disparaître.

Chapitre 1

Points de vue français sur l'espace

Questions

1. Que signifie la phrase "on ne naît pas français ou américain, on le devient"?
2. Pourquoi les livres scolaires français sont-ils intéressants pour qui veut comprendre la France?
3. En quoi l'habitat français est-il différent de l'habitat américain?
4. Quelle image des Français se trouve représentée dans le dessin de Rob Rogers ("*Not unless you say it in French*")?
5. Savoir comment la géographie est enseignée en France présente-t-il un intérêt quelconque pour ceux qui cherchent à comprendre la culture française? Expliquez.
6. Comment la France est-elle traditionnellement personnifiée?
7. Les Français (et les Européens en général) ont-ils le même rapport que les Américains avec le territoire de leur pays?
8. Quelles sont les caractéristiques d'un jardin à la française?

Qui a dit quoi?

Les phrases suivantes vous semblent-elles avoir été prononcées plutôt par des Français ou plutôt par des Américains? Expliquez pourquoi.

1. "Un pays en forme d'hexagone? Tiens, je n'y avais pas pensé. Quelle drôle d'idée!"
2. "Ce serait quand même plus logique si la capitale des Etats-Unis était Chicago ou Saint Louis au lieu de Washington. Vous ne croyez pas?"
3. "Personnellement, je ne trouve pas que les Etats-Unis aient une belle forme."
4. "J'ai demandé à mes élèves de faire un plan de la ville mexicaine montrée sur cette photo aérienne et de le comparer avec le plan de notre ville."

5. "Cet après-midi, je vais expliquer à mes élèves comment se passe la journée d'un enfant mexicain. Je leur montrerai aussi les ingrédients utilisés pour faire plusieurs plats courants là-bas et nous écrirons ensemble à Manuel, un élève d'une école de Mexico."
6. "Cet essai n'est pas très bien organisé, mais on y trouve beaucoup d'idées originales. Tout cela est présenté dans un style très libre et spontané qui me plaît beaucoup. Bravo!"
7. "Comment osez-vous me présenter un devoir aussi mal construit! C'est une véritable jungle d'idées sans aucune structure. A refaire!"
8. "Laissez la porte ouverte et asseyez-vous. Nous allons discuter de vos projets d'avenir."
9. "Ah! madame, nous sommes littéralement envahis par les étrangers; qu'allons-nous devenir?"

Discussions

1. Pourquoi avez-vous choisi d'étudier la langue et la culture françaises?
2. Vous souvenez-vous avoir lu des livres ou vu des programmes de télévision ou des films qui présentaient la France et les Français sous un aspect caricatural et stéréotypé? Lesquels? Expliquez.
3. Parmi les produits français suivants, quels sont ceux qui, à votre avis, se vendront le plus facilement et le plus difficilement aux Etats-Unis: cravates, machines agricoles, parfums, équipement pour centrales nucléaires, pneus, rouge à lèvres, moteurs d'automobiles, ordinateurs, fromage, locomotives de chemin de fer, sacs pour dames en crocodile, vin rouge, appareils de téléphone, ciment, lunettes de soleil, armes de guerre, tissus en soie pour robes du soir, produits chimiques, vidéocassettes, vaisselle en porcelaine? Expliquez pourquoi.
4. L'histoire du peuple américain permet-elle de comprendre pourquoi l'approche scolaire américaine de la géographie est différente de l'approche française?

Sujets de travaux oraux ou écrits

1. Résumez ce chapitre en deux pages.
2. Arrêtez au hasard quatre personnes dans la rue ou sur le campus de votre université et posez-leur (en anglais) les questions suivantes: (a) Quand on prononce le mot "France", à quoi pensez-vous tout de suite? (b) Quelles sont les qualités des Français? (c) Quels sont les défauts des Français? Notez les réponses et comparez-les avec celles collectées par les autres étudiants de votre classe. Ces réponses se ressemblent-elles?
3. Quels produits américains pourrait-on vendre avec succès aux Etats-Unis en faisant croire par leur nom qu'ils proviennent de France? Imaginez des noms pour de tels produits.

4. Vous êtes dessinateur ou dessinatrice: imaginez un dessin humoristique sur les Français pour un journal américain.

5. Cherchez dans un magazine américain une page de publicité mettant en jeu un cliché ou une vision stéréotypée de la France et des Français. Expliquez le rapport entre le cliché ou stéréotype et le produit offert. Comparez avec les pages de publicité collectées par les autres étudiants de votre classe.

6. Cherchez à quelle latitude se trouve le lieu où vous habitez et notez où cette latitude se situe par rapport à la France.

7. Etablissez une liste des principaux cours d'eau et montagnes de France et placez-les à la bonne place sur une carte muette.

8. Rédigez un essai sur une province ou une ville de France.

9. A l'aide d'un atlas, d'un livre de géographie, ou d'un site web, placez sur trois cartes muettes de la France les éléments suivants:

Provinces historiques:

Artois	Picardie	Ile-de-France	Provence
Champagne	Lorraine	Alsace	Corse
Normandie	Béarn	Lyonnais	Flandre
Bretagne	Poitou	Berry	Maine
Limousin	Auvergne	Bourgogne	Anjou
Roussillon	Orléanais	Languedoc	Touraine
Jura	Savoie	Dauphiné	Gascogne
Franche-Comté			

Grandes villes:

Paris	Rouen	Le Havre	Limoges
Lille	Metz	Nancy	Bordeaux
Strasbourg	Dijon	Reims	Bayonne
Lyon	Grenoble	Orléans	Toulouse
Tours	Chartres	Le Mans	Perpignan
Angers	Ajaccio	Rennes	Montpellier
Nantes	Caen	Brest	Marseille
Quimper	Poitiers	La Rochelle	Toulon
Nice			

Demandez à vos camarades de classe de vous interroger pour voir si vous pouvez placer quelques-uns de ces éléments de mémoire sur une autre carte muette de la France.

Chapitre 2

Points de vue français sur le temps

Questions

1. Savoir comment l'histoire est enseignée en France présente-t-il un intérêt quelconque pour ceux qui cherchent à comprendre la culture française?
2. Quelles sont les principales différences entre l'enseignement de l'histoire en France et aux Etats-Unis?
3. Pourquoi le gouvernement français s'intéresse-t-il à l'expansion de la culture française à travers le monde?
4. Les Français ont-ils exactement la même attitude à l'égard du temps que les Américains?

Qui a dit quoi?

Les phrases suivantes vous semblent-elles avoir été prononcées plutôt par des Français ou plutôt par des Américains? Expliquez pourquoi.

1. "Vous continuez sur la 27e avenue pendant deux blocs, puis vous tournez à droite sur la 25e rue est."
2. "J'ai un rendez-vous dans cinq minutes, mais cela ne fait rien, ils attendront. Alors, qu'est-ce que tu deviens?"
3. "Attention! à la page 40, le guide indique qu'il faut absolument voir cette église mais que l'on ne doit faire la visite que si l'on dispose d'au moins 45 minutes."
4. "N'oubliez pas de prévoir assez de temps pour bien soigner le plan de votre dissertation."
5. "Vous prenez la rue des Bouchers, juste à droite après la fontaine, vous arriverez place du Château et vous trouverez la rue du 11 Novembre à gauche de la grille d'entrée du parc."
6. "Revivez le passé: venez visiter le village et voir comment nos ancêtres filaient la laine, forgeaient des fers à chevaux, fabriquaient du fromage et du cidre."
7. "Nous ne pouvons pas parler de ce sujet, car il n'est pas à l'ordre du jour de notre réunion."
8. "Le ministre a déclaré que notre littérature devrait être mieux connue en Amérique du Sud et qu'un effort spécial serait fait dans ce sens."
9. "Je vous remercie pour le temps que vous avez consacré à répondre à mes questions."

Discussions

1. Un livre du général de Gaulle a pour titre *La France sera la France* (Paris: Bouchy, 1951). Quel est, à votre avis, le sens de ce titre?
2. En quoi les réponses de Jacques Chirac et Michel Rocard à la question "Qu'est-ce qu'être français?" montrent-elles que ces deux hommes sont français plutôt qu'américains? Expliquez.
3. La réponse d'un homme politique américain à la question "Qu'est-ce qu'être américain?" serait-elle très différente de celles de Jacques Chirac et Michel Rocard? Imaginez cette réponse.
4. Jacques Chirac et Michel Rocard ont-ils une vision réaliste ou idéalisée de la France?
5. Est-ce un avantage ou un inconvénient pour un pays d'avoir, comme la France, une très longue histoire?
6. Les Français qualifient souvent les Etats-Unis de "pays jeune". Pensez-vous que cette épithète soit justifiée?
7. La conception française du temps et de l'histoire influence-t-elle la manière dont les Français voient l'Amérique et les Américains?
8. La conception américaine du temps et de l'histoire influence-t-elle la manière dont les Américains voient la France et les Français?
9. Que pensez-vous de l'affirmation de Pierre Chaunu "Le passé est la seule réalité que nous possédions [...] le présent, c'est ce qui n'existe pas"?

Sujets de travaux oraux ou écrits

1. Résumez ce chapitre en deux pages.
2. Cherchez des exemples pris dans la vie quotidienne aux Etats-Unis qui montrent en quoi la conception du temps des Américains peut différer de celle des Français.
3. Comment traduiriez-vous le slogan publicitaire *An Adventure in Moving* pour la clientèle française d'une entreprise de déménagement?
4. Imaginez deux pages de publicité pour des vacances en Floride, l'une devant paraître dans la presse américaine, l'autre dans la presse française.
5. Interrogez des Français vivant aux Etats-Unis sur leur attitude vis-à-vis du temps dans la vie quotidienne américaine. Faites un court rapport écrit ou oral sur leurs réponses.
6. Cherchez l'origine du mot "civilisation".
7. Rédigez un court essai sur un personnage intéressant ou un événement intéressant de l'histoire de la France.
8. Imaginez une discussion entre un Français et un Américain qui se déplacent ensemble et ne sont pas d'accord sur la manière de voyager.

Chapitre 3

Points de vue français sur la nature humaine et les valeurs dominantes françaises

Questions

1. Résumez en quelques phrases la conception de la nature humaine des Français et des Américains.
2. Qu'est-ce que l'éducation civique en France?
3. Quelle est la différence entre l'humour et l'esprit?
4. En quoi la nature humaine peut-elle être paradoxale?
5. Quelles différences y a-t-il entre la "condition humaine" et la "dignité humaine"?
6. Pourquoi les Français tolèrent-ils mal l'erreur?

Qui a dit quoi?

Les phrases suivantes vous semblent-elles avoir été prononcées plutôt par des Français ou plutôt par des Américains? Expliquez pourquoi.

1. "Nous, monsieur, nous défendons la liberté des petits contre les gros."
2. "C'est un individu qui a très bien réussi. Il a gagné une fortune dans les affaires. Sa présence sera utile au conseil d'administration de notre université."
3. "Des boîtes pour distribuer les journaux dans la rue? Oh là là, chez nous la pile de journaux qui s'y trouve serait volée en un quart d'heure!"
4. "Ces gens-là n'ont aucune culture."
5. "Cette grande maison est dans la famille depuis quatre générations."
6. "Notre devise est être et durer."
7. "Dans les films de votre pays, il y a toujours les bons d'un côté, les méchants de l'autre."
8. "C'est un homme remarquable qui a le sens de l'humour."
9. "Je ne vous connais pas; je n'ai donc pas de raison de vous croire."
10. "Vous n'allez tout de même pas nous faire la morale, non? Vous feriez mieux de balayer devant votre porte d'abord."
11. "Je me sens gêné quand je n'arrive pas à réparer moi-même ma voiture et que je dois demander à quelqu'un d'autre de m'aider."
12. "Je suis vraiment très désolé; non, non, c'est de ma faute, je vais arranger cela moi-même."
13. " Vous êtes vraiment sûr que c'est moi qui ai fait cette tache? Ce n'est pas dans mes habitudes car je fais en général très attention".

Discussions

1. Que signifie la phrase de Pascal a "L'homme n'est ni ange ni bête, et le malheur veut que qui veut faire l'ange fait la bête"? Etes-vous d'accord?
2. A votre avis, quels sont les avantages et les inconvénients de l'individualisme à la française, de l'individualisme à l'américaine?
3. Préférez-vous l'esprit ou l'humour? Pourquoi?

Sujets de travaux oraux ou écrits

1. Résumez ce chapitre en deux pages.
2. Analysez la notion de "condition humaine" dans *La Condition humaine* d'André Malraux ou dans *La Peste* d'Albert Camus.
3. Analysez la conception de la nature humaine dans le film *A nous la liberté* de René Clair (1932).
4. Analysez la conception de la nature humaine dans une ou plusieurs des fables suivantes de La Fontaine: *Le loup et l'agneau, La besace, Le lion abattu par l'homme, La grenouille qui veut se faire aussi grosse que le bœuf, Le loup devenu berger, Le chêne et le roseau, Le corbeau et le renard.*
5. Imaginez d'autres exemples d'humour et d'esprit que ceux mentionnés dans ce chapitre.
6. Imaginez une publicité très abstraite pour vendre le Coca-Cola en France.
7. Interrogez trois Français et trois Américains sur ce que représente le mensonge pour eux et comparez leurs réponses.

Chapitre 4

Points de vue français sur le corps

Questions

1. Pourquoi est-il intéressant de comparer les gestes des Français et ceux des Américains?
2. Faites une liste de quelques mots américains et français qui ont la même orthographe et dites-les à haute voix. La prononciation de ces mots en français puis en anglais a-t-elle un rapport avec le contenu de ce chapitre?
3. Qu'est-ce qui peut choquer les Américains dans la façon dont les Français tiennent leurs conversations?
4. Quelle est la différence la plus visible entre l'habitat français et l'habitat américain?

Qui a dit quoi?

Les phrases suivantes vous semblent-elles avoir été prononcées plutôt par des Français ou plutôt par des Américains? Expliquez pourquoi.

1. "Laissez-moi terminer ce que j'ai à dire!"
2. "Qu'est-ce qu'on est serré dans une Renault!"
3. "On a fait construire un mur autour du jardin pour qu'on se sente vraiment chez nous."
4. "Je ne me sens pas à l'aise dans ce pays. Les gens vous dévisagent longuement et leur regard semble toujours vous juger."
5. "Tous nos amis du voisinage se sont réunis sur la pelouse de notre maison pour nous aider à préparer les hamburgers; il y avait au moins trente personnes".
6. "Tu as vu comment elle s'habille? Une femme de médecin! C'est une honte. Elle ressemble à une petite caissière de supermarché".
7. "Qu'est-ce qu'elle a à me sourire, cette femme? Elle veut faire du charme aux inconnus?"
8. "Aussitôt après la cérémonie, on s'est tous mis en jeans et les nouveaux mariés sont venus nous rejoindre".
9. "Je n'ai pas pu acheter de bière près de chez moi; ma carte d'étudiant à l'université ne mentionnait pas ma date de naissance".
10. "C'est incroyable, j'ai enlevé le haut de mon maillot de bain sur la plage et il y a un policier qui est venu me dire que je ne devais pas faire cela. Et ils prétendent être le pays de la liberté!"

Discussions

1. Quelle différence entre Français et Américains mentionnée dans ce chapitre vous paraît la plus importante ou la plus intéressante? Pourquoi?
2. Les Américains peuvent-ils apprendre à utiliser leur corps comme les Français? Quel est le meilleur moyen pour y parvenir?
3. Existe-t-il une analogie entre les gestes des Français et des Américains et leur système politique (centralisation chez les Français, décentralisation chez les Américains)?
4. Les Américains sont souvent représentés en France comme des gens prudes. Pourquoi?

Sujets de travaux oraux ou écrits

1. Résumez ce chapitre en deux pages.
2. Essayez de mener une conversation en pratiquant des attitudes françaises mentionnées dans ce chapitre.
3. Faites les gestes français correspondant aux expressions suivantes:

Au poil!   Mon œil!

La barbe! rasoir!   Ras le bol!

Extra!   On se tire! On se casse!

Qu'est-ce que tu veux que j'y fasse?

4. Faites des gestes français en réponse aux phrases suivantes:

Sais-tu que la tour Eiffel va être démontée puis remontée à Disneyland?

Que penses-tu de ce gâteau au miel et aux amandes?

Te sens-tu mieux aujourd'hui?

Comment trouves-tu ce cours de littérature française?

Ma voiture est en panne et le garagiste refuse de la réparer.

En as-tu assez d'étudier?

La police risque d'arriver d'un instant à l'autre; qu'est-ce qu'on fait?

Peux-tu te retirer de la compétition pour me donner une meilleure chance?

5. Allez voir successivement un film français et un film américain (récents) et notez soigneusement certaines différences gestuelles des acteurs dans les deux films.

6. Comparez la mimique du visage d'un présentateur des nouvelles à la télévision américaine et à la télévision française.

7. Observez très attentivement les gestes d'un Français ou d'une Française pendant plusieurs heures; faites la même chose avec un Américain ou une Américaine (même sexe de préférence). Comparez méthodiquement les gestes de l'individu français et de l'individu américain (démarche, mouvements des bras, des mains, expressions du visage, posture immobile, etc.).

Chapitre 5

Enfance et première éducation

Questions

1. Dans la famille française du 19e et du début du 20e siècle, l'intérêt de la famille était-il placé au même niveau que l'intérêt des individus?

2. Quelle était la position respective de l'homme, de la femme et des enfants dans la famille française du 19e et du début du 20e siècle?

3. Quelle est, à votre avis, la plus importante différence entre Français et Américains dans la manière d'éduquer les enfants?

4. Les murs que l'on trouve en France sont-ils seulement matériels et visibles?

5. Pourquoi les Américains peuvent-ils être facilement blessés ou choqués par des mots qui ne blessent pas ou ne choquent pas les Français?

Qui a dit quoi?

Les phrases suivantes vous semblent-elles avoir été prononcées plutôt par des Français ou plutôt par des Américains? Expliquez pourquoi.

1. "Bonjour Louise, je suis très heureux de faire votre connaissance."
2. "Nos enfants jouent toujours à se poursuivre à travers la maison; ils sont très actifs".
3. "Tu as vu comment ce couple éduque ses enfants? C'est une honte".
4. "J'ai invité tous nos voisins à ce barbecue pour qu'ils aient l'occasion de vous rencontrer."
5. "Il y a des morceaux de verre incrustés sur le sommet du mur de mon jardin."
6. "Ici, il n'y a aucun mur autour de la pelouse. Comment faites-vous pour vous sentir vraiment chez vous?"
7. "Les enfants, faites attention, vous allez vous salir!"
8. "Dans ce pays, madame, ce sont les enfants qui élèvent leurs parents."
9. "Je ne sais pas où sont les enfants. Ils sont sans doute chez les voisins."
10. "Puisque tu es resté sage, grand-père va te donner un bonbon."
11. "Je cherche des vêtements pratiques pour mes deux jeunes fils; vous savez, comme tous les enfants, ils courent partout, renversent des objets et se salissent énormément. C'est la vie."
12. "Nous ne les connaissons pas, mais nous les avons invités quand même pour qu'ils ne risquent pas de se sentir exclus."
13. "Vous ne savez pas qu'il est interdit de marcher sur la pelouse?"

Discussions

1. Quels étaient les avantages et les inconvénients—pour les hommes, pour les femmes, pour les enfants—de vivre dans une famille française "traditionnelle"?
2. A votre avis, quels sont les avantages et les inconvénients d'être un enfant français ou un enfant américain? Un parent français ou un parent américain? Pourquoi?
3. A votre avis, quelles différences entre adultes français et américains l'éducation française et l'éducation américaine peuvent-elles produire?

Sujets de travaux oraux ou écrits

1. Résumez ce chapitre en deux pages.
2. Rédigez un essai sur la famille à Peyrane d'après le livre de L. Wylie *Un Village du Vaucluse* (Paris: Gallimard, 1968).
3. Choisissez avec l'accord de votre professeur un roman français du 19e siècle ou de la première moitié du 20e siècle. Montrez ce que ce roman peut nous apprendre sur les mœurs familiales françaises de l'époque.

4. Interview. Si dans votre ville ou votre région habite un Français ou une Française, questionnez-le/la sur son enfance. Rédigez ou présentez un rapport sur cette interview.

5. Enquête: allez demander à des parents français et des parents américains ayant de jeunes enfants et appartenant à des catégories sociales équivalentes comment ils éduquent ces enfants. Comparez leurs réponses aux mêmes questions et essayez de déterminer quelles différences culturelles elles révèlent.

Chapitre 6

Socialisation et modes d'évasion

Questions

1. Qu'est-ce que le "je-m'en-foutisme"? Imaginez une situation où l'on pourrait vous traiter de "je-m'en-foutiste".
2. Pourquoi les attaques verbales n'ont-elles souvent pas la même portée chez les Français que chez les Américains?
3. Qu'est-ce que le "système D"? Imaginez un exemple de "système D".
4. En quoi la signature des Français diffère-t-elle de la signature des Américains?
5. Pourquoi certains Français peuvent-ils penser qu'il y a moins de liberté aux Etats-Unis qu'en France? Pourquoi certains Américains peuvent-ils penser qu'il y a moins de liberté en France qu'aux Etats-Unis?

Qui a dit quoi?

Les phrases suivantes vous semblent-elles avoir été prononcées plutôt par des Français ou plutôt par des Américains? Expliquez pourquoi.

1. "Un ami parti en vacances m'a prêté son laissez-passer spécial. Comme cela, je peux garer ma voiture là où c'est interdit. Tu vois, c'est très commode."
2. "Tu te rends compte? Ils veulent nous empêcher de fumer dans la salle d'attente! Et puis quoi encore? Bientôt, on ne pourra même plus se moucher librement. Moi, je fume. Ce n'est pas une affiche qui va me transformer en petit mouton bien docile!"
3. "J'ai fait hier la connaissance de ma camarade de chambre et lui ai parlé de tous les problèmes que j'ai en ce moment avec mes parents."
4. "Ecoutez, ma vie privée ne regarde que moi."

5. "Je vous dicte ma lettre: 'Monsieur le Professeur et cher collègue, je vous écris pour vous demander un petit service.'"
6. "Nous avons beaucoup aimé voyager au Portugal. Les habitants ont eu une attitude très amicale à notre égard."
7. "Vous savez qu'en principe c'est interdit. C'est bien parce que c'est vous que je fais une exception."
8. "Charles, ce n'est pas gentil de dire cela à ta camarade Julie; tu pourrais la blesser."
9. "C'est un enfant qui ne sait pas se défendre. Il sera malheureux."

Discussions

1. A votre avis, quels sont les avantages et les inconvénients de la socialisation à la française?
2. Que pensez-vous de l'attitude du chauffeur de taxi parisien?
3. Pourquoi est-ce si important de "savoir se défendre" dans la société française?
4. L'amitié à la française est-elle trop contraignante?

Sujets de travaux oraux ou écrits

1. Résumez ce chapitre en deux pages.
2. Signez votre nom à la française.
3. Interrogez un ou plusieurs Français ou Françaises résidant aux Etats-Unis sur ce qu'il(s) ou elle(s) pense(nt) de l'amitié aux Etats-Unis. Faites un compte rendu oral ou écrit de votre enquête.
4. Analysez le personnage de Thérèse dans *Thérèse Desqueyroux* de François Mauriac.
5. Analysez le personnage de Mona dans le film *Sans toit ni loi* d'Agnès Varda (1985).
6. Analysez le personnage d'Hippo dans le film *Un Monde sans pitié* d'Eric Rochant (1987).

Chapitre 7

Démographie et intervention de l'Etat

Questions

1. Pourquoi le gouvernement français attache-t-il plus d'importance à la démographie que le gouvernement américain?
2. En quoi la position relative de la population française en Europe a-t-elle changé depuis quatre siècles?
3. Pourquoi la situation démographique de la France était-elle alarmante juste avant 1940?

4. Comment distingue-t-on, en démographie, une "bonne" pyramide d'une "mauvaise"?
5. En quoi consiste la "politique nataliste" mise en œuvre par les gouvernements français?
6. Pourquoi les jeunes Français se marient-ils moins que les jeunes Américains?

Qui a dit quoi?

Les phrases suivantes vous semblent-elles avoir été prononcées plutôt par des Français ou plutôt par des Américains? Expliquez pourquoi.

1. "L'Etat doit aider les familles. Elles représentent l'avenir de la nation."
2. "S'ils veulent beaucoup d'enfants, c'est leur affaire. Je ne vois pas en quoi cela concerne le gouvernement."
3. "Non, vous ne pouvez pas passer car tout le quartier est interdit aux voitures. Garez-vous dans le parking souterrain qui se trouve sous la mairie."
4. "J'ai dû payer plein tarif au cinéma parce que j'avais oublié ma carte 'famille nombreuse'."
5. "J'ai un nouvel emploi, mais je n'ai aucune assurance médicale."
6. "J'ai donné à mon article le titre *Banlieues: urgence.*"

Discussions

1. Que pensez-vous de la politique "nataliste" française? Etes-vous pour ou contre? Pourquoi?
2. Quelles peuvent être les différentes causes de la chute du taux de natalité?
3. Quels sont les risques qui menacent la France si le taux de natalité reste trop faible?
4. Que pensez-vous de l'idée (appliquée en France) de proportionner le montant des retraites des parents au nombre d'enfants qu'ils ont élevés?
5. Quels ont été pour la France les avantages et les inconvénients du recours à l'immigration?
6. A votre avis, pourquoi le taux de divorces en France a-t-il tant augmenté depuis 40 ans? Pourquoi est-il toujours plus bas qu'aux Etats-Unis?
7. Que pensez-vous de l'organisation du système de santé en France?
8. A votre avis, pourquoi les gens pauvres sont-ils généralement dans le centre des villes aux Etats-Unis et dans les banlieues en France?

Sujets de travaux

1. Résumez ce chapitre en deux pages.
2. Comparez l'avortement en France (législation, statistiques, etc.) et dans votre Etat.
3. Comparez l'évolution des statistiques de naissances, mariages, divorces et décès de la France et des Etats-Unis au cours des dix dernières années.
4. Rédigez un essai sur l'immigration en France depuis cent ans.

Chapitre 8

La famille française aujourd'hui

Questions

1. Dans la famille française d'aujourd'hui, l'intérêt de la famille est-il placé au même niveau que l'intérêt des individus?
2. Quelle est la position respective de l'homme, de la femme et des enfants dans la famille française d'aujourd'hui?
3. Si la famille française d'aujourd'hui n'est plus une unité de production, reste-t-elle toujours une unité économique?
4. En quoi les relations entre hommes et femmes sont-elles semblables ou différentes en France et aux Etats-Unis?

Qui a dit quoi?

Les phrases suivantes vous semblent-elles avoir été prononcées plutôt par des Français ou plutôt par des Américains? Expliquez pourquoi.

1. "Comme chaque année, je pars au bord de la mer avec mes trois garçons, ma sœur Anne et ses deux filles. Nos maris nous rejoindront dans un mois."
2. "Nous, on peut s'aimer sans avoir besoin de passer devant le maire ni le curé!"
3. "Ils donnaient tellement l'impression d'un couple parfaitement uni que je n'aurais jamais imaginé que leur mariage allait casser."
4. "Ils donnaient tellement l'impression d'un couple parfaitement uni que je me doutais que quelque chose n'allait pas entre eux."
5. "Chéri, tu nous casses les pieds avec tes histoires de chasse! Vous allez voir, il va m'obliger à divorcer pour que je n'aie plus à les entendre!"
6. "C'est bizarre, ici les candidats qui viennent de remporter les élections se présentent toujours avec femme et enfants devant les caméras de télévision."
7. "Notre fils, qui a 14 ans, se lève chaque matin à six heures pour aller distribuer des journaux dans le voisinage; il économise pour le jour où il nous quittera pour aller à l'université."

Discussions

1. Quelle est l'image stéréotypée de l'homme français et de la femme française aux Etats-Unis? Donnez des exemples où ces stéréotypes apparaissent.
2. La famille française est-elle plus ou moins solide aujourd'hui que dans le passé?
3. La famille française est-elle plus ou moins solide que la famille américaine?

4. Les Françaises sont-elles plus libres que les Américaines?
5. Qu'est-ce qui surprendrait le plus un Français dans la vie familiale américaine?

Sujets de travaux oraux ou écrits

1. Résumez ce chapitre en deux pages.
2. Demandez à plusieurs Français et à plusieurs Américains de votre âge de vous expliquer oralement au cours d'une interview ce qu'ils pensent du mariage, de la famille et de l'amitié. Comparez les résultats.
3. Faites une enquête auprès de cinq hommes américains et de cinq femmes américaines pour savoir quelle est leur image des femmes françaises (avec les mêmes questions à chaque personne). Présentez ensuite un exposé oral ou un essai sur l'image des femmes françaises chez les Américains.
4. Faites une enquête auprès de cinq hommes américains et de cinq femmes américaines pour savoir quelle est leur image des hommes français (avec les mêmes questions à chaque personne). Présentez ensuite un exposé oral ou un essai sur l'image des hommes français chez les Américains.
5. Présentez un exposé oral ou un essai sur les mouvements féministes en France ou sur une féministe française connue.
6. Présentez un exposé oral ou un essai sur la famille décrite dans *Les Armoires vides* d'Annie Ernaux.
7. Présentez un exposé oral ou un essai sur les relations homme-femme dans *Passion simple* d'Annie Ernaux.
8. Analysez les relations familiales dans une œuvre littéraire ou un film français de votre choix.
9. Comparez la famille telle qu'elle est montrée dans les films *Biquefarre* et *Farrebique* de Georges Rouquier.

Chapitre 9

Droit, loi, justice

Questions

1. Que veut-on dire lorsqu'on appelle "société de classe" la société française d'autrefois?
2. Pourquoi les systèmes judiciaires français et américain sont-ils différents?
3. Résumez les principales différences entre (a) les cours de justice françaises et américaines; (b) la police française et la police américaine; (c) les procédures judiciaires française et américaine.

Qui a dit quoi?

Les phrases suivantes vous semblent-elles avoir été prononcées plutôt par des Français ou plutôt par des Américains? Expliquez pourquoi.

1. "Nous vous informons que tout ce que vous allez dire peut être retenu contre vous."
2. "Tu vois ce type là-bas? J'ai voté pour l'élire juge aux dernières élections."
3. "Bonjour madame, contrôle d'identité. Veuillez nous présenter une pièce d'identité ou un titre de séjour."
4. "Mon mari a menacé ses voisins avec son fusil de chasse. Les gendarmes sont aussitôt venus lui confisquer son arme."
5. "Nous avons eu beaucoup de mal à faire voter une loi restreignant la vente libre de ces armes à feu automatiques."
6. "Chez nous, on peut être arrêté et mis en prison pour avoir sauté par-dessus le tourniquet du métro."

Discussions

1. Si l'on est un criminel, vaut-il mieux être jugé en France ou aux Etats-Unis?
2. Pourquoi la peur de voir le gouvernement abuser de ses pouvoirs pour contrôler les individus est-elle traditionnellement plus grande aux Etats-Unis qu'en France?
3. Est-il plus dangereux de vivre en France ou aux Etats-Unis?
4. Pourquoi la justice américaine est-elle plus punitive que celle de la France?
5. Pourquoi y a-t-il beaucoup moins d'armes à feu en France qu'aux Etats-Unis?

Sujets de travaux oraux ou écrits

1. Résumez ce chapitre en deux pages.
2. Faites une enquête auprès de plusieurs Français ou Françaises résidant en Amérique sur leur opinion de la justice et de la police aux Etats-Unis. Faites un rapport oral ou écrit sur les résultats de cette enquête.

Chapitre 10

Le gouvernement

Questions

1. Quelle est la principale différence entre la démocratie parlementaire et la démocratie présidentielle?

2. Comment peut-on rétablir l'accord politique entre la majorité de l'Assemblée et le gouvernement dans le système de démocratie parlementaire?
3. Pourquoi connaît-on généralement à l'avance le résultat d'un vote à l'Assemblée nationale française? Pourquoi n'est-ce pas le cas au Congrès des Etats-Unis?
4. En quoi le système de gouvernement français est-il unique?
5. Qu'est-ce que l'Etat en France?
6. En quoi consiste l'opposition traditionnelle entre la droite et la gauche en France?

Qui a dit quoi?

Les phrases suivantes vous semblent-elles avoir été prononcées plutôt par des Français ou plutôt par des Américains? Expliquez pourquoi.
1. "Votre président a mis son veto au passage de cette nouvelle loi."
2. "Notre gouvernement a failli tomber la semaine dernière."
3. "Notre journal a été le premier à révéler que le candidat avait eu plusieurs liaisons extra-conjugales. Je crois que cela va mettre un terme à sa carrière politique."
4. "Nous allons toujours voter après la messe."
5. "Nous honorons aujourd'hui un grand serviteur de l'Etat."
6. "Mon mari et moi irons voter en sortant du travail."
7. "Notre ministre est allé défendre sa politique devant les députés."
8. "Vous savez, le gouvernement intervient beaucoup trop dans nos vies."
9. "Avez-vous placé votre bulletin dans l'urne?"
10. "Nous avons, par voie législative, mis en place une série de mesures rigoureuses qui, je le crois, sont conformes à l'intérêt supérieur de la nation."
11. "Chez nous, le lobby médical a réussi à bloquer la réforme du système de santé qui était appuyée par les groupes de pression syndicaux."
12. "Si le gouvernement ne veut pas nous entendre, nous descendrons dans la rue."

Discussions

1. Présentez les avantages du système de gouvernement français sur le système de gouvernement américain face à un(e) camarade qui défend le contraire.
2. Etes-vous d'accord avec la phrase citée d'Alain Minc?
3. Les Etats-Unis devraient-ils adopter le système politique français?
4. Pensez-vous que la vie privée des hommes et des femmes engagés dans la vie politique doit être légalement protégée de la curiosité du public?
5. Que faudrait-il faire pour qu'il y ait—en France comme aux Etats-Unis—plus de femmes dans la vie politique?
6. Que pensez-vous de la réglementation des dépenses électorales en France? du cumul des mandats? de la longueur des mandats électoraux?

Sujets de travaux oraux ou écrits

1. Résumez ce chapitre en deux pages.
2. Expliquez quels sont, à votre avis, les avantages et les inconvénients du système politique français par rapport au système politique américain.
3. Présentez un exposé oral ou un essai sur la constitution de la France.
4. Présentez un exposé oral ou un essai sur un parti politique français.
5. Présentez un exposé oral ou un essai sur les dernières élections présidentielles ayant eu lieu en France.

....

Chapitre 11

L'administration

Questions

1. Quelles sont les différences les plus importantes entre l'administration de la France et celle des Etats-Unis?
2. La manière dont la France a été créée permet-elle de comprendre comment elle est administrée de nos jours?
3. Quand, pourquoi et comment la langue française est-elle devenue la langue de tous les habitants de la France?

Qui a dit quoi?

Les phrases suivantes vous semblent-elles avoir été prononcées plutôt par des Français ou plutôt par des Américains? Expliquez pourquoi.

1. "Nous ne pouvons pas intervenir. Cette question relève de la compétence de votre état."
2. "La moitié des ministres de notre gouvernement sont passés par la même école."
3. "Le gouvernement central ne doit pas se mêler du tout des affaires locales."
4. "Tous les membres de notre famille sont allés voter pour élire le maire de la ville."
5. "J'ai lancé un ordre de grève à tous les fonctionnaires appartenant au syndicat de la poste."
6. "Je me suis retrouvé avec 30 000 manifestants sous les fenêtres de mon ministère. J'ai ensuite reçu une délégation qui m'a présenté leurs doléances."
7. "Le maire nous a dit quelques mots après nous avoir mariés."
8. "Les juges ont déterminé que la loi fédérale avait été respectée par notre gouvernement."
9. "Nous en avons assez d'être colonisés par la capitale."

Discussions

1. Imaginez les critiques que pourrait faire un Français sur le système d'administration américain.
2. Quels sont, à votre avis, les avantages et les inconvénients du système d'administration français?
3. Que se passerait-il si des hauts fonctionnaires français mettaient en place aux Etats-Unis un système d'administration à la française?
4. Les langues régionales ont-elles un avenir en France?
5. Pourquoi les Français ont-ils beaucoup de mal à comprendre comment les Etats-Unis sont administrés?

Sujets de travaux oraux ou écrits

1. Résumez ce chapitre en deux pages.
2. Présentez un exposé oral ou un essai sur l'administration de la France sous l'Ancien Régime (avant 1789).
3. Comparez l'administration locale aux Etats-Unis et en France.
4. Présentez un exposé oral ou un essai sur une institution administrative française: l'Ecole nationale d'administration, le Conseil d'Etat, les préfets, les régions, les départements, les communes.
5. Présentez un exposé oral ou un essai sur une des cultures régionales non françaises de la France.

Chapitre 12

L'enseignement: écoles, collèges, lycées

Questions

1. En quoi a consisté la "guerre scolaire" en France au 19e siècle et au début du 20e?
2. Qu'est-ce que les écoles maternelles?
3. Qu'est-ce que le baccalauréat?
4. Pourquoi la peur de l'échec scolaire est-elle plus grande en France qu'aux Etats-Unis?

Qui a dit quoi?

Les phrases suivantes vous semblent-elles avoir été prononcées plutôt par des Français ou plutôt par des Américains? Expliquez pourquoi.

1. "Pour rien au monde mes parents n'auraient mis leurs enfants à l'école des curés."
2. "Ma sœur a tenté de se suicider après ses deux échecs successifs à cet examen."
3. "Je ne m'inquiète pas trop. Je suis sûre de trouver une université qui m'acceptera."
4. "Un tiers des élèves de ma classe sont d'origine nord-africaine."
5. "Nous nous trouvons face à face avec des élèves qui n'ont aucune culture générale. Comment voulez-vous construire quelque chose de solide sur des bases qui n'ont jamais été acquises?"
6. "Louise a 4 ans. Je l'emmène à l'école chaque matin."
7. "Les contribuables ont refusé l'augmentation proposée des impôts. Douze enseignants de notre système scolaire public ont donc perdu leur emploi."
8. "Je termine mes études secondaires en juin, puis ce sera l'Examen avec un grand E; c'est donc, tu le devines, l'année du stress!"

Discussions

1. En quoi le caractère unifié et monolithique du système scolaire français est-il un avantage ou un handicap?
2. Pensez-vous qu'il serait souhaitable d'adopter certains éléments du système scolaire français aux Etats-Unis?
3. Pensez-vous qu'il serait souhaitable d'adopter certains éléments du système scolaire américain en France?
4. A votre avis, quelles sont les principales qualités du système scolaire français? Ses principaux défauts?
5. L'importance donnée traditionnellement à la "culture générale" dans l'enseignement secondaire français vous semble-t-elle une bonne chose?

Sujets de travaux oraux ou écrits

1. Résumez ce chapitre en deux pages.
2. Interrogez un Français ou une Française résidant aux Etats-Unis sur ses souvenirs scolaires. Faites un rapport oral ou écrit sur ce témoignage.
3. Présentez un exposé oral ou un essai sur l'enseignement privé en France.
4. Présentez un exposé oral ou un essai sur les écoles maternelles en France.
5. A votre avis, qu'est-ce qui est le plus important pour un pays, l'éducation des masses ou la formation d'une élite? Le système scolaire français réussit-il à atteindre ces deux objectifs?

Chapitre 13

Universités et grandes écoles

Questions

1. Est-il exact de dire que la vie des élèves français se décide au lycée?
2. Qu'ont en commun les étudiants d'université et les élèves des grandes écoles en France? Qu'est-ce qui les sépare les uns des autres?
3. Qu'est-ce qu'une "classe préparatoire"?
4. Qu'est-ce qui peut étonner un étudiant américain qui arrive dans une université française?

Qui a dit quoi?

Les phrases suivantes vous semblent-elles avoir été prononcées plutôt par des Français ou plutôt par des Américains? Expliquez pourquoi:

1. "Notre ministère est un véritable fief pour les anciens élèves de cette école."
2. "Voici un syllabus détaillé indiquant tout ce que vous devez faire pour chaque session; si vous avez la moindre question, n'hésitez surtout pas à venir me voir ou à me téléphoner, je serai à votre disposition pour vous aider autant qu'il le faudra."
3. "Si vous ne comprenez pas ce que nous faisons dans ce cours, que faites-vous à l'université? Votre place est peut-être ailleurs."
4. "Nous avons dû prendre un gros emprunt à la banque pour payer les études de notre fille à l'université."
5. "Après l'école secondaire, j'ai tout de suite fait des études de droit."
6. "Peux-tu me passer un ticket de restaurant? Je n'en ai plus et n'aurai pas le temps d'en acheter après la fin du cours."
7. "Je suis un peu déçu par les rapports que les étudiants ont ici avec les professeurs. C'est comme s'il y avait un mur qui les séparait."
8. "Je sais que si je ne réussis aucun des concours, je risque de me retrouver à l'université."

Discussions

1. Faut-il abolir les grandes écoles en France?
2. La quasi-gratuité des études universitaires n'a-t-elle que des avantages?
3. Les universités urbaines (à la française) sont-elles préférables aux universités situées sur des campus isolés (à l'américaine)? Quels sont les avantages et les inconvénients de chaque système?
4. Quelles réformes proposeriez-vous si vous étiez ministre de l'Education nationale en France?

Sujets de travaux oraux ou écrits

1. Résumez ce chapitre en deux pages.
2. Présentez un exposé oral ou un essai sur une grande école française de votre choix.
3. Interrogez un (ou plusieurs) étudiant(s) ou étudiante(s) français de passage sur votre campus à propos de son expérience universitaire en France et aux Etats-Unis. Faites un rapport oral ou écrit sur les résultats de votre enquête.
4. Présentez un exposé oral ou un essai sur l'organisation administrative du système universitaire français.

Chapitre 14

L'économie

Questions

1. Pourquoi le système capitaliste du marché libre a-t-il souvent eu du mal à s'imposer en France?
2. En quoi l'économie française a-t-elle changé depuis 1950?
3. En quoi et pourquoi l'attitude des Français vis-à-vis des questions économiques a-t-elle changé au cours des décennies récentes?
4. Pourquoi l'Etat joue-t-il un grand rôle dans l'économie en France?

Qui a dit quoi?

Les phrases suivantes vous semblent-elles avoir été prononcées plutôt par des Français ou plutôt par des Américains? Expliquez pourquoi.

1. "A mon avis, les réalisateurs d'Hollywood ne sont que de vulgaires commerçants."
2. "Notre parti est favorable à un programme de privatisation du secteur bancaire."
3. "La loi du marché, c'est la loi de la démocratie, du libre choix."
4. "L'opposition nous reproche d'avoir nationalisé cette branche de l'économie, mais les conditions étaient à l'époque différentes de ce qu'elles sont aujourd'hui."
5. "C'est un parvenu sans culture. Tout ce que sait faire ce pauvre homme, c'est gagner de l'argent."
6. "Nous sommes décidés à combattre toute tentative de créer une "politique industrielle" dans ce pays."
7. "Cela vous étonnera sans doute, mais je n'ai aucune honte à le dire face aux téléspectateurs: je gagne plus de 150 000 francs par mois."

8. "Leur gouvernement réglemente même le prix du pain!"
9. "Notre entreprise a dû réembaucher les cinq employés qu'elle avait mis à la porte; l'Inspecteur du travail a fait annuler ces licenciements abusifs."
10. "Nous enseignons dans une université publique. La grève est impossible pour nous!"

Discussions

1. Que pensez-vous du dirigisme à la française?
2. La France devrait-elle s'inspirer des Etats-Unis en matière économique?
3. Quels sont les avantages et les inconvénients pour une entreprise d'être la propriété de l'Etat? Et pour les salariés de cette entreprise?
4. A votre avis, quelle est la principale force des Français en matière économique? Leur principale faiblesse?
5. Que pensez-vous du système français de taxation?

Sujets de travaux oraux ou écrits

1. Résumez ce chapitre en deux pages.
2. Choisissez une branche de l'économie française (automobile, nucléaire, armement, etc.) et présentez un exposé oral ou un essai sur cette branche.
3. Comparez la législation française et américaine du travail à partir de quelques cas précis: les licenciements, les grèves, les congés payés, etc.
4. Présentez un exposé oral ou un essai sur les syndicats en France.
5. Présentez un exposé oral ou un essai sur le chômage en France.

Chapitre 15

La France et l'Union européenne (UE)

Questions

1. Pourquoi l'unification de l'Europe s'est-elle faite après 1945?
2. Pourquoi cette unification n'a-t-elle pas été facile?
3. Quels sont les domaines dans lesquels l'unification est la plus avancée? la moins avancée?
4. En quoi les Français ont-ils profité de l'unification?

Qui a dit quoi

(Pas de comparaison Français-Américains dans ce domaine)

Discussions

1. L'UE vous paraît-elle être une menace pour les Etats-Unis?
2. L'Europe unifiée devrait-elle être administrée comme la France?
3. A votre avis, quels sont les risques de l'unification pour les Français?
4. Quels sont les avantages de la monnaie unique européenne?
5. La Russie devrait-elle faire partie de l'UE?

Sujets de travaux oraux ou écrits

1. Résumez ce chapitre en deux pages.
2. Rédigez un essai ou présentez un exposé sur l'idée d'unification de l'Europe avant 1945.
3. Rédigez un essai ou présentez un exposé sur Jean Monnet ou Robert Schuman.
4. Rédigez un essai ou présentez un exposé sur la convention de Schengen ou sur le traité de Maastricht.
5. Rédigez un essai ou présentez un exposé sur l'euro.
6. Rédigez un essai ou présentez un exposé sur une des institutions de l'UE suivantes: Commission de l'UE, Parlement européen, Cour de justice européenne.
7. Défendez l'unification de l'Europe face à un autre étudiant qui est hostile à cette idée.

Chapitre 16

La société française aujourd'hui

Questions

1. Quel rôle a joué la génération du "baby-boom" dans les transformations profondes de la société française depuis 1960?
2. La société française est-elle toujours aujourd'hui une société de classes?
3. "Vus de loin, tous les Français se ressemblent de plus en plus; vus de près, de moins en moins": qu'est-ce que cela veut dire?
4. Les Français aiment-ils le pouvoir plus que les Américains?
5. Qui sont les "exclus"?
6. Pourquoi les grandes institutions qui formaient autrefois l'armature de la France subissent-elles un déclin aujourd'hui?

Qui a dit quoi?

Les phrases suivantes vous semblent-elles avoir été prononcées plutôt par des Français ou plutôt par des Américains? Expliquez pourquoi.

1. "Je suis aussi entré en politique par goût du pouvoir."
2. "Le Pape et les évêques, qu'ils se mêlent de ce qui les regarde; on est catholique, mais on est assez grand pour savoir ce qu'on a à faire."
3. "Après avoir fait fortune dans le pétrole, j'ai décidé de me lancer dans la politique."
4. "Mes parents habitent assez près du quartier noir."
5. "Nous protestons parce que l'Etat manque à son devoir et nous abandonne. Nous en avons assez d'être toujours des oubliés."
6. "On ne sait plus élever les enfants aujourd'hui. C'est le règne du permissif."
7. "Je suis député-maire d'une grande ville de l'ouest."
8. "Ils nous cassent les pieds avec leur musique arabe. Ici on est chez nous, non?"
9. "Nous avons recruté un plus grand nombre de membres des minorités cette année, comme on nous l'avait demandé."

Discussions

1. Vaut-il mieux être pauvre en France ou aux Etats-Unis?
2. Pourquoi le chômage en France est-il beaucoup plus élevé aujourd'hui qu'il y a 30 ans?
3. Que pensez-vous du système français d'intégration des immigrés?
4. La France devrait-elle opter pour un système à l'américaine, avec reconnaissance officielle des minorités?

Sujets de travaux oraux ou écrits

1. Résumez ce chapitre en deux pages.
2. Présentez un exposé oral ou un essai sur le chômage en France.
3. Présentez un exposé oral ou un essai sur les problèmes auxquels doivent faire face les immigrés nord-africains en France.

Chapitre 17

La religion

Questions

1. Pourquoi l'anticléricalisme a-t-il été très fort en France dans le passé?
2. Quelle est l'attitude des Français vis-à-vis de l'Eglise catholique aujourd'hui?
3. Quelle est la situation de la pratique religieuse en France?

Qui a dit quoi?

Les phrases suivantes vous semblent-elles avoir été prononcées plutôt par des Français ou plutôt par des Américains? Expliquez pourquoi.

1. "Mes chers compatriotes, rendons grâce à Dieu pour tout ce qu'il a donné à notre pays."
2. " Notre président ne prête pas serment sur la Bible."
3. "Mon grand-père était enseignant avant la guerre. Il n'était pas question pour lui de mettre les pieds à l'église. Il tenait beaucoup à son avancement de carrière."
4. "Nous allons à la messe une fois par an."
5. "Paul et moi-même sommes très impliqués dans les activités de notre église. Nous lui donnons environ 5% de nos salaires et une dizaine d'heures de volontariat chaque semaine."
6. "Un grand nombre d'habitants de notre ville sont hostiles à la construction d'une mosquée. Cela leur fait peur."
7. "Mademoiselle, je vous fais remarquer qu'il est interdit de porter un signe d'appartenance religieuse dans cet établissement. Vous êtes donc priée de retirer ce signe immédiatement."

Discussions

1. Est-il exact de dire que la France est un pays catholique?
2. Si vous aviez vécu en France il y a cent ans, auriez-vous été anticlérical(e)? Pourquoi? Pourquoi pas?
3. Pourquoi les gouvernements monarchiques ou autoritaires ont-ils été favorables à l'Eglise et soutenus par elle?
4. La laïcité de l'Etat français est-elle une bonne chose?
5. Que pensez-vous des prêtres-ouvriers?
6. Etes-vous pour ou contre le financement de l'enseignement privé par l'Etat, comme cela se fait en France?

Sujets de travaux oraux ou écrits

1. Résumez ce chapitre en deux pages.
2. Présentez un exposé ou un essai sur un aspect particulier du catholicisme en France (les prêtres-ouvriers, les catholiques français et l'avortement, les catholiques intégristes, etc.).
3. Présentez un exposé ou un essai sur les musulmans en France.
4. Présentez un exposé ou un essai sur les francs-maçons en France.
5. Présentez un exposé ou un essai sur les protestants en France.
6. Présentez un exposé ou un essai sur les juifs en France.

Chapitre 18

Culture et vie intellectuelle

Questions

1. Pourquoi la culture intellectuelle a-t-elle traditionnellement un grand prestige en France?
2. L'Etat joue-t-il un grand rôle dans la vie culturelle en France?
3. Quelle est la place de Paris dans la vie culturelle en France?
4. Les Français ont-ils le même rapport avec leur langue et leur littérature que les Américains?

Qui a dit quoi?

Les phrases suivantes vous semblent-elles avoir été prononcées plutôt par des Français ou plutôt par des Américains? Expliquez pourquoi.

1. "Si tous ces gens qui vivent dans les tours d'ivoire des universités avaient un véritable emploi, ils connaîtraient un peu mieux le monde des réalités et auraient sans doute les pieds sur terre."
2. "J'aurais aimé avoir fait des études, pour devenir quelqu'un d'important, un grand écrivain par exemple."
3. "L'Etat se doit de participer à la construction de grands projets architecturaux destinés à servir la culture. Son prestige est en jeu."
4. "Je ne crois pas que ce soit la fonction du gouvernement d'utiliser l'argent durement gagné par les contribuables afin de subventionner les arts. Laissons ce rôle aux citoyens."
5. "Ils croient toujours que leur langue ou leur culture est menacée. Je ne comprends pas très bien pourquoi ils ont peur."
6. "Suivant la suggestion du ministre, nous avons installé dans toutes les stations de métro de grands panneaux sur lesquels sont inscrits des poèmes célèbres."
7. "Nous sommes en train de négocier avec les danseurs de l'Opéra qui font la grève pour que l'Etat baisse l'âge de leur départ en retraite."
8. "Moi, la défense de la langue, je m'en fiche complètement."
9. "Notre série de concerts a été subventionnée par une compagnie pétrolière."
10. "Cette importante manifestation contribuera au maintien du prestige culturel de notre pays."

Discussions

1. Pourquoi n'y a-t-il pas de ministère de la Culture aux Etats-Unis?
2. Le gouvernement français intervient-il trop dans le domaine culturel?

3. Pensez-vous, comme Maurice Druon, que l'avenir de tous les pays francophones est lié à celui de la France?
4. Les Américains ont-ils avec leur cinéma un rapport semblable à celui des Français avec leur littérature?
5. Comment la littérature peut-elle devenir une arme politique?
6. Etes-vous d'accord avec la déclaration de Maurice Druon dans *Le Figaro-Magazine?*

Sujets de travaux oraux ou écrits

1. Résumez ce chapitre en deux pages.
2. Donnez des exemples de responsables politiques français (du passé ou du présent) qui ont été des écrivains ou des intellectuels réputés.
3. Présentez un exposé ou un essai sur les grands prix littéraires en France.
4. Présentez un exposé ou un essai sur une œuvre littéraire française qui a été une "machine de guerre" dans les conflits politiques ou sociaux de son temps.
5. Imaginez un slogan publicitaire en français qui contient un jeu avec la langue.
6. Présentez un exposé ou un essai comparant la production de livres ou la production de films en France et aux Etats-Unis.

Chapitre 19

Les loisirs

Questions

1. Qu'y a-t-il d'ambivalent dans l'attitude des Français vis-à-vis du loisir?
2. Les Français ont-ils la même conception des vacances que les Américains?
3. Les loisirs quotidiens des Français ressemblent-ils à ceux des Américains?

Qui a dit quoi?

Les phrases suivantes vous semblent-elles avoir été prononcées plutôt par des Français ou plutôt par des Américains? Expliquez pourquoi.
1. "Ah, Paris! les terrasses des cafés, la cuisine..."
2. "Mon travail, ma profession, c'est ma vie."
3. "L'an dernier, j'ai pris une semaine de vacances."

4. "Mes amis, j'ai réussi à obtenir sept semaines de congés cette année. Je vous invite tous, on va fêter cela."
5. "Apportez-moi un sandwich dans mon bureau, s'il vous plaît."
6. "Ici, vous savez, tout le monde ne pense plus qu'aux vacances."
7. "Nous serons fermés pendant tout le mois d'août, madame."
8. "Nous avons organisé la plus grande réunion d'anciens élèves jamais vue: il y avait presque 3 000 personnes au buffet, et nous comptons bien en avoir plus l'an prochain!"
9. "Ce soir à cinq heures, c'est les vacances! Je deviens un homme libre!"
10. "Nous avons fait un tour de l'Europe."
11. "Je pars demain à deux heures du matin pour éviter les bouchons sur l'autoroute."
12. "Traverser l'océan à la nage! Quel exploit! Faisons un digne accueil au héros de l'Atlantique!"
13. "D'habitude, je déjeune en un quart d'heure dans mon bureau."

Discussions

1. Pourquoi les employeurs américains ne sont-ils pas obligés par la loi de donner des congés payés à leurs salariés comme en France?
2. Que proposeriez-vous comme mesures pour inciter les Français à "étaler" leurs départs sur d'autres périodes de l'année que juillet et août?
3. Pourquoi y a-t-il un si grand nombre de Français qui possèdent une résidence secondaire?
4. Comment expliquez-vous que (en France comme aux Etats-Unis) plus les gens ont un niveau d'éducation élevé, moins ils regardent la télévision?
5. Etes-vous pour ou contre le système de subvention du cinéma français?
6. Pourquoi les films américains ont-ils du succès en France?

Sujets de travaux oraux ou écrits

1. Résumez ce chapitre en deux pages.
2. Présentez un exposé oral ou un essai sur les vacances des Français.
3. Présentez un exposé oral ou un essai sur le tourisme étranger en France.
4. Présentez un exposé oral ou un essai sur la fréquentation des cinémas en France.
5. Présentez un exposé oral ou un essai sur le football en France.

Chapitre 20

Les médias

Questions

1. Qu'est-ce qui a changé dans le domaine de la radio et de la télévision en France depuis 1982?
2. Pourquoi existe-t-il des quotas réglementant les programmes de télévision selon que les émissions sont de création européenne ou non?
3. Qu'est-ce que le principe de l'"exception culturelle"?
4. Quelles sont les principales différences entre la presse française et la presse américaine?

Qui a dit quoi?

Les phrases suivantes vous semblent-elles avoir été prononcées plutôt par des Français ou plutôt par des Américains? Expliquez pourquoi.

1. "Nous avons imposé une très lourde amende à cette chaîne pour avoir dépassé les quotas de programmes non européens."
2. "Nous estimons que notre devoir est avant tout d'informer les citoyens. Ils ont le droit de savoir. En cherchant à connaître la vérité, nous ne faisons que notre métier."
3. "Tu n'as qu'à lire l'éditorial en première page."
4. "Le Conseil des ministres vient de nommer le nouveau président de notre chaîne."
5. "Vous allez au bout de cette rue et c'est à gauche, en face des boîtes à journaux."
6. "Vous trouverez le numéro que vous cherchez au kiosque à journaux qui se trouve de l'autre côté de la rue."
7. "Nous recevons 55 chaînes de télévision."
8. "Ils ont commencé l'émission sur la guerre du Viêt-nam avec 30 minutes de retard."
9. "La culture ne doit pas obéir aux lois du marché; on ne trafique pas avec l'âme d'un pays comme on le ferait avec du savon ou du dentifrice."

Discussions

1. Que pensez-vous du système français des quotas de programmes (européens/non européens)?
2. Quels peuvent être les avantages et les inconvénients de regarder une chaîne de télévision appartenant à l'Etat?
3. Que faudrait-il faire pour que la presse résiste mieux à la concurrence de la télévision en France?
4. En matière de presse, est-il préférable d'informer ou bien d'analyser et de convaincre?

Sujets de travaux oraux ou écrits

1. Résumez ce chapitre en deux pages.
2. Présentez un exposé oral ou un essai sur la presse régionale en France.
3. Comparez deux journaux ou deux magazines français et américains équivalents (*Le Monde* et le *Wall Street Journal*, *Le Figaro* et le *New York Times*, *L'Express* et *Newsweek*, etc.)
4. Comparez les programmes de télévision français et ceux de la télévision américaine.

Chapitre 21

Français et Américains

Questions

1. Quels sont les principaux stéréotypes positifs et négatifs des Français sur l'Amérique et les Américains?
2. En quoi consiste le proaméricanisme?
3. En quoi consiste l'antiaméricanisme?
4. Certains traits communs des Français et des Américains peuvent-ils donner naissance à des frictions entre eux?

Qui a dit quoi?

Les phrases suivantes vous semblent-elles avoir été prononcées plutôt par des Français ou plutôt par des Américains? Expliquez pourquoi.

1. "Nous vous serons pour toujours reconnaissants de nous avoir libérés."
2. "Nous devons résister à leur impérialisme culturel et ne pas céder aux pressions."
3. "Je crois qu'ils ne nous aiment pas; ils ont refusé de changer mes billets."
4. "Nous, impérialistes culturels? Je ne comprends pas ce que cela signifie."
5. "Vous vous dites anticolonialistes, mais vous oubliez que vous êtes vous-mêmes des colonisateurs. Nous, au moins, nous n'avons pas éliminé ni parqué dans des réserves les indigènes des territoires que nous avons conquis."
6. "Dans ce pays, tout est démesuré."

Discussions

1. L'"impérialisme culturel" américain est-il une invention française?
2. Pourquoi les Français (et les Européens en général) ne voient-ils pas les immigrants partis d'Europe pour les Etats-Unis comme des gens particulièrement braves et courageux?

3. Pourquoi certains Américains voyageant en France s'imaginent-ils être victimes de l'antiaméricanisme?

4. Pourquoi les modèles de la culture de masse américaine exercent-ils une forte attraction sur beaucoup de Français?

5. Simulez une discussion sur les Etats-Unis entre deux Français, l'un pro américain, l'autre antiaméricain.

Sujets de travaux oraux ou écrits

1. Résumez ce chapitre en deux pages.

2. Faites l'interview d'un ancien combattant américain qui a débarqué en France en 1944. Demandez-lui de vous parler de ses rapports avec les Français au cours de cette période. Faites un rapport oral ou écrit sur cette interview.

3. Cherchez dans des magazines français des témoignages (publicité, expression en anglais, etc.) qui peuvent exprimer l'"américanisation" de la France.

4. Présentez un exposé oral ou un essai sur l'image de l'Amérique et des Américains dans les magazines *L'Express* ou *Le Nouvel Observateur* à partir de vingt ou trente numéros de ces magazines.

Pour en savoir plus
Sites Web et CD-ROMs

Les sites indiqués ci-dessous ont été choisis en raison de leur utilité pour tout enseignant ou étudiant qui cherche à compléter l'information contenue dans ce livre. On a privilégié dans cette liste les sites qui sont des portes d'accès (*gateways*) à de multiples autres sites et permettent d'obtenir rapidement un très grand nombre d'informations dans des domaines variés.

Moteurs de recherches francophones:
    Nomade: **www.nomade.fr/**
    General Moteur:
        www.acorus.fr/general/index.htm
    Ecila: **www.ecila.fr/**
    Excite: **www.excite.fr/**
    Francité: **www.francite.com/**
    Hachette: **www.hachette.net/**
    Voila: **www.voila.fr/**
    Yahoo France: **http://fr.yahoo.com/**
    Lokace: **www.lokace.fr/**

Un site général important pour toute recherche sur la France:
    www.quid.fr/ (encyclopédie *Quid* + accès à 5 200 sites web)

Autres sites donnant accès à des informations générales:
    www.info-france-usa.org/ (Ambassade de France à Washington)
    www.pratique.fr:80/recherche.html (France pratique)

Pour en savoir plus sur l'histoire:
    http://h-net2.msu.edu/~france/history/htm (H-France)

Pour en savoir plus sur les monuments:
    www.monuments-france.fr/

Pour en savoir plus sur la politique:
    www.elysee.fr/ (Présidence de la République)
    www.premier-ministre.gouv.fr. (Premier Ministre)
    www.assemblee-nat.fr/0index.html (Assemblée nationale)
    www.senat.fr/ (Sénat)
    www.front-nat.fr/ (Front National)
    www.pcf.fr/ (Parti communiste français)
    www.parti-socialiste.fr/ (Parti socialiste)
    www.rpr.asso.fr/ (RPR)
    www.nouvelle-udf.org (UDF)
    www.verts.imaginet.fr/ (Verts)
    www.admifrance.gouv.fr/ (gouvernement et administration de la France)
    www.defense.gouv.fr/ (Défense nationale)

Pour en savoir plus sur l'enseignement:
    www.education.gouv.fr/ (Ministère de l'Education nationale)
    www.educasource.education.fr/educa/rechgui/indexni.htm (sélection de sites sur l'enseignement)

Pour en savoir plus sur la justice:
    www.justice.gouv.fr/ (Ministère de la Justice)

Pour en savoir plus sur le système de protection de la santé:
    www.sante.gouv.fr/ (Ministère de la Santé)

Pour en savoir plus sur Paris et les villes françaises:
    www.paris-anglo.com (Paris Anglophone)
    www.mairie-paris.fr/ (Mairie de Paris)
    www.iti.fr/ (plans des grandes villes)
    www.paris.org/ (les Pages de Paris)
    www.pariscope.fr/ (Pariscope)

Pour en savoir plus sur le tourisme:
    www.pagestourisme.com (France Telecom)
    www.doucefrance.com

Pour en savoir plus sur la culture:
www.culture.fr/ (Ministère de la Culture)
www.bnf.fr/ (Bibliothèque nationale)
www.lonelyplanet.comau/dest/eur/fra.htm (Lonely Planet)

Pour en savoir plus sur la presse et les media ou écouter les radios françaises:
www.lemonde.fr/ (Le Monde)
www.lefigaro.fr/ (Le Figaro)
www.liberation.fr/ (Libération)
www.humanite.presse.fr/ (L'Humanité)
www.ouest-france.com (Ouest-France)
www.nouvelobs.com (Nouvel Observateur)
www.lexpress.fr/ (L'Express)
www.radio-france.fr (Radio-France)
www.radio-france.fr/inter/ (FranceInfo)
www.Europe2.atlantel.fr/ (Europe 2)
www.funradio.fr/homepage.html/ (Fun radio)
www.yahoo.fr/Actualites_et_medias/Radio/Stations (liens avec principales stations de radio)
www.rtl2.fr/ (RTL)
www.ina.fr/ (Institut National de l'Audiovisuel)
www.france2.fr/ (France 2)
www.france3.fr/ (France 3)
www.arte-tv.com (Arte)
www.lacinquieme.fr/ (La Cinquieme)
www.tf1.fr/ (TF1)
www.m6.fr/ (M6)
www.cplus.fr/ (Canal Plus)

Pour en savoir plus sur le cinéma:
www.lefilmfrancais.com (films français)
www.cineweb.ch/ (actualités du cinéma)

Pour en savoir plus sur les syndicats:
www.cfdt.fr/ (CFDT)
www.cgt.fr/ (CGT)
www.force-ouvriere.fr/ (FO)
www.cnpf.fr/ (MEDEF)

Pour en savoir plus sur l'économie:
www.europages.com/ (annuaire de l'agriculture et de l'élevage)
www.agriculture.gouv.fr/ (Ministère de l'Agriculture)
www.industrie.gouv.fr/ (Observatoire de l'industrie)
www.industrie.gouv.fr/accueil.htm (Secrétariat d'Etat à l'Industrie)
www.commerce-exterieur.gouv.fr (Secrétariat d'Etat au Commerce Extérieur)

www.bourse-de-paris.fr/ (Bourse de Paris)
www.sncf.fr/ (SNCF)
www.laposte.fr/ (La Poste)
www.franctelecom.fr/ (France Telecom)

Pour en savoir plus sur la France et l'Europe:
www.coe.fr/ (Conseil de l'Europe)
www.europarl.eu.int/sg/tree/fr/ (Parlement européen)

Pour commander électroniquement des livres en France:
www.chapitre.com/ (Chapitre Com)

Pour en savoir plus sur TV5, la chaîne de télévision francophone aux Etats-Unis et au Canada:
www.tv5.org/

CD-ROMS

L'Histoire de France (Encyclopaedia Universalis - Montparnasse Multimedia, 1998)
2000 ans d'histoire de France (Havas Interactive, 1998)
Visite de Paris (Havas Interactive)
Dictionnaire des oeuvres littéraires de langue française (Havas Interactive)
L'Art du Moyen-Age (Réunion des Musées Nationaux)
Le Louvre (Havas Interactive)
Le Louvre (RMN - Montparnasse Multimedia)
Le Louvre, peinture française (RMN)
Musée d'Orsay (RMN - Montparnasse Multimedia)
Louis XIV et Versailles (Havas Interactive)
Molière, une vie pour le théâtre (Havas Interactive)
Napoléon, L'Europe et l'Empire (RMN)
1848–1914. Toute une histoire! (RMN)
Le XIXe siècle, le siècle de Victor Hugo (Havas Interactive)
Les Impressionnistes (RMN)
La Guerre de 1914–1918 (Havas Interactive)
La Résistance en France (Montparnasse Multimedia)

Bibliographie

Le meilleur ouvrage court en français sur l'histoire de la France:

Bély, Lucien. *Histoire de France.* Paris: Editions Jean-Paul Gisserot, 1998.

Ouvrages généraux sur la France ou les Français:

Ardagh, J. *France Today.* Penguin, 1990 (L'édition précédente [1982]s'intitulait *France in the 1980s*).

Bernstein, Richard. *Fragile Glory: A Portrait of France and the French.* New York: Alfred Knopf, 1990.

Borne, Dominique. *Histoire de la société française depuis 1945.* Paris: Colin, 1992.

Braudel, Fernand. *L'Identité de la France.* Paris: Arthaud, 1986.

Corbett. *Through French Windows. An Introduction to France in the 1990s.* Chicago: University of Chicago Press, 1994.

Debbasch, C. et J. M. Pontier. *La Société française.* Dalloz, 1989.

Dirn, Louis (pseudonyme d'un groupe de recherches). *La Société française en tendances.* Paris: PUF, 1990.

Cordellier, S. (sous la direction de). *L'Etat de la France, édition 93–94.* La Découverte, 1993. (nouvelle édition chaque année depuis 1985).

Entrer dans le XXI siècle. *Essai sur l'avenir de l'identité française.* La Documentation Française, 1990.

Flynn, Gregory, ed. *Remaking the Hexagon: The New France in the New Europe.* Boulder: Westview, 1995.

Fourastié, Jean. *Les Trente Glorieuses ou la révolution invisible de 1946 à 1975.* Paris: Fayard, 1979.

Frémy, Dominique et Michèle. *Quid 2000.* Paris: Laffont, 1999.

Galland, Olivier et Yannick Lemel. *La Nouvelle Société française.* Paris: Colin, 1998.

Guillaume, Pierre. *Histoire sociale de la France au XXe siècle.* Paris: Masson, 1993.

Hoffmann, Stanley, et al. *In Search of France.* Cambridge: Harvard University Press, 1963.

Hollifield, James et George Ross, eds. *Searching for the New France.* New York and London: Routledge, 1991.

INSEE. *La Société française. Données sociales 1993.* Paris: INSEE, 1993.

Mendras, H. *La Seconde Révolution française, 1965–1985.* Gallimard, 1988.

Mendras, H. *La Sagesse et le désordre: France 1980.* Gallimard, 1980.

Mermet, G. *Francoscopie 1999,* Paris: Larousse, 1998.

Nourissier, François. *Les Français.* Lausanne: Rencontre, 1968.

Peyrefitte, Alain. *Le Mal français.* Paris: Plon, 1976.

Platt, Polly. *French or Foe.* London: Cultural Crossings, 1995.

Platt, Polly. *Ils sont fous ces Français.* Paris: Bayard, 1997.

Poirrier, Philippe. *Société et culture en France depuis 1945.* Paris: Seuil, 1998.

Renaud, J. D. et Y. Grafmeyer. *Français qui êtes-vous?* La Documentation Française, 1981.

Todd, Emmanuel. *La Nouvelle France.* Paris: Seuil, 1988.

Zeldin, Theodore. *Les Français.* Paris: Fayard, 1983.

Autres ouvrages importants plus spécialisés sur la France contemporaine:

Albertini, Pierre. *L'Ecole en France, XIXe–XXe siècle*. Paris: Hachette, 1992.

Ariès, Philippe et Georges Duby (sous la direction de). *Histoire de la vie privée*, Tome 5: *De la première guerre mondiale à nos jours*. Paris: Seuil, 1987.

Baier, Lucien. *L'Entreprise France*. Paris, 1989.

Barreau, Jean-Claude. *La France va-t-elle disparaître?* Paris: Grasset, 1997.

Boltanski, Luc. *Les Cadres*. Paris: Editions de minuit, 1982.

Boudon, Raymond. *L'Inégalité des chances*. Paris: Colin, 1973.

Bourdieu, Pierre. *La Distinction. Critique sociale du jugement*. Paris: Minuit, 1979.

Bourdieu, Pierre. *La Noblesse d'Etat: grandes écoles et esprit de corps*. Paris: Minuit, 1989.

Bourdieu, Pierre. *La Misère du monde*. Paris: 1993.

Burguière, André. *Bretons de Plozévet*. Paris: Flammarion, 1975.

Carroll, Raymonde. *Evidences invisibles. Américains et Français au quotidien*. Paris: Seuil, 1987.

Cholvy, Gérard et Yves-Marie Hilaire. *Histoire religieuse de la France contemporaine*. Toulouse: Privat, 1988.

Clark, Priscilla. *Literary France: The Making of a Culture*. Berkeley: U. of California Press, 1991.

Crozier, Michel. *Etat modeste, Etat moderne*. Paris: 1987.

D'Iribarne, Philippe. *La Logique de l'honneur. Gestion des entreprises et traditions nationales*. Paris: Seuil, 1989.

Domenach, Jean-Marie. *Regarder la France. Essais sur le malaise français*. Paris: Perrin, 1997.

Duby, Georges et Armand Wallon (sous la direction de). *Histoire de la France rurale*, Tome 4: *La fin de la France paysanne de 1914 à nos jours*. Paris: Seuil, 1976.

Duhamel, Alain. *Les Peurs françaises*. Paris: Flammarion, 1993.

Duhamel, Jérôme. *Vous les Français*. Paris: Albin Michel, 1989.

Durand-Tullon, Adrienne. *Le Pays des asphodèles*. Paris: Payot, 1988.

Duroselle, Jean-Baptiste. *La France et les Etats-Unis des origines à nos jours*. Paris: Seuil, 1976.

Fraisse, Robert, ed. *La France en prospectives*. Paris: Odile Jacob, 1997.

Frémont, Armand. *France Géographie d'une société*. Paris: Flammarion, 1988.

Goetschel, Pascale et Emmanuelle Loyer. *Histoire culturelle et intellectuelle de la France au XXe siècle*. Paris: Colin, 1994.

Harris, André et Bernard Gouley. *Les Français sont aussi comme ça*. Paris: Editions de Fallois, 1997.

Hélias, Pierre-Jacques. *Le Cheval d'orgueil*. Paris: Plon, 1975.

Hen, Christian et Jacques Léonard. *L'Union européenne*. Paris: La Découverte, 1995.

Jelen, Christian. *La France éclatée ou les reculades de la République*. Paris: Nil Editions, 1996.

Kepel, Gilles. *Les Banlieues de l'Islam*. Paris: Seuil, 1987.

Le Bras, H. *Les Trois France*. Paris: Odile Jacob.

Le Bras, H. et E. Todd. *L'Invention de la France*. Paris: Le Livre de Poche.

Lesourne, Jacques. *Le Modèle français*. Paris: Odile Jacob, 1998.

Mantoux, Thierry. *BCBG Le guide du bon chic bon genre*. Paris: Hermé, 1985.

Marchand, Stéphane. *French Blues. Pourquoi plus ça change, plus c'est la même chose*. Paris: First Editions, 1997.

Mendras, Henri et Dominique Schnapper (essais réunis par). *Six manières d'être Européen*. Paris: Gallimard, 1990.

Moulin, Annie. *Les Paysans dans la société française: de la Révolution à nos jours*. Paris: Seuil, 1988.

Morin, Edgar. *Commune en France. La métamorphose de Plodémet*. Paris: Fayard, 1967.

Nora, Pierre (sous la direction de). *Les lieux de mémoire*. 6 vol. Paris: Gallimard, 1984.

Ory, Pascal. *L'Aventure culturelle française, 1945–1989*. Paris: Flammarion, 1989.

Ory, Pascal et Jean-François Sirinelli. *Les Intellectuels en France de l'affaire Dreyfus à nos jours*. Paris: Colin, 1991.

Pinçon, Michel et Monique Pinçon-Charlot. *Dans les beaux quartiers*. Paris: Seuil, 1989.

Poirrier, Philippe. *Histoire de politiques culturelles de la France contemporaine*. Dijon: Université de Bourgogne, 1996.

Préel, Bernard. *La Société des enfants gâtés*. Paris: La Découverte, 1989.

Prost, Antoine. *Petite histoire de la France au XXe siècle*. Paris: Colin, 1997.

Rosenblum, Mort. *Mission to Civilize: The French Way*. New York: Harcourt Brace Jovanovich, 1986.

Sarde, Michèle. *Regard sur les Françaises: Xe siècle–XXe siècle*. Paris: Stock, 1983.

Schnapper, Dominique. *La France de l'intégration. Sociologie de la nation en 1990*. Paris: Gallimard, 1991.

Schor, Ralph. *Histoire de l'immigration en France*. Paris: Colin, 1996.

Suleiman, Ezra. *Les Ressorts cachés de la réussite française*. Paris: Seuil, 1995.

Todd, Emmanuel. *La Nouvelle France*. Paris: Seuil, 1988.

Todd, Emmanuel. *Le Destin des immigrés*. Paris: Seuil, 1994.

Viard, Jean et al. *La Nation ébranlée*. Paris: Ed. De l'Aube, 1997.

Weil, Patrick. *La France et ses étrangers*. Paris: Calmann-Lévy, 1991.

Wieviorka, Michel. *Commenter la France*. Paris: Editions de l'Aube, 1997.

Winock, Michel. *Parlez-moi de la France*. Paris: Plon, 1995.

Wylie, Laurence. *Un Village du Vaucluse*. Paris: Gallimard, 1968.

Wylie, Laurence. *Chanzeaux, village d'Anjou*. Paris: Gallimard, 1970.

Yonnet, Paul. *Jeux, modes et masses. La société française et le moderne, 1945–1985*. Paris: 1989.

Filmographie

I. Sélection de films historiques

Moyen-Age

Le Procès de Jeanne d'Arc (Robert Bresson, 1962)
Jeanne La Pucelle (Jacques Rivette, 1993)
Béatrice (Tavernier, 1988)

XVIe siècle

Le Retour de Martin Guerre (Daniel Vigne, 1982)
La Reine Margot (Patrice Chéreau, 1993)

XVIIe siècle

Monsieur Vincent (Maurice Cloche, 1948)
La Prise du pouvoir par Louis XIV (Roberto Rossellini, 1966)
Molière (Ariane Mnouchkine, 1978)
Les Camisards (René Allio, 1972)
Cyrano de Bergerac (Jean-Paul Rappenerau, 1989)
Tous les matins du monde (Alain Corneau, 1991)

XVIIIe siècle/Révolution française

Napoléon (Abel Gance, 1925–1927)
La Marseillaise (Jean Renoir, 1938)
Danton (Andrzej Wajda, 1982)
La Révolution française (Robert Enrico, 1989)
La Nuit de Varennes (Ettore Scola, 1982)
Beaumarchais (Edouard Molinaro, 1997)
Ridicule (Patrice Leconte, 1996)
La Religieuse (Jacques Rivette, 1965)

XIXe siècle

Germinal (Claude Berri, 1993)
Camille Claudel (Bruno Nuytten, 1990)
Colonel Chabert (Yves Angelo, 1992)
Van Gogh (Maurice Pialat, 1991)
Madame Bovary (Jean Renoir, 1934)
Madame Bovary (Claude Chabrol, 1991)
Histoire d'Adèle H. (François Truffaut, 1975)
Le Hussard sur le toit (Jean-Paul Rappeneau, 1995)

XXe siècle

Paris 1900 (Nicole Vedres, 1948)
Zéro de conduite (Jean Vigo, 1933)
Les 400 coups (François Truffaut, 1959)
L'Argent de poche (François Truffaut, 1976)
Jour de fête (Jacques Tati, 1949)
Les Vacances de Monsieur Hulot (Jacques Tati, 1952)
Mon Oncle (Jacques Tati, 1958)
La Grande Illusion (Jean Renoir, 1937)
La vie est à nous (Jean Renoir, 1936)
Fort Saganne (Alain Corneau, 1984)
Capitaine Conan (Bertrand Tavernier, 1996)
Le Chagrin et la pitié (Max Ophuls, 1969)
Hotel Terminus (Marcel Ophuls, 1988)
Weapons of the Spirit (Pierre Sauvage, 1986)
Lacombe Lucien (Louis Malle, 1974)
Le Silence de la mer (Melville, 1974)
Jeux interdits (René Clément, 1951)
La Bataille du rail (René Clément, 1945)
Au revoir les enfants (Louis Malle, 1987)
Le Dernier Métro (François Truffaut, 1980)
La 317e section (Pierre Schoendoerffer, 1964)
La Bataille d'Alger (Gilles Pontecorvo, 1965)
Diên Biên Phu (Pierre Schoendoerffer, 1991)
Avoir vingt and dans les Aurès (René Vautier, 1972)
La Vie et rien d'autre (Bertrand Tavernier, 1989)
Stavisky (Alain Resnais, 1974)
Léon Morin, prêtre (Jean-Pierre Melville, 1961)
Français si vous saviez (A. Harris et A. de Sédouy, 1972)
Outremer (Brigitte Rouan, 1990)
Uranus (Claude Berri, 1990)
Paris brûle-t-il? (René Clément, 1966)
Indochine (Régis Wargnier, 1991)
Le Joli Mai (Chris Marker, 1963)
Une Affaire de femmes (Claude Chabrol, 1988)
L'Oeil de Vichy (Claude Chabrol, 1992)

Le Nouveau Monde (Alain Corneau, 1994)
Les Roseaux sauvages (André Téchiné, 1995)
Milou en mai (Louis Malle, 1989)
Jean de Florette (Claude Berri, 1987)
Manon des Sources (Claude Berri, 1987)
Le Cheval d'orgueil (Claude Chabrol, 1980)
Le Crabe Tambour (Pierre Schoendoerffer, 1977)
Les Misérables (Claude Lelouch, 1995)
La Gloire de mon père (Yves Robert, 1991)
La Chateau de ma mère (Yves Robert, 1991)
Lucie Aubrac (Claude Berri, 1996)
Farrebique (Georges Rouquier, 1946)

2. **Sélection de films intéressants pour une analyse de la société française contemporaine (depuis 1970)**

Diabolo Menthe (Diane Kurys, 1977)
Dupont-Lajoie (Yves Boisset, 1974)
La Communion solennelle (René Feret, 1976)
Souvenirs d'en France (André Téchiné, 1975)
Le Beau Mariage (Eric Rohmer, 1981)
Le Petit Criminel (Jacques Doillon, 1990)
Tchao Pantin (Claude Berri, 1983)
Passe ton bac d'abord (Maurice Pialat, 1978)
A nos amours (Maurice Pialat, 1983)

Le Rayon vert (Eric Rohmer, 1986)
La Petite Voleuse (Claude Miller, 1989)
San toit ni loi (Agnès Varda, 1985)
La Vie est un long fleuve tranquille (Etienne Chatilliez, 1987)
Gazon maudit (Josiane Balasko, 1996)
Un Monde sans pitié (Eric Rochant, 1987)
Le Péril jeune (Cédric Klapisch, 1994)
36 Fillette (Catherine Breillat, 1988)
Un, deux, trois, soleil (Bertrand Blier, 1993)
Bye Bye (Karim Dridi, 1996)
Les Nuits sauvages (Cyril Collard, 1993)
Biquefarre (Georges Rouquier, 1984)
La Haine (Mathieu Kassovitz, 1995)
La Vie de Jésus (Bruno Dumont, 1996)
Salut Cousin (Merzak Allouache, 1996)
Chacun cherche son chat (Cedric Klapisch, 1997)
Café au lait (Mathieu Kassovitz, 1994)
Mémoires d'immigrés (Yamina Benguigui, 1998)
Sa Vie à elle (Romain Goupil, 1997)
Douce France (Malik Chibane, 1995)
Hexagone (Malik Chibane, 1993)
Marius et Jeannette (Robert Guédiguian, 1997)
La Vie rêvée des anges (Erick Zonca, 1998)
Rosetta (Jean-Pierre Dardenne, 1999)
Un air de famille (Cédric Klapisch, 1999)